VOYAGES AUX PYRÉNÉES.

SOUVENIRS
DU MIDI

PAR

UN HOMME DU NORD,

Victor DUJARDIN,

Chevalier de la Légion d'Honneur.

LE ROUSSILLON

Avec une Carte dressée par les Officiers
du Corps d'Etat-Major.

CÉRET

IMPRIMERIE, LIBRAIRIE ET RELIURE L. LAMIOT.

1891

Traduction et reproduction réservées.

VOYAGES AUX PYRÉNÉES.

SOUVENIRS

DU MIDI.

Le Roussillon

DU MÊME AUTEUR :

Voyages aux environs de Paris.

HISTOIRE DU VALOIS

EXCURSIONS

Dans les forêts de Villers-Cotterets & de Compiègne.

PROMENADES

Sur les bords de l'Aisne, de l'Oise & de la Marne,

AVEC DEUX CARTES

dressées par les Officiers du Corps d'Etat-Major.

1 fort vol. in-12, de 492 pages. — Prix 4 fr. 50, rendu *franco* dans toute la France et l'Algérie. — LAMIOT, éditeur à CÉRET (Pyrénées-Orientales).

VOYAGES AUX PYRÉNÉES.

SOUVENIRS DU MIDI

PAR

UN HOMME DU NORD,

Victor DUJARDIN,

Chevalier de la Légion d'Honneur.

LE ROUSSILLON

Avec une Carte dressée par les Officiers du Corps d'Etat-Major.

CÉRET

IMPRIMERIE, LIBRAIRIE ET RELIURE L. LAMIOT.

1890

Traduction et reproduction réservées.

VOYAGES AUX PYRÉNÉES.

SOUVENIRS DU MIDI

PAR UN HOMME DU NORD.

LE ROUSSILLON.

Le 29 août 1888, je gravissais dès l'aube la montagne du fort, à Collioure, pour aller admirer le soleil semant, à son lever, sa poussière d'or sur une mer d'azur d'où s'échappaient des flots de lumière, et contempler les plaines fertiles du Roussillon, parsemées de villes, de villages, de métairies, et recouvertes de vignes, dont la vue réjouit le cœur et donne aux gourmets de douces espérances. — Ce grand décor de la nature, tous ces tableaux variés, sont encadrés par les Pyrénées, les Corbières et la Méditerranée.

Le géant de ces hautes montagnes, à la tête altière, au front toujours couronné de neige, s'élève dans l'éternel silence et domine ce splendide panorama. C'est le Canigou : par les nuits claires, lorsque la lune verse ses doux et pâles rayons sur la campagne solitaire, il se détache vaguement dans la pénombre de cette lumière diffuse et vaporeuse ; son ample manteau d'hermine resplendit sur le ciel étoilé, comme une vaste armure d'argent suspendue dans les airs. — Le Canigou est le Dieu tutélaire qui protége la contrée ; tous les Catalans l'aiment et le révèrent.

> Superbe Canigou, géant des Pyrénées,
> Tes cimes, en tout temps, de neiges couronnées,
> Pour le Roussillonnais sont un objet d'orgueil.
> . . . .
>
> Albert Saisset.

L'origine de Collioure remonte aux Gaulois Ibériens ; l'étymologie de son premier nom paraît l'indiquer. Il est fait mention de cette ville 218 ans avant J.-C., lors du passage d'Annibal à travers les Pyrénées, que franchirent également César, Pompée, Charlemagne et Napoléon.

Collioure s'appelait alors *Cauco Illiberis*.

Cauco viendrait de *kouk*, mot gaël-ibérien qui signifiait *conque* ou *port*. Cette étymologie permettrait de faire remonter l'origine de Collioure à plus de 3,000 ans.

Le nom de *Cauco Illiberis* subit par la suite plusieurs modifications : un document daté de 1485 porte que Louis XI accorde certaines concessions « *aux Consultz, Bourgeois et Habitants de Coliépure.* »

Précédemment, Collioure figurait comme port d'embarquement dans le traité passé, le 14 février 1270, par Jacques, roi de Majorque, dont la capitale était à Perpignan, avec l'Emir de Tunis, Abou Abilla. Collioure fut alors un des points de départ de l'armée qui opéra contre St-Louis, à l'époque de la dernière croisade.

En 1285, ce même roi de Majorque, ayant perdu une partie de ses états dans sa lutte contre son frère, Pierre, roi d'Aragon, appela les Français à son secours. Philippe le Hardi vint avec une puissante armée, reprit Elne, Collioure....., traversa les Albères et s'empara de Gérone ; il allait soumettre le royaume d'Aragon, lorsqu'il tomba malade et mourut à Perpignan.

En rentrant à Collioure, après ma promenade matinale, mes regards furent attirés par une affiche pleine de promesses ; elle donnait le programme des fêtes de Banyuls, qui devaient durer cinq jours. — Dans ces heureuses régions méditerranéennes, aimées du soleil, la population, comme la nature, est toujours en fête.

Parmi les nombreuses réjouissances annoncées *(great attraction)*, on lisait :

COURSES DE TAUREAUX
Régates à la voile
Grande farandole catalane

Ces promesses excitant ma curiosité, je me rendis au chemin de fer ; vingt minutes plus tard, j'arrivais à Banyuls.

Je montai aussitôt au Puig del Mas, le vieux Banyuls. De cette hauteur, la vue domine la Méditerranée et s'étend sur les vignobles du versant oriental des Pyrénées : on sait que les vins de Banyuls et du Roussillon, en général, sont pleins d'une délicieuse chaleur ; ils ont d'ailleurs une renommée universelle. Je visitai ensuite l'Etablissement des Bains, rendez-vous du *high-life* du Midi de la France et du Nord de l'Espagne. Je connaissais déjà le Musée géologique et ses aquariums, j'allai néanmoins revoir la flore de l'Océan, et les antres secrets des habitants qui le peuplent et l'animent.

Je regagnai la plage. La grandeur, la magnificence du spectacle de la mer, toutes les nuances qui se détachent, se reflètent ou se confondent au loin avec l'atmosphère inondée, embrasée de mille feux, m'avaient souvent émerveillé sans jamais me causer la moindre satiété : le flot succède au flot, qui déferle et se brise sur le rivage, le regard aperçoit à l'infini, sur la mer verte ou bleue, à travers le prisme chatoyant des lames courtes, l'ombre fuyante des nuages, ou le reflet lumineux de brillantes auréoles. L'œil suit la vague écumeuse et ne peut s'en détacher, il voit toujours le même objet et jamais ne se lasse. Cette agitation perpétuelle, cette éternelle mobilité des flots n'est-elle pas l'image de la vie ? Le charme attractif, irrésistible de cette mer, capricieuse et inconstante comme le cœur humain, ne représente-t-il pas le pouvoir séducteur qu'exerce la femme aimée sur l'homme qu'elle captive ou fascine ?

« *Videre Napoli, poi mori.* » Voir Naples et mourir, dit un proverbe italien. — J'ai vu Naples, j'ai lu *Graziella* de Lamartine sur la plage de la Chiaa, j'ai parcouru la baie, en gondole, par un superbe clair de lune qui illuminait le Vésuve et la campagne ; j'ai visité Portici, Pompei, Castellamare, Sorrente et la maison du Tasse, d'où la vue s'étend vers Capri et Ischia, le Pausilippe, Pouzolles et le tombeau de Virgile. Eh bien ! j'affirme que dans ces climats enchanteurs, la nature n'y est pas plus prodigue de ses dons, n'y étale pas avec plus de profusion sa riche parure que sur les bords de notre Méditerranée. Je connais également Nice, Cannes, Menton, Gênes, et, toujours, je soutiens que ces plages ne dépassent, ni en beauté, ni en attractions de toutes sortes, Banyuls et ses sœurs des Pyrénées. Si les poètes qui ont chanté l'Italie étaient venus dans le Roussillon, ils n'auraient pas voulu mourir après l'avoir vu, mais l'admirer et y vivre.

J'étais plongé dans ces profondes méditations sur l'esthétique de la nature, lorsque tout à coup, je m'entendis appeler ; je me retourne et j'aperçois *Masaniello*, le héros de la *Muette de Portici* : le costume, le rivage, la mer, le ciel bleu, rien ne manquait à cette représentation de la scène de l'Opéra. Ce n'était pas une apparition, mais Bonaventure Peyrou, un rude marin de mes connaissances qui avait fait plusieurs fois le tour du monde. — L'année précédente, nous avions accompli une traversée ensemble.

— Nous allons pêcher l'anchois, me dit-il, venez-vous avec nous ?

Cette proposition me souriait ; mais passer la nuit en pleine mer, sur un bateau ponté en forme convexe et presque sans bordage, me paraissait bien dur. — Je répondis : c'est la fête de Banyuls, il y a des courses de taureaux, des régates, une grande....

— Vous verrez tout cela une autre fois, venez avec nous, le vent est propice,

> « . . . . . la matinée est belle,
> « Sur le rivage, assemblons-nous. »

Oui, mais

> « La mer est infidèle et le vent peut changer. »

Enfin, je me décidai, et Bonaventure me quitta un instant pour faire ses préparatifs et lester l'embarcation de vivres : on sait toujours quand on part, mais on ne sait jamais quand l'on reviendra, ou même si le bateau reviendra sans vous :

> « Sur la mer qui brame,
> Il est revenu
> Tout seul et tout nu,
> Le bateau sans rame. »

La vie est pleine d'incidents imprévus. A dire vrai, elle n'est faite que de cela.

Premier imprévu : j'aperçois par hasard l'affiche de Collioure.

Deuxième imprévu : venu pour voir la fête de Banyuls, je m'embarque sur les flots inconstants.

Quel sera le troisième incident de la journée ? *Chi lo sa ?* Pourvu que ce ne soit pas, comme disent les matelots, de boire à la grande tasse.

Je me faisais une joie, ô lecteur, de vous décrire ici les péripéties d'une course de taureaux, les entraînements des régates à la voile et les charmes de la farandole. Vous venez de voir comment j'ai été détourné de ce but, mais vous n'y perdrez rien. Je vais, en revanche, vous raconter les émotions d'une autre petite *sauterie*, autrement mouvementée que la danse catalane.

D'ailleurs, vous avez peut-être vu des régates dans un port de mer ; à Asnières, à Bougival ou à Argenteuil.

D'un autre côté, si vous avez lu un roman espagnol, quel qu'il soit, vous avez dû y rencontrer une description des fameuses courses de taureaux, si aimées de nos voisins. — Pour eux, ce spectacle n'est réussi que quand un ou deux *toreadors*, *picadors* ou *banderilleros* sont tués ou blessés, et une quinzaine de chevaux éventrés. Alors, quel enthousiasme ! — Nous autres, gens du Nord, nous sommes insensibles aux charmes de ces boucheries.

Les habitants du Roussillon sont également amateurs de tauromachie ; mais les courses qui se pratiquent ici n'ont rien de la splendeur éclatante des « Corridas » de Castille, et sont moins dramatiques. Dans le Roussillon, on excite le taureau par des cris, on l'irrite avec des écharpes rouges et il se jette sur les agresseurs. — Le jeu consiste à éviter les coups de l'animal par un écart rapide, où à se mettre à l'abri derrière un obstacle. Celui-là est proclamé vainqueur qui, pendant l'attaque du taureau, a eu la hardiesse et l'habileté de lui placer une cocarde en papier sur le front, ou d'enlever un ruban attaché à ses cornes. Quand un taureau est fatigué, on en fait venir un autre, et ainsi de suite pendant plusieurs heures...... On ne tue pas le taureau, mais le toréador étant sans arme court parfois un réel danger, qu'il n'évite que par son adresse et son agilité.

Quant à la farandole, c'est la danse nationale du Midi.

Qu'elles sont gracieuses, les sveltes Catalanes, quand elles se lancent dans le tourbillon de la farandole ! — La tournure élégante, la souplesse des mouvements de ces jolies filles, aux yeux ardents, au geste vif, aux traits accentués et aux formes opulentes, accusent la race maure ou espagnole. — Le balancement rhytmique des hanches de la Catalane fait penser à ce vers de Baudelaire :

Même quand elle marche, on croirait qu'elle danse,

ou à celui-ci :

Même quand l'oiseau marche, on sent qu'il a des ailes.

Aujourd'hui, la farandole a perdu son caractère original ; la chorégraphie exotique a envahi les fêtes votives, *las festas majors*. — Brune à l'œil noir, à la taille élancée, à la chevelure abondante, gentiment coiffée du bonnet roussillonnais qui va si bien à sa figure mutine, la Catalane, fraîche comme la fleur des champs, raffole toujours de la danse et s'abandonne avec volupté dans les bras de son robuste cavalier. C'est surtout pendant l'entraînement rapide de la farandole que son visage s'épanouit et éclate dans toute sa beauté.

Pourquoi ajouter une ombre à ce tableau ?

Ici, je me reposerai, n'ayant qu'à reproduire la page 308 de mon *Histoire du Valois*. C'est un ouvrage spécial à l'Ile-de-France, mais je m'en échappe souvent pour parcourir le monde.

« Dans le Midi, dans ce pays du soleil et de la douce flânerie, où les longues siestes sont si particulièrement délicieuses, la femme n'est pas l'égale de l'homme et travaille plus que lui : — Ainsi, dans les Pyrénées-Orientales, les femmes transportent le bois, les pierres, sont employées dans les carrières, gâchent le mortier, servent les maçons et exécutent les travaux les plus pénibles. — A Collioure, à Banyuls...... elles remplacent, à l'époque des vendanges, les mulets dont on ne se sert plus depuis la diminution des récoltes. Un jour, pendant une promenade aux environs d'Amélie-les-Bains, avec un Parisien, celui-ci fut impressionné par un spectacle fort commun : un cheval gravissait un sentier et un homme se prélassait dessus en fumant sa cigarette, tandis que sa femme suivait péniblement à pied, portant, en outre, un lourd panier pour soulager l'animal. — On s'aperçoit que les Arabes sont venus par ici : la femme, en Afrique, est un instrument de plaisir jusqu'à 25 ans ; à cet âge, elle cède la place à une plus jeune et passe à l'état de bête de somme. »

J'ai écrit ces lignes il y a quelques mois ; depuis j'ai remarqué que les femmes portent, dans la montagne, de lourds fardeaux sur la tête ou sur les épaules. Dans ce dernier cas, la charge est supportée par un bât placé sur la nuque, ou par une sangle passée sur le front, comme les bœufs au labourage.

Il n'en a pas été toujours de même : Plutarque rapporte que lors du passage des Carthaginois à travers les Albères, il y a 2107 ans, les Ibériennes jouissaient d'une telle considération que, dans beaucoup de circonstances de la vie, elles avaient le pas sur les hommes : ainsi, par une clause du traité avec Annibal, elles étaient, en cas de différends, seules juges et leurs décisions étaient sans appel.

Des historiens ont émis des doutes à ce sujet : ils prétendent que plus on remonte vers les âges primitifs, plus on constate l'esclavage de la femme. — Cette remarque est exacte pour beaucoup de peuples, mais non pour les Gaulois, nos premiers ancêtres : outre Plutarque, d'anciens annalistes catalans annoncent que quand les chefs de la Gaule Ibérienne reçurent les ambassadeurs carthaginois à Ruscino, la convention conclue avec Annibal fut mise sous la sauvegarde des femmes ; elles furent spécialement chargées de la faire respecter.

Amédée Thierry nous apprend également, que les Gaulois n'eurent jamais à se plaindre de l'intervention des femmes dans leurs affaires privées ou politiques.

D'un autre côté, Michelet, Augustin Thierry, Henri Martin, estiment que la femme gauloise était, dans une certaine mesure, maîtresse de ses actions et, par conséquent, relativement libre. Ces historiens nous la montrent comme épouse fidèle et dévouée, fière et égalant son mari en courage et en force d'âme ; à l'appui de cette opinion, ils citent deux anecdotes :

Le mari de Camma, prêtresse gauloise, avait été tué en trahison, par un guerrier épris d'elle. Le meurtrier poursuivait la veuve de ses obsessions. — C'était un chef puissant ; il gagne ou intimide les parents de Camma ; elle paraît se rendre. Le moment des noces arrivé, elle prend une coupe d'or, fait une libation à la divinité qu'elle sert, boit la première et tend la coupe au fiancé. Il la vide d'un trait ; elle pousse une exclamation joyeuse et s'écrie : « Sois témoin, chaste déesse, que je n'ai consenti à survivre à mon cher Sinat, que dans l'attente de ce jour ! Je l'ai vengé ! Je vais le rejoindre ! Et toi, dis aux tiens qu'ils te préparent un sépulcre ; c'est le lit nuptial que je t'ai destiné ! » La coupe était empoisonnée.

Une autre femme gauloise, Khiomara, tomba dans une guerre au pouvoir d'un centurion romain qui lui fit violence ; elle sembla calmer son indignation et obtint sa liberté à prix d'or. Il la conduit de nuit, lui-même, aux avant-postes pour profiter seul de la rançon. Tandis que le Romain compte l'argent apporté par un serviteur, Khiomara poignarde le centurion, lui coupe la tête, l'emporte, la jette aux pieds de son mari, lui apprend l'outrage, la vengeance, et termine cette révélation par ces simples mots : « J'ai agi ainsi pour que deux hommes vivants ne se vantent pas de m'avoir possédée. »

Pour terminer les critiques précédentes, j'ajouterai qu'une partie des montagnes et des plaines du Midi de la France, de toute l'Espagne, et surtout de l'Italie (1), sont sèches et arides ; elles ont été cependant couvertes de forêts, mais, en les détruisant trop tôt, on a tari les sources entretenues par un sol spongieux ; les racines des arbres n'ont

---

(1) Voir la page 26 de l'*Histoire du Valois*.

pas eu le temps d'aller chercher, dans les couches terrestres, une quantité suffisante d'humus et, par les feuilles, de le rapporter à la surface. Il en résulte que par les temps d'orages, l'habitant des montagnes voit son champ s'ajouter à celui du voisin. — Heureux encore s'il peut aller le ramasser, lorsqu'il n'a pas navigué à grandes eaux vers les mers.

Par un singulier hasard, au moment précis où j'écrivais les lignes qui précèdent, un événement confirmait mes paroles : c'était le 22 septembre 1888, une pluie torrentielle tomba dans le Vallespir et causa de grands ravages. — Des rochers énormes, détachés des montagnes, glissèrent sur les pentes et roulèrent dans les précipices. Des avalanches de pierres, des torrents fougueux, indomptés, défoncèrent les chemins, emportèrent les ponts, les parapets, et entraînèrent des champs entiers avec leurs récoltes. — Voilà le résultat du déboisement des montagnes !

Ces torrents débordés formèrent des lacs, inondèrent les prairies et les jardins. J'ai été témoin, le lendemain, d'un de ces cataclysmes : la rivière d'Argelès qui, en temps ordinaire, débite peu d'eau et disparaît subitement sous terre avant d'arriver à la mer, avait envahi la plaine, près des dernières ramifications des Pyrénées, et enlevé la plage sur une largeur de 200 mètres.

Ma promenade se trouvant interrompue, je remontai ce large fleuve improvisé ; il s'épandait majestueusement dans son cours aux sinuosités douces et harmonieuses. Le calme avait succédé à l'agitation désordonnée des éléments. La température de l'eau étant élevée (23 ou 24 degrés), je me déshabillai et me baignai. Je vis alors cette eau tournoyer sur elle-même, de plus en plus rapidement à mesure qu'elle se rapprochait d'un centre ; je n'y faisais pas grande attention, lorsque deux paysans accoururent et m'appelèrent ; je revins vers la rive : l'un d'eux me dit qu'en 1885, lors d'une semblable inondation, un jeune homme avait subitement disparu dans ce même tourbillon ; son corps n'avait jamais été retrouvé. J'étais juste au-dessus de l'entonnoir qui engouffre la rivière et la conduit à la mer par un canal souterrain. — Je nageais, sans m'en douter, sur un petit Maëlstrom.

Mais revenons à Banyuls. Bonaventure m'appelle. Je m'embarque, on lève l'ancre et nous partons. — L'équipage se composait du patron, de trois matelots et d'un mousse.

Le temps était beau, le soleil brûlant ; toutefois une brise de terre, légère et rafraîchissante, ridant à peine la surface des eaux, tempérait la chaleur, enflait la voile, et notre embarcation, bercée mollement, s'éloignait des côtes avec une sage lenteur. Des mouettes volant autour de nous, et des dauphins se jouant sur les vagues, nous accompagnèrent pendant toute la journée.

Bonaventure, cuisinier émérite, prépara le repas ; il avait été maître-coq dans la marine de l'Etat. Il servit le dîner sur le pont, à l'arrière. Cette agape frugale se composait de viande coupée par petits morceaux, de lard, d'oignons, de tomates, de pommes de terre....

le tout fortement pimenté. Comme à Jésus-Christ et à ses apôtres, les pêcheurs du lac de Tibériade, un unique plat nous suffisait; il est vrai que le tangage et le roulis ne nous permettaient pas l'usage des assiettes; chacun piquait avec son couteau et imbibait son pain dans la sauce. Un seul verre servait à tous; on le rinçait en étendant le bras dans la mer, mais les matelots préféraient boire à la régalade, avec un chalumeau qui traversait le bouchon de la bouteille, à la mode catalane. L'air de la mer aidant, je trouvai le repas exquis, et Bonaventure reçut toutes mes félicitations.

A la nuit tombante, les matelots abattirent la voile et jetèrent à la mer 900 mètres de filets; ceux-ci étaient précédés par une planche de liége, supportant une petite cloche que le mouvement de la vague agitait constamment. Le son argentin de cette clochette se répercutait au loin, et avertissait les navires traversant les mêmes parages. — Les naufrages par suite de rencontres sont fréquents : pendant les nuits sombres, en temps de brouillards surtout, on ne voit pas les feux, mais on peut entendre la cloche, ou le son d'une trompe dont les marins font un usage constant.

La nuit était superbe, les constellations resplendissaient dans l'éther de l'immensité, et répandaient une douce clarté sur la mer phosphorescente.

Tout à coup la brise devint plus forte, les vagues moutonnèrent légèrement; peu à peu la mer se démonta et les nuages accoururent.

L'obscurité s'étendit sur toute la plaine liquide.

Le vent s'éleva, commença à souffler en tempête; la mer inquiète, frémissante, s'agita, se souleva; les flots s'enflèrent et, par un mouvement indécis de va-et-vient, se heurtèrent, s'entre-choquèrent et se jetèrent les uns contre les autres, au hasard, à l'aventure; ils paraissaient obéir à des forces opposées, contradictoires. Notre embarcation recevait le contre-coup de ces hésitations, de ces fluctuations incohérentes. Secouée en tous sens, elle était comme affolée, tanguait et roulait en même temps, tournait sur elle-même, s'élevait presque à pic, retombait à plat dans le vide ou plongeait sous la vague; elle se redressait, se couchait à babord, à tribord, et craquait de toutes parts avec des gémissements sinistres.

Le danger augmentant, je m'étendis sous l'avant et l'on m'enferma avec le mousse; mais j'étouffais dans cette prison; les secousses de la mer me jetaient alternativement à droite et à gauche, je roulais comme un boulet de canon. N'y tenant plus, je soulevai l'écoutille et je me glissai sur le pont. Là, un matelot m'attacha au mât, afin qu'un coup de mer ne m'emportât pas; les vagues, souvent rapides comme l'éclair, balayaient parfois le pont en tous sens.

On dit que les gens vertueux aiment à voir lever l'aurore. — Si je n'avais pas été aussi vertueux ce matin, me disais-je mélancoliquement, je reposerais en ce moment dans mon lit. Il est vrai, aimable lectrice, que je n'aurais pas le plaisir de vous faire ce récit. Tout est compensation dans ce monde.

Bien entendu, il me fut impossible de dormir pendant cette interminable nuit. Toutefois, étourdi par ce tapage infernal et cette danse désordonnée, je tombai dans un état d'hypnotisme, de somnambulisme inconscient. Roulé dans une voile qui me recouvrait entièrement, j'entendis cependant un matelot faisant remarquer à son camarade que je ressemblais, par mon immobilité, à un cadavre enveloppé dans son linceul et tout préparé pour être jeté à la mer. — Après tout, répondit le second marin, nous mangeons tant de poissons qu'ils peuvent bien, de temps à autre, nous manger à leur tour. Voilà encore une compensation à laquelle je ne songeais pas !

J'entendais donc tout ce qui se disait autour de moi, et, par une ouverture de la toile, je voyais la mer. Je l'étudiais : à l'impétuosité des flots, succédait toujours un calme absolu ; rien, plus un bruit, plus un mouvement, le silence du tombeau. Un léger bruissement de l'eau sous le bateau se faisait ensuite entendre ; l'agitation s'accentuait, s'accélérait, le flot grossissait, nous secouait violemment et une vague énorme, grondante et menaçante, accourait, se soulevait et, terrible, retombait de tout son poids sur notre frêle barque, qui vibrait comme un monstrueux tambour, pour l'écraser ou l'engloutir enfin. Parfois, l'attaque était inattendue, nette, violente, comme un soufflet sur la joue d'un homme ; la lame frappait subitement les flancs du bateau, avec un bruit sec, strident, formidable. Après cette surprise, cet accès de fureur, succédait un silence de mort ; la mer avait épuisé toutes ses forces. Ce repos, cette accalmie ne durait que plusieurs secondes ; les vagues revenaient peu à peu à la charge, prenaient leur élan pour remonter à l'assaut, cessaient encore et recommençaient toujours.

Les deux matelots continuaient leur conversation ; ils redoutaient un cyclone : — lorsque des vagues, entraînées par une rafale tournoyante, se heurtent violemment contre un courant sous-marin opposé, ces vagues, comme deux locomotives lancées en sens inverse sur une même ligne, se dressent et s'élèvent en forme de haute colonne d'eau. — Si cette rencontre a lieu sous le bateau, celui-ci est alors projeté dans les airs ; il retombe subitement à plat, se rompt par le milieu, et coule instantanément.

Il me semblait à ce moment que cette vaste étendue d'eau, bruyante et gémissante, avait une âme, la grande âme de la mer, et qu'elle vivait de notre vie. J'entendais les pulsations de son cœur, les frémissements de tout son être. Comme nous, elle se passionnait, s'emportait, se roulait dans les spasmes de douleurs intermittentes. Je la comparais au soldat qui s'élance au combat, ou à une femme torturée par les douleurs de l'enfantement ; j'entendais tous les bruits de la bataille, je sentais les tressaillements, les efforts occasionnés par des souffrances qui cessent, recommencent et cessent encore, jusqu'au moment de la délivrance. Cette masse d'eau, cette mère et cette nourrice éternelle, n'est-elle pas toujours en état d'enfantement ? Ne donne-t-elle pas, à chaque instant qui s'écoule, naissance à des myriades d'êtres, qui vivent et meurent dans son sein ?

Pendant cette somnolence fantastique, cette vision insaisissable, ces sensations fugitives, j'entendais la clochette qui sonnait dans la nuit à l'avant des filets. La voix du matelot de quart parvenait à mes oreilles ; les yeux à demi-clos, je voyais cet homme appuyé contre le mât ; il chantait ce refrain :

> Sur les bords du fleuve,
> Petit oiseau
> Dans les roseaux.....

Je faisais des efforts d'audition pour entendre la suite et savoir ce que faisait le petit oiseau dans les roseaux, mais le marin, ne la sachant peut-être pas lui-même, reprenait son couplet inachevé.

Tout se confondait dans ma pensée flottante ; le rêve s'évanouissait, revenait, se transformait. Comme dans une féerie, la scène changeait subitement d'aspect. Dans ce trouble des sens, mon imagination se transportait au milieu d'une riante prairie, près d'une rivière ombragée ; des oiseaux voletaient parmi les roseaux gracieusement ondulés par la brise et inclinés sur les eaux ; un soleil printanier éclairait, en le caressant, ce charmant paysage aux nuances harmonieuses. Des moutons broutaient l'herbe épaisse et faisaient tinter leurs clochettes. Le pâtre, appuyé contre un arbre, chantait aussi :

> Sur les bords du fleuve,
> Petit oiseau
> Dans les roseaux.....

J'écoutais encore, j'écoutais toujours ; je désirais connaître enfin ce que faisait le petit oiseau. C'était une obsession, une tension constante de toutes mes facultés...,.. Vain espoir, trompeuse espérance ! le pâtre, comme le matelot, s'arrêtait aux roseaux et recommençait son éternel refrain.

Ah !.... cette fois c'est fini..... Je vois arriver une immense vague..... elle s'élève dans les airs et s'abat lourdement sur nous..... rien ne lui résiste plus.... le mât est brisé, les membrures du bateau se disloquent avec un épouvantable fracas...... nous sombrons !...... La mer se referme sur notre tombeau !..... Heureusement, ce n'est encore qu'un rêve ; je me réveille en sursaut, je relève la tête, l'embarcation flotte toujours.

La pensée ne cesse jamais d'être en activité ; pendant le sommeil, cette image de la mort, elle continue, par le rêve, l'œuvre de l'existence.

Le rêve, qui rappelle si souvent le souvenir de ceux que nous avons aimés, est, peut-être, ce qu'il y a de meilleur dans la vie.

Mais la tempête a atteint son paroxysme d'intensité : le vent fait rage, la pluie, la mousse des vagues qu'emporte la rafale, roulent, tourbillonnent et nous cinglent le visage. La nuit est tellement noire que l'on ne distingue plus aucun objet sur le bateau.

Pendant ce tumulte indescriptible, ce bouleversement des forces de la nature, le goëland continue de pousser son cri plaintif, semblable à un gémissement d'enfant.

A ce moment suprême, tous les faits de mon existence revenaient à ma mémoire ; les événements se groupaient, se déroulaient dans un ordre parfait ; je revoyais tout mon passé..... Cependant, j'étais calme, sans inquiétude, je ne regrettais rien et j'espérais !

— Je ne crois pas au mal, je ne crois pas à la mort !

Oui, le mal existe, mais il n'est que temporaire. — Plus je vois, plus je regarde ; plus je pense, plus je sens ; plus j'aime la vie et plus je suis convaincu que cette existence n'est ni un point de départ, ni un point d'arrivée, mais le simple anneau d'une chaîne sans fin, commencée avant notre dernière apparition sur cette terre, et qui se continuera après notre mort. Rappelons-nous les paroles de Victor Hugo :

> Ne doutons pas, croyons.....
> Soyons l'immense oui.....

Oui ! nous sommes créés pour être, pour vivre éternellement et non pour souffrir quelques instants et rentrer dans le néant. Ne nous arrêtons pas devant les obstacles et les objections ; ce que nous ne comprenons pas, un autre l'entrevoit, le saisit et nos fils le sauront.

Est-il rationnel de nier ce que l'on ne comprend pas ?

Relevons les intelligences défaillantes que nous rencontrons sur notre route ; montrons-leur la lumière, l'éclatant soleil de l'espoir, de l'affirmation, et non le gouffre noir du doute et du découragement ; *omnia mutantur,* tout change en ce monde ! — Allons ! haut les cœurs ! *sursum corda !* et en avant ! *go a head !*

Origène, le plus profond des pères de la chrétienté orientale, soutenait la doctrine de la préexistence des vies successives, et de la prédestination de toute créature au bien comme cause finale.

Un Concile se rassembla à Constantinople pour discuter la doctrine d'Origène ; plusieurs évêques s'y rallièrent, mais la majorité l'écarta, la supposant trop élevée et difficile à saisir. On préféra adopter le système de l'épreuve unique sur la terre, de l'éternité des peines et des récompenses, comme répondant mieux à l'intelligence, encore peu développée, des peuples de cette époque.

Jean Scott, célèbre théologien du IXe siècle, renversa la doctrine de la prédestination à l'enfer par le même raisonnement qu'Origène. L'enfer, dit-il, est une invention de la grossièreté latine, un reste des croyances païennes. Selon lui, le péché n'est que la déviation ou l'absence du bien ; Dieu n'a prédestiné ses créatures qu'au bien : le bien seul *est* ; le mal n'est qu'une négation : il n'est point ; Dieu ne le connaît pas.

Pendant que ma pensée sondait ces profonds problèmes de la métaphysique, la tempête ne se calmait pas, mais elle paraissait s'épuiser en efforts désormais inutiles ; la lame frappait toujours avec force notre frêle coquille de noix ; elle en continuait le siége, mais plus mollement ; telle une armée qui combat depuis longtemps et ne peut vaincre. — Enfin, la lune à son dernier quartier se leva derrière les nuages ; elle ne projetait dans les airs qu'une lueur à peine sensible, un clair-obscur des ténèbres. La vaste étendue d'eau qui nous entourait se confondait avec l'atmosphère ; nous étions le centre d'un immense cercle, incolore, ténébreux, dont la circonférence n'avait aucune limite. — Lorsque le mince croissant de la lune se montrait timidement, blafard et livide, entre deux nuages, les vagues agitées, couronnées d'écume blanche, glissaient dans la nuit comme des légions de fantômes. — Les matelots attendaient l'apparition de la lune avec impatience ; ils la saluèrent de leurs joyeux vivats. C'est la messagère de la délivrance, disaient-ils ; la mer se calme sous ses rayons. Oui, ajouta l'un d'eux, quand elle ne redouble pas de fureur ; cependant ce fait est rare et ne se produit qu'une fois sur dix environ.

L'atmosphère s'éclaircit comme par enchantement, le vent s'apaisa et les nuages disparurent. Les millions de soleils jetés par le Créateur dans les espaces infinis, éclatèrent en brillantes constellations sur un ciel pur et limpide. Peu à peu la mer se calma ; les pêcheurs relevèrent leurs filets, et l'aube radieuse empourpra, à l'horizon lointain, les flots déjà azurés de la Méditerranée. La nature radieuse soulevait le rideau de la splendide scène du monde. Bientôt le soleil resplendissant émergea de la ligne des eaux, couvrit les flots, encore agités, de paillettes scintillantes, et poursuivit de ses rayons d'or les cirrhus attardés. — Tout renaissait à la vie, au bonheur, à l'espérance !

Lorsque les premières clartés, encore indécises, se répandirent sur la mer, nous aperçûmes un paquebot qui se dirigeait vers notre embarcation ; il s'en détourna un peu et n'en passa pas à plus de cent mètres. Un instant après, un trois-mâts à voiles nous croisa également à la distance d'une encâblure environ, (200 mètres). C'est là le grand danger, le péril constant, de la pêche à l'anchois. Ce poisson ne se rencontre que par des fonds de 40 à 60 brasses (65 à 100 mètres) ; c'est-à-dire à 20 ou 25 kilomètres des côtes. Les pêcheurs sont donc exactement sur le passage des navires de fort tonnage: transatlantiques, messageries maritimes ou de commerce, qui, partant de Marseille, de Cette, de La Nouvelle, se dirigent vers Port-Vendres, Valence, Carthagène, Oran et l'Océan Atlantique par le détroit de Gibraltar, et *vice versâ*. Quand un de ces navires rencontre un petit bateau de pêche, par une nuit de tempête ou de brouillard, il passe dessus, sans même, le plus souvent, s'en apercevoir, et le coule à pic en quelques secondes.

Malheureusement, ces rencontres sont fréquentes ; au mois de juin 1888, le bateau *La Vénus*, du port de Collioure, disparut une nuit sans laisser de traces. Cependant, le temps n'était pas mauvais, et les 150 bateaux de Collioure et de Banyuls, qui se trouvaient dans les mêmes parages, rentrèrent sans avaries. Le patron d'un de ces bateaux rapporta qu'au moment précis où un trois-mâts à voiles entrait dans leurs lignes, une rafale éteignit les feux de plusieurs bateaux de pêche ; on les ralluma, mais *La Vénus* resta dans l'obscurité. Ce fut tout, on n'apprit rien de plus et on ne retrouva aucune épave.

Des cinq hommes qui montaient *La Vénus*, quatre étaient mariés et avaient plusieurs enfants. Madame Colomer, la femme du patron, perdit tout ce qu'elle possédait au monde : son mari, son fils qui était le mousse du bord, et son bateau, dont la valeur représentait environ 7,000 fr. — Toutes ces malheureuses veuves, tous ces orphelins restaient sans aucune ressource ; on fit une souscription qui ne produisit que quelques centaines de francs ; les matelots ont bon cœur, mais ils ne sont pas riches ; chacun donna ce qu'il put. — Si le même événement s'était produit sur la Seine, dans la capitale, c'est par centaines de mille francs que les Parisiens auraient souscrit : Paris est si grand, si riche et surtout si généreux. — Les inondés de la Garonne, de Szegedin et de Murcie le savent.

Le danger que court le matelot est incessant ; pendant toute son existence, il n'est séparé de la mort que par de faibles planches. Comme le mineur, sa vie ne lui appartient pas. — Le matelot s'embarque, le mineur descend dans son puits, et nul ne sait si on les reverra jamais :

Le compte est au départ fait par le quartier-maître.
Mais le compte au retour.... Ah ! qui donc le connait ?
Est-ce qu'on sait jamais, sur mer, combien l'on est !
On était trois, on n'est plus que deux ; cherchez l'autre !
Aujourd'hui, c'est son tour, et, demain, c'est le vôtre.

(Jean RICHEPIN. — *La Mer.)*

Et pourtant, tout ce que Dieu a fait est bien fait : Voyez le matelot à terre, il est comme une âme en peine au bord du Styx ; il se promène sur la plage en jetant vers la mer, sa maîtresse favorite, des regards mélancoliques ; il attend impatiemment le moment de se rembarquer ; il interroge le vent et se relève la nuit pour aller le consulter. — Le mineur sur terre ne pense qu'à ses noirs souterrains. Je connais un sous-officier, relativement heureux ; eh bien ! ancien mineur, il aspire ardemment à l'époque de sa libération, pour reprendre ses grandes bottes, son pic et sa lampe à grisou.

Mais je termine ce récit.

Il était cinq heures du matin, le patron ordonna le retour. Les matelots hissèrent la voile ; la mer était plus calme, bien qu'elle n'eût pas encore repris sa sérénité habituelle ; comme la nature humaine, il lui fallait un certain temps pour se remettre de sa violente colère ; elle s'agitait encore et frémissait parfois. Les mouettes et les dauphins revinrent autour de nous.

A cette distance de la terre, les dernières ramifications des monts Pyrénéens nous apparaissaient avec tous leurs reliefs, leurs vallons, leurs récifs et leurs hautes cimes. — Le reflet chatoyant des teintes noyées dans l'atmosphère, les effets encore indécis d'ombres et de lumière, tout ce mirage ravissant offrait à nos regards charmés un spectacle unique, enchanteur, qui restera éternellement dans ma mémoire. A mesure que nous approchions de la côte, ce large panorama changeait d'aspect ; les lignes se dessinaient plus nettes, s'accentuaient de minute en minute ; le soleil en s'élevant dans le ciel projetait, de plus en plus, son ardente lumière sur cette éblouissante apparition. Cette fête des yeux, cette ivresse des sens, étaient la récompense de nos émotions terribles et de nos dangers de la nuit.

La brise, très légère, enflant à peine la voile, nous pûmes, pendant longtemps, nous absorber dans la contemplation de toutes les beautés de cette divine nature. Dans le Nord, les apparitions éclatantes du soleil, souvent triste et voilé, sont bien rares; aussi mes compatriotes vont-ils me taxer d'exagération. Mais qu'ils viennent ici, et s'ils ont de la poésie dans l'âme, de la chaleur dans le cœur, un certain détachement des discussions stériles et byzantines de la politique, des agitations mesquines et oiseuses de la vie instinctive, ils seront bientôt convaincus qu'il y a dans ce monde autre chose que de la matière, et que mes descriptions enthousiastes sont encore au-dessous de la vérité et de la réalité.

Combien la lecture du livre de la nature est plus attachante, plus instructive et plus séduisante, que celle des factums, vides et indigestes, des éternels ambitieux qui s'élancent à l'assaut du pouvoir!

Je ne quitterai pas mes compagnons: le patron du bateau, Bonaventure, les deux autres matelots et même le petit mousse, sans les remercier des soins qu'ils m'ont prodigués pendant la tempête. Réellement, ils ont fait leurs efforts pour ne pas me laisser aller approvisionner, de ma personne, le garde-manger des voraces habitants sous-marins. De plus, ils m'ont donné avec empressement beaucoup de renseignements intéressants. En rentrant à Banyuls, ils m'indiquèrent par leurs noms, les rivages et les ports de la côte, depuis l'étang de Salses, jusqu'à la baie de Rosas ; Canet, Saint-Nazaire, Elne, Argelès, Collioure, Port-Vendres, Paulilles, *le Sanatorium*, Banyuls, Cerbère, Port-Bou ; ils me signalèrent les sémaphores, les phares, les tours, les batteries et les forts qui se dressent sur les montagnes, ou à l'entrée des ports ; ils firent défiler devant mes yeux les récifs, sentinelles avancées des Pyrénées-Orientales, les caps Gros, Béarn, Lestreill, Castell, l'Abeille, Rederis, Peyrefite, Canadeill et Cerbère.

L'air était d'une telle transparence qu'aucun détail ne nous échappait ; le clocher de l'église de Banyuls, en pierre et sculpté, ressemblait, à cette distance, à un blanc flocon de neige se détachant en relief sur le fond de verdure des hautes montagnes.

Nous entrâmes dans le port de Banyuls ; mais avant de débarquer, les matelots eurent encore le temps de me raconter les terribles légendes de la mer, les combats et les nombreux naufrages dont ces lieux avaient été les impassibles témoins ; ils rappelèrent à leur souvenir la disparition, pendant les nuits d'orages et de tempête, de leurs intrépides camarades dont les ossements, usés par la lame, roulent maintenant sur les récifs, ou reposent à tout jamais dans les profondeurs de cette Méditerranée, si belle et parfois si cruelle.

O flots ! que vous avez de lugubres histoires.
Flots profonds, redoutés des mères à genoux.
(Victor Hugo).

*
* *

Aussitôt après avoir repris pied sur le plancher des vaches, comme disent dédaigneusement les marins, j'allai visiter l'église de Banyuls.

Ce monument, simple à l'extérieur, comme toutes les églises du Midi, est à l'intérieur d'une richesse inouïe. L'œil est fasciné par un miroitement d'or et de couleurs. — Les Méridionaux aiment à revêtir les statues et images religieuses de riches et brillants costumes, à les orner de bijoux, de pierres précieuses, et à les couronner de diadèmes royaux.

Le chef-d'œuvre de l'église de Banyuls est un magnifique groupe du sculpteur Oliva. Ce morceau de marbre représente, sans l'imiter, l'*Immaculée Conception* de Murillo ; la vierge d'Oliva est d'une exécution parfaite et d'une incomparable poésie. Idéalement belle, sa physionomie, toute céleste, possède une expression de douceur et de pureté remarquables. Superbement drapée dans son vêtement et légèrement posée sur un nuage, cette vierge est dans l'attitude de la prière et de l'extase divine ; c'est la représentation exacte, l'image touchante de *Sancta Maria gratiâ plena ;* elle paraît aspirer au ciel pendant qu'à ses pieds, des anges, dans une pose merveilleuse, la contemplent et l'admirent.

Oliva a dû s'inspirer des grands maîtres italiens ; il les a égalés. Sa vierge, belle et sainte enfant de 16 ans, m'a aussi vivement ému que les chefs-d'œuvre de la basilique de Saint-Pierre de Rome.

Nous n'aurions aucune raison de naitre, de vivre et de mourir, si nous ne devions, ici-bas, remplir une mission. — Quelle est-elle..... ?
— Mais sans aucun doute, il existe une mémoire universelle, éternelle, qui se souvient de tout, le fixe et l'inscrit dans le livre de l'humanité : ces tablettes du grand archiviste de l'univers ! — Quel serait, sans cela, le but du roulement perpétuel de la vie ? Pourquoi l'homme, dès qu'il sort de l'animalité, cherche-t-il à marquer son passage de toutes façons et à dire à ceux qui le suivront : « *J'ai été* » ?

Par son génie et par ses nombreuses créations, Oliva est arrivé à ce but. — Comme tous les artistes qui ont empreint leurs œuvres du triple caractère de la puissance, de la force et de l'intelligence, il a profondément buriné son nom sur les tablettes de l'histoire des arts, à la suite de ceux de Phidias, de Praxitèle, de Michel-Ange, de David d'Angers, de Rude.....

Oliva s'est aussi placé à la tête de notre grande école moderne de sculpture, avec Chapu, Mercié, Dubois, Carpeaux, Delaplanche, Falguière, Carrier-Belleuse, Guillaume... Cette école française contemporaine est digne des plus belles époques de la Grèce et de l'Italie.

Né en 1824, à Saillagouse, petite localité des Pyrénées-Orientales, Alexandre Oliva est un exemple de la puissance de la volonté, unie à des dispositions naturelles. — En quittant l'école de son village, il aida son père, fabricant de faïence, dans ses travaux de céramique et commença, sans aide et sans maître, à modeler des figurines avec de la terre glaise. Il tomba au sort et continua ses essais au régiment; le colonel s'en enthousiasma et devina l'artiste. Oliva obtint un congé, partit pour Paris et entra dans l'atelier de Delestre, où il sculpta des bustes qui le firent remarquer. C'est seulement vers l'âge de quarante ans que, doué d'une énergie indomptable, il parvint, par son ardeur au travail, à la fortune et à la célébrité.

L'église de Banyuls renferme un grand nombre d'œuvres admirables. Elle a cependant le grave défaut de n'être pas assez éclairée; il est bien difficile, même lorsque le soleil passe au méridien et que le ciel n'a aucun nuage, de distinguer les traits de la vierge d'Oliva. Quant aux peintures murales et aux groupes de personnages, il est nécessaire de faire de grands efforts de vision pour saisir les tons des couleurs, les reliefs, l'ensemble et les détails, pour se rendre compte de leur valeur artistique. D'ailleurs, presque toutes les églises du Midi, de même que celles de l'Espagne, sont ténébreuses; on s'y voit à peine. Dans nos pays du Nord, les sanctuaires sont, au contraire, largement ouverts à l'air et à la lumière.

Il y a lieu de supposer que les catholiques qui proscrivent des églises la lumière du jour, ont de sérieux motifs pour agir ainsi. — La célébration des rites religieux dans une demi-obscurité, la lueur incertaine des cierges, les dorures, les draperies éclatantes à peine entrevues, les statues qui, dans l'ombre, paraissent s'animer, les psalmodies des prêtres, les nuages de l'encens, les sons de l'orgue qui, voilés et mystérieux, descendent des voûtes de l'église comme une harmonie céleste, toute cette mise en scène, enfin, idéalise les objets, surexcite les sens, agite le cœur, trouble l'âme, fait vibrer les nerfs et dispose à la rêverie, à l'extase et aux visions mystiques.

Les femmes surtout, si impressionnables et que dominent, si souvent, leur extrême sensibilité, leur exaltation nerveuse et l'énergie de leurs sentiments religieux, éprouvent, devant la pompe et la magnificence de l'Eglise, des aspirations ascétiques, une terreur folle de l'Enfer ou l'intuition secrète des joies célestes du Paradis...... Images et symboles des mystères du monde futur !

Quant à moi, profane, je me sens plus près de la Divinité, du Dieu qui se révèle aux hommes par les beautés et les harmonies de la création, je suis plus préparé à comprendre ses œuvres, sa grandeur et ses bienfaits, quand j'élève mon âme vers lui dans une pauvre église de nos villages du Nord, bien dénudée, mais ouverte au grand jour, aux rayons de ce bon et vivifiant soleil, principe de toute vie, qui dore les moissons dans la plaine et fait mûrir le raisin sur les coteaux. Il est vrai qu'élevé dans nos vastes forêts, avec les bêtes sauvages, je suis peut-être, comme elles, un enfant de la primitive nature, de cette belle nature que j'aime ardemment, sous toutes ses formes et dans toutes ses manifestations, je sens couler dans mes veines le sang de mes ancêtres les vieux Gaulois qui, sous la conduite de leurs Druides, adoraient leurs Dieux dans les grands bois, sur un tapis de mousse et de fleurs, sous la voûte infinie des chênes. — En effet, quelle cathédrale éleva jamais vers le ciel de telles colonnes ? Quels vitraux tamisèrent plus finement la lumière du jour ? Quels encensoirs répandirent jamais dans les airs de tels parfums ?.....

L'église de Banyuls a, peut-être, coûté plus d'un million et n'est pas encore achevée. Elle est due au zèle religieux et à l'activité de son curé, M. l'abbé Rous, ainsi qu'à la générosité de riches particuliers. On doit les en féliciter; ils ont encouragé les arts et montré qu'il y a encore dans l'âme humaine de nobles sentiments. — On ne bâtit plus que très rarement de nouvelles églises ; c'est à peine si l'on répare les anciennes. — Hélas ! la foi des premiers âges chrétiens, celle qui soulevait et transportait des montagnes, est encore plus en ruine dans nos cœurs que les monuments religieux !

Par un rapprochement remarquable, il existe à peu de distance de la plus récente église de France, peut-être la plus ancienne. Cette chapelle, située sur la pente d'un vallon incliné vers la Méditerranée, appartenait à un ermitage resté célèbre dans tout le Roussillon, par ses frais ombrages et ses eaux abondantes.

Oasis de verdure au milieu d'un désert ! C'est *Notre-Dame-de-Consolation*, entre Collioure et Port-Vendres. La *Consolation*, comme l'appellent les pèlerins, est, sans aucun doute, une des premières églises élevées après l'apparition du catholicisme dans la Gaule Ibérienne. Elle est de l'époque romaine et postérieure à Dioclétien qui, en 303, fit détruire toutes les églises et confisqua les biens ecclésiastiques. Cet édit fut annulé en 305 par Constance, successeur de Dioclétien.

D'ailleurs, les églises antérieures au IVe siècle n'étaient que des salles d'assemblées publiques, informes et sans architecture. J'ai traité la question de l'*architectonographie* dans mon *Histoire du Valois* ; je ne reviendrai donc pas sur ce sujet ; j'ajouterai seulement que *l'architecture romaine*, style latin ou romain, commence, pour les églises, après l'an 300 et se termine au Xe siècle. Les monuments religieux de cette période sont larges et peu élevés ; leur structure est svelte, bien qu'assise dans une forte immobilité.

Depuis le XIe siècle, époque de la reconstruction générale des églises, la somptuosité domine dans celles de l'Orient et du Midi. Au Nord, c'est la force austère ; mais il y a aussi de la fantaisie légère dans les détails, dans les rosaces et les découpures si fines des portails, des clochetons, des flèches, etc.

L'église de la *Consolation*, toute ouverte en grande baie sombre, avec son odeur d'encens, avec ses cierges, ses nombreux *ex-voto*, laisse dans l'esprit une impression profonde du passé. Du seuil de cet antique sanctuaire, la mer apparait à l'horizon lointain ; la mer sans limites, la grande nourrice et la grande dévorante de ces vigoureuses populations !

Fait digne d'attention, la *Consolation* a été édifiée près d'un monument du culte païen. Cet autel, dédié à Neptune, en porte encore les attributs : le Dauphin et le Trident ; son état parfait de conservation permet de supposer que les premiers chrétiens de ces contrées durent, comme partout, compter avec les diverses croyances des populations. Pour les hardis nautonniers, dont la vie était si souvent exposée sur l'élément liquide, Neptune était un dieu protecteur et tutélaire ; son apparition calmait la vague irritée : « ...... *placidum caput cœtulit undâ.* »

La vierge Marie, protectrice des navigateurs, consolatrice des affligés, étoile brillante de la mer, la *Stella mar* des Catalans, guide maintenant l'intrépide matelot sur la mer immense, fortifie son courage et illumine son cœur d'une douce espérance. Elle a détrôné le vieux Neptune, l'antique époux d'Amphitrite, qui, entouré de tritons, entraîné par ses chevaux marins, parcourait son vaste empire et, armé du trident, apaisait les flots en courroux.

Il y avait jadis des moines à *Notre-Dame-de-Consolation*. Mme Amable Tastu a laissé sur eux quelques vers où elle exhale les peines de son cœur :

. . . .

Ainsi, pendant la nuit, quand l'élément perfide
Gronde aux pieds des rochers qui bornent ce vallon,
Ils s'endorment au bruit de ce ruisseau limpide,
Errant sur le gazon.

Et moi, ne puis-je aussi trouver un lieu propice
Où les peines du cœur s'endorment à jamais ?
A défaut de bonheur, Vierge Consolatrice,
    Fais-moi trouver la paix.

Permets, Reine des Cieux, qu'après de longs orages,
Je puisse enfin goûter quelques jours de repos,
Beaux comme tes vallons, doux comme tes ombrages
    Et purs comme tes eaux.

Combien de fois, pensif et solitaire, le cœur serré en songeant à mille choses passées qui ne reviendront plus, ai-je erré dans les sentiers de la Consolation, et rappelé à ma mémoire cette poésie si touchante de Mᵐᵉ Tastu !

Il existe aussi à Collioure, dans un îlot relié aujourd'hui à la terre par une digue, une chapelle très ancienne qui, depuis plus de mille ans, est battue par les vagues. C'est celle de St-Vincent, patron de la ville, et dont la fête, célébrée le 15 août de chaque année, donne lieu à une curieuse cérémonie, unique en son genre sur toute la côte méditerranéenne. Cette fête attire un nombre considérable de visiteurs.

Le matin de ce jour, le clergé se rend à l'église, accompagné des fidèles, pour y prendre les reliques de saint Vincent, de sainte Marthe et de sainte Libérate, et les porter en grande pompe sur un bateau de pêche ; celui-ci gagne le large et aborde à la chapelle, où le service divin est célébré.

Le soir, ce même bateau, toujours chargé des précieuses reliques, est brillamment décoré et illuminé ; le clergé y reprend place ; de vigoureux rameurs entraînent l'embarcation en pleine mer, d'où elle rentre ensuite dans le port et atterrit sur la plage. Un matelot s'avance et s'écrie en langue catalane :

—D'oun ben la barka ?
— De l'ille.
— Que porta ?
— San Vincens, santa Martha, santa Lliberate.
— Al noum de Deou, bagi la barka.

C'est-à dire, en français :

—D'où vient le bateau ?
— De l'île.
— Que porte-t-il ?
— Saint Vincent, sainte Marthe, sainte Libérate.
—Au nom de Dieu, passe le bateau.

Immédiatement cette embarcation, d'un assez fort tonnage, est tirée à terre et, afin qu'elle puisse conserver l'équilibre sur sa quille, elle est entraînée au pas de course, à l'aide de cordages, par plus de trois cents marins, précédés de tous les mousses porteurs de torches. Les reliques et les prêtres, fortement secoués sur le pavé rocailleux des rues, traversent ainsi toute la ville, suivis par une foule enthousiaste qui se précipite derrière le bateau en acclamant l'arrivée des saints.

L'origine de cette fête est inconnue ; elle se perd dans la nuit des temps et doit remonter aux premiers âges du Christianisme. En effet, d'après une tradition, saint Vincent, né à Collioure, y aurait subi le martyre au IIIe siècle.

A moins de deux kilomètres à vol d'oiseau de la Consolation, on aperçoit sur un pic élevé, dénudé, près de Cosperons, la tour de Madeloch — *Mas de l'Oie*, — du catalan, *mas*, métairie, et *oca*, oie. — On prétend aussi que ce nom provient de l'hébreu Madaloth, *montée*.

La tour de Madeloch, surnommée au moyen-âge « *La Tour du Diable*, » a été construite vers le milieu du VIIIe siècle, par les Maures d'Espagne. — Jadis, presque inaccessible, elle était non-seulement imprenable, mais encore à l'abri de toute surprise. Les Maures eux-mêmes, lorsqu'ils s'élançaient, ainsi que des oiseaux de proie, sur les villages d'alentour, ne pouvaient regagner cette forteresse que par des sentiers étroits, glissants, dangereux, bordés de précipices, et en s'aidant de cordes jetées du haut de ce nid d'aigles. Quant aux assaillants, comme les guerriers de Roland à Roncevaux, ils étaient facilement écrasés par les rochers que les défenseurs de la tour faisaient rouler sur ces pentes abruptes et rapides.

La tour de Madeloch, située à l'extrémité du pic de Taillefer, est aujourd'hui un poste de défense et d'observation ; une route stratégique, ouverte en 1884 par le Génie militaire, en permet l'ascension en voiture jusqu'à une petite distance ; le reste du parcours s'exécute facilement à pied. Madeloch est à cinq kilomètres environ, à vol d'oiseau, de Collioure, de Port-Vendres et de Banyuls ; mais, par suite de nombreux circuits, la route qui y conduit, de chacun de ces trois points, est de 20 à 25 kilomètres. L'appréciation des distances, dans les montagnes, est souvent trompeuse. Cette tour s'élève à 550 mètres au-dessus du littoral ; elle a 30 mètres de hauteur, 25 mètres de circonférence et compte trois étages sur voûtes ; l'épaisseur des murs est de deux mètres.

Ne voulant pas imiter les **voyageurs en chambre**, qui, au coin de leur feu, font de brillantes descriptions, toutes d'imagination, de paysages qu'ils n'ont jamais vus, je résolus de monter à pied à la tour de Madeloch.

Je fis part de ce projet à un solide montagnard ; il accepta de m'accompagner. Cependant, comme nous ne pouvions faire cinquante kilomètres dans une journée d'hiver, — c'était à la fin de novembre, — nous partîmes par les sentiers de traverse. Le voyage fut pénible ; j'arrosais la terre de mes sueurs, je déchirais mes habits aux ronces ; souvent mon compagnon m'aidait à franchir les passages difficiles ou dangereux. A mesure que nous nous élevions dans l'espace, les montagnes dont nous dépassions l'altitude paraissaient s'abaisser. A chaque pas, la perspective se modifiait, s'élargissait ; la mer et les plaines du Roussillon prenaient de plus grandes proportions.

Enfin, nous arrivâmes au but, et, de la hauteur que nous venions d'escalader, une scène inoubliable se présenta à nos yeux émerveillés : le soleil brillait dans une atmosphère pure et calme, la transparence de l'air nous permettait de distinguer nettement toutes les sinuosités de la côte et, à nos pieds, Banyuls, Paulilles, Port-Vendres, Collioure, qui paraissaient se baigner dans la Méditerranée ; plus loin, cette mer bleue, sillonnée de lames blanches, s'étendait à l'infini et se confondait avec l'horizon inondé de lumière.

Du côté opposé, les yeux embrassaient un autre océan, silencieux et immobile : un océan de montagnes, de pics élevés aux tons chauds ou sombres. Toutes ces masses granitiques, parsemées des couleurs propres aux hautes altitudes, étaient dominées par les cimes neigeuses du Canigou, que le soleil, à son déclin, colorait légèrement des reflets irisés de l'arc-en-ciel.

> Jamais ce pic glacé n'entend l'oiseau siffleur,
> Ni le vent du matin empli d'odeurs divines
> Qui rit dans les palmiers et les fraîches ravines,
> Ni, parmi le corail des antiques récifs,
> Le murmure rêveur et lent des flots pensifs,
> Ni les vagues échos de la rumeur des hommes.
> Il ignore la Vie et le peu que nous sommes,
> Et calme spectateur de l'éternel réveil,
> Drapé de neige rose il attend le soleil.
> LECONTE DE LISLE.

Subissant une sorte d'attraction magnétique, je ne pouvais détacher mes regards de ce spectacle grandiose et imposant. Lorsque, par un effort, je les abaissais, un vertige subit me faisait reculer : là, sous mes yeux, tout autour de Madeloch, je n'apercevais que des rocs escarpés, des blocs suspendus et d'insondables abîmes.

Mais, plus loin, encore plus loin que ce chaos, la vue se reposait agréablement sur toute la Catalogne. Cette région méditerranéenne, séparée en deux parties par les Pyrénées, étalait, par places, ses villes et ses villages, qui marbraient de veines blanches le vert des bois, ou les teintes variées du sol. Ce large tableau, encadré à l'orient par la mer, se déroulait depuis les Corbières et Perpignan jusqu'au delà de Figuères et de Barcelone.

Le splendide panorama, dont la tour de Madeloch est le centre, se grave profondément dans la mémoire; on le revoit toujours, on ne l'oublie jamais.

« Quel est celui qui peut fermer son âme à une puissante et religieuse émotion, lorsque parvenu dans l'azur aérien, au sommet de quelque pic vertigineux, d'où il promène son regard sur un horizon sans limites, il entend sous ses pieds la tempête qui gronde et roule de vallée en vallée? Quel est celui qui, contemplant ainsi les solennelles beautés de la nature, n'a entrevu l'éblouissante vision de l'infini, et ne s'est senti plus près de Dieu? » (CÉZANE, député.)

Cependant, combien d'hommes vivent et meurent au milieu de toutes les merveilles de la nature, sans en connaître le charme, sans en voir les beautés, sans en sentir l'imposante grandeur et la puissante attraction. Ils passent sur la terre comme des *aveugles!*

Il fallut trop tôt, beaucoup trop tôt, m'arracher à l'irrésistible contemplation qui me fascinait, et songer au retour. La descente fut plus pénible que l'ascension. — Au col de Mouillou, je dus m'arrêter, mais le soleil disparaissait sous l'horizon des montagnes, et la nuit, une nuit d'hiver sans lune, allait venir rapidement. Il nous était impossible de prendre, comme dans le *Chalet*, un instant de repos. — Heureusement, le métayer du mas était un homme obligeant; il appela ses chèvres et fit traire une tasse de lait que je bus avidement. Il m'offrit ensuite un mulet que son jeune fils devait guider ; la nuit arrivait, il n'y avait pas un instant à perdre, j'acceptai et je me hissai sur ma monture.

Le métayer me fit observer que la route étant trop longue — 15 kilomètres — le voyage ne pouvait se faire que par les sentiers de montagne, et il m'engagea à me retenir fortement des deux mains, à deux anneaux en fer fixés à la selle, l'un devant et l'autre derrière.

Nous partîmes à la file indienne ; le jeune garçon en éclaireur, le mulet et moi venaient ensuite ; mon fidèle compagnon protégeait la retraite. Nous commençâmes à franchir les vallons et les précipices ; quand le mulet descendait vers le fond d'un ravin, il me fallait conserver l'équilibre en me renversant sur le dos, et en me retenant à l'anneau de devant.

Si, au contraire, le mulet remontait une pente rapide, sa tête à la hauteur de la mienne, je devais, cette fois, me pencher sur son cou. La nuit était sombre, et je ne distinguais autour de moi que d'affreux trous noirs.

Quelquefois, quand le passage devenait dangereux, le mulet s'arrêtait, regardait attentivement devant lui, posait doucement un pied sur une saillie du précipice, s'assurait de la solidité du point d'appui, plaçait à côté l'autre pied, et, par un bond soudain, franchissait l'espace. Pendant ce temps, de même que sur un navire désemparé par une mer démontée, je tanguais et roulais sur ma selle, me retenant aux deux anneaux, et ne me préoccupant que de conserver mon centre de gravité, pour ne pas rouler tout à coup dans l'abîme. — Il est des choses que l'on fait une fois, mais que l'on ne recommence plus. — Bref, nous parvînmes tous sains et saufs à Collioure, où la vue des premières maisons me causa une agréable sensation.

En arrivant à l'hôtel de la gare, où les habitués m'attendaient avec anxiété, mon aimable hôtesse me servit un excellent dîner, auquel je fis le plus grand honneur. — Il n'est rien de tel pour exciter l'appétit, qu'une ascension à la tour de Madeloch.

Tout semblait heureux de me revoir : l'inquiétude avait disparu de tous les visages ; un grand feu de bois d'olivier lançait dans l'âtre des milliers d'étincelles qui pétillaient et se poursuivaient joyeusement ; Florine et Quefarem, deux jolis petits chiens, jappaient bruyamment. — Braves chiens, nos meilleurs amis, qu'aucun caprice ne rebute, qu'aucune rigueur n'éloigne et qui, toujours et quand même, restent fidèles à l'homme !

Une cigarette et une délicieuse tasse de café terminèrent cette petite fête du retour : le tabac, qui produit l'éveil et la coordination des idées ; le café, qui éloigne le sommeil et répand son arome dans l'imagination.

On ne sait d'où vient le nom de « *Tour du Diable,* » donné à la tour de Madeloch ; il est présumable que cette appellation remonte à l'occupation arabe. Après leur défaite à Poitiers, en 732, les Sarrasins, dont le joug était redouté, s'établirent dans les contrées pyrénéennes qu'ils opprimèrent et gouvernèrent avec violence. — D'un autre côté, à ces époques d'ignorance et de superstition, l'amour du merveilleux dominait toutes les âmes, et le Diable jouait un rôle considérable dans les croyances populaires ; les sorcières, les mauvais génies répandaient également partout une terreur incroyable. — Il existe encore le vieil ermite de ces montagnes, si vieux que nul ne sait quand il est né. En traversant les âges écoulés, il a recueilli les terribles légendes qui faisaient frémir les habitants de Cosperons (1) ; il en a composé une sinistre ballade :

La Sorcière de la Tour du Diable.

Des noirs rochers de cette tour antique,
Quand le beffroi vient de pleurer minuit,
On voit surgir une ombre fantastique
Qui, jusqu'au ciel, se dresse dans la nuit ;
Son souffle au loin courbe le front des chênes
Et fait mugir les vagues en courroux.

    Enfants, fuyez dans les forêts prochaines
    Joignez les mains et tombez à genoux !

C'est Nourmahal, c'est la vieille sorcière,
Qui va le soir fouiller dans les tombeaux,
Des morts glacés secouer la poussière
Et dérober des linceuls en lambeaux ;
Ses pieds hideux traînent de lourdes chaînes
Et sur son front voltigent les hiboux.......

    Enfants, fuyez dans les forêts prochaines,
    Joignez les mains et tombez à genoux !

Le voyageur dont le coursier s'effare
Au sombre aspect de ces rochers maudits,
Entend au loin le bruit d'une fanfare
Qui met le trouble en ses sens interdits ;
Sa froide main laisse échapper les rênes
Et son cheval s'abat sur les cailloux.....

---

(1) *Vallis de Collis profundis.*

> Enfants, fuyez dans les forêts prochaines,
> Joignez les mains et tombez à genoux !

L'air retentit de ses clameurs funèbres,
Les échos seuls répondent à sa voix.
Car Nourmahal parait dans les ténèbres,
Lui tord les reins et s'enfuit dans les bois ;
Son corps meurtri rougit l'herbe des plaines
Et reste en proie à la fureur des loups......

> Enfants, fuyez dans les forêts prochaines,
> Joignez les mains et tombez à genoux !

Vers Cosperons, au fond des précipices,
Un char de feu maintenant la conduit ;
C'est pour cueillir l'herbe des maléfices
Qu'elle a quitté son ténébreux réduit.
Mais la voici..... Le froid court dans nos veines !
Enfants, j'ai peur, je tremble comme vous.....

> Venez, fuyons dans les forêts prochaines,
> Joignons les mains et tombons à genoux !

La manière dont les cervelles se détraquent, pendant le cours des siècles, est tristement curieuse à étudier. Ces désordres de l'esprit proviennent directement des idées ambiantes, conçues par des esprits exaltés, effarés. — Sans remonter trop haut, nous voyons d'abord que la croyance au surnaturel a donné naissance aux miracles. Les sorciers, ces fous du moyen-âge, sont venus ensuite. Aujourd'hui, c'est la politique, mêlée à l'ambition et aux extravagances de la fausse science, qui trouble les têtes les plus solides et les mieux organisées.

A peu de distance de la tour de Madeloch, au milieu d'une gorge profonde, que surplombent d'énormes rochers, on voit encore les ruines, bien conservées, du vieux monastère de la Valbonne ; il est actuellement transformé en métairie. On y arrive en partant d'Argelès, de Collioure ou de Port-Vendres ; le sentier qui y aboutit, accessible seulement aux piétons et aux mulets, est rocailleux, accidenté, contourné ; c'est la nature sauvage dans toute son étrangeté, le chaos des éléments de l'enfer du Dante, reproduit par le crayon de Gustave Doré. Ce chemin, difficile parfois, remonte un torrent, le Ravaner, qui coule dans un ravin profond ; il est bordé de grands arbres, de broussailles touffues et enchevêtrées, d'étroites prairies et de petits terrains cultivés, parmi lesquels un champ d'expériences agricoles subventionné par l'Etat et divers propriétaires du canton. — On ne saurait trop louer l'instituteur du hameau voisin, le Rimbaut, qui tire le plus intelligent parti de ce terrain confié à sa garde.

L'abbaye de la Valbonne, située au centre des Pyrénées, entourée de précipices et de hautes montagnes, était bien cachée aux regards des profanes ; ses solitaires devaient y vivre dans un calme perpétuel et dans la paix du tombeau :

Requiem æternam dona eis Domine.

Néanmoins cette retraite de la Valbonne était fortifiée et a été attaquée ; on y voit encore les traces des siéges qu'elle a dû subir. Son église paraît être du ixe siècle ; elle est toujours debout et sert aujourd'hui de grange et d'étable.

Le touriste pourra aussi rencontrer près de Madeloch, entre le col de Mouillou et Cospérons, un étroit plateau nommé *al Sementeri*, le cimetière. Il y existe encore une pierre gravée dont les signes ont été interprétés par un épigraphiste, de la manière suivante :

« *Valerius Flacus Præfectus Præsidii Monumentum Iusset Vivus Sibi Condi Loco Intercepta Et EMunito.* — Valérius Flaccus, commandant de la forteresse, s'est fait construire, de son vivant, ce tombeau dont l'emplacement a été circonscrit par un mur. »

Des fouilles ont été exécutées sous cette pierre par des amateurs, dans l'espoir de découvrir un trésor. *Auri sacra fames!* — Ces recherches sont restées sans résultat.

Il y a encore, aux environs de Collioure, beaucoup d'autres excursions à entreprendre, toutes agréables et accidentées : quatre ou cinq chemins de mulets conduisent à Port-Vendres, à Paulilles, à Banyuls...... Des routes stratégiques, construites par le Génie militaire, sillonnent la montagne. La route nationale côtoie souvent la mer par des sinuosités en corniche ; elle paraît, parfois, suspendue à plus de cent mètres au-dessus des flots. — Les petites plages de sable ou de galets, qui s'étendent entre les rochers, sont presque toujours accessibles.

Dans la direction d'Argelès et de Port-Vendres, les crêtes des promontoires sont remarquablement pittoresques.

Ces promontoires, dernières protubérances de la longue chaîne des Pyrénées, projettent leurs récifs vers le large. — Du haut des falaises escarpées, que ronge l'action incessante des vagues, on peut se croire en pleine mer, dans une île perdue. Cette apparence paraît d'autant plus réelle que, de chaque côté du spectateur, le rivage s'infléchit légèrement en arrière.

De ces hauteurs, l'œil n'aperçoit que des horizons changeants, de grandes étendues marines, des barques aux voiles blanches, semblables à d'immenses ailes de mouettes, avec leurs pêcheurs bronzés et grillés. — C'est le bon hâle du vent, du soleil, du grand air salé qui rend les matelots si forts, et donne à leur teint ces tons chauds et ardents.

Collioure est une ville importante ; elle compte 3,600 habitants ; c'est un des principaux points de départ de la pêche méditerranéenne : ses deux ports d'aval et d'amont contiennent une centaine de bateaux. La sardine, l'anchois, le thon, l'anguille, la raie...... abondent sur ces côtes, d'où le poisson est exporté dans tout le Midi et le Centre de la France. Il y a aussi à Collioure d'importantes salaisons. — Cette ville est d'une originalité exceptionnelle : les rues accidentées, les embarcations sur l'eau ou tirées à terre, les filets étendus sur le rivage ou sur les talus gazonnés du château-fort, l'embarquement des marins, l'animation du retour, les soldats, les douaniers, les jolies filles à l'œil brillant, au regard hardi, expressif, à la figure éveillée et rieuse, les groupes réunis sur la plage, devant les cafés et sur les places publiques, bordées d'arbres vigoureux au feuillage épais....., tout cela rappelle les tableaux de marines, les plus curieux, des musées de nos grandes villes.

Vu du haut des montagnes d'alentour, le paysage de Collioure excite, à juste titre, la curiosité du touriste égaré pour la première fois dans cette région pyrénéenne ; il ne peut cesser d'admirer ces perspectives ensoleillées. — La ville paraît s'avancer dans la mer, avec ses forts, son église, sa chapelle Saint-Vincent, ses digues, ses plages, ses récifs. — Cet ensemble, qui se détache en relief sur le fond, presque toujours bleu, de la Méditerranée, est pour le peintre, pour le dessinateur, un sujet d'études variées et multiples.

Les villes d'Argelès, de Collioure, de Port-Vendres, de Banyuls, sont traversées par la ligne du chemin de fer du Midi, qui, partant de Narbonne, passe à Perpignan, Elne……, se termine pour la France à la gare internationale de Cerbère, et se continue jusqu'à Figuères, Gérone, Hostalrich, Barcelone, Madrid, etc.

Nous quitterons ici, voyageur, cette contrée méditerranéenne, mais auparavant nous pourrons encore faire une ascension à la tour de la Massane, dont l'altitude est un peu plus élevée que celle de Madeloch. Comme cette dernière, la Massane a été construite par les Sarrasins.

De là, nous laisserons de nouveau errer nos regards vers la Méditerranée, où resplendit l'or de l'été ; nous laisserons, une dernière fois, égarer notre imagination, cette folle du logis, vers les fortunés rivages et vers les horizons infinis de cette mer splendide, aux flots parfois assoupis, mais le plus souvent agités, tourmentés, et que fait scintiller, en longues traînées de lumière, la blanche clarté de la lune ou l'éclatante irradiation du soleil.

※
* *

En descendant vers la plaine, nous rencontrerons Argelès-sur-Mer dont le nom, disent les étymologistes, signifie en vieux gaélique, *terre grasse, terre fertile.*

Autrefois fortifiée, Argelès a subi plusieurs sièges. — Lorsqu'en 1642, Louis XIII arriva devant Perpignan, les habitants d'Argelès attaquèrent la garnison espagnole et la forcèrent à se refugier dans l'église, où elle resta enfermée jusqu'au moment où les Français arrivèrent et la firent prisonnière.

Argelès est un des plus charmants séjours de la contrée : — D'un côté, la mer et ses belles plages sablonneuses, où l'air, imprégné de sel, est toujours tiède ; de l'autre, les montagnes boisées des Albères, leurs dernières ramifications qui se baignent dans les eaux ; plus loin, les profondeurs de la vallée du Tech et ses grands aspects. — Le Canigou domine et encadre, avec ses contreforts, la partie occidentale de ce panorama aux vastes proportions, digne, à tous égards, de tenter le crayon de l'artiste.

L'église d'Argelès est du XIIe siècle ; elle renferme plusieurs tableaux sur cuir et sur bois, très remarquables, dit-on ; mais, l'obscurité de la nef ne permet pas de s'assurer de leur valeur. L'un d'eux représente plusieurs scènes apocalyptiques, parmi lesquelles le Diable et saint Michel discutent au sujet d'une âme que l'on pèse dans une balance.

Nous traverserons de plantureux jardins, garnis de beaux arbres fruitiers, d'immenses plaines couvertes de vignes aux raisins exquis et abondants. C'est la nature dans toute sa richesse, dans toute son exubérance, — et nous arriverons à Elne.

Cette ville remonte à la plus haute antiquité. L'époque de son origine est restée indécise, malgré les savantes dissertations des érudits nationaux. Cependant, d'après les conjectures les mieux fondées, on suppose que, vers le XIe siècle avant l'ère chrétienne, et en même temps que des Phocéens fondaient *Massilia* (Marseille), des Phéniciens de Sor s'établissaient dans la Gaule Ibérienne. Ils bâtirent les villes de Ruscino, d'Illibéris et de Cauco-Illibéris, devenues Castel-Roussillon, Elne et Collioure. — C'est la ville de Ruscino qui a donné son nom au Roussillon ; elle s'appela successivement *Rouskino* et *Ruseillio*.

Cette région était déjà habitée par des peuples nomades et pasteurs, adorateurs d'Esus et de Teutatès. Ces Gaulois primitifs, venus probablement des plateaux élevés de l'Asie, après la période glaciaire, vivaient dans les hautes et sombres forêts dont toute la contrée était couverte. On a retrouvé entre Arles-sur-Tech et Prats-de-Mollo, une longue et énorme pierre branlante reposant sur un trépied : elle a été reconnue comme étant un dolmen, autel de l'antique religion des Druides. La légende l'appelle le *Palet de Roland*, que le neveu de Charlemagne lançait de montagne en montagne.

D'après plusieurs anciens historiens latins, les Pyrénées se nommaient alors monts *Cetubals*, de *Tubal*, fils de Caïn, qui serait venu avec sa famille s'établir dans l'Ibérie. Mais, 880 ans avant J.-C., un immense incendie, déterminé par trente années successives de grande chaleur, s'étendit de la mer jusqu'au delà du Tech, de la Tet et de la Cerdagne. Cet embrasement général anéantit les forêts des montagnes et de toutes les plaines du Roussillon. Il ne s'arrêta, faute d'aliments, qu'aux Corbières arides et dénudées. C'est de cette époque que la longue chaîne de montagnes allant de la Méditerranée à l'Océan, prit le nom de Pyrénées, du grec *Pur*, feu.

D'autres étymologistes affirment que l'appellation de Pyrénées viendrait de *Pyrène*, amante d'*Hercule* ; presque tous les anciens auteurs soutiennent cette version. — Après la mort de *Pyrène*, on lui érigea, dit Strabon, sur la plus haute des montagnes que baigne la Méditerranée, un temple qui prit le nom de *Vénus Pyrène*. — En effet, avec le géographe grec, Pline fait mention d'un temple dédié à *Vénus Pyrène*, sur le promontoire *aphrodision* qui domine le *Portus-Veneris*, Port de Vénus, aujourd'hui Port-Vendres. — C'est l'emplacement actuel du plus élevé des trois phares de cette ville.

A la suite de la destruction des forêts des monts Cetubals, la vallée du Tech aurait été appelée *Vallespir* (vallée du feu). — On a fait aussi dériver ce nom de deux mots latins, *Vallis aspera* (vallée sauvage).

L'incendie des montagnes Ibériennes, ainsi que de tout le Roussillon, eut, dans le monde entier connu des anciens, un retentissement prolongé : sept cents ans plus tard, Lucrèce attribue à la foudre cet immense désastre :

Fulmen detulit in terras mortalibus ignem,
Penitus, inde omnis flammarum traditus ardet.
. . . .

« C'est ainsi que, pénétrant la masse terrestre, le feu du ciel y développa d'immenses incendies..... »

Enfin, on a également prétendu que les Pyrénées et le Vallespir devaient leur dénomination de montagnes et de vallée du feu, aux bûchers que les Gaulois allumaient fréquemment pour brûler leurs morts, ainsi que les victimes humaines sacrifiées à la vengeance du terrible Teutatès, le Dieu du feu et des tempêtes. — Cet usage se retrouve dans les forêts du Nord : ce qui donne lieu de supposer que nous serions tous descendus, en France, de la race primitive des Gaulois autochthones.

Quoi qu'il en soit, ces différentes hypothèses sont curieuses et intéressantes. — N'est-ce pas une jouissance de l'esprit et du cœur d'évoquer un monde disparu, de revivre par par la pensée avec ceux qui, avant nous, ont foulé la terre qui nous porte, respiré l'air que nous respirons et aimé ce que nous aimons ? Sous le prisme de l'imagination, tous ces peuples ensevelis se succèdent, comme apparaissent dans un rêve les ombres insaisissables et silencieuses de ceux qui ne sont plus.

Continuons donc à fouiller avec persistance dans le domaine de nos ancêtres. — Qui cherche, trouve. — Efforçons-nous d'apporter un peu de lumière dans les ténèbres du passé, et ceux qui nous suivront parviendront peut-être à les éclairer. — Toute semence doit lever un jour.

Les données certaines sur l'histoire du Roussillon remontent au IVe siècle avant notre ère. Quand Annibal fit passer son armée par les Pyrénées, à la suite du traité de Ruscino, il vint établir son camp dans la plaine d'Illibéris, sur les bords du Tech, avec 40 éléphants, 9,000 cavaliers et 50,000 fantassins. Chiffre énorme en raison des difficultés de la marche d'une troupe aussi nombreuse, à travers un pays inconnu, sans route et hérissé d'obstacles.

Un savant archéologue de Perpignan recherche, me dit-on, les traces de la route suivie par Annibal. Je vais lui fournir quelques indications à ce sujet.

Il y a dans le pays une tradition qui fait passer les Carthaginois par le col de la Massane, traversé également par la voie Domitia qu'établirent les Romains 118 avant J.-C., c'est-à-dire exactement 100 ans après la marche d'Annibal.

En partant d'Argelès pour se rendre à la tour de la Massane, on rencontre, à mi-côte, un énorme rocher appelé dans le pays le « *Lion d'Annibal.* » Selon la légende, les Carthaginois, campés à cet endroit avant de descendre dans la plaine, auraient, en commémoration de leur passage, donné à ce rocher la forme grossière d'un lion.

C'est aussi cette route que Charlemagne suivit, suppose-t-on, lors de son retour, après sa seconde expédition en Espagne ; il redoutait les gorges de Roncevaux, si funestes à son arrière-garde quelques années auparavant.

Une autre tradition fait passer Charlemagne sur les bords de la mer : à gauche de la route d'Argelès à Collioure, et près du mas Leclère, une plaine a conservé le nom de *Camp de Charlemagne*. On y rencontrerait encore, dit-on, des traces d'une route. — Cette légende, ainsi que celle du lion d'Annibal, sont assez vagues dans la mémoire des habitants ; elles ne reposent sur aucune donnée certaine et ne sont écrites nulle part.

La vallée profonde du Mondony, qui descend des hauteurs de St-Laurent-de-Cerdans, passe à Montalba et se termine à Amélie-les-Bains, porte aussi le nom de gorge d'Annibal ; ce n'est encore qu'une tradition. Il est probable qu'avant de franchir ces parages, le général carthaginois aura divisé son armée en plusieurs corps.

Pendant que les troupes d'Annibal traversaient les Albères, une ambassade romaine débarquait à Collioure pour proposer aux Ibériens de combattre les Carthaginois. Il était trop tard, et les Romains n'eurent que le temps de se rembarquer.

Illibéris était alors la ville la plus importante de la région ; son port, centre d'un commerce considérable, recevait des navires de toutes les nations riveraines de la Méditerranée. Le Roussillon resta ensuite plus de six cents ans sous la domination romaine. Pendant cette période, il fut souvent ravagé et dépeuplé par les flots de barbares qui, du Nord, roulaient constamment vers l'Ibérie. Précédemment, Sertorius et Pompée y avaient fait une guerre de destruction. Enfin, en 414, les Wisigoths s'en emparèrent et s'y établirent définitivement.

Toutes ces calamités avaient été funestes à Illibéris. Elle était en ruines lorsque Constantin la fit rebâtir et lui donna le nom de sa mère, *Helena,* d'où Elne par contraction. La Méditerranée baignait alors les murs de la ville ; depuis, elle s'est retirée de sept kilomètres.

C'est à Elne que Constans, fils de Constantin, fut égorgé par Gaisson.

Au commencement du huitième siècle, vers 718, le Roussillon fut, de nouveau, ravagé par les hordes africaines qui pillèrent, brûlèrent les villes, les villages et massacrèrent les habitants qui ne purent se réfugier dans les montagnes. Elne et Ruscino disparurent encore ; cette dernière ville ne se releva jamais de ses ruines. Elne fut rebâtie, mais non sur le même emplacement ; elle s'éloigna du Tech.

L'année 759 vit la délivrance du Roussillon : les Francs vinrent avec Pépin, père de Charlemagne, attaquer Narbonne, dernier rempart de la puissance musulmane dans les Gaules. Après un siége de sept ans, les Sarrasins capitulèrent. La prise de Narbonne entraîna la reddition d'Elne, de Collioure et de tout le Roussillon. L'émir Soliman, qui commandait à Barcelone, reconnut la souveraineté de Pépin.

En 1172, le comte Guiraud céda le Roussillon, alors indépendant, au roi d'Aragon. C'est vers cette époque que la ville d'Elne reprit son importance de capitale de la province ; elle était, depuis le VIme siècle, le siége d'un évêché.

Jusqu'au XIIIme siècle, cette magnifique contrée, qui, par son climat et la richesse de son sol, attirait les envahisseurs, fut souvent exposée aux incursions des Normands et des aventuriers de tous pays. Ils la ravagèrent en tous sens ; pillèrent, mirent en feu les couvents, égorgèrent les moines, ainsi qu'un grand nombre d'habitants ; une autre partie fut emmenée en esclavage. Les terribles Scandinaves, surtout, laissèrent des souvenirs tellement sinistres dans le Roussillon, que longtemps après leur départ, on chantait encore dans les églises une lugubre litanie : « *A furore Normanorum, libera nos, Domine !* »

Les Barbaresques, non moins cruels, vinrent ensuite : l'évêque d'Elne, Udalger, se plaignit au Synode de Narbonne, en 1140, que les pirates des îles Baléares, après avoir enlevé plusieurs personnages importants de son diocèse, exigeaient, pour les rendre à la liberté, un tribut de *cent jeunes vierges*.

Ce tribut du Minotaure, souvent imposé par les Barbaresques à la suite de leurs razzias, était une calamité pour les populations méditerranéennes. Il était encore en usage au commencement de ce siècle : en 1862, je vis à Nice une femme très âgée qui, livrée, dès l'âge de quinze ans, à des pirates algériens en paiement d'une rançon, vendue et revendue, passant de harem en harem, avait eu plus d'aventures, dans le cours de son existence, que la fiancée du roi de Garbe.

La cathédrale d'Elne a été érigée au XIIme siècle sur le modèle du Saint-Sépulcre de Jérusalem. C'est du pur *roman*. Elle est divisée en trois nefs. Le cloître, qui y est attenant, offre des sculptures allégoriques extrêmement remarquables. Il est classé dans les monuments historiques.

La porte de ce cloître est du XIIIe siècle ; elle est à voussure de marbre et moresque de détails. Le cloître est un parallélogramme de 16 mètres sur 15 ; il est d'une admirable élégance. C'est un spécimen complet de l'ornementation du moyen-âge.

Le cloître d'Elne, dit le baron Taylor, est un des plus beaux ouvrages d'architecture de l'époque romane. C'est, en outre, un véritable musée d'épigraphie ; il contient vingt-trois inscriptions tombales.

Du haut de la tour de ce cloître, on aperçoit la mer à l'horizon, ainsi que tous les villages de la plaine. Parmi ces derniers, on distingue au loin, vers Perpignan, la petite ville de Cabestany.

En racontant, dans *l'Histoire du Valois* (1), un drame conjugal dont Fayel, près de Saint-Quentin, avait été témoin, j'ai rappelé que, par un rapprochement étrange, un événement semblable s'était accompli à la même époque

---

(1) Page 410.

à Cabestany : Guillaume, troubadour du XIIme siècle à la cour d'Alphonse II, roi d'Aragon, était écuyer du comte de Castel-Roussillon, lorsqu'il s'énamoura de sa châtelaine, la comtesse Marguerite. Le mari, ayant découvert l'intrigue, tua l'écuyer et fit manger à Marguerite le cœur de son amant. La dame n'apprit cette nouvelle qu'après avoir terminé son horrible repas ; elle devint folle de désespoir et se précipita dans un lac qui s'étendait sous son balcon. — De même que la comtesse Sarah, elle ne fut jamais retrouvée ; les fées des eaux l'entraînèrent, dit la légende, dans leurs palais enchantés. — Guillaume de Cabestaing avait composé un grand nombre de romances amoureuses ; il en reste sept que les Catalans chantent encore.

Elne se trouvait sur le passage de la voie romaine qui, de Narbonne, se dirigeait vers Perpignan et l'Espagne. — Avant de traverser les Pyrénées pour se rendre en Gaule, Annibal avait déjà fait tracer cette route par dix mille de ses soldats.

Des bornes milliaires ont été retrouvées ; leurs inscriptions ont servi aux archéologues pour reconstituer les itinéraires de Ptolémée, de Strabon et de Pline. La distance indiquée par les auteurs latins, entre chacune des stations de cette route, a servi à établir exactement l'étendue du *mille* et du *pied* romains : le mille correspond à 1,480 mètres, et, comme il comprend 5,000 pieds, chacun de ceux-ci est de 0^m.296.

Les stations sur le sol roussillonnais, de la voie *Domitia*, étaient *Salsulis* (Salses) ; *Com-*

bulis, à quatre milles de *Salsulis* ; *Ruscino*, à six milles plus loin ; *Illiberis* venait ensuite, et au delà une bourgade romaine, aujourd'hui Saint-André. L'église de cette localité a été bâtie à l'endroit où s'élevait une colonne milliaire. On a retrouvé des traces de cette voie entre Palau-del-Vidre et Taxo-d'Amont.

L'emplacement de Ruscino est indiqué sur la carte d'Etat-Major, par une tour qui porte le nom de Castel-Roussillon. Elle est à gauche de la route et à moitié chemin de Perpignan à Canet, dans la direction de la mer. — Ruscino a été la première capitale du Roussillon, Elne la deuxième et Perpignan la troisième.

On connaît déjà l'origine de Ruscino et d'Elne. Quant à Perpignan, une antique légende assure que cette ville aurait été fondée, vers la même époque que Rome, par un bouvier nommé *Perpigne*, du hameau des Cortals, situé à 1,750 mètres d'altitude, dans le Capcir. — Perpigne, peu satisfait du séjour de ces régions glacées, descendit le cours de la Tet, et après avoir, comme Romulus sur les bords du Tibre, tracé un sillon circulaire avec sa charrue, donna son nom à la nouvelle ville qui s'éleva sur cet emplacement.

Près du château de Taxo-d'Amont, il existe un monticule d'environ 15 mètres de hauteur, sur cinquante de circonférence ; il paraît être un tumulus élevé par les Carthaginois lorsqu'ils campaient devant Illibéris. — Ce monticule, parfaitement régulier, est évidemment composé de terres rapportées ; le pays étant complètement plat et sans aucune dépression de terrain.

Il y a même lieu de supposer que le camp d'Annibal occupait, à peu près exactement, le territoire actuel de Taxo, puisqu'à cette époque la ville d'Elne, port de commerce, s'étendait autour de l'embouchure du Tech et que, depuis, la mer, comme il a été dit plus haut, a abandonné ces parages.

La voie romaine quittait cette région entre St-André et Laroque, en avant de Sorède ou de Villelongue-dels-Monts, gravissait les montagnes et se dirigeait vers la station *Summum Pyrenæum*, située au col de la *Carbassera*, non loin de la tour de la Massane et à douze milles d'Illibéris. Cette route gagnait ensuite *Cerbera* (Cerbère), pour se continuer en Espagne par Rosas, Figueras, Gerona, Hostalrich, Barcelone......

Pompée, en rentrant dans les Gaules après ses victoires, campa avec son armée au *Summum Pyrenæum*. Il y fit élever un arc triomphal, surmonté de sa statue. Une plaque de marbre, provenant de cet édifice, a été retrouvée. Elle contient l'inscription suivante :

POMPEUS · SICILIA · RECUPERAVIT · AFRICA TOTA · SUBACTA · MAGNI · NOMINE · INDE · CAPTO · AD · SOLIS · OCCASUS · TRANSGRESSUS ERECTUS · IN · PYRENÆO · TROPHEIS · OPIDES DCCCLXXXI · AB · ALPIBUS · AD · FINES · HISPANIA · REDACTUS · SERTORIUM · DOMUIT · BELLO · SERVILI · EXTINCTO · ITERUM · TRIUMPHALES · CURRUS · EQUES · ROMANUS · INDUXIT · DEINDE · AD · TOTA · MARIA · ET · SOLIS ORTUS · MISSUS · NON · SEIPSUM · TANTUM · SED · PATRIAM · CORONAVIT ·

C'est sous le règne d'Auguste et pendant l'administration du célèbre Agrippa, que la Gaule fut sillonnée par ces indestructibles chaussées dont nous admirons encore les restes. — Le nom de ces grandes voies indique qu'elles étaient destinées aux services publics et aux transports des armées : — chaussées, *aggera*, *strata*. — En effet, le système voyer des Romains était organisé de façon à assurer la perception des impôts, à repousser les invasions et à réprimer rapidement les séditions.

En 1475, le Roussillon et la Cerdagne furent conquis par Louis XI ; mais en 1493, son fils, le faible Charles VIII, rendit ces deux provinces à l'Espagne.

La même année, Ferdinand le Catholique et la reine Isabelle firent leur entrée solennelle à Perpignan, aux acclamations d'une foule enthousiaste.

Cent cinquante ans plus tard, les habitants de Perpignan chassèrent les Espagnols qui leur imposaient l'Inquisition et ses bûchers. La garnison expulsée revint et égorgea traîtreusement une partie de la population ; les survivants implorèrent alors le secours de la France. Louis XIII accourut et ouvrit lui-même le siége de Perpignan, qui capitula le 9 septembre 1642. Les Français furent reçus dans la ville comme des libérateurs.

Le roi poursuivit ses succès, s'empara de tout le Roussillon et termina la campagne par la prise de Collioure où il entra, et dont il fit reconstruire les forts.

C'est à la suite de ces événements que

Louis XIII, pour récompenser la ville de Perpignan, la déclara capitale du Roussillon. — Comme conséquence, l'évêché d'Elne y fut transporté, ainsi que toutes les juridictions de la province. — Cette mesure avait déjà reçu un commencement d'exécution sous le règne de Philippe III d'Espagne ; depuis cinquante ans, les Roussillonnais fatigués du régime espagnol, en proie à la misère, à la peste, aux persécutions des inquisiteurs, étaient en état constant d'insurrection.

Cependant Perpignan était loin, les paysans du Vallespir regrettaient Elne et leur évêque. Il y eut de sanglantes révoltes et de terribles combats ; des guérillas se formèrent et Trinxeria, chef de Miquelets espagnols, en prit le commandement.

En 1668, les habitants de Prats-de-Mollo ayant chassé les agents du fisc, le Gouverneur militaire de Perpignan envoya une colonne de deux mille hommes, pour occuper le haut Vallespir. — Jusqu'à Arles, elle n'éprouva aucune résistance ; le pays paraissant tranquille, les Français s'engagèrent avec confiance sur la route de Prats-de-Mollo.

Arrivée dans les sombres gorges du col de Maurès, et sans avoir aperçu aucun ennemi, cette colonne fut soudainement attaquée : des coups de feu partirent de toutes les hauteurs, en même temps qu'une avalanche de quartiers de rocs et d'arbres déracinés roulait, avec un horrible fracas, du sommet des montagnes, broyant, écrasant, entraînant vers le Tech ou au fond des précipices, tout ce qu'elle rencontrait.

Dans l'impossibilité d'avancer, les soldats qui ne furent pas balayés par cette effroyable tempête se rejetèrent en arrière, mais les guérillas, descendus de leurs positions, leur barrèrent le passage et une lutte atroce, une lutte d'extermination s'engagea. — Les Français, entassés les uns sur les autres dans l'étroite vallée que surplombaient de hauts rochers à pic, succombèrent sans pouvoir se défendre; « leur courage ne leur servit qu'à mourir. » La nuit vint et ces solitudes retombèrent dans le silence. — Les échos seuls répétèrent les gémissements des blessés ou le râle des mourants (14 septembre 1668).

Aidés par les ténèbres, quelques Français purent se réfugier dans Arles, mais les guérillas s'emparèrent bientôt de cette ville et Trinxeria, par une marche rapide, surprit Céret, dont il fit la garnison prisonnière.

Les Français reprirent l'offensive et soumirent tout le Vallespir jusqu'à la crête des Pyrénées. — Néanmoins, Trinxeria continua à diriger les guérillas pendant plusieurs années. Il remporta de nouveaux succès et fut, enfin, définitivement battu. Il alla reprendre du service dans l'armée espagnole, où il occupait le grade de colonel.

Longtemps encore, les populations des villages, se tenant à l'écart, restèrent animées d'une forte haine pour ces oppresseurs, disaient-elles, qui leur étaient étrangers par leurs mœurs, leur langue et presque par leur religion. Les moines et les prêtres, exploitant l'ignorance et la superstition de ces natures primitives, fulminaient du haut de la chaire contre les Français. Comme les héros d'Homère, les fougueux prédicateurs appelaient sur ces mécréants les foudres de l'empyrée ; ils réclamaient à haute voix, avec des gestes de supplication, l'intervention de tous les saints de la hiérarchie céleste, pour faire une guerre d'extermination à ces impies, à ces païens, qu'ils accusaient de mettre les femmes à mal, de piller les églises et de profaner les vases sacrés.

Dans le fatras indigeste des œuvres d'un historien espagnol, Félice de la Pêna, on lit (3ᵐᵉ vol., p. 366) : « Saint Narcisse, ému par les prières des moines, lança sur les Français des nuées de moustiques qui causèrent parmi eux une mortalité effrayante. »

Ce miracle, renouvelé des plaies d'Egypte, valut à saint Narcisse le surnom de Moïse Catalan.

Plus de deux siècles ont passé sur ces colères ; elles sont éteintes ; mais il reste encore dans l'esprit du peuple roussillonnais une certaine méfiance à l'égard des étrangers. — Tout ce qui n'est pas catalan est étranger : Un publiciste de ce pays écrivait, en 1884, dans un journal de Perpignan, feuille cléricale, royaliste et ennemie du progrès, la phrase suivante : « Si le touriste veut faire une excursions dans les environs de Céret, il ne regrettera pas sa course ; mais il n'a pas de temps à perdre, car dans deux ou trois ans, le chemin de fer qui nous *menace* nous inondera d'*Etrangers*. »

Dans cette contrée, où le ciel est presque toujours pur, le charme du climat, la richesse de la végétation, exercent une influence considérable sur les mœurs, le caractère et le tempérament de ses habitants. — D'une vigueur et d'une vitalité surprenantes, les Catalans sont toujours gais ; ils passent leur existence dans une douce quiétude, le plus souvent au dehors, sur les places publiques ; aussi n'ont-ils qu'un goût fort médiocre pour l'étude et la lecture ; ils sont, dès lors, un peu étrangers au mouvement littéraire et aux nouveautés du jour. Cependant, le Roussillon a donné naissance à plusieurs savants, dont quelques-uns, tels que François et Etienne Arago, ont joué un rôle politique important. — Les Catalans font des navigateurs intrépides, des industriels dont les produits se répandent dans le monde entier, des viticulteurs remarquables, ou des agriculteurs tenaces forçant, pour ainsi dire, la nature à produire des trésors dont elle n'est cependant pas avare.

Malgré l'abondance de son vin, les qualités généreuses, les propriétés fortifiantes et, parfois, capiteuses de ce soleil emmagasiné, le Roussillon est peut-être, de toute la France, la contrée où il y a le moins d'ivrognes. La population est d'une sobriété exceptionnelle.

D'où vient qu'il n'y a pas d'ivrognes dans ce pays de bon vin, de même qu'en Espagne et en Italie ? — Probablement, parce qu'on n'en a pas besoin, dans ces régions de soleil, pour se mettre en gaîté ; on est naturellement expansif, exubérant ; les excitants ne sont pas nécessaires.

Aussi les vieillards sont-ils en grand nombre dans les villages de la Catalogne. Cette longévité s'explique, en outre, par la douceur du climat, la vie au grand air, la pureté des aliments et, surtout, par une existence calme, uniforme, exempte de soucis, qui éloigne les maladies et permet un fonctionnement régulier des facultés physiques. — A la campagne, on se couche de bonne heure, et le sommeil d'avant minuit, disent les médecins, est le seul réparateur ; le reste est de l'insomnie. — En outre, le cerveau et le cœur résistent plus facilement à la campagne qu'à la ville, aux chocs qui usent l'organisme et amènent rapidement la diminution de la force vitale.

L'homme étant pour lui-même et pour ses semblables une cause permanente d'insalubrité, se trouve donc dans les meilleures conditions d'hygiène lorsqu'il vit seul ou par petits groupes isolés.

Cette réflexion m'entraine à faire ici la remarque que les villages du Roussillon manquent généralement de propreté ; les questions de salubrité n'y sont pas assez sérieusement étudiées et les lois de l'hygiène suffisamment observées ; ainsi, sauf à Perpignan et dans les stations thermales fréquentées par les étrangers, il n'existe aucun bain public dans toute la contrée. Les rues des villages sont étroites, pavées de galets pointus et glissants ; cependant, elles sont plus larges et mieux entretenues qu'au moyen-âge, l'eau y circule davantage, surtout à Céret, où un canal d'arrosage vient débarrasser la ville de tout ce qui peut nuire à la santé publique.

En 1263, à la suite d'une peste effroyable

qui décima la population, le roi d'Aragon prescrivit la suppression dans toutes les localités, notamment à Collioure, des fosses à fumiers et à immondices, *femoraços* ; ces foyers d'infection encombraient la voie publique. Les rues durent aussi ne pas avoir moins d'une *canne* de largeur (un mètre 99 cent).

A l'exception des classes riches ou aisées, les Roussillonnais ne parlent presque pas le français. Leur langage, aux sons gutturaux, est tout *pétrrri* de *rrrr* et de *ssss*. C'est l'abondance des consonnes et la suppression d'un grand nombre de voyelles, qui rendent ce dialecte dur et peu harmonieux. Il est issu du latin et du mélange des idiomes de tous les peuples qui ont successivement occupé ce pays.

J'ajouterai, en terminant, que les Catalans, remuants et bruyants, amis du soleil et de la liberté, sont assez serviables, un peu curieux et très doux, sous une apparence rude et hardie. — Enfin, cette population extrêmement patriote est aujourd'hui entièrement française de cœur, d'âme et de sentiments.

* *

Si, de l'embouchure du Tech, située au dessous de l'étang de St-Nazaire, nous parcourons le Vallespir, nous atteindrons le sommet des Pyrénées. — Le Tech prend sa source vers la limite de l'Espagne, à 1,750 mètres d'altitude, au pied de la *Roque-Colomb*, reçoit plusieurs affluents et, souvent étroitement resserré entre des rives escarpées, ou se dressant à pic comme des murailles de hauts donjons, il court de précipices en précipices, jusqu'aux plaines du Roussillon qu'il arrose et fertilise. Ce torrent rapide, souvent impétueux, se jette dans la mer, après un parcours de 82 kilomètres.

Les sites élevés et les paysages étendus de la vallée du Tech présentent un ensemble de beautés particulières et de contrastes frappants ; véritables enchantements du regard ! C'est une réunion de mille tableaux divers dans un cadre unique.

> Tout dans ces frais vallons sert à nous enchanter ;
> La verdure, les eaux, les bois, les fleurs nouvelles !
> Heureux qui sur ces rives put longtemps s'arrêter.
> Heureux qui les revoit s'il a pu les quitter.
>
> GUIRAUD.

C'est là, sur les bords du Tech, sur le moelleux tapis des prairies aux grandes herbes, toujours en fleurs, aux légers parfums, dans ces parages ombreux, presque mystérieux, que l'âme se sent envahir par une douce mélancolie, et qu'il est bon de se reposer.

> Lorsque le soir charmant porte à la rêverie,
>   A l'extase, aux siestes sans bruit ;
> Quand la voûte du ciel, d'étoiles fleurie,
>   Sur nos têtes s'épanouit.
>
> Ch. GRANDMOUGIN.

Pour contempler le cours du Tech, ses replis sinueux, ses rives accidentées, son lit souvent profond et toujours pittoresque, nous le suivrons en le remontant ; nous laisserons à gauche, Taxo-d'Amont, ancien château-fort démantelé en 1721, la ferme de Taxo-d'Aval, jadis fortifiée, et le village de Palau-del-Vidre (*palais du verre*); à droite, St-Cyprien, Latour-Saint-Elne, Elne, Ortaffa, Brouilla, Banyuls-dels-Aspres. Cette dénomination de *Aspres* indique la nature du terrain, qui contraste avec celle du *Riveral*, pays d'arrosage.

Il est assez souvent question de *Tatzó* d'Amont dans les guerres du XVIme siècle. Cette forteresse était alors entourée d'une épaisse forêt de chênes-liéges.

Nous entrerons ensuite dans la petite ville du Boulou.

Une victoire des plus importantes, remportée en 1794 par les Français sur les Espagnols, a valu au nom du Boulou l'honneur et la gloire d'être inscrit sur l'arc-de-triomphe de l'Etoile, à Paris.

L'Espagne n'avait pas encore pris part à la coalition des puissances européennes contre la France, lorsqu'après la mort de Louis XVI, elle rassembla rapidement 50,000 hommes aux environs de Barcelone, sous les ordres du général Ricardos. Le 17 avril 1793, cette armée partit de Figueras; elle se divisa en trois corps qui passèrent à San Llorens de la Muga, à Massanet de Cabrenys, à Tapis, et entrèrent en France par Coustouges, St-Laurent-de-Cerdans, Arles-sur-Tech, le mas Noëll, Montalba et Reynès.

Le 20 avril, ces trois colonnes faisaient leur jonction devant Céret, surprenaient le général Willot, le rejetaient sur Perpignan et, malgré une résistance héroïque, battaient au Mas-Deu le général Dagobert. — Les Français ne comptaient que 8,000 hommes dans le Roussillon.

Ricardos, au lieu de poursuivre ses succès, s'arrêta pour attaquer les forts de Prats-de-Mollo, des Bains d'Arles, (plus tard Amélie-les-Bains), de Bellegarde, de Collioure, de Port-Vendres. Il occupa tous les villages de la plaine et vint établir son camp au Boulou.

Le général espagnol avait envoyé 3,000 soldats pour occuper Collioure, presque totalement dépourvue de défenseurs. — Tous les hommes valides de la ville se jetèrent dans les forts, mais le gouverneur Valette parut vouloir capituler. — A la faveur de la nuit, une centaine de courageux citoyens franchirent les remparts et les fossés du fort où ils étaient enfermés, gagnèrent la montagne en silence et, avant le jour, tombèrent avec impétuosité sur le camp endormi. Les Espagnols, saisis d'une terreur panique, se crurent attaqués par tout une armée ; ils jetèrent leurs armes et prirent la fuite. Les vainqueurs en firent un affreux carnage et en tuèrent plus de quatre cents. — Voici de bons paysans espagnols, arrachés de leurs travaux, transformés en soldats, et qui mouraient pour Louis XVIII (1), dont ils ignoraient certainement le nom.

Jusques à quand, ô peuples, vous égorgerez-vous mutuellement pour procurer joie et

---

(1) Les Espagnols, refusant de reconnaître le gouvernement de la République, établissaient celui de Louis XVIII dans les villes de la Catalogne française tombées en leur possession.

puissance à des ambitieux qui se moquent de vous ? — Cela se nomme, en histoire, des guerres dynastiques.

> Les carnages, les victoires,
> Voilà notre grand amour,
> Et les multitudes noires
> Ont pour grelot le tambour.
> . . . .
> L'acier luit, les bivouacs fument ;
> Pâles, nous nous déchaînons ;
> Les sombres âmes s'allument
> Aux lumières des canons.
>
> Et cela pour des altesses
> Qui, vous à peine enterrés,
> Se feront des politesses
> Pendant que vous pourrirez,
>
> Et que, dans le champ funeste,
> Les chacals et les oiseaux,
> Hideux, iront voir s'il reste
> De la chair après vos os !
>
> Victor Hugo.

Les Colliourencs, exaspérés contre Valette, le massacrèrent, traînèrent son cadavre par les rues de la ville, le couvrirent de boue et, finalement, le précipitèrent dans la mer, du haut des falaises du fort.

Plus tard, après l'affaire du 20 décembre 1793, où les Banyulais préférèrent périr tous les armes à la main plutôt que de se rendre, les Espagnols revinrent à la charge. Dufaux commandait alors le fort de St-Elme, situé entre Port-Vendres et Collioure. St-Elme pouvait facilement résister, mais Dufaux en livra une porte et passa dans les rangs de l'ennemi.

Le conventionnel Fabre, de l'Hérault, voulant reprendre St-Elme, tenta plusieurs assauts. Tous ses compagnons furent tués ; resté seul pour défendre une batterie, il tomba bientôt haché par la mitraille. Son corps fut transporté à Paris et inhumé au Panthéon.

Par acclamation, la Convention, dans une de ses séances, décida que l'inscription suivante serait gravée sur le tombeau de Fabre : « *Au Représentant fidèle à la cause des peuples, mort en combattant pour la Patrie.* »

Dans la même séance, la Chambre voua la mémoire du traître Dufaux à *l'infamie et à l'exécration des générations futures.*

Cependant, l'armée française se reconstituait à Perpignan et se retranchait dans les collines du *Serrat d'en Vaquer.* Elle sortait de cette position le 17 juillet 1793, et chassait l'ennemi de Canohès.

Le 28 août, Dagobert, envoyé à la défense de Mont-Louis, battait les Espagnols au col de la Perche, franchissait la frontière, entrait à Puycerda, et poursuivait ses succès dans la Catalogne.

Sans s'émouvoir de cette course de Dagobert en Espagne, Ricardos vint assiéger Perpignan, mais le conventionnel Cassanyes, de Canet, délivra cette ville à la suite du mémorable combat de Peyrestortes (17 septembre 1793). Le général espagnol regagna son camp du Boulou.

Notre armée attaqua ce camp ; elle échoua et fut successivement repoussée à Rosas, à Banyuls-dels-Aspres, à Montesquieu, à Laroque, à Villelongue-dels-Monts, ainsi qu'à St-Genis-des-Fontaines, où les Espagnols s'emparèrent de nos ambulances. Ils massacrèrent vingt-six blessés. — Quelle horrible lutte !

La Convention avait décrété la victoire ; aussi s'émut-elle de ces défaites successives. — Les trois généraux français furent mis en accusation : de Vergès et de Bernède périrent sur l'échafaud ; Raymond mourut de faim, ou de chagrin, dans la prison de Perpignan.

Le général Dugommier, le vainqueur de Toulon, vint alors prendre le commandement des débris de cette armée ; il passa l'hiver à tout réorganiser et à instruire les recrues. Au mois de mars 1794, il reprenait l'offensive, délogeait les Espagnols de Palau-del-Vidre, pendant qu'Augereau les repoussait à Oms.

Enfin, le 30 avril 1794, une attaque générale fut dirigée contre le camp retranché du Boulou ; on se battit pendant deux jours avec acharnement de part et d'autre ; les Espagnols firent la plus intrépide résistance ; et, le 1er mai, décimés, mitraillés dans leurs lignes, ils s'enfuirent en désordre, abandonnant tout leur matériel, leurs approvisionnements, leur artillerie et un grand nombre de prisonniers.

Cette armée en déroute, ne pouvant traverser le col du Perthus qui était gardé, se rejeta sur la droite ; elle gagna de vitesse un corps français envoyé pour lui barrer le passage, et franchit la frontière par Maureillas et le col de Porteill. Les vainqueurs suivirent les fuyards et la guerre se continua en Espagne.

Néanmoins, les Espagnols voulurent conserver les forts de Collioure. Dugommier rassembla 10,000 hommes à Argelès, vint camper dans la vallée du Ravaner et, pendant une nuit sombre, passa, sans attirer l'attention de l'ennemi, sous les forts de l'Etoile, du Mirador et du Château. Les Français escaladèrent la montagne située au S.-O. de Collioure, se retranchèrent à 800 mètres du fort St-Elme et ouvrirent le feu contre cette forteresse. Les Espagnols capitulèrent bientôt.

Protégé par les ténèbres, Dugommier avait fait hisser en peu d'heures ses canons et son matériel d'artillerie sur cette montagne, raide et abrupte ; manœuvre audacieuse que, plusieurs années après, Bonaparte imita au passage du grand St-Bernard.

Pendant le siége de Figuères, Dugommier eut encore à lutter avec les troupes espagnoles prises à Collioure. Elles avaient été renvoyées libres dans leur pays, après avoir rendu leurs armes à Banyuls, sous la promesse qu'elles ne combattraient plus contre la France. Cette violation du traité conclu fut amèrement reprochée à l'Espagne.

Le voyageur trouvera facilement, sur la carte d'Etat-Major, le fort St-Elme et la redoute Dugommier. De ces points élevés, la vue embrasse la mer et les côtes. Une route stratégique y conduit, ainsi que plusieurs sentiers de montagnes.

Le fort St-Elme existe toujours, mais il est désarmé et abandonné. Il couronne un des promontoires de Collioure et se dessine de la façon la plus pittoresque sur l'horizon du ciel. — C'est Charles-Quint qui, frappé des avantages de la situation, a fait édifier cette forteresse, qu'au XVIme siècle on jugeait imprenable.

Les historiens militaires de nos jours sont unanimes pour reconnaître que, parmi toutes les sublimes campagnes de la République, celle de 1793-1794, dans le Roussillon et en Espagne, est une des plus extraordinaires que l'imagination puisse concevoir. — Quelle réunion de faits incroyables! Que d'épisodes glorieux ou tragiques! — Le général en chef Dugommier et le vieux Dagobert, tués sur les champs de bataille où ils étaient vainqueurs, s'ensevelissent dans leur triomphe.

Valette, le gouverneur de Collioure, massacré et son cadavre jeté à la mer. Le conventionnel Fabre, de l'Hérault, haché, mutilé et ses débris portés au Panthéon. Dufaux, le commandant de St-Elme, passé à l'ennemi et sa mémoire vouée à l'infamie. Les généraux de Vergès et de Bernède condamnés à mort et guillotinés pour n'avoir pas vaincu! Le général Raymond se laissant mourir de désespoir dans sa prison..... Que de contrastes! Que de drames sanglants!

Cette lecture des fastes de notre France n'est-elle pas plus émouvante et, surtout, plus intéressante que celle de ces romans réalistes qui dessèchent le cœur et atrophient l'intelligence?

Louis XVI avait succombé dans sa lutte contre la Révolution, contre cette Révolution vilipendée de nos jours par tant de roturiers enrichis, oubliant que sans les luttes de la Terreur, ils feraient le métier de leurs pères; courbés sous le servage et la chaleur du jour, ils traîneraient une existence pénible et misérable. Les patriotes de 93, entourés par les ennemis de l'intérieur, attaqués par les armées de toute l'Europe, auraient, s'ils n'avaient vaincu, été égorgés jusqu'au dernier, avec la moitié de la nation. Ils ont montré un courage sublime, empreint, comme tout ce qui est sublime, de grandeur et de terreur. Ils ont combattu les ennemis de la liberté, préparé l'affranchissement des peuples. Les conventionnels étaient des géants à idées gigantesques, qui grandirent encore avec le danger, et, comme Hoche, ils ont pu dire, sans crainte d'être démentis par la postérité : « Que tel jour, ils ont sauvé la Patrie » (1).

> Dans l'histoire où tu luis comme en une fournaise,
> Reste seul à jamais, Titan Quatre-vingt-treize !
> Rien d'aussi grand que toi ne viendrait après toi.
> Victor Hugo.

Les admirateurs de l'ancien régime accusent de rébellion les révolutionnaires du siècle dernier. — Idée naïve, enfantine. — Cet ancien régime, dont ils déplorent le naufrage, a été lui-même, par l'excès de sa haine pour toute liberté, la cause de sa destruction. — Fatalement, un mouvement violent, radical, devait succéder à l'oppression générale, ainsi qu'à la décadence et à l'abaissement des esprits. — L'abbé Sieyès ne s'était-il pas écrié à la tribune : « Les grands ne sont grands que parce que nous sommes à genoux ; levons-nous ! »

Il y eut aussi, pendant cette guerre, des scènes de haute comédie : ainsi M. le colonel du génie Napoléon Fervel, auteur d'un ouvrage très sérieux et très estimé sur les opérations militaires de la campagne de 1793,

---

(1) *Histoire du Valois*, p. 150.

1794 dans la Catalogne, rapporte le fait suivant qui se passa en Cerdagne, à Villefranche, localité que nous visiterons plus tard.

« Le général espagnol Crespo s'était emparé de Villefranche, mais Gilly, commandant du 2e bataillon de grenadiers du Gard, la reprit vingt jours après par un de ces coups d'audace si fréquents à la guerre. — Il n'avait que 440 hommes sous ses ordres; arrivé en vue des remparts, Gilly laisse dans la gorge, en avant de Serdinya, le gros de son monde, disposé à simuler la troupe la plus nombreuse possible; et, prenant avec lui soixante grenadiers seulement, il s'avance en parlementaire jusqu'aux avant-postes des Espagnols. Là il mande le commandant de la place, qui s'empresse de se rendre à son injonction.

« Vois, lui dit-il, sur ces hauteurs, l'avant-
« garde de Dagobert. Je viens te sommer en
« son nom; rends-lui la place et tu es libre :
« autrement, point de quartier ! » — Une heure après, la garnison de Villefranche défilait entre deux haies de *trente* grenadiers républicains, et allait par le *pla Guilhem* regagner la vallée du Tech. Elle laissait Villefranche approvisionnée pour trois mois. »

Dans le cours de cette mémorable campagne, de cette invasion qui pouvait entraîner pour le pays de terribles conséquences, les Roussillonnais montrèrent un rare courage et firent preuve de la plus grande énergie; aujourd'hui encore, ce n'est pas sans un certain orgueil qu'ils racontent, avec enthousiasme, les péripéties de cette lutte héroïque. — Les Catalans sont braves au feu; ils l'ont prouvé sur tous les champs de bataille ; et, en dernier lieu, dans nos contrées du Nord, à Villersexel, le 9 janvier 1871.

Non-seulement les gardes-mobiles du Roussillon ont pris une part active aux efforts de la France pour repousser l'invasion allemande, mais, en outre, de nombreux volontaires des Pyrénées-Orientales ont répondu à l'appel de la Patrie ensanglantée. — Les péripéties de cette triste époque appartiennent à l'histoire générale de la France, mais il n'en est pas moins utile de signaler l'erreur de certains publicistes qui ont faussé l'opinion publique, en donnant à la guerre de 1870-1871 une origine contraire à la vérité.

Une revue, rapide et rétrospective, des événements de la seconde moitié de notre siècle, est donc ici nécessaire.

Proclamée en 1848, la République disparut bientôt, et ce mot de Saint-Evremont fut justifié une fois de plus : « Le Français est jaloux de se choisir un maître. »

Après le coup d'Etat de décembre 1851, qui fit dire à Dupin : « Nous avons le droit, mais il a la force, » Napoléon III commit une série de fautes qui amenèrent sa chute.

L'empereur entreprit d'abord la guerre d'Orient contre notre alliée naturelle, la Russie, pour servir les intérêts de l'Angleterre, notre ennemie, et pour lui préparer la possession de la Méditerranée, d'où elle projette en ce moment, de concert avec l'Italie, de nous exclure tout à fait. — En 1864, Napoléon avait laissé écraser le petit Danemark par les forces réunies de la Prusse et de l'Autriche. En

1866, sa neutralité bienveillante avait permis à la Prusse d'étendre sa puissance aux dépens de l'Autriche, de la Saxe, de la Bavière, du Wurtemberg, du Hanovre.

Précédemment, la France avait fait l'unité de l'Italie par le sacrifice de 35,000 de ses enfants et de huit cent millions de francs. — Erreur, proclament hautement les Italiens, *Italia, fara da se*; l'Italie s'est faite elle-même. — O reconnaissance des peuples !

Vint également l'expédition du Mexique, « La plus belle pensée du règne, » avait proclamé M. Rouher.

S'appuyant ensuite sur la majorité considérable que lui avait donné le plébiscite du 8 mai 1870, Napoléon fit déclarer par son gouvernement la guerre à la Prusse.

Le général Boulanger prétend, dans son *Histoire de l'Invasion Allemande,* publiée récemment, que le résultat du plébiscite laissait carte blanche au régime impérial pour sa politique extérieure. Il se trompe : par leurs votes affirmatifs, les électeurs de 1870 voulaient affermir la paix, et non lancer la France dans les aventures.

Pendant les premiers jours de mai 1870, j'ai parcouru les régions de l'Est et du Nord, et j'affirme que les villes et les campagnes ne voulaient pas la guerre.

D'un autre côté, le général Boulanger annonce que le peuple de Paris, se précipitant, (*turba ruit*) dans les rues de la capitale, avait acclamé la guerre, entraîné le Gouvernement et étouffé tout germe de protestation par ses cris répétés : « *A Berlin ! A Berlin !* »

Non, ces assertions ne sont pas exactes. A cette époque néfaste de notre histoire, le général Boulanger était à son régiment, loin de Paris, et ne pouvant se rendre compte de l'état des esprits dans la capitale que par les journaux officieux ; les autres n'osaient parler ; mais, à ce même instant, je parcourais les rues et les boulevards de Paris, j'étais mêlé à la foule tumultueuse, et j'affirme, avec énergie, que les auteurs de la démonstration en faveur de la guerre, *les blouses blanches* qui hurlaient « *A Berlin !* » et allaient attaquer l'hôtel de M. Thiers, *appartenaient à la police impériale*. Aucun Parisien n'en doutait.

Quant aux Préfets qui, dans leurs rapports à l'Empereur, annonçaient que les campagnes se prononçaient pour la guerre, il est inutile de s'arrêter sérieusement à cette affirmation du général Boulanger et de la combattre par des arguments décisifs. Tout le monde sait que si quatre ou cinq Préfets, approbateurs toujours et quand même des actes ou des désirs de la Cour, ont annoncé que les populations de leurs départements étaient remplies d'enthousiasme pour cette guerre, par contre, tous les autres Préfets de France concluaient dans un sens contraire.

Non, encore non, toujours non. Il n'y avait pas de grands courants vers cette guerre entreprise par l'Empire dans un intérêt dynastique, contre la volonté de la France. L'Impératrice n'avait-elle pas dit : « C'est ma guerre ! »

Et..... Sedan arriva ! — Napoléon III prit le chemin de l'exil, et son fils mourut bientôt.

Lorsque l'on médite l'histoire, n'est-on pas frappé par la persistance de certains événements mystérieux et par la précision de leur retour ? — Ne semble-t-il pas que, depuis deux siècles, une loi se révèle dans l'ordre inexplicable des faits humains, comme elle s'impose dans les faits matériels ? — Louis XIV, Louis XV, Louis XVI, Napoléon Ier, Charles X, Louis-Philippe, Napoléon III ont régné, et leurs fils n'ont pas régné !......

Mais, si l'histoire de ces deux derniers siècles est toujours l'objet de nombreuses controverses, celle de notre époque est encore plus troublée, et la vérité ne peut actuellement être dégagée des intérêts et des passions qui agitent les esprits. Ce n'est que plus tard, quand d'autres générations auront grandi, que l'impartiale justice de l'histoire pourra établir la responsabilité des auteurs de la guerre de 1870. — Les péripéties et le dénouement de l'invasion allemande ont été bien fatals à la France, mais elle se relèvera et reprendra en Europe le cours de ses succès militaires et de ses glorieuses destinées.

En attendant le jugement de la postérité, les spectateurs des événements de notre époque, les témoins oculaires, ont le devoir, comme a été celui des annalistes et des chroniqueurs des temps écoulés, de rassembler les matériaux du monument historique qu'élèveront les historiens de l'avenir.

Notre devoir étant, dès lors, accompli, nous reviendrons au Roussillon.

Il est question, en ce moment, d'élever dans la commune de Peyrestortes, où s'est livré le brillant combat du 17 septembre 1793, un monument destiné à perpétuer le souvenir de la délivrance de Perpignan, de la victoire des Français, et à honorer la mémoire de La Tour d'Auvergne. Il était capitaine de grenadiers, et décida en partie, avec ses deux cents hommes, du résultat de la journée.

« *Ce sont des démons !* » s'étaient écriés les Espagnols. — Le mot resta ; la compagnie de La Tour d'Auvergne fut organisée en troupe d'avant-garde ; elle accomplit de tels prodiges de courage et d'audace téméraire, que tous, Français et Espagnols, la surnommèrent la « *Colonne infernale.* »

La Convention offrit à La Tour d'Auvergne, après la campagne, le commandement de l'ancien régiment de Champagne. Il refusa pour ne pas quitter ses grenadiers ; ne devait-il pas, d'ailleurs, servir plus tard et mourir comme simple soldat ?

Pendant longtemps, la 46me demi-brigade, devenue le 46me de ligne, conserva le nom de La Tour d'Auvergne inscrit en tête du contrôle des compagnies. Quand le régiment était en marche, le cœur du héros, enfermé dans une urne funéraire, était porté en avant des premiers rangs. A l'appel de La Tour d'Auvergne, le sous-officier le plus ancien s'avançait et répondait pour lui : *Mort au champ d'honneur !*

Cette touchante cérémonie fut supprimée vers la fin du premier Empire.

Après la guerre de 1870, le colonel Aubry, commandant alors le 46me, fit revivre dans le régiment la tradition relative à La Tour d'Auvergne. Un ordre du régiment, en date du 3 août 1873, décida qu'à l'appel de onze heures, aux appels pour les prises d'armes et les revues, le sergent-major de la compagnie du drapeau appellerait le nom de La Tour d'Auvergne ; le plus ancien sergent devait répondre: *Mort au champ d'honneur !*

La *Revue générale de l'Etat-Major* et la *France militaire* nous apprennent que cette décision n'a jamais été abrogée ; mais la fréquence même de la cérémonie la rendait moins solennelle. Au mois de juin 1887, le colonel du 46me, pour remédier à cet état de choses, ordonna les mesures suivantes, qui sont appliquées actuellement à ce régiment :

« Toutes les fois que le 46me prend les armes et que le drapeau doit sortir, après que le colonel a salué le drapeau, le régiment à la disposition de : *Présentez les armes !* le capitaine qui commande la compagnie du drapeau se porte devant le centre de sa compagnie, et, lui faisant face, appelle à haute voix le nom de La Tour d'Auvergne. Le plus ancien sergent s'avance de deux pas et répond également à haute voix : *Mort au champ d'honneur !* Le drapeau reprend ensuite sa place. »

Le 46me conserve dans sa salle d'honneur plusieurs objets ayant appartenu au premier grenadier de France : quelques plumes de son plumet, un gland de sa ceinture, des feuilles déchirées de son portefeuille et jusqu'à des débris de tabac de sa blague. Ces objets figurent à l'Exposition de 1889.

* * *

Après le rapide exposé de l'*Histoire du Roussillon*, dont le cadre de cet ouvrage ne permet pas de signaler tous les faits importants, nous continuerons notre voyage, et nous éprouverons un charme indéfinissable, un intérêt de tous les instants, à parcourir les lieux où tant d'événements extraordinaires se sont accomplis, et où revivent à chaque pas, tant de grands et terribles souvenirs.

Remontant toujours le cours du Tech, nous apercevrons le joli village de Saint-Jean-Pla-de-Cors, ses plaines fertiles, ses vastes prairies, ses vigoureuses plantations de chênes-liéges, de peupliers et de platanes.

On voit encore à St-Jean-Pla-de-Cors les ruines du château bâti en 1189, par l'abbé d'Arles. — « *Castrum sancti Johannis de plano de curlibus.* »

Ces ruines sont assez bien conservées : la chapelle est toujours consacrée au culte ; la cour intérieure, les portes, les fossés, les remparts, l'esplanade où s'exerçaient les pages et les chevaliers....., tout cet ensemble permet encore de se rendre un compte exact de la vie féodale et de l'importance du château.

St-Jean-Pla-de-Cors est une commune de 560 habitants ; elle devait être jadis une ville assez étendue, qui aura été détruite en partie pendant les guerres du moyen-âge. — Ainsi, ses deux anciennes églises, toujours debout, sont maintenant en dehors du village et éloignées l'une de l'autre de deux kilomètres.

Ne pouvant, sans doute, défendre que difficilement le domaine de St-Jean, les abbés d'Arles l'érigèrent en fief indépendant. Il passa ensuite entre les mains de plusieurs seigneurs et fut enfin vendu à la suite des événements de la guerre de 1793-1794.

Après de nombreuses recherches, j'ai pu remonter vers le passé et établir l'authenticité des faits qui précèdent.

J'ai également retrouvé, parmi d'anciens documents, un curieux spécimen des opérations de la vente des biens nationaux pendant l'émigration. En voici la teneur :

DÉPARTEMENT DES PYRÉNÉES-ORIENTALES

DISTRICT DE CÉRET

VENTE DE TOUS LES BIENS
SITUÉS
à *St-Jean-de-Pla-de-Corps*

provenant de l'émigré PAGÈS, cy-devant seigneur.

Au nom de la République Française,
une et indivisible.

L'an troisième de la République française, une et indivisible, et le 28 fructidor, à Céret, par-devant les administrateurs composant le Directoire du district de Céret, soussignés, en exécution de l'ordonnance rendue dans le procès-verbal de première enchère, pour la vente des domaines nationaux, et à la réquisition du citoyen Julien BORDES,

Procureur Sindic du district, etc., etc., et sur l'offre de trois cent cinquante-cinq mille livres, etc., etc., ont été adjugés pour la somme de *six cent quatre-vingt mille livres*, tous les biens que l'émigré Pagès possède au terroir et commune du dit *St-Jean-de-Pla-de-Corps*......

Un des ancêtres du principal acquéreur de cette terre, et que ses descendants possèdent encore, figure dans un acte, daté de 1742, comme page du seigneur de *St-Jean-de-Pla-de-Corps*.

« Qui cherche trouve, » ai-je dit précédemment. — J'ai cherché et j'ai trouvé, en face de St-Jean, sur la rive droite du Tech, les traces d'une ville disparue probablement à la suite d'une éruption volcanique.

Aucun ouvrage, aucun document ne signale ce cataclysme, et cependant il ne peut être mis en doute : l'emplacement qu'occupait cette ancienne ville est profondément bouleversé ; des crevasses en forme de cratère, des failles profondes et à pic sillonnent ce sol. — On a retrouvé au fond ou sur les parois de ces excavations des pans de murs, des briques, des armes, des ustensiles de toutes sortes et à tous usages. En outre, les soubassements d'un ancien château-fort existent encore, et de St-Jean on peut les apercevoir sur les bords du torrent. — Cette forteresse était importante ; plusieurs oubliettes s'étendent toujours jusqu'au dessous du niveau du Tech ; les infiltrations des eaux devaient rendre ce séjour épouvantable.

Si l'archéologue désire visiter ces ruines mystérieuses, que je suis heureux de lui signaler, et dont personne ne connaît ni l'histoire ni l'origine, il les trouvera autour de Villargeill ; ce hameau figure sur la carte d'Etat-Major, entre Maureillas et St-Jean.

Reprenant notre route, nous arriverons au Pont-de-Céret.

Le pont antique de Céret, très connu des archéologues, a été classé dans les monuments historiques. Il remonte au IIIme siècle de notre ère, et est formé d'une seule arche de 45 mètres d'ouverture et de 30 mètres de hauteur. M. le baron Taylor considère cette arche, jetée au-dessus du Tech avec une hardiesse extraordinaire, comme la plus grande et la plus curieuse de l'ancienne Gaule. Le pont de Céret, ainsi que les Thermes d'Amélie-les-Bains, sont les deux seuls édifices du Roussillon auxquels on puisse attribuer une origine romaine. La date de 1336, gravée sur une des piles du pont (rive droite), se rapporte à sa réparation et non à son édification.

Le pont de Céret s'est nommé aussi, dit-on, le pont du Diable. — Lors de sa construction, il aurait été plusieurs fois renversé par Satan qui, la nuit, enlevait la pierre principale d'une pile. Cette légende est à peu près effacée dans la mémoire des populations.

Jadis, presque tous les monuments édifiés par les Romains étaient devenus des ponts, des routes, des tours, des châteaux..... du Diable. — Après les invasions successives de la Gaule, l'imagination des Barbares, de ces peuples primitifs et ignorants qui s'y établirent, fut vivement frappée par la grandeur des œuvres de leurs prédécesseurs. Ne comprenant pas cette civilisation, ils lui donnèrent une origine surnaturelle; plus tard, la superstition créa des légendes merveilleuses.

Les légendes ne reposent généralement sur aucun fait précis, démontré par l'histoire. Ce sont, le plus souvent, des récits fantastiques, incroyables; et, cependant, nous aimons à les écouter et même à les rechercher.

Avec les légendes, nous évoquons, nous comprenons l'âme du passé; nous revoyons, à travers les siècles disparus, l'antiquité et sa jeune humanité à la foi simple et naïve; nous retrouvons, dans ces souvenirs, la vie idéale et imaginative de l'enfant.

Du reste, peu importe qu'une légende soit plus ou moins exacte, du moment où elle peut être considérée comme un trait de mœurs et qu'elle nous donne une idée des croyances de nos ancêtres.

Coquettement couchée aux pieds des Pyrénées, dont les cimes élevées semblent la protéger, Céret (*Vicus Siricidum*) est ombragée par de grands platanes, dont le feuillage estompe et tempère, pendant les chaleurs de l'été, les rayons ardents du soleil. Ces arbres étendent leurs rameaux sur de belles promenades, où coule toujours une onde pure et rafraîchissante.

L'une des plus intéressantes curiosités de Céret est la fontaine *dels noou raigts* (des neuf jets d'eau). Ce monument du XIVme siècle est surmonté d'un lion acculé. — En 1642, après l'annexion du Roussillon à la France, on y inscrivit autour du bassin supérieur la légende suivante, attribuée à un religieux de l'ancien couvent des capucins :

Venite Ceretenses, Leo factus est Gallus.

L'antique capitale du Vallespir, aujourd'hui simple sous-préfecture, est entourée de sites pittoresques et étendus. Ses prairies, ses jardins plantureux, ses coteaux couverts de vignes et de cultures de toute sorte, la ceignent d'une vaste écharpe de verdure, et en rendent le séjour des plus agréables. — Jadis, place de guerre, cette ville possède encore deux portes et quatre tours, reste de ses anciennes fortifications. Son église est du XIIme siècle. Le portail fort curieux est en marbre blanc, avec chapiteaux sculptés.

D'ailleurs, le marbre est commun à Céret. La montagne en renferme une variété d'une belle blancheur et d'une grande résistance, qui est très estimée pour la construction. Ce marbre est extrait à fleur du sol et à ciel ouvert. Entre autres œuvres d'art, il a servi à édifier le grand pont du chemin de fer, au Boulou.

Désirant visiter ces carrières, j'acceptai la proposition de m'y conduire, que me fit un jour mon éditeur.

M. L. organisa une petite caravane qu'il eut soin, en sa qualité de généreux amphitryon, d'approvisionner de vivres et de réconfortants. — L'excursion devant être longue, nous partîmes par une belle matinée de printemps, avant le lever du soleil.

C'était au commencement de l'année : dans le Roussillon la nature est précoce ; elle ne sommeille ici que peu de jours. — Dès le mois de février, les premières effluves du printemps se préparent à revêtir les vallons d'une splendide parure ; bientôt, les fleurs ouvrent leurs pétales, rejouissent la vue de leurs couleurs variées et charment l'odorat de senteurs pénétrantes. — Peu à peu le soleil agrandit son orbite, ses brûlants rayons excitent les sèves ; la vigne, les arbres fruitiers.... bourgeonnent avec une exubérance extrême, presque sans soins, et, à l'automne, l'abondance règne dans toutes les familles, la gaîté dans tous les cœurs.

Cette terre privilégiée ne demande à ceux qui la cultivent que peu d'efforts, une caresse plutôt qu'un travail.

Nous gravîmes la montagne par la route du Bouleric ; la pente était douce, l'atmosphère pure et calme nous permit bientôt d'apercevoir la mer dans le lointain et, devant nous, la vallée du Tech. — Céret, les villages de la plaine, les métairies échelonnées sur les flancs des montagnes, Montbolo et son église, Taulis, Saint-Marsal, Corsavy, sur les contreforts du Canigou, se détachaient distinctement, comme sous les verres d'un kaléidoscope. Ce panorama accidenté, resplendissant des tons chauds et empourprés de l'aube matinale, produisait une véritable illusion théâtrale.

La flore de cette région est vivement colorée et les fruits exquis. Les asperges, les cerises et les pêches de Céret sont renommées.

La ville de Céret est un centre important pour l'élevage des vers à soie. Les races de Céret et du Vallespir sont très recherchées des éducateurs de France et de l'Etranger.

Nous longeâmes ensuite plusieurs précipices à travers des bois de chênes-liéges, de chênes-verts et de châtaigniers ; la route était large et sans aucun danger.

Après de nombreuses sinuosités et toujours en montant, nous arrivâmes au Mas Carol, sur les bords d'une source limpide. — Elle murmurait son hymne éternel, en jaillissant d'un rocher, et ses légères cascatelles constellaient de rubis, d'opales et d'émeraudes, les fleurs qui, gracieuses et coquettes, se penchaient pour se mirer dans ses eaux.

> . . . . Je regardais les fleurs,
> Feuilles, tiges, rameaux, espèces et couleurs ;
> Et l'entrecoupement de leurs formes diverses,
> Peintes de cent façons, jaunes, rouges et perses,
> Ne me pouvant soûler, ainsi qu'en un tableau,
> D'admirer la nature et ce qu'elle a de beau,
> Et de dire en passant aux fleurettes écloses :
> Celui-là est presque Dieu qui connait toutes choses.
>   RONSARD.

Ce lieu charmant était ombragé par de beaux châtaigniers, la vue s'étendait sur les vallons que nous venions de gravir ; l'air du matin avait excité l'appétit de tous, et le chef de la caravane commanda la halte.

Les provisions furent étalées sur le gazon, autour de la fontaine, et chacun prit place sur ce moelleux tapis de mousse, parsemé de violettes, de marguerites, de boutons d'or, de touffes de lavande, de fenouil, de thym, de romarin, de fougères...... Toutes les plantes de cette altitude exhalent de fortes et pénétrantes odeurs aromatiques, qui dilatent largement les poumons : on ne respire pas, on boit cet air parfumé. — Il y a là, pour le botaniste, un champ indéfini d'études à explorer.

Si l'on savait observer, regarder à ses pieds, combien on ferait de découvertes utiles pour la science et la santé publique ! Que de plantes aux propriétés inconnues apparaîtraient à nos yeux étonnés ! — Les Instituteurs devraient conduire leurs élèves dans la campagne, sur la montagne, et leur donner les premières leçons de botanique. Ils leur apprendraient que l'eau peut être rendue saine, agréable, tonique, fortifiante, curative même, par l'infusion de certaines plantes : thé alpestre, véronique, sauge, suc de bouleau..... ; que la racine de valériane, également infusée, calme instantanément les douleurs si vives des brûlures..... Ils mettraient, surtout, les enfants en garde contre les fruits sauvages qui leur sont si souvent funestes : fusain, baies noires ou rouges de sureau, d'alaterne, etc., etc.

Une nouvelle méthode, le *mattéisme* ou la médecine des simples, traite toutes les maladies par l'usage judicieux des plantes. L'inventeur, le comte Matteï, de Bologne, s'exprime ainsi : « Les herbes ont une vertu curative inconnue généralement à l'homme ; le chien, comme instinct, lui est supérieur, puisqu'il a découvert le chiendent. Avec des plantes étudiées et macérées, je remédie à l'insuffisance du flair humain. »

Pendant les promenades récréatives, intéressantes, que les Instituteurs entreprendraient les jours de congé, ils enseigneraient succinctement aux élèves les principes généraux de la géologie, cette histoire de la terre ;

ceux de la botanique, cette histoire de la nature ; quelques notions pratiques de topographie à l'aide d'une carte ; ils leur donneraient de rapides explications sur la lumière, l'atmosphère, l'orientation, la cosmographie.......

D'autre part, les Instituteurs devraient se tenir en haleine d'occupations intellectuelles, et se livrer à certains travaux particuliers relatifs à leurs communes, portant sur l'histoire locale, l'archéologie, l'agriculture, la statistique, la météorologie, etc.

Ces épreuves ont déjà donné de bons résultats dans plusieurs départements ; les meilleurs mémoires ont été signalés et leurs auteurs récompensés.

Mais s'ils ne sont pas encouragés, les Instituteurs n'osent prendre aucune initiative ; la Direction supérieure pèse trop sur eux, beaucoup trop ; il en est à peu près de même dans presque toutes les branches de l'administration de l'Etat. — L'initiative personnelle manque, chaque fonctionnaire se renferme strictement dans son petit cercle, et n'accomplit que juste les obligations de son emploi. — Il n'en est pas de même dans l'industrie et le commerce, dont l'esprit est plus hardi, plus large, plus énergique ; l'intelligence y est plus encouragée et le travail mieux rétribué.

Dans ce siècle d'électricité, où tout se hâte, où tout se renouvelle si vite, où il faut tant savoir pour prendre rang et compter, l'instruction publique, quand tout s'agite autour d'elle, se livre à un doux repos ; elle n'est pas dans le mouvement. — Que de temps perdu en congés continuels ! — Plus de six mois par an ! — Les enfants, abandonnés le plus souvent à eux-mêmes, gênent leurs parents, les détournent de leurs occupations journalières, n'apprennent presque rien, oublient vite, et donnent l'exemple du vagabondage organisé. Et, néanmoins, on soulève à chaque instant la question du surmenage. — Le surmenage intellectuel des élèves : voilà qui fait sourire les Instituteurs de la campagne !

Ce désœuvrement, au milieu d'une population de travailleurs, est d'autant plus fâcheux pour le Gouvernement, qu'il indispose le père de famille, et par conséquent l'électeur. Dès lors, la suppression d'une partie de ces congés s'impose, ainsi qu'une plus forte rétribution aux Instituteurs, dont les appointements sont vraiment dérisoires (1).

Sous prétexte d'égalité et de gratuité absolue, dont les familles aisées sont souvent froissées, on a dispensé celles-ci de payer une rétribution qui s'élèverait actuellement à vingt millions. Cette somme est perdue pour les Instituteurs. L'Etat ne peut subventionner comme il faudrait, toutes les caisses des écoles, et, dans la grande majorité des départements, il y a une quantité d'enfants qui ne reçoivent aucune instruction. — J'ai constaté ici, dans la montagne, que de jeunes garçons et beaucoup de jeunes filles ne savent ni lire ni écrire. Quand j'en fais l'observation aux parents, ils me répondent que leur pauvreté les oblige à employer leurs enfants, dès le

---

(1) J'ai indiqué, dans l'*Histoire du Valois*, le moyen d'améliorer le traitement des Instituteurs sans grever le budget.

bas âge, aux travaux des champs ou à garder les bestiaux.

Au lieu de l'égalité si mal comprise, et de la gratuité obligatoire, ne serait-il pas préférable de faire payer les familles aisées, afin de permettre à celles qui sont moins fortunées d'envoyer leurs enfants à l'école ?

Néanmoins, la République a voulu beaucoup faire pour l'enseignement primaire. Récemment encore, des Ministres ont prononcé d'éloquents discours en faveur des Instituteurs ; mais, dans tout cela, il y a un certain mirage, bien de la poudre aux yeux et de grands mécomptes.

Dans un pays où les questions d'instruction populaire sont des questions de puissance politique et de grandeur nationale, l'Instituteur, ce maître du peuple, doit être relevé par les grades et le traitement, et prendre dans la société le rang qui lui est dû.

« En encourageant l'enseignement primaire en particulier, et l'enseignement en général, c'est organiser la société elle-même. »

E. QUINET.

Lorsque l'instituteur sera suffisamment rémunéré, qu'il aura l'espérance d'un avenir plus large, il fera plus d'efforts, redoublera de zèle et se consacrera tout entier à son importante mission. — Spécial et compétent dans la matière, ce modeste fonctionnaire, dont le rôle est trop effacé, devra, en outre, être appelé au Conseil supérieur de l'instruction publique, où, par son expérience, sa pratique de l'enseignement primaire, il rendra d'utiles et réels services.

Quant aux décorations universitaires destinées aux professeurs, aux instituteurs les plus méritants, le Grand-Maître de l'Université ne les leur distribue qu'avec la plus dure parcimonie. — En revanche, le 1ᵉʳ janvier 1889, M. Lockroy a donné les palmes académiques à plusieurs acteurs et actrices de nos scènes parisiennes, sans oublier le régisseur de la danse, à l'Opéra. — N'est-ce pas le cas de rappeler ici le mot de Beaumarchais ? « Il fallait un calculateur ; ce fut un danseur qui l'obtint. »

Les hommes passent, mais les livres restent ; ils sont une force et servent à préparer l'histoire.

Si nous revenons à la flore du Midi, que nous avons commencé à examiner, nous remarquerons que cette flore, sauf de rares exceptions, est celle de toute la France. Mais, ainsi que nous venons de le voir, le printemps, dans le Roussillon, est en avance sur les autres régions ; les fruits de certains arbres, ceux de l'oranger par exemple, atteignent une complète maturité. — Vers la fin de février apparaissent en pleine floraison : le romarin, la lavande, le myrte, le thym, l'ajonc, l'anémone des bois, la gentiane, le lilas d'Espagne, la primevère, l'euphorbe......

Un peu plus tard, dans le courant de mars, les jardins se couvrent de fleurs : roses, tulipes, jacinthes, pivoines, lilas......

La staticée, aux formes légères et élégantes, est originaire des lieux arides et sablonneux. — De ses feuilles, il s'élève une tige grêle terminée par des fleurs rouges, blanches ou roses. Cette plante se recueille sur les bords de la Méditerranée.

Le citronnier, toujours vert, donne des fruits en toutes saisons ; le chêne-vert, le chêne-liége, l'olivier, le laurier, l'arbousier conservent aussi leurs feuilles en hiver.

Il en est de même de l'oranger, qui abonde dans le Roussillon : les Catalanes adorent les oranges. Ces gourmandes filles d'Eve croquent à pleines dents ces belles pommes d'or : écorce, pépins, fruit, tout y passe.

On rencontre aux pieds des Pyrénées, dans les vallons abrités des vents du Nord, des espèces appartenant à l'Afrique : le cactus, l'eucalyptus, l'agave de grande dimension, le bananier et le palmier-dattier, mais les fruits de ces deux derniers arbres ne mûrissent pas. Le laurier atteint les proportions du peuplier, et le laurier-rose celles de l'ormeau des forêts de l'Ile-de-France.

Le mûrier, le caroubier, le grenadier, ne fleurissent qu'au commencement de mai.

Quant aux arbres fruitiers du Nord, ils ont dans le Midi une avance considérable : vers la fin de janvier, les amandiers ; en février et mars, les cerisiers, les pêchers, les néfliers, les poiriers, les pommiers.... embaument l'air des mille parfums de leurs fleurs.

Les châtaigneraies sont nombreuses dans les Pyrénées. Leur exploitation est la grande industrie des habitants de la montagne. On ne laisse pas les châtaigniers acquérir leur plus grande dimension ; ils sont exploités de bonne heure et transformés en douelles et en cercles pour la fabrication des tonneaux.

Les forêts de chênes-liéges et de chênes-verts sont également en grand nombre dans les montagnes qui environnent Céret, surtout du côté de *L'Ecluse* et de *Las Illas*. — On n'abat pas le chêne-liége, mais, tous les dix ans, il est dépouillé de son écorce ; c'est le liége qui a tant d'emploi dans l'industrie. Rien de plus singulier que ces forêts : certains arbres sont encore revêtus de leur enveloppe, lorsque d'autres ont le tronc dénudé, rougeâtre, tout sanguinolent, comme si la hache avait excité leur sensibilité et fait couler une sève de sang.

Le chêne-liége souffre évidemment de cette blessure ; il paraît s'étioler, ses feuilles pâlissent, mais il se remet vite, se guérit et reprend bientôt toute sa vigueur. — L'écorce d'un beau chêne-liége représente, à chaque époque décennale, une valeur moyenne de 50 à 80 fr.

Comme le feu-follet fuyant dans la nuit sombre égare le voyageur, cette longue conférence nous avait détournés de notre but et les heures s'enfuyaient. Mais la soif de connaître, qui distingue l'homme de l'animal, et dont chacun de nous est dévoré, n'est-elle pas le plus précieux de nos priviléges ?

Enfin nous nous levâmes ; ce déjeuner au grand air, à 600 mètres d'altitude, le vin généreux du Roussillon et un repos prolongé nous avaient rendu notre première ardeur. Nous continuâmes notre promenade.

Tout à coup, au détour du sentier, nous fûmes éblouis par une faille d'une blancheur tellement éclatante que, sous l'action de la lumière du jour, le regard ne pouvait en supporter la vision. Le soleil ruisselait sur ces belles pierres blanches et se reflétait avec une aveuglante intensité. C'était une carrière de marbre ; le flanc de la montagne avait été taillé à pic. — A la distance où nous étions, des blocs de marbre, accumulés çà et là, ressemblaient à des amoncellements de neige. La similitude était frappante et le mirage complet.

En poursuivant notre excursion, nous aperçûmes une seconde carrière dont le marbre avait une pureté et une finesse remarquables. Il miroitait, étincelait sous les rayons du soleil, qui pailletaient également d'argent et de mica les débris répandus sur le sol.

Un peu plus loin que ce dernier gisement, nous rencontrâmes la rivière dite *de Reynès*, espèce de torrent dont la source était proche ; mais les escarpements du thalweg, les grandes roches qui le barrent parfois, forment des cascades et des obstacles difficiles à franchir. — Nous étions parvenus au terme de notre voyage.

Nous nous reposâmes un instant dans une petite prairie, sous les frais ombrages des châtaigniers, près des bords fleuris qu'arrose le torrent, et nous commençâmes notre mouvement de retraite.

Nous revîmes, en sens inverse, tous les sites des premières heures du jour, mais la terre, qui ne s'arrête jamais dans son mouvement de rotation, avait transformé la perspective ; les tons étaient plus fermes, les reliefs plus accentués. — Telle la femme dans sa beauté sévère de la quarantième année, n'est plus la vaporeuse jeune fille du printemps de la vie !

Une autre excursion des plus intéressantes doit encore être ici signalée à l'amateur des jardins, ainsi qu'au dessinateur, au poète, au peintre, ce poète du pinceau qui possède si bien le vif sentiment de la nature extérieure.

Sur le chemin du Bouleric dont nous venons de parcourir une partie, le touriste en rencontrera un autre, vers sa droite, à environ deux kilomètres de Céret ; c'est l'ancienne route de Reynès ; elle traverse des jardins, des bois, des champs cultivés, passe au col de *Bousseils*, près de plusieurs métairies, et traverse le Reynès, que nous connaissons déjà, au moulin *d'en Paillary*.

Ce dernier endroit mérite, à tous égards, de captiver l'attention de l'artiste ; il y a là un entassement d'énormes rochers, jetés au hasard par la nature dans le lit du torrent. De grands arbres, de toutes essences, encadrent ce paysage du plus ravissant effet. Il impressionne et on l'admire longtemps.

Le touriste rencontrera ensuite sur une hauteur le mas Santol, superbe propriété où sont réunis tous les agréments et le confortable d'un petit castel. Après avoir dépassé la maison d'habitation, il apercevra à droite un magnifique chêne-liége, d'une forme cylindrique parfaite, dont la circonférence mesure trois mètres et la hauteur du tronc environ cinq mètres.

Le produit de cet arbre, que l'on dépouille de son écorce tous les dix ans, représente de 4 à 500 kilogrammes d'un beau liége, dont la valeur est de plus de 300 fr.

A cent mètres plus loin, le promeneur rencontrera un second torrent dit *d'en Cazal*, tournera à droite, en suivra le cours, et, après avoir dépassé le mas Pallarès, il arrivera sur la route de Céret à Amélie, au milieu d'un groupe d'habitations nommé le *Pont-de-Reynès*.

Cette promenade, jusqu'au retour à Céret, est d'environ deux heures ; elle ne présente que très peu de grandes perspectives ; mais, à tous les instants, de délicieux coins de verdure et une diversité infinie de charmants points de vue.

Tous ces paysages sont comme un miroir à mille facettes, dont chacune reflète une image différente. L'impression est nette, changeante ou fugitive, selon la saison, l'état du ciel et les heures de la journée. Ces lieux de rêveries, calmes et tranquilles, sont recherchés par les artistes, qui s'y inspirent et rencontrent, dans un petit espace, de nombreux motifs d'étude.

Comme les sons, toutes ces couleurs, toutes ces lignes se fondent graduellement ; elles ont leur tonalité claire ou accentuée, leur harmonie douce et bien rhythmée. — C'est l'harmonie de la nature !

Les excursions à entreprendre aux environs de Céret peuvent être multipliées à l'infini. Un Club Pyrénéen, qui a réuni de suite plus de cent membres, s'est formé à Céret en 1887 ; ces excursionnistes, joyeux compagnons et marcheurs infatigables, ont déjà escaladé les pics les plus élevés de la contrée, et accompli plusieurs voyages d'exploration dans le Vallespir. M. Alexandre Henry, bien connu des touristes et des jolies baigneuses d'Amélie-les-Bains, par son talent de pianiste et de conteur agréable, est l'historiographe du Club Pyrénéen. La lecture de ses récits est des plus intéressantes.

Céret possède également un Orphéon qui a obtenu de nombreux succès dans les principales villes du Midi de la France, et même à Barcelone. Les Cérétans sont doués d'une organisation musicale exceptionnelle ; la nature s'est montrée prodigue à leur égard.

Lorsque nous avons quitté Argelès pour nous rendre à Elne, il nous aurait été possible de gagner Céret par d'autres chemins pittoresques et non moins attrayants.

Si le touriste désire explorer le versant nord, aux multiples et plantureux vallons, de cette partie de la chaîne des Pyrénées, il pourra, d'Argelès, en gagner l'extrémité par le chemin historique de Charlemagne, dont il a déjà été parlé. Le nom de ce chemin, perpétué par le souvenir du passage du grand conquérant dans ces parages, figure sur le plus ancien plan cadastral du canton, avec cette indication : « *Camp de Charlemagne.* »

Une route carrossable part également d'Argelès, côtoie la montagne d'un peu plus loin, traverse la Massane, parfois impétueuse, mais souvent desséchée, comme presque tous les torrents qui descendent de ces hautes régions. Cette route longe un splendide vallon, véritable nid de verdure et de fleurs, arrive à Sorède (*Sureda*), au pied de la montagne de *Notre-Dame-del-Castell*, célèbre pèlerinage, et se dirige vers Laroque (*La Roca*), où séjourna Philippe le Hardi, avec toute la Cour de France, lors de sa malheureuse expédition contre le roi d'Aragon.

Près de *Notre-Dame-del-Castell*, le voyageur pourra distinguer sur un pic élevé, presque inaccessible, les ruines de l'antique forteresse d'*Ultrera*, où, selon une tradition, Roland s'arrêta avant son entrée en Espagne. Les pas de ce héros légendaire sont incrustés sur un rocher ; on remarque aussi une large entaille qu'il y fit en le frappant avec sa terrible *Durandal*.

> Je suis Durandal.
> Du plus dur métal ;
> La victoire aura
> Qui me portera.
>   (*La chanson de Roland*.)

C'est de là, aussi, que le neveu de Charlemagne aurait, par défi, lancé son javelot sur l'Espagne ; il alla tomber à Massanet-de-Cabrenys, c'est-à-dire à plus de 20 kilomètres. — Les habitants de ce village espagnol montrent encore l'arme de Roland au touriste incrédule.

Plus loin, après avoir dépassé la tour de la Massane et sur la crête d'une montagne, les guides font visiter aux excursionnistes « *La place d'armes ou le camp d'Annibal.* » — Cette indication corroborerait les renseignements déjà donnés à la page 57 de ce livre, au sujet de la route suivie par les Carthaginois.

Tous les coteaux pyrénéens que nous venons de contempler sont extrêmement fertiles ;

ils produisent un vin généreux, riche en couleur, et sont recouverts d'arbres fruitiers, de chênes-liéges à la puissante végétation, et de micocouliers (*lladoners*); ce dernier arbre est coupé encore jeune ; ses branches deviennent des manches de fouet ; son tronc est exporté en Italie, pour y subir une sorte de préparation, et de là en Allemagne, où il sert à la fabrication de meubles de luxe.

Un autre chemin, parallèle à celui de Sorède, conduit également d'Argelès à Céret ; il est ombragé dans presque toute son étendue, et semble tracé dans un parc immense. Cette belle route, parfois bordée de platanes, de mûriers, d'églantiers, de grenadiers, d'agaves hérissés de redoutables épines, de touffes de fenouil, de bouquets de romarin...., traverse St-André, St-Génis-des-Fontaines, laisse à gauche Sorède, Laroque et sa tour féodale, Villelongue-dels-Monts et Montesquieu.

Cette perspective est une des plus belles du Roussillon : à droite la plaine, ses jardins, ses vignes, ses oliviers et ses arbres fruitiers..... A gauche, les Albères qui se dentèlent capricieusement sur le beau ciel d'Espagne, avec toutes leurs sinuosités, leurs vallons, leurs forêts et leurs reliefs ombrés.

La route que nous suivons, se dirige ensuite vers les bords escarpés du Tech, passe devant l'Etablissement thermal du Boulou, — le Vichy du Midi, — traverse Maureillas, franchit sa verdoyante vallée et arrive à Céret.

L'eau du Boulou, renommée dans tout le Midi pour son efficacité dans les maladies du foie, de l'estomac, de la peau..., est bicarbonatée, sodique, alcaline, gazeuse et même ferrugineuse. — Il est facile de s'assurer de cette dernière qualité en mélangeant l'eau du Boulou avec certains vins ; elle donne à ceux-ci une teinte légèrement grise. — C'est le fer en dissolution dans l'eau qui décompose le vin. — Il en résulte que cette eau thermale est favorable à la santé des anémiques et doit rendre des forces aux convalescents.

Quand le voyageur fera cette excursion, qu'il s'arrête à la bifurcation de la route d'Espagne par Le Perthus, entre l'Etablissement du Boulou et Maureillas : il apercevra à sa droite un arbre célèbre dans toute la Catalogne ; c'est le chêne des Trabucayres (1). Il a six mètres de circonférence, son tronc est creux et cinq ou six hommes peuvent s'y tenir ; de petites lucarnes dissimulées dans l'écorce permettaient, jadis, à des brigands, de guetter les voyageurs qui, pendant de longues années, ne passèrent qu'en tremblant dans ces redoutables parages. — C'était là que les Trabucayres s'embusquaient pour attendre et égorger leurs victimes. — Cette histoire sanglante, et des plus dramatiques, qui ne remonte qu'à 1846, terminera notre exploration du Vallespir.

Une des plus charmantes excursions à entreprendre aux environs de Céret, est celle de la frontière d'Espagne. Le touriste peut s'y rendre en deux heures par plusieurs chemins. La route stratégique, qui s'amorce

---

(1) *Note pour mes compatriotes du Nord* ; prononcez : *Traboucaïres*.

sur celle de la forêt communale de Céret, gravit les pics de Fonfrède et du Bouleric, d'où la vue est splendide : d'un côté la France ; de l'autre l'Espagne avec le golfe de Rosas, Figuères, et une foule de villages disséminés dans la vaste plaine de l'Ampourdan.

Du pic du Bouleric, situé à 1,035 mètres d'altitude, toutes les régions qu'il domine se déroulent sous le regard du spectateur comme une immense carte en relief ; les effets d'ombre et de lumière se détachent avec une netteté et une précision extraordinaires. On ne peut s'arracher qu'avec peine à cette étrange fascination. C'est une remarquable apothéose de la nature.

Le Génie militaire, après avoir capté une petite source légendaire, a fait construire, sur les sommets de Fonfrède, une superbe fontaine en pierre, très appréciée des chasseurs et des amateurs d'excursions.

« Les rendez-vous de noble compagnie
  Se donnent tous............ »

sur ce pic de Fonfrède. C'est là que les touristes et leurs intrépides compagnes se réunissent pour célébrer les beautés de la grande nature, et la gloire des coteaux roussillonnais ! C'est là que, malgré les fatigues de l'ascension, se livrent de terribles assauts contre la dive bouteille, de brillants combats à l'arme blanche, et où, bientôt, le sol est jonché de la dépouille des vaincus !

Nous avons déjà, près de l'arbre des Trabucayres, rencontré la route d'Espagne qui conduit au Perthus, village moitié français et moitié espagnol ; elle est commandée par le fort de Bellegarde, qui domine en outre une grande partie de la province de Gérone. Le voyageur pourra franchir la frontière sans crainte d'être inquiété, — nous ne sommes pas ici dans les régions de l'Est, — et aller visiter le premier village espagnol, la Junquera, dont les murs de plusieurs maisons portent encore la trace des balles carlistes de la guerre de 1875.

A gauche du fort de Bellegarde, le voyageur remarquera sur la carte, de l'autre côté du col de Porteill, le mas *d'en Parol*, le moulin de *la Coustella*, et le village de Las Illas. Il y a là aussi de très intéressantes excursions à faire. Ces parages ont été tristement illustrés par les Trabucayres; nous y reviendrons.

L'ermitage de St-Ferréol, à 5 kilomètres de Céret, de l'autre côté du Tech, est également un des sites les plus admirés des environs. — Ce point de vue, isolé et élevé, est le centre d'un tableau naturel, moins étendu que ceux aperçus du haut des sommets pyrénéens ; mais, si son cadre est plus restreint, il n'en est pas moins aussi gracieux que l'imagination puisse le concevoir : — On découvre, dans l'éloignement, la ligne bleuâtre de la Méditerranée, ainsi que toute la plaine du Roussillon, avec ses villes, ses villages, ses bois, et ses vignes en pleine lumière ; c'est la contrée amie de l'oranger, du raisin bienfaisant, des fruits délicats et des vertes primeurs.

Saint Ferréol était chef de brigands, lorsque, poursuivi et serré de près, il put gagner une chapelle. Ce refuge sacré étant inviolable, on renonça à la capture du bandit. Mais, pendant son séjour forcé dans cette retraite, Ferréol fut touché de la grâce divine ; il resta sur la montagne et, par ses prières, accomplit de nombreux miracles qui le firent plus tard canoniser à Rome.

Le touriste ne peut se dispenser d'accomplir le pèlerinage de St-Ferréol. Après avoir dépassé le Pont-de-Céret en venant de la ville, il apercevra trois chemins et prendra celui du milieu ; plus loin, il tournera deux fois à gauche, et gravira un sentier de mulet qu'il apercevra à sa droite ; ce chemin, fort accidenté, domine Céret et toute sa vallée. — Pour revenir, le touriste ira rejoindre la route départementale qu'il apercevra des hauteurs de St-Ferréol et, par une pente douce, regagnera le Pont-de-Céret, en longeant de belles cultures, des bois de chênes-lièges et des ravins profonds.

La chapelle de St-Ferréol est du commencement de l'époque romane ; architecture pesante et sombre. — Cette petite église renferme de nombreux *ex voto*, témoignages de la foi des pèlerins.

Parmi les attractions de Céret, il en est une dont l'originalité est toute spéciale à cette contrée : c'est la fête patronale, la St-Ferréol, qui a lieu le 18 septembre de chaque année.

Toutes les populations du Vallespir accourent à cette fête ; elle est pour tous un culte de première nécessité. On se réjouit de ce voyage plusieurs mois à l'avance, et l'on en parle longtemps après.

C'est pour l'observateur, pour le touriste,

une bonne fortune d'assister au défilé de cette foule joyeuse, de ces paysans endimanchés, vêtus encore, pour la plupart, du costume catalan traditionnel : la veste, le pantalon à guêtres, la ceinture de couleur et la *baratina*, ou bonnet rouge.

L'affluence est considérable sur toutes les routes ; les uns arrivent en chariot, en *tartane* (1), en char-à-bancs, à dos d'âne ou de mulet ; les autres à pied, chaussés d'espadrilles, ou portant leurs souliers sur l'épaule, afin de les ménager pour l'entrée en ville. — On y rencontre toutes les classes de la société : bourgeois et métayers, marchands et ouvriers, et, surtout, des bandes rieuses et bruyantes de jeunes gens et de jolies filles.

Et dans Céret, quelle foule, quel tohu-bohu, quel va-et-vient, quel encombrement, quel brouhaha, et quelles exclamations de gaîté !

Il y a de tout à la fête de Céret : des courses de taureaux et leurs brillantes *Cuadrillas*, des jeux et des réjouissances de toutes sortes, des danses publiques qui, du matin au soir, alternent avec les cérémonies religieuses ; des musiciens ambulants, des cavalcades d'écuyers de cirques, des parades de saltimbanques et leurs orchestres assourdissants, des chevaux de bois et des vélocipèdes tournants, accompagnés de l'inévitable orgue de barbarie, des boutiques en plein vent, des somnambules extra-lucides..... et même des *Gitanos*,

---

(1) La *tartane* est une voiture espagnole couverte, à dôme demi-cylindrique, et dont le plancher est remplacé par une natte de paille suspendue par des cordes.

Gypsis, *Zingaris* ou *Bohémiens*, exerçant tous les métiers : mendiants, maquignons, tondeurs d'animaux.....

>Sorciers, bateleurs ou filous,
> Restes immondes
> D'un autre monde ;
>Sorciers, bateleurs ou filous,
> Gais bohémiens, d'où venez-vous ?
>
>D'où nous venons ? L'on n'en sait rien.
>L'hirondelle, d'où nous vient-elle ?
>D'où nous venons ? L'on n'en sait rien.
>Où nous irons ? Le sait-on bien ?
>
>   BÉRANGER.

*   *   *

Ainsi qu'il en a déjà été fait la remarque au début de ces récits, les réjouissances publiques sont fréquentes dans le Roussillon. — Cette contrée a conservé toutes ses traditions druidiques et chrétiennes. — Le grand nombre de fêtes est également motivé par la douceur du climat, par un ciel d'une pureté presque permanente et, comme conséquence, par l'excellente santé des habitants.

La placidité habituelle des Catalans est rarement troublée par les agitations de la vie, par les discussions de la politique. Cependant, ils se rassemblent fréquemment sur les places ou sur les promenades ; mais, le plus souvent, ils ne s'entretiennent que de leurs affaires locales, quand ils ne se livrent pas à une douce somnolence, sous les rayons bienfaisants de ce beau et chaud soleil du Roussillon. C'est la vie en plein air, sans soucis, sans besoin et sans ambition.

En dehors de l'ancienne noblesse d'Aragon et de quelques riches propriétaires, agriculteurs ou viticulteurs, la population est généralement peu fortunée ; elle parait se complaire dans cette *aurea mediocritas*. — Heureux et peu entreprenants, les Catalans se laissent philosophiquement envahir par les *étrangers*. Ceux-ci, attirés par le climat et la fertilité du sol, commencent à fonder des usines et des fabriques ; ils apporteront la prospérité dans ce pays.

Celui-là est heureux qui sait borner ses désirs et ne veut pas ce qu'il ne peut atteindre. Les événements n'ont aucune action sur l'homme qui, ne demandant à la vie ni bien ni mal, accepte ce qu'elle lui donne ; il éloigne le pessimisme, ce désespoir de ne pouvoir rien changer aux choses de la nature.

En Roussillon, tout est nouveau pour le voyageur, tout est surprise et contraste ; les sites, la flore, la nature, les mœurs, les croyances...... — Dans les vallées, dans les plaines, une riche et prodigue végétation ; — deux et même trois récoltes par an ; — sur les montagnes, l'aridité, la sécheresse, des rochers dénudés, calcinés par le soleil, ou recouverts de neige pendant une partie de l'année ; des pluies torrentielles, diluviennes parfois, ou un ciel pur et sans nuage pendant quatre mois consécutifs ; une brise douce, parfumée, légère, caressante, et, à certaines époques, un vent terrible, glacial ou brûlant : c'est la tramontane ou le mistral.... Dans les villes, dans les villages, des libres-penseurs ou des catholiques exaltés..... Tout est violente opposition, le cadre et le tableau.

Ainsi, la grande majorité de la population est libérale, radicale même ; la minorité est ultra-cléricale ; son antique horloge retarde de plusieurs siècles. — Récemment le journal de ces revenants d'outre-tombe publiait le programme du gouvernement qu'ils rêvent d'établir bientôt.

« Dans l'ordre politique, le peuple doit obéir, la bourgeoisie contrôler, l'aristocratie diriger ; dans l'ordre économique, le peuple doit travailler, la bourgeoisie économiser et l'aristocratie dépenser. Au-dessus de tous, la royauté doit protéger et gouverner..... » Et plus loin : « Jadis, on arrivait en montant, aujourd'hui en dégringolant ; les littérateurs flattent les *basses* classes qui font d'eux des hommes riches, influents, des Sénateurs, des Députés et des Ministres. »

La réalisation des projets de ces réactionnaires de la Catalogne, ramènerait rapidement la France à la dîme, aux corvées, au droit du seigneur......, à toutes les exactions et oppressions féodales.

Le droit du seigneur qui florissait au moyen-âge, dit Henri Martin, était poussé jusqu'à ses dernières conséquences, il allait au delà du servage de glèbe et rétablissait le servage personnel. Comme chez les anciens, le corps de la serve, sa pudeur de femme appartenait au maître. — C'était le bon vieux temps, disent nos réactionnaires ! — Ils oublient que nos ancêtres, les serfs de la féodalité attachés à la glèbe, les malheureux paysans du moyen-âge, les sujets opprimés de François Ier, de Louis XIV, de Louis XV, étaient les êtres les plus misérables de la terre.

Les rois de France n'avaient pas moins de mépris pour le peuple que les seigneurs : dans son Ordonnance du mois de mars 1515, François I*er*, de galante mémoire, désigne ainsi les *vilains* et *les manants* (1) «..... il est bien entendu que, seules, les personnes *viles et abjectes*, c'est-à-dire *non-nobles*, seront fouettées en place publique..... »

L'histoire de France est remplie de ces expressions injurieuses et menaçantes pour le peuple. Quant à Louis VII, il manquait totalement de politesse à l'égard des dames de son époque : dans un rescrit, il appelle les hommes : *le meilleur sexe.* — Sont-ce les infortunes conjugales de ce roi qui le rendaient si peu galant ?

On trouve un témoignage du malheur de ces époques néfastes dans la fable de La Fontaine, *le Bûcheron et la Mort*, qui est de 1668. Le misérable médite sur son sort :

. . . .

Sa femme, ses enfants, *les soldats*, les impôts,
Le créancier et la corvée
Lui font d'un malheureux la peinture achevée.

. . . .

Les soldats !! Oui, ceux du dix-septième siècle ; les pillards, les écorcheurs, les malandrins des bandes de Condé, qui saccagèrent le Soissonnais et le Valois. — Les mercenaires de Condé vinrent aussi dans le Roussillon

---

(1) *Villanis*, villageois ; *manents*, ouvriers manuels ; — ou de *manere*, demeurer ; — c'est-à-dire attaché au sol, à la propriété du maître. — Le nom de roturier vient de *rompturier* (*rompturaii*), ceux qui rompent la glèbe, les défricheurs.

en 1641. Ils prirent Salces, Elne, Canet, Claira, Laroque, Argelès, Ille et Collioure.

Ah! si nos ancêtres pouvaient parler, ils nous raconteraient d'affreuses scènes de ces temps calamiteux et de leurs précédents. Le monde en a vu de dures!

Un de mes compatriotes, M. Ed. Fleury, a puisé aux meilleures sources dans les procès-verbaux du moyen-âge ; il a fait un excellent livre de recherches et d'érudition sur la misère de ces époques dans l'Ile-de-France et les régions voisines. Condé commandait à une véritable armée de bandits, et il laissait tout faire : pillages, incendies, meurtres, viols...... J'en ai dit quelques mots dans mon *Histoire du Valois*, et on m'a taxé d'exagération ; mais que mes contradicteurs lisent Dulaure, Fleury, Bonnemère, Henri Martin, Michelet..... et ils seront édifiés.

Cependant, la noblesse du Roussillon a une belle page dans l'histoire de la Révolution Française ; je relève les lignes suivantes dans un journal daté de 1789 :

« C'est une marée montante de brochures ; je ne puis faire un pas dans Paris, sans rencontrer des liseurs ; on lit à la porte des maisons, on lit en voiture, on lit dans les promenades, on lit dans les cafés, on lit sur le Pont-Neuf. Chacun, jusqu'au laquais qui suit son maître, ne tient plus qu'un livre à la main.

« A Paris, on lit ; en province, on parle et l'on fait des déclarations.

« La noblesse du Roussillon, l'une des dernières provinces annexées à la France, n'imite pas l'exemple des noblesses de Bretagne, de

Provence et de Franche-Comté. Elle fait d'avance le sacrifice de ses priviléges. La nuit du 4 août n'a été que la consécration de bien des journées généreuses et glorieuses.

« Les nobles du Roussillon proclament qu'ils sont hommes et citoyens avant d'être nobles, » et ils veulent cimenter l'union avec les autres ordres. Ils arrêtent de supporter « en parfaite égalité, en proportion de leurs fortunes, les impôts et contributions générales de la province. » Ils réservent seulement « le droit sacré de la propriété et les distinctions nécessaires dans une monarchie, pour être plus à même de soutenir les droits et la liberté du peuple, le respect du souverain et l'autorité du roi. »

« Cette noble déclaration est signée : *Don Antonio de Ros, marquis d'Aguilar; de Çagarriga, chev. de Banyuls; de Montferré, baron d'Ortaffa.* Voilà des gentilshommes dont le nom est étranger, et le cœur bien français. »

« 1789, c'est la régénération d'un monde en décadence par des hommes pris de la noble passion du bien, du vif amour de l'avenir ; c'est l'ère de la justice d'apaisement et d'affranchissement des esprits et des corps. C'est, ainsi que l'a dit Mignet, la Révolution qui remplace l'arbitraire par la loi, le privilége par l'égalité, la Révolution qui délivre les hommes des distinctions des classes, l'industrie des entraves, des corporations et des jurandes, l'agriculture des sujétions féodales et de l'oppression des dîmes, et qui ramène tout à un seul État, à un seul droit, à un seul peuple. »

Et, maintenant, en 1889, au moment où tous les hommes de cœur glorifient le centenaire de nos libertés, l'organe du roy Philippe VII ose écrire à la date du 4 juin 1889 :

« M. X..... était *républicain*, mais honnête....... » Ce journal parodie une insulte déjà lancée aux Républicains par une autre feuille royaliste : — « Tous les *républicains* ne sont pas des *voleurs*, mais tous les *voleurs* sont *républicains*. »

Revenons à notre sujet.

Parmi les nombreuses fêtes du Roussillon, celle de la St-Jean y est toujours en grand honneur. Dans nos pays du Nord, elle tombe en désuétude. Ici, le clergé bénit les feux, et les réjouissances durent deux jours entiers ; deux jours de bruit, de cris et de danses.

Pendant la soirée et toute la nuit du 23 au 24 juin, les Catalans entretiennent de grands feux sur les places publiques des villes et des villages et, même, sur les plus hautes montagnes pyrénéennes. Les jeunes filles vont ensuite, à l'apparition de l'aurore, se baigner dans les cours d'eau, déjeuner près des fontaines, et demander à saint Jean de leur envoyer un mari ; prière que ce bon saint exauce toujours.

Le culte druidique de Bel, dieu du feu et des rivières, a donné naissance à cette antique coutume ; en l'adoptant, les premiers chrétiens ont seulement changé la date de sa célébration.

Le 1er mai de chaque année, les Gaulois allumaient des feux de montagne en montagne, célébrant ainsi le triomphe du radieux Bel, du roi soleil, sur le sombre et triste hiver.

De même que le 1ᵉʳ mai était chez nos ancêtres la fête de la renaissance de la nature, la date du 1ᵉʳ novembre faisait aussi, pour eux, l'objet d'une cérémonie publique : ils se rassemblaient dans les cimetières et, par des chants funèbres qui rappelaient la tristesse et la mort, ils évoquaient les ombres des trépassés.

« Tout ce qui se rapporte à la doctrine de la mort paraît avoir été concentré, par les Gaulois, dans les rites et les croyances de la nuit du 1ᵉʳ novembre, nuit pleine de mystères que le druidisme a léguée au christianisme, et que le glas des morts annonce encore aujourd'hui à tous les peuples catholiques, oublieux des origines de cette antique commémoration. » (Henri MARTIN.)

La fête chrétienne, la Toussaint, qui a remplacé la cérémonie druidique, a conservé un caractère de grandeur et de poésie mélancolique.

Dans toute la France en général, et surtout à Paris, le culte des morts est sacré ; c'est une véritable religion. — Hélas ! il n'en est pas ainsi dans le Roussillon où les cimetières, sauf quelques exceptions, sont de véritables champs d'enfouissement : beaucoup de tombes ne sont surmontées d'aucune indication, les allées sont mal tracées ou n'existent pas, et le tout est envahi par les herbes folles. L'abandon est complet et glace le cœur.

Il y a aussi dans tous les villages du haut Vallespir une coutume curieuse : c'est *la fête des chevaux et des mulets*. — Le lendemain de la Saint-Jean, ces animaux sont richement caparaçonnés et ornementés de colliers à plaques brillantes, de banderolles, de grelots, de houpettes multicolores. Une brillante cavalcade se forme, parcourt les rues et s'arrête devant l'église ; les portes en sont ouvertes, et une messe est célébrée en l'honneur des chevaux et des mulets ; le clergé sort ensuite et les bénit.

Cette cérémonie paraît également remonter au culte druidique ; elle se pratique encore actuellement en Bretagne sous le nom de *pardon*, ou *fête des chevaux*. Ce serait une preuve de plus de la commune origine de tous les habitants des diverses provinces de notre France.

A partir de Céret, la vallée se rétrécit, les montagnes semblent se rejoindre et barrer au loin le torrent. Cette route est ombragée dans presque tout son parcours.

La distance qui sépare Céret d'Amélie-les-Bains, notre nouvelle direction, est de neuf kilomètres. — Nous admirerons le pont monumental du chemin de fer. C'est une œuvre architecturale hardie et élégante. Nous laisserons à gauche la gare de Céret ; nous passerons devant quelques maisons, *la Cabanasse*, et nous arriverons à un autre groupe d'habitations qui dépendent de la commune de Reynès, située plus haut, dans la montagne.

De cet endroit la vue est peu étendue, mais la vallée et les sites qui l'entourent méritent d'attirer un instant l'attention du voyageur.

Un peu après avoir dépassé la gare de Céret, nous avons laissé à droite, sur le bord opposé du Tech, le château de Saint-Paul dont l'architecture, genre renaissance, imite celle des *villas* de Pompéi. Il est entouré d'arbres de toutes provenances : la flore tropicale y lutte de vigueur avec les flores variées du Midi et du Nord de la France : bananiers, palmiers, agaves, cactus, eucalyptus, orangers, citronniers, mûriers, oliviers, caroubiers, grenadiers, lauriers-roses, amandiers, figuiers, cerisiers, pêchers, pommiers, abricotiers..... Tout y abonde.

Les fleurs de toutes espèces, de toutes altitudes peuplent également ces coteaux aimés du soleil : le camélia, cet arbuste importé d'Asie, s'épanouit déjà dès le mois de janvier ; les géraniums, les pervenches, des touffes de fraisiers bordent les allées ; l'héliotrope, les jacinthes, les rhododendrons harmonisent, çà et là, leurs riches couleurs..... Toute cette flore luxuriante embaume l'air des parfums les plus suaves et les plus délicats.

Ces phénomènes de végétation sont dus à M. de Bruguère, à qui appartient le château de St-Paul. Par ses essais d'acclimatation, ce propriétaire a rendu de réels services à la contrée. — Ses connaissances en histoire naturelle, ainsi que leur intelligente application, lui ont valu une haute récompense de la Société agricole, scientifique et littéraire des Pyrénées-Orientales.

De plus, M. de Bruguère a entrepris le défrichement de nombreux terrains, réputés incultes jusqu'à ce jour, et les a plantés de vignes qui commencent à produire un vin de qualité exceptionnelle.

Il y a lieu, toutefois, de faire remarquer que ce beau domaine, comblé par les dons d'une généreuse nature, est dans une situation des plus privilégiées : — Ses pentes, fortement inclinées vers le Midi, reçoivent, presque perpendiculairement, les rayons du soleil; de hautes montagnes abritent la partie supérieure des vents du Nord ; autour du château, des bassins et de grands arbres tempèrent la chaleur du jour; plus bas, le Tech, au cours rapide, au lit rocheux, se précipite en mille petites cascades qui pulvérisent l'eau : cette poussière humide entretient dans l'atmosphère une fraîcheur perpétuelle.

Cette fraîcheur de la vallée est d'autant plus grande que, même en été, l'eau du Tech n'est jamais chaude. — Provenant de la fonte des neiges ou de sources froides rapprochées des rives, elle court avec rapidité et n'a pas le temps de s'élever à la température de l'atmosphère ambiante. — Toutes les eaux qui descendent de la montagne sont saines, mais dangereuses, dit un proverbe catalan :

*Beu-me tota,
No m' passis gota !*

Bois-moi à plein verre,
N'y trempe pas tes pieds.

En outre, une puissante turbine élève l'eau du torrent dans tout le domaine ; ces ondes pures et transparentes « *Fugiens per gramina rivus,* » forment de petits ruisseaux aux capricieux méandres, qui sont bordés d'un vert gazon parsemé de violettes, de marguerites et de boutons d'or.

En toutes saisons, une promenade à travers ces champs de vignes, ces bois et ces jardins, fait éprouver successivement, au visiteur, la sensation des climats de la zone torride et des régions tempérées. Ce charmant séjour ne le cède en rien à ceux de Cannes, de Nice, de Menton et de Naples.

Les Romains avaient déjà reconnu les avantages de cette situation ; des fouilles ont mis à jour une grande quantité d'urnes funéraires ; elles renfermaient des ossements calcinés. — L'histoire de toute une population, qui n'a pas laissé d'autres traces de son passage dans ces lieux fortunés, se résume dans la découverte de ces débris humains.

Les ruines d'un pont romain, situées à 150 mètres en amont du pont du chemin de fer, attestent qu'une large voie aboutissait aux diverses localités qui devaient occuper la rive gauche du Tech, et parmi elles, la ville dont le domaine de Saint-Paul paraît couvrir l'emplacement.

Les culées et la pile du milieu qui soutenaient les deux arches de ce pont antique, donnent encore l'inclinaison des voûtes : de même que Cuvier reconstituait un mastodonte avec un tibia de cet animal antédiluvien, les ingénieurs et les archéologues calculeront facilement les dimensions de la construction romaine. — Un chemin partant de la route de Céret à Amélie conduit, en quelques minutes, à ces ruines curieuses et des plus intéressantes pour la science.

Quel cataclysme a causé la complète destruction de l'antique cité romaine ? Est-ce à la suite d'un débordement du Tech, d'un tremblement de terre, d'une invasion de hordes étrangères ou d'une éruption volcanique? — M. de Bruguère estime que cette dernière supposition est vraisemblable, attendu qu'une partie de montagne avoisinante, dite *Ribes-Altes*, présente les formes d'un cratère éteint.

On peut également croire que la disparition de cette ville a été causée par une inondation: Le Tech et ses voisines, la Tet et l'Agly, paraissent, le plus souvent, des rivières inoffensives, mais elles deviennent parfois terribles et impétueuses. — Il y a bientôt deux mille ans, Pomponius Méla écrivait à leur sujet : « *Parva flumina, urbi crevere persæva.* »

Quel mystère enveloppe ces anciennes populations des rives du Tech ? — Comment se nommaient-elles ? — A quelle époque ont-elles disparu ? — Nul ne le sait, et l'histoire de ces peuples restera toujours ignorée ! Cependant, ces morts ont vécu ; ils ont chanté, comme nous, leur hymne de reconnaissance à l'Eternel ; ils se sont réchauffés au même soleil ; le même astre des nuits les a éclairés ! Comme nous, ils ont aimé ce que nous aimons; comme nous ils ont souffert des mêmes souffrances, lutté pour la vie, et ils sont là, muets, sous nos pieds, ensevelis dans les ténèbres et l'oubli du tombeau !

Quoi qu'il en soit, les urnes funéraires, déjà mises à jour, sont en assez grand nombre pour donner la certitude que la partie du domaine où elles ont été retrouvées, et qui se nomme *Lo Pla*, était proche d'un centre important de population.

Dans l'intérêt de la science archéologique, M. de Bruguère se propose de faire continuer des fouilles dans sa propriété, dont une partie est encore en friche. Il espère découvrir certains indices qui lui permettront, peut-être, de reconstituer l'histoire de tout un peuple disparu. — Le monde savant lui en sera reconnaissant.

M. de Bruguère est animé d'un zèle, j'ajouterai même d'un saint enthousiasme, d'autant plus grand dans ses travaux, que le domaine de St-Paul est dans sa famille depuis plus de trois siècles, fait rare à notre époque et des plus remarquables.

La fête de St-Paul se célèbre chaque année auprès du château, dans une antique chapelle ; elle attire, le 25 janvier ou le dimanche qui suit cette date, des centaines de visiteurs venus de tous les points du Vallespir. Ce jour-là, M. de Bruguère ouvre au public les portes de son château, de son parc et de ses serres ; les Catalans, revêtus de leurs plus beaux costumes, s'y répandent en foule ; et pendant que les uns accomplissent plus ou moins dévotement le pèlerinage à la chapelle, — on attribue à St-Paul le pouvoir de guérir les maladies de peau, — les autres se livrent à la danse ou font des goûters sur l'herbe.

Les *jouglas* soufflent toute l'après-midi dans leurs bruyants instruments ; les jeunes filles sont généralement accompagnées de leurs fiancés à venir, qu'elles appellent leurs *ambistadous* (amoureux) ; d'où le surnom de *San Pau dals ambistadous* donné à la fête de St-Paul. La joie éclate sur les visages, et tous, garçons et *jouves*, prennent part aux *baills* qui ne se terminent qu'à la nuit tombante. C'est ainsi du reste, qu'en Roussillon, s'achèvent toutes les fêtes religieuses.

Après cette excursion à St-Paul, nous continuerons notre route ; nous traverserons le pont de Reynès et nous rencontrerons bientôt les débris d'un autre pont détruit pendant la guerre de 1793, la forge catalane de *Las Amas*, ainsi qu'une carrière de plâtre.

Au delà des forges de *Las Amas*, nous verrons à gauche un petit chemin ; il traverse le canal de Céret et conduit à Reynès en une demi-heure. Ce canal, dérivé du Tech à Amélie, suit une pente moins rapide que le torrent, passe au-dessus de la ville de Céret, à laquelle il fournit une eau abondante, et se termine à Maureillas.

Quelques mètres avant d'arriver aux entrepôts de plâtre de Palalda, et aux carrières que le voyageur pourra visiter, un ruisseau passe sur la route ; il descend de la vallée des *Diamants*. — Elle est ainsi nommée parce que l'on y trouve de petites pierres d'un quartz fort pur, de couleurs diverses et de forme hexagonale. Des femmes et des enfants les recherchent et en font un petit commerce.

A un kilomètre d'Amélie-les-Bains, le pittoresque et accidenté village de Palalda nous paraîtra, avec son église et ses deux tours féodales, vouloir escalader les flancs élevés de la montagne.

De tout le Roussillon, la route que nous venons de suivre est, pour le piéton surtout, une des plus agréables. Elle domine souvent la profonde vallée du Tech, aux aspects si variés ; elle côtoie des prairies, des jardins plantés d'arbres fruitiers, des précipices ; la perspective change constamment, et les montagnes, souvent très rapprochées de la route, étalent leurs riches parures sous les yeux du touriste émerveillé.

Pour le piéton surtout, ai-je dit. En effet, le voyage à pied n'est-il pas le meilleur moyen d'explorer la planète sur laquelle le destin nous a fait apparaître un instant? de tirer le plus grand profit de l'observation des œuvres de l'homme et des beautés de la nature? — En voiture, nous avons à peine le temps de regarder vaguement les objets qui nous entourent ; en chemin de fer, nous sommes transportés comme des colis de marchandises, et nous dévorons l'espace sans rien voir.

Voyager à pied, a dit Jean-Jacques Rousseau, voyager comme Platon, Thalès et Pythagore. Ne craignez donc pas de marcher, et vous vivrez longuement. Tous les médecins vous répéteront cette éternelle vérité.

L'humanité vieillit et chaque génération est moins vigoureuse, moins résistante que la précédente. Combien nous sommes loin de la force physique de nos ancêtres les Gaulois! Comme nos exercices les plus violents paraissent des jeux puériles, auprès de ceux, auxquels se livraient les hordes barbares, ou même les chevaliers du moyen-âge! Exerçons donc notre corps pour conserver et augmenter nos facultés physiques. Tout le monde, cependant, ne peut bêcher la terre, scier du bois, abattre des arbres, comme M. Gladstone.

monter à cheval, nager, faire des armes, ramer dans un bateau, courir sur un vélocipède...... Mais, tout le monde peut marcher.

La marche remplace et résume les différents exercices ; elle met en mouvement toutes les parties de l'organisme ; régularise la transpiration cutanée, la circulation du sang, entretient l'élasticité des muscles, préserve de l'obésité et conserve la santé.

A notre époque, non-seulement on ne marche plus, mais les âmes sont encore plus malades que les corps, les volontés se sont affaiblies en même temps que les muscles, et nous avons perdu la force de résistance que possédaient nos pères. — Les vieux Gaulois ne connaissaient ni la névrose ni la mélancolie ; joyeux et bien portants, ils possédaient la vertu physique et morale d'un rire large et sain.

Dans le Roussillon, comme un peu dans toute la France, les plantations sont assez rares sur les côtés des routes. — Pourquoi n'imiterions-nous pas l'Allemagne, dont tous les chemins sont bordés d'arbres fruitiers ? Nos cantonniers qui le plus souvent, pour s'occuper, râtissent les routes avec un soin méticuleux, ne pourraient-ils pas être employés à ces plantations ?

« La sueur du cantonnier est chère ; elle est si rare, » annonce un dicton. — Loin de moi la pensée de songer à nuire à ce modeste agent des ponts et chaussées, à cet ami du touriste dont il est la providence. — En effet, ne le remet-il pas souvent dans le bon chemin dont il s'est écarté ? La situation intéressante du cantonnier pourrait être améliorée par sa participation, avec l'Etat ou les communes, a la récolte des arbres fruitiers qu'il entretiendrait et surveillerait. Il en résulterait un profit pour tous, et les routes, moins exposées au vent, à la pluie, se conserveraient plus longtemps et seraient moins poussiéreuses.

Cette idée germera-t-elle ? — Quoi qu'il en soit, n'est-ce pas le devoir de chacun de laisser après soi, la somme du mieux augmentée, et celle du moins bien diminuée ?

Toute cette contrée du Roussillon offre des enchantements continuels, des surprises de tous les instants. C'est le pays du soleil, dont les rayons réparent les forces, réchauffent le cœur, animent le silence et peuplent la solitude.

Quel ravissant coup d'œil ! Quelle riche nature ! Quelle surabondance de biens et quelle prodigalité de vie !

Céret, Amélie-les-Bains, sont les reines de ce beau pays ; la température y est douce et les mauvais temps rares. Dans cette superbe vallée du Tech, c'est presque toujours le ciel bleu sans nuage, le ravissement sous toutes ses formes et l'illusion du Paradis !

C'est là, dans cette vallée, que l'on respire les légers parfums des prairies toujours en fleurs, l'air vif et pur qui dilate les poumons, allége le corps et épanouit l'âme ! C'est là, dans ces montagnes, où les capiteuses et profondes odeurs de l'éternelle verdure des Pyrénées, accélèrent la circulation du sang et excitent les fonctions du cerveau !

« Dans cette admirable chaîne des Pyrénées, dont les merveilles sont si familières aux touristes, dit le docteur Delmas dans son savant *Traité des eaux thermales*, la petite ville d'Amélie-les-Bains ne le cède à aucune de ses rivales pour les charmes du séjour et l'agréable variété de ses sites environnants; sa faible altitude et sa situation au voisinage de la plaine, qui prolonge jusqu'à la mer la vallée du Tech, lui donnent le rare privilège de participer aux avantages de conditions topographiques fort opposées. Ce n'est presque plus la montagne, ce n'est pas encore la plaine, mais un état intermédiaire où se fondent et s'harmonisent l'agreste sauvagerie de l'une et la grâce monotone de l'autre.

*
* *

La station thermale d'Amélie-les-Bains est, à presque toutes les époques de l'année, très recherchée en raison de son climat tempéré et uniforme.

Ses eaux sulfureuses procèdent par insinuation; leur application lente et méthodique est très favorable à la santé, annonce le docteur Granier. Il ajoute que la nature ayant doué ce pays privilégié des éléments de la thérapeutique, il est pour les phthisiques un excellent refuge d'automne, d'hiver et de printemps. L'été n'est pas compris dans cette énumération.

En effet, contrairement à l'idée longtemps répandue, que la chaleur est l'amie de la poitrine et le froid son ennemi, la médecine reconnaît aujourd'hui que le préjugé d'envoyer les phthisiques dans le Midi pendant l'été a fait beaucoup de victimes. — La trop grande chaleur entraine la perte de l'appétit, affaiblit le malade, le débilite et lui enlève le reste de ses forces.

Toutes les célébrités médicales ont signalé l'efficacité des eaux d'Amélie-des-Bains : Fonssagrives, Guéneau de Mussy, Peter, Jaccoud, Ferrand, Dujardin-Baumetz, Bouyer, Gubler, Pujade, Granier, Delmas, etc., etc. L'Etat a sanctionné les avantages de cette station, en y fondant un magnifique Etablissement balnéaire pour les convalescents de l'armée.

L'industrie de l'homme est donc venue seconder et féconder la nature. — Les belles campagnes qui environnent la ville, les promenades dans les montagnes, les sites élevés où se repose le regard, tous ces attraits puissants font oublier les soucis de la vie, les tracas des affaires, les préoccupations de chaque jour ; ils éloignent surtout l'ennui, cette infirmité de l'âme qui tue si rapidement le malade.

« Cette contrée est le type du climat modéré, uniforme, comme température, hygrométrie et pression atmosphérique. La vie au grand air, le vivifiant soleil d'hiver, la gymnastique respiratoire des excursions, préviennent beaucoup d'affections et sont des agents puissants de guérison.

La vallée d'Amélie-les-Bains est abritée au nord et au midi, par des montagnes dont l'altitude varie de 600 à 1,500 mètres ; elle n'est ouverte que par un passage étroit au nord-est et du sud-ouest. L'air y est toujours sec, bien que légèrement humidifié par son rapprochement de la mer, — 30 kilomètres. — Le Canigou et ses montagnes protégent cette vallée contre les vents violents du nord-ouest ; c'est la tramontane qui ravage si souvent le Midi. Il y pleut rarement, — de 50 à 60 jours par an, — et presque jamais en automne et en hiver. Les brouillards y sont inconnus.

La température moyenne du jour, en automne, est de 16°1, en hiver de 8°2, au printemps de 15°1, en été de 24°3. En hiver, le thermomètre descend dans la nuit à + 5, 4, 3, et rarement à 0 ; dans le jour il s'élève à + 10°, 12°, et, parfois, à 14° et 15°. La colonne barométrique est en moyenne de 742^{mm}. L'air est moins dense, plus oxygéné que dans la plaine, mais moins excitant que celui des grandes altitudes qui favorise la suractivité de la respiration, ainsi qu'un certain éréthisme général.

Le printemps est l'hiver de ces régions. C'est l'époque des vicissitudes atmosphériques : pluie, bourrasques, vents terribles, et phénomènes météorologiques qui changent brusquement la température. Le calme revient dans les premiers jours d'avril.

Pendant les mois de juin, juillet et août, la chaleur est souvent accablante ; aucun nuage, aucune pluie ne trouble la pureté de l'air. A cette époque de l'année, le séjour des bords de la Méditerranée est plus agréable que celui des plaines ou de la vallée du Tech. Près des rivages de cette mer, qui reflète le ciel toujours bleu, les grandes chaleurs de jour et de nuit, y sont atténuées par des brises rafraichissantes et alternatives de terre et de mer, ainsi que par des émanations marines ou sylvestres.

En raison de sa situation, Amélie-les-Bains doit être classée entre les stations thermales du littoral et celles de l'intérieur ; entre les stations de plaine à pression élevée et celles de montagne à basse pression.

Comme action sur l'organisme, les médecins estiment que le climat et les eaux sulfureuses d'Amélie-les-Bains raffermissent la constitution, combattent l'anémie, le lymphatisme, et atténuent ou font disparaître les manifestations scrofuleuses.

Il existe encore à Amélie des thermes romains (*Lavacrum*), et des vestiges de la salle d'étuve (*Sudatorium*). On y voit aussi les traces d'un ancien aqueduc. Le *Lavacrum* a 20 m. 40 de longueur sur 12 m. 40 de largeur et 11 m. 20 de hauteur, sous clef de voûte.

Le *Mondony* rejoint le *Tech* au milieu d'Amélie. L'aspect de la vallée profonde du premier de ces torrents est vraiment sauvage : ses deux versants, très rapprochés, semblent avoir été coupés à pic par un géant des légendes mythologiques.

La gorge du Mondony, dont les parois s'élèvent perpendiculairement à plus de 100 mètres de hauteur, représente un des bouleversements les plus extraordinaires des premiers âges du monde. — Contemplée du pont militaire, cette faille immense, sur les flancs de laquelle s'élèvent les hôtels Pujade, Martinet, et leurs terrasses en amphithéâtre, offre un spectacle d'une grandiose originalité, unique, peut-être, dans l'univers entier. — C'est une des principales attractions des contrées pyrénéennes.

Nommée jadis les *Bains d'Arles*, (voir la carte de Cassini,) la ville n'a pris le nom d'Amélie que vers 1840, époque de sa formation en commune, et de la fondation de l'Hôpital thermal Militaire.

C'est le docteur François Lallemand, de Metz, ancien professeur de l'Ecole de médecine de Montpellier, membre de l'Institut, médecin traitant d'Ibrahim Pacha, fils de Méhémet-Ali, qui a fait le premier rapport favorable pour établir aux Bains d'Arles, un hôpital militaire de convalescents, en réclamant, pour les blessés et les malades de l'armée d'Afrique, une station où ils pourraient se reposer de leurs fatigues et se réacclimater à la France.

Le nom d'*Amélie* a été ensuite demandé à la reine de France, femme de Louis-Philippe Ier, par les habitants du pays. Cette autorisation ayant été accordée, la nouvelle agglomération a été séparée d'Arles et érigée en commune, sous la désignation d'*Amélie-les-Bains*.

L'Etablissement militaire, dont l'exposition, fort belle, domine la ville, occupe une superficie de six hectares. Ses plantations riches et variées en font un des plus remarquables hôpitaux de notre armée. On vient également de l'expérimenter pour les soldats rentrant du Tonkin, ils s'y sont parfaitement rétablis.

Amélie-les-Bains est la seule station thermale permanente de toute l'Europe. La vallée où elle est assise, entourée de hautes montagnes qui s'opposent au vent du nord-nord-ouest, concentre et conserve toute la chaleur des faibles rayons du pâle soleil d'hiver. Elle constitue, en outre, une réunion de sites délicieux et des plus pittoresques.

Les trois grands Etablissements thermaux : les *Thermes Pujade*, les *Thermes Romains* et l'*Hôpital Militaire* font d'Amélie une ville d'eaux des plus importantes de France.

Malgré ces nombreux avantages, et surtout sa situation exceptionnelle, Amélie ne prospère pas. Ses habitants ne font aucune réclame ; ils ne savent pas attirer l'attention des étrangers et semer pour récolter. De plus, dans ce pays où les arbres sont si rares et seraient pourtant si précieux, on paraît prendre plaisir à les détruire. — Il y avait, à la porte d'Amélie, sur la route d'Arles, un charmant petit bois qui commençait à donner de l'ombrage, la ville pouvait l'acquérir facilement, y faire tracer un labyrinthe et des sentiers arrosés de cours d'eau, à l'instar du superbe parc de l'Etablissement militaire ; ce charmant bosquet aurait constitué la plus jolie et la plus agréable promenade d'Amélie. — Eh bien ! on a récemment rasé ce bois et substitué le désert brûlant à une oasis de verdure et de fraîcheur.

Fort-les-Bains, qui domine Amélie, fait un très bel effet dans l'ensemble du paysage. Cette forteresse a été construite en 1670, sur l'ordre du comte de Chamilly, et en même temps que celle de Bellegarde, par l'ingénieur St-Hilaire ; Vauban y a apporté quelques modifications, mais il y attachait peu d'importance et l'appelait une *simple gentilhommerie*. Elle remplaça une tour aragonaise : *la Torre reyal del Puig dels Banys*.

Amélie-les-Bains, de même que Nice, a sa brillante saison d'hiver : Les bals et les fêtes s'y succèdent sans interruption, du mois de novembre à la fin de mars. — Les Thermes Romains, les Thermes Pujade, l'Etablissement militaire et les maisons particulières rivalisent de luxe et de splendeur. On joue la comédie dans les villas princières, et les enfants ne sont pas oubliés dans toutes ces réunions du monde où l'on s'amuse ; ils ont leurs bals parés et travestis. — De plus, un théâtre-concert, le Casino Municipal, ouvre tous les soirs ses portes au public.

Les cavalcades, les batailles de fleurs et d'oranges sont aussi très fréquentes à Amélie-les-Bains pendant les jours gras. — Là, défilent dans les rues, sur les promenades, des chars nombreux précédés et suivis des acclamations d'une foule enthousiaste.

La fête du 10 mars 1889 a eu un succès exceptionnel : — En première ligne, le char de l'Agriculture, représentant une ferme avec ses laboureurs, son bétail, ses produits, ses instruments de travail, était trainé par six bœufs superbement ornés. — Le char de l'Industrie et son nombreux personnel, occupé à limer, à frapper, à ajuster, à coudre.... venait ensuite. — Puis, le char de la Jeunesse, attelé de chèvres, était bondé de jolies petites filles, coquettement costumées.

Après le passage de cavaliers enrubannés et de gracieuses quêteuses, s'avançait le char des Fleurs et des Oranges ; ses jardiniers d'opéra-comique lançaient leurs bouquets et leurs pommes d'or aux spectateurs des balcons et des terrasses. — Le char des Eaux était recouvert de rochers, de plantes marines et, au milieu, Neptune et Amphitrite, dignes et sévères, trônaient dans toute leur majesté.

Le char de l'Avenir et de la Patrie fermait la marche ; des jeunes gens revêtus de divers uniformes y figuraient les armées de terre et de mer.

Le char du Commerce, ou de la Charcuterie, a principalement été très applaudi ; l'illusion était complète ; rien ne manquait à son organisation, depuis les dames de comptoir, au sourire toujours aimable, représentées par une belle bouchère et une charmante modiste d'Amélie, — jusqu'aux marmitons hachant la chair fraiche et *emboucinant* les appétissantes *boutifares*. — C'était un hommage rendu au compagnon de St-Antoine, dont le portrait figure sur l'écu de la ville.

Tout cela était **magnifiquement enguirlandé** de fleurs, de verdure, de **banderolles** et de drapeaux de différentes nations.

Il y a aux environs d'Amélie d'intéressantes excursions à faire : *Palalda, Montbolo* que l'on aperçoit de la ville. — *Montalba, Reynès*, dans la montagne, du côté de la frontière....... La carte d'Etat-Major sera d'un usage précieux pour le touriste ; elle lui indiquera exactement ses directions. — En les choisissant lui-même, il aura la surprise de l'imprévu et de la découverte.

Montbolo n'est qu'à un kilomètre, à vol d'oiseau, d'Amélie-les-Bains; mais quel kilomètre ! Il faut compter deux heures pour arriver sur ces hauteurs, en suivant les méandres du chemin qui contourne la montagne. Pendant tout ce parcours, la vue est superbe ; la vallée et la montagne se déroulent successivement sous mille aspects divers.

De la place de Montbolo, le regard embrasse les villages de la plaine, la Méditerranée, ses lames blanches et ses rivages aux tons colorés de légers reflets.

L'église de Montbolo a conservé quelques vestiges de son importance féodale. — La porte est surmontée de mâchicoulis. Le visiteur remarquera sur le côté gauche du chœur une roue en bois entourée de clochettes ; on la met en mouvement les jours de fêtes. Il en existe de semblables dans presque toutes les églises du Roussillon. Ce carillon est destiné à appeler le recueillement des fidèles pendant les cérémonies religieuses.

Deux beaux chemins conduisent à Palalda ; ils passent : l'un par le pont d'Amélie et l'autre par le pont dit de Palalda, situé à l'entrée d'Amélie, en venant de Céret. — Ce dernier pont, fort curieux, est attribué aux Romains, ainsi que celui de Montalba, dans la vallée du Mondony.

Cependant, comme conséquence d'une tradition qui fait passer Annibal par la gorge du Mondony (Voir page 58), le pont de Montalba remonte peut-être aux Carthaginois ; on l'appelle dans la montagne le pont d'Annibal.

La promenade de Palalda est agréable en

toute saison : abritée, en partie, des rayons du soleil pendant l'été, et des vents du nord en hiver; elle est, en outre, rafraîchie par de nombreux petits ruisseaux qui se précipitent en cascades à travers les *hortes* (1) du village.

Au-dessous de Palalda, les violettes et les pâquerettes abondent dans les prairies dès le mois de janvier. Les bords du Tech sont ombragés par des acacias, des noisetiers, des églantiers...... dont les branches s'entrelacent et se mirent dans les eaux.

Si, après avoir dépassé Palalda, le touriste poursuit sa route, il longera des jardins plantés d'oliviers et d'arbres fruitiers ; puis, plus haut, des terrains incultes, pierreux, où poussent à l'aventure le thym, la lavande, le buis, le prunellier, le jonc...... Ces deux derniers arbustes se couvrent, au printemps, de fleurs éclatantes, blanches ou or. — Toutes ces plantes de la montagne dégagent d'âcres et pénétrantes senteurs qui enveloppent le corps et charment les yeux.

Pendant ce parcours d'environ deux kilomètres, et constamment en pente douce, le promeneur dominera le Tech et sa superbe vallée ; il apercevra à sa droite la longue chaîne des Albères, qui se déroule et s'incline vers la Méditerranée. — Les crêtes de ces montagnes baignent dans le ciel, en pleine lumière, leurs larges et sombres découpures..

Les déclivités de ces pentes, abruptes et

---

(1) De *hortus*, jardin.

souvent dénudées, sont tachetées de roches grises et de failles jaunâtres, verticales ou longitudinales. Celles-ci, occasionnées par des éboulements partiels de la montagne, laissent à nu les couches des âges tertiaire et secondaire de la terre. — Les arbres de ces régions élevées conservent leurs feuilles en hiver.

Plus bas, dans les vallons où sont descendus les terrains fertiles de la dernière révolution du globe, la végétation tranche par le ton vert émeraude des prairies et des champs cultivés, sur l'ensemble des teintes plus ou moins accentuées des montagnes. Mais, plus loin, toutes ces diverses colorations se fondent, deviennent légèrement bleues et disparaissent. — Les derniers promontoires ne présentent plus que des contours vagues et indécis.

En effet, vues dans l'éloignement, les Albères sont d'un bleu violacé. — Cette apparence provient de la pureté et de la diaphanéité de l'air, qui, dans les Pyrénées, est chargé d'oxygène.

Or, ainsi que le démontre la science, l'oxygène est bleu et donne sa couleur à l'atmosphère. Cette teinte est d'autant plus accentuée que l'air est débarrassé de ses principes d'humidité, par suite de l'absorption déterminée par la chaleur solaire. — C'est pour ce motif que la Méditerranée, dont les eaux reflètent le ciel comme un miroir, est souvent d'un bleu indigo.

Ce phénomène est surtout remarquable au printemps. — Pendant le mois d'avril, ces diverses teintes des Pyrénées, vues de la route de Perpignan à Céret, se détachent et se groupent avec une telle magnificence, que notre planète paraît se transformer en un monde paradisiaque, tout à fait idéal.

Pour bien se rendre compte de ces diverses apparences, le voyageur se dirigera de Céret vers Amélie par une belle journée d'avril, — elles sont fréquentes dans le Roussillon, — et, après avoir dépassé la gare, il s'arrêtera exactement en face le château de St-Paul.

Au moment où le soleil descendra derrière le Canigou, quatre plans se détacheront nettement de la perspective : le premier s'étalera comme un large tapis d'un vert printanier, poudré de rose et de blanc. Ce sont les prairies du Tech émaillées de cerisiers, d'amandiers, de pêchers........ en pleine floraison. Au-dessus, une partie de montagne se dessinera avec sa couleur vert sombre, naturelle aux Pyrénées. — Plus haut, dans le lointain, d'autres montagnes s'élèveront comme une masse bleue, légèrement irisée. — Au-dessus encore, le Canigou et ses contreforts, entièrement blancs, couronneront le tout de leurs cimes majestueuses et éblouissantes.

Avant de disparaître, le soleil épandra ses rayons de feu sur cet ensemble grandiose, fera scintiller, en les colorant d'un beau jaune orangé, les lamelles étincelantes des neiges du Canigou ; mais l'astre du jour s'abaissera encore, et, bientôt, une brillante auréole s'élancera de ces sommets élevés, illuminera l'atmosphère et embrasera d'un dernier reflet de pourpre et d'or, l'immense apothéose de cette sublime apparition.

Si un peintre parvenait à reproduire cette scène magique, son tableau, exposé au Salon, serait l'objet de l'admiration universelle ; mais, certainement, un grand nombre de spectateurs le considéreraient comme une œuvre idéale, toute d'imagination et de haute fantaisie.

L'oxygène entre seulement pour un cinquième dans la composition de l'air, et, comme il est plus lourd que l'azote, gaz incolore et irrespirable, il tend, par son poids, à descendre vers la surface de la terre. Il en résulte que, par sa transparence, cet oxygène donne la couleur bleue, qui lui est propre, à l'ensemble des tons foncés des Pyrénées.

C'est encore en raison de la densité de l'oxygène et de sa pureté, que les Catalans sont vifs, alertes, ont le visage très coloré et, généralement, une excellente santé : la propriété de cet oxygène, gaz respirable, étant d'exciter la combustion et de changer le sang veineux en sang rouge, artériel.

Du reste, l'ascensionniste fera facilement la remarque qu'à mesure qu'il s'élèvera sur la montagne, il se sentira plus léger, plus dispos, plus vigoureux et même plus gai. C'est l'oxygène qui lui donnera ce surcroît de force, d'activité, et une plus grande facilité de respiration.

Quant à la disposition d'esprit, elle tient d'abord au meilleur état de santé qui résulte de la qualité de l'air, et, ensuite, au plaisir du mouvement. L'homme aime à se soustraire aux lois de la gravitation, son corps est pour lui un fardeau : d'où l'agrément de la marche, des courses rapides en voiture, à cheval, en vélocipède, en chemin de fer........

L'homme aime surtout à se détacher du sol, à gravir des montagnes, à s'élancer en ballon ; il veut monter, toujours monter, et construit des monuments élevés, des clochers, des tours Eiffel.... — D'ailleurs, nos rêves les plus agréables ne sont-ils pas ceux où nous nous imaginons franchir rapidement de grandes distances, escalader des pics aériens, bondir vers le ciel et dévorer l'espace comme soutenus par des ailes et sans autre force que notre simple volonté ? — Ces rêves ne seraient-ils pas une réminiscence d'une vie antérieure, où la pesanteur n'existait pas pour nous ?

Cet élan hardi, ce désir de toujours s'élever est l'essence même de l'homme. — Ce sont ces aspirations inconscientes qui, dans toutes les religions, ont fait placer le Paradis dans les régions supérieures de l'espace illuminé, et l'Enfer dans les profondeurs ténébreuses de la terre. — C'est l'esprit qui va en haut, l'esprit de liberté, l'essor de l'âme vers l'immortel et l'infini ; c'est l'idéal de la nature humaine qui remonte vers sa source éternelle, vers Dieu !

Si le lecteur désire se rendre un compte plus complet du phénomène de la coloration de l'atmosphère, il pourra consulter, avec fruit, le numéro de la *Revue scientifique* du 9 mars 1889. — Cette recommandation n'est pas inutile, car notre siècle est épris de notions positives et de démonstrations rigoureuses; la science a conquis la première place parmi les connaissances humaines. Son domaine s'étend des mondes inaccessibles qui évoluent éternellement dans leurs orbes immenses, aux êtres invisibles qui s'agitent dans l'océan d'une goutte d'eau. Mais il faut chercher et méditer sans trêve ni repos, la nature ne livrant ses secrets et ses richesses qu'au labeur acharné du travailleur infatigable.

Du plateau supérieur de Palalda, plus facilement accessible que celui de Montbolo, le regard s'étend depuis les pics élevés du haut Vallespir jusqu'aux larges horizons de la Méditerranée : le spectateur apercevra devant lui une grande partie du cours du Tech, le pont de Céret ; à gauche, l'ermitage de St-Ferréol ; Banyuls-dels-Aspres ; en arrière et confusément, Elne, Palau-del-Vidre ; à droite, Maureillas, le Boulou et son Etablissement thermal, St-Genis-des-Fontaines, St-André, Argelès, l'immense plage qui s'étend d'Elne aux rochers de Collioure ; et, enfin, à perte de vue, la surface bleue de la mer. C'est une scène lumineuse dont l'esprit et la mémoire gardent toujours le ravissement.

Si nous avançons de quelques pas, en contournant le plateau, l'aspect change complètement : aux vastes espaces que nous venons de contempler, succède une véritable mer de montagnes, dont les faîtes sont de hauteur à peu près égale. Il y a là, avec l'Océan, une ressemblance frappante qui étonne le regard et surprend l'imagination. En hiver, lorsque tous ces sommets sont recouverts de neige, ils ressemblent aux vagues solidifiées d'une mer polaire.

Qu'elle est diversement ornée cette admirable nature, dont nous ne pouvons cesser de contempler les splendeurs ! — Celui-là, seul, qui en comprend toutes les séductions, possède l'idéal, ce rayonnement de la lumière céleste, ce flambeau qui éclaire les ténèbres ! — Aussi l'artiste a-t-il le devoir de révéler toutes les vérités supérieures dont il a la vision plus nette et plus étendue que les autres hommes. Il a la puissance de la création, tout ce qui fait la passion, tout ce qui entraîne ; c'est-à-dire les ivresses de l'infini et de l'éternelle beauté.

L'ascension au plateau de Palalda est une simple promenade ; mais si, arrivé à cet endroit, le promeneur désire entreprendre un petit voyage intéressant, il continuera à parcourir le même chemin, en s'élevant peu à peu sur la montagne. Il dominera la jolie et profonde vallée du *Riu-Ample ;* ce torrent descend du centre de la région montagneuse que nous venons de contempler, et se jette dans le Tech entre Amélie et Céret.

Les perspectives multiples de la vallée du Riu-Ample doivent attirer les artistes ; ils y reviendront souvent avec la même prédilection. — Ces paysages se déroulent jusqu'à Taulis sous différents aspects. La route conduit à ce village et laisse, à droite, la métairie de Roques-Jalaire entourée de rochers, de jardins et de petis champs verdoyants, qui se déroulent vers le fond de la vallée.

Cette route est carrossable, large, bien entretenue ; les vélocipédistes pourront même la parcourir presque sans aucun effort, à l'exception, peut-être, de la partie qui s'étend de Palalda au plateau supérieur dont la pente est un peu accentuée.

Une demi-heure avant d'arriver à Taulis, le voyageur remarquera deux fontaines ; l'une est ombragée par un bel amandier, l'autre, la fontaine Clot-Marty, située dans la gorge d'un petit torrent, est entourée de cerisiers sauvages, de chênes-verts et de châtaigniers. De cet endroit, frais et délicieux, au village de Taulis, la route s'élève, la perspective s'élargit, la végétation s'accentue, et des arbres de toutes espèces parsèment les pentes de ces profondes vallées.

La vue qui s'étend au loin, toutes ces cimes dont le spectateur paraît être le centre, fascinent le regard ; l'attraction est inconsciente et les heures passent vite en les contemplant. La plume ne saurait rendre l'impression ressentie, ni refléter les émotions qui troublent l'âme devant cette imposante et silencieuse nature.

Sans nul doute, la promenade d'Amélie-les-Bains à Taulis est une des plus belles et des plus faciles des Pyrénées. Elle est peu connue et aucun Guide ne la signale.

Amélie-les-Bains est à 217 mètres au-dessus du niveau de la mer, Montbolo à 576, et Taulis à 505. — Il en résulte que la pente du chemin d'Amélie à Taulis, s'étendant sur un parcours de 14 kilomètres, est à peu près insensible. La distance, à vol d'oiseau, entre ces deux dernières localités, n'est cependant que de 6,400 mètres. Des sentiers de chèvres la franchissent presqu'en ligne droite et bordent, souvent à pic, de dangereux précipices. Ces chemins accidentés, parsemés de roches élevées, présentent à l'homme des plaines des difficultés énormes, quelquefois insurmontables. — Quant au montagnard, conformé, par hérédité, pour gravir et descendre ces pentes rapides, il est, en outre, dès l'enfance, habitué à cette violente gymnastique qui le fatigue moins, déclare-t-il, que la marche en pays plat.

Ainsi, vers les fonds de Roque-Jalaire, une jeune fille excita, pendant cette promenade, notre grand étonnement : avec une souplesse et une agilité qu'aurait enviées un clown de cirque, elle suivait un troupeau de chèvres sur les déclivités les plus rapides et les plus accidentées ; elle escaladait des rochers, franchissait des fondrières, côtoyait des précipices, tout en tricotant tranquillement sans paraitre s'apercevoir des dangers ou des difficultés du chemin. — Les Catalanes travaillent toujours ; celles qui portent un fardeau sur la tête tricotent ; celles qui vont à âne, ayant de chaque côté leurs boîtes à lait ou leurs paniers à légumes, s'occupent à filer ou à coudre, comme font celles qui gardent les animaux. Après le souper, quand arrive le repos du soir, on rencontre autour des villages des bandes de jeunes filles travaillant, tout en se promenant.

Si le voyageur est un peu physionomiste, il remarquera la variété des types de toutes ces jeunes filles, dont les ancêtres, venus des régions les plus extrêmes, ont successivement occupé le Roussillon. Il retrouvera l'incarnation blanche et rosée de la femme du Nord, fraîche comme une matinée d'été, les traits accentués et énergiques de la Gauloise, les yeux brillants et expressifs de l'Italienne, les lèvres purpurines et le teint d'ambre de la Sarrasine, la finesse de forme et la sveltesse de l'Espagnole, aux paupières ombragées par de longs cils, aux beaux yeux bien foncés, au regard altier et intelligent, à la démarche distinguée, gracieuse et d'un naturel qui charme le cœur. Le naturel est la plus grande séduction de la grâce espagnole.

Les environs de Taulis sont des plus curieux à visiter. Des hauteurs qui dominent ce village, le touriste apercevra Saint-Marsal, Taillet, Calmeilles, les montagnes d'Oms, illustrées par Augereau ; Labastide....... Mais il n'y a plus de route et, après Taulis, les chemins ne sont accessibles qu'aux piétons ou aux mulets. — En s'aidant de la carte, l'excursionniste intrépide pourra gagner la vallée de Prades, ou gravir le Canigou. Dans ce dernier cas, il devra prendre un guide à Taulis, à St-Marsal ou à Velmanya. Il y a de six à sept heures de marche, de Taulis au sommet du Canigou.

Un séjour à Taulis, dans ces régions embaumées, où l'atmosphère est d'une grande pureté, soulagera les malades atteints des différentes affections de poitrine. Toutefois, le voyageur fera bien de ne pas rechercher à Taulis un luxe excessif. Il trouvera, à gauche, immédiatement après le pont, une auberge un peu primitive qui le reportera au moyen-âge, mais où il sera accueilli avec empressement.

Tous ces rudes montagnards sont doux, serviables et paraissent aimer l'étranger.

Arrêtons-nous ici, l'aspect de ces montagnes
. . . .

L'air du *Chalet* est, en effet, ici de circonstance : un instant de repos dans ces vertes montagnes, le vin des coteaux de Taulis, et quelques vivres réconfortants, nous rendront bientôt notre première ardeur.

Mais personne, dans l'auberge de Taulis, ne parlant ni ne comprenant la langue française, il me paraît utile de traduire en catalan quelques phrases usuelles. L'orthographe n'en est pas toujours exacte ; j'ai cherché à me rapprocher le plus possible de la prononciation.

Bonjour Monsieur, Madame.

Bon dïa, Moussiou, Señyor, Madame, Señora.

Avez-vous une chambre ?

Teniou ouna cambre ?

A quelle heure déjeune-t-on, soupe-t-on ?

A quina hora s'asmourze, se soupe ?

A six heures, à sept heures, ou quand vous voudrez.

A six horas, à set horas, ou cuan vouldra.

Avez-vous des œufs, de la viande, du jambon ?

Teniou oous ? Carn ? Cambajou ?

Faites-moi une omelette au lard de trois œufs, — quatre, cinq, six.

Feou-me una trouitada ambé cancelada, de tres oous, — couatre, cinq, sis.

Ou deux œufs à la coque.

Ou dous oous à la coque.

Je prendrai demain matin à sept heures une tasse de café au lait.

Dema al mati, à set horas, prendré una tassa de café al llet.

Donnez-moi une salade, du fromage, des fruits.

Douneou-me oun ansiàm, fourmatje, frouit.

Donnez-moi un couteau, une fourchette ?

Douneou-me oun ganivet, ouna fourcheta ?

Une cuillère, une assiette, du vin, de l'eau, du pain......

Ouna coullèra ; oun plat ; vi ; aïgua ; pa....

Il fait beau temps, chaud, froid.....

Fa boun tems, calou, fret.....

Combien vous doit-on ?.....

Couan vous dech ?.....

Indiquez-moi le chemin pour aller à.....

Mounstreou-me al cami per anà à.....

Merci, et au revoir. Dieu vous garde !

Merci, et adeousiaou. Déu lo guard !

* * *

Pendant ces excursions dans la montagne, le botaniste pourra garnir son herbier de plusieurs spécimens de la flore des Pyrénées. — Voici les noms, en catalan, de quelques-unes des plantes spéciales à ces parages.

Le *steppes*, bruyère noire et chétive, très commune ; elle couvre les hauteurs.

Le *brouc*, bruyère ordinaire.

L'*arjalac*, touffu, formant buisson, épineux. Fleur jaune, senteur âcre.

L'*aspic*, lavande commune, très odoriférante.

Le *llatrez*, à tige cannelée ; imitant le palmier, mais en très petit.

Le *frigoul*, bruyère à tiges fines ; feuilles effilées et minces.

La *gineste*, genêt ordinaire.

Le *tintareil*. La tige brisée sécrète un liquide laiteux qui tue les poissons et les fait ensuite remonter à la surface de l'eau. Cette plante pousse dans les lieux arides, sur les bords des chemins. Bien connue des braconniers de rivières, elle constitue un poison dangereux pour les animaux. Très commune.

Le *ginèbre*, le genièvre ordinaire ; employé pour fabriquer la liqueur qui porte ce nom. — Les grives et, généralement, tous les oiseaux sont très friands du fruit de cette plante. Il a la forme d'un gros pois.

Le *greboul*, le houx commun ; il prend dans la montagne les proportions d'un arbuste à grandes dimensions.

Le *dounzell*, l'absinthe ordinaire avec laquelle on fabrique la liqueur si connue. De cette plante, les montagnards extraient un suc amer, dont les nourrices se frottent les seins pour sevrer les enfants et les éloigner de leurs mamelles.

L'*aspinas blanc*, notre aubépine du nord. Il commence ici à fleurir au mois de mars et fait, par sa précocité, mentir les vers du poète :

> Mois de mai, mois des fleurs,
> Viens rendre à l'aubépine
> Ses bouquets odorants.

> O riant mois de mai,
> Viens rendre à l'aubépine
> La couleur argentine
> De ses rameaux blancs.

L'abondance des plantes qui croissent dans les Pyrénées, ainsi que la variété des espèces, attirent les amateurs de tous pays. — Le Roussillon possède des plantes spéciales et médicinales dont l'étude est fort intéressante. Cette flore est bien connue dans le monde savant des botanistes.

En parcourant les Pyrénées, j'admirais les grands horizons, mais aussi, bien souvent, je regardais à mes pieds ; j'étudiais dans le livre de la nature les fleurs et les plantes qui s'étalaient sous mes regards ; j'interrogeais les habitants sur l'usage de ces plantes, sur leur emploi le plus utile, sur leurs propriétés particulières, favorables ou nuisibles à la santé... — La santé n'est-elle pas le plus précieux de nos biens ? — Elle nous remplit d'une joie inconsciente et nous fait aimer la vie.

Presque toutes les plantes dont la description va suivre, ont été recueillies dans les plaines du Roussillon, ainsi que sur les Albères, entre Amélie-les-Bains, Céret, Port-Vendres, et sur les hauteurs du Rimbaut, près de Collioure.

Plusieurs espèces curieuses m'ont été signalées par un jeune botaniste érudit, chercheur infatigable, M. Blanc, instituteur et directeur du champ d'expériences agricoles du Rimbaut. Ces plantes sont très abondantes dans la vallée du Ravaner, ou sur les montagnes qui environnent les tours de Madeloch et de la Massane.

Mais ces montagnes escarpées, semées de fondrières, de précipices, et presque sans habitants, sont difficiles à explorer. Ainsi, bien que le Rimbaut ne possède qu'une cinquantaine de maisons, isolées, dispersées sur les hauteurs ou au fond des gorges, ce hameau s'étend sur un vaste périmètre de 15 à 18 kilomètres de rayon à vol d'oiseau, et de plus du double en superficie. — Fait à signaler : malgré la pauvreté de ces montagnards, conséquence de l'aridité du sol, chaque ménage ayant un enfant tous les ans ou tous les quinze mois, la moyenne de ces enfants, après vingt ans de mariage, est de 15 à 16 par famille. Cette règle est générale. — Voilà de bons Français !

Les médecins estiment donc, avec juste raison, que les hautes altitudes donnent à tout l'organisme un redoublement de vigueur et favorisent un certain éréthisme général.

D'ailleurs, cette remarque s'applique à tout le Roussillon.

« Depuis 1801, la population du département des Pyrénées-Orientales, qui est actuellement de 211,187 âmes, s'est accrue dans la proportion de 1 à 1,907, tandis que cet accroissement est pour la France entière dans la proportion de 1 à 1,419 seulement. Si la population de la France avait suivi la progression de ce département, le chiffre en serait aujourd'hui de 51,350,000, au lieu de 38,200,000.

« La longévité a aussi sensiblement augmenté dans le Roussillon. » (*Bulletin de la Société agricole, scientifique et littéraire des Pyrénées-Orientales, 1889.*)

Le Rimbaut, perdu dans les montagnes jusqu'à la frontière espagnole, a été souvent oublié. L'administration des postes paraît ignorer son existence : il n'y a pas une seule boîte aux lettres sur cet immense territoire, et les habitants, dont les nombreux enfants se dispersent dans l'armée et un peu partout, doivent parcourir 8 ou 10 kilomètres, et souvent plus, par des chemins affreux, pour prendre et remettre leur correspondance à la ville la moins éloignée.

Néanmoins, ils possèdent une école qu'ils ont failli perdre récemment. — Sa suppression était demandée par toute la hiérarchie administrative ; mais le Ministre refusa d'approuver cette mesure. — Il s'en fallut de peu que le Rimbaut ne retombât dans l'état sauvage des temps primitifs. — Sous la République, on ouvre des écoles, on ne les ferme pas !

Cependant, me disait un brave montagnard pénétré du sentiment de la justice : « Si le Rimbaut n'a ni service de poste ni aucun chemin praticable, et s'il est toujours menacé de perdre son école, le percepteur ne l'oublie pas ; il sait parfaitement nous trouver. Nous remplissons nos devoirs envers l'Etat, n'avons-nous pas aussi des droits ? »

Les plantes aromatiques, à odeurs enivrantes, croissent à profusion sur ces hauteurs pyrénéennes ; elles répandent dans les airs un principe tellement salubre que les habitants jouissent d'une santé inaltérable ; ils soignent leurs indispositions passagères avec les herbes médicinales qu'ils rencontrent autour d'eux, et n'appellent le médecin que bien rarement.

Néanmoins, on meurt également dans la

montagne. Là, comme partout, les lois de la nature sont inexorables ; mais la force vitale s'y conserve longtemps, et les décès ne surviennent qu'entre 70 et 95 ans. — Quant aux nouveaux-nés, aucun ne succombe : J'ai constaté, par moi-même, qu'il n'était mort au Rimbaut, pendant la période des dix dernières années, qu'un seul enfant ; encore s'était-il empoisonné avec des baies sauvages.

Il n'en est pas ainsi dans les localités de la plaine, où la mortalité des enfants et même des personnes de tout âge est plus grande. — Cela doit tenir à une existence plus sédentaire, à un air moins pur, moins oxygéné, et surtout, au peu de propreté des rues et à l'insalubrité des habitations.

Cette incurie doit-elle être imputée aux maires des localités, qui, par leurs fonctions, sont chargés d'appliquer les règlements d'hygiène publique ? — Oui, certainement, mais ils n'osent pas faire acte de sévérité.

Si les communes rurales sont mal gérées, les lois relatives à la salubrité générale mal exécutées, la laïcisation et l'obligation scolaire mollement appliquées, c'est, en partie, par suite du manque de volonté, d'autorité et d'indépendance des maires.

L'élection du maire par un Conseil municipal qui vient de sortir du suffrage universel peut paraître, en théorie, une utile conception politique, mais il n'en est pas de même dans la pratique : le bien qui résulte de l'application de cette loi n'en compense pas les inconvénients.

Qu'un maire, plein de dévouement et de

sollicitude pour ses administrés, veuille appliquer le moindre article d'un règlement, aussitôt s'élèvera un murmure presque général qui se traduira par cette menace mentale : « Ah ! c'est comme cela que tu nous traites ; eh bien, attends les prochàines élections !... »

L'homme est ainsi fait : trop souvent son intérêt particulier prime l'intérêt général. Ses passions, plus fortes que sa conscience, le poussent au mécontentement et à la révolte. — Voilà la maladie ; que les Elus du suffrage universel appliquent le remède.

Les terrains des régions élevées dont nous allons étudier la flore, sont composés de sable et d'argile, — silicate d'alumine ; — l'argile y entre pour la plus grande quantité. Le sol, qui manque de calcaire et d'azote, devrait être chaulé ; des expériences sont faites à ce sujet.

Les plantes, dont l'énumération suit, ont été indiquées au hasard de l'herborisation, sans aucun classement ; mais, a dit Boileau : « Souvent un beau désordre est un effet de l'art. »

Les mots en *italique* donnent les noms de ces plantes dans la langue catalane ; quelquefois en latin et en catalan. Cette indication permettra à l'amateur de se renseigner auprès des habitants, qui, le plus souvent, ignorent les noms français.

Fumeterre, *Foumaria*, plante à tiges courtes et à feuilles étroites : tonique, dépurative et légèrement vermifuge.

Origan commun, *Origanum vulgare ; Oringa* ou *madrouna*. Petite tige surmontée d'une tête touffue ; fleurs violettes ; excellent contre les désordres d'estomac.

Scrofulaire des chiens, *Scrofularia canina*; *Tanarida*. Tiges à plusieurs branches, feuilles canelées, odeur forte. Les animaux malades, principalement les chiens et les bœufs, en mangent instinctivement.

Ancolie, *Aquilegia vulgaris*; *Aspeneller* ou *Campanes*. Cette plante, à petites fleurs blanches ou violettes, n'a aucun usage connu ; elle croit sur les montagnes jusqu'à 1,800 mètres d'altitude.

Menthe poivrée, *Mentha piperita* ; *Menta*. Remarquable par son odeur vive camphrée, balsamique, une certaine chaleur poivrée, qui laisse ensuite dans la bouche une sensation de froid caractéristique. Cette plante, très abondante dans les Pyrénées, fournit une huile employée avec succès contre les désordres provenant d'atonie de l'estomac, gastralgies...... Légèrement excitante et digestive. (feuilles en infusion.)

Menthe sauvage, *Menta bourda*. Pousse partout où il y a de la bonne terre et de l'humidité. A les mêmes qualités que la menthe poivrée cultivée, mais le degré en est plus faible.

Immortelle, famille des composées, *Mancenille*. Cette plante, au léger parfum maritime, abonde sur les Pyrénées dans le voisinage de la mer ; elle est l'emblême d'une longue et constante amitié.

Trèfle des champs, *Trifolium arvense; Cap d'ousseil*. Grande tige surmontée d'une tête floconneuse. Fourrage.

Trèfle, *Trifolium argentifolium*, à trois folioles. (Légumineuse.) Plante herbacée employée comme fourrage.

Aristoloche ronde, *Aristolochia rotunda*; *Llanguerot*. Il y a deux sortes exotiques; toutes deux sont de bons spécifiques contre la morsure des serpents. Herbe ligneuse quelquefois parasite.

Ananthe pimprenelle; ombellifère. Feuilles minces et petites. Fleurs en forme d'ombrelle.

Centranthe rouge, *Centrantus ruber*. Grosse plante de 70 centimètres de hauteur environ; fleurs rose foncé en forme de bouquet.

Clématite, *Clematis vitalba*; *Ridorte*. Grande plante à feuilles longues et clair-semées. Surnommée *herbe aux gueux* en Catalogne, parce que les mendiants s'en servent pour produire leurs ulcères superficiels.

Clématite sauvage, *Vidrielle*. Très commune dans les montagnes; sert à la nourriture des bestiaux.

Pimprenelle, *Poterium sanguisorba; Pantinelle*. Plante gracieuse à petites feuilles dentelées. Fébrifuge un peu faible.

Sauge, *Salvia officinalis; Tarrac*, dont les feuilles dentelées sont aromatiques avec une saveur chaude, piquante et un peu amère. — Plante utile dans les catarrhes, les fièvres rhumatismales; c'est aussi un bon détersif qui favorise la cicatrisation des plaies et des blessures.

Euphorbe, *Euphorbia*. Petite plante à forme gracieuse dont les oiseaux mangent la graine.

Silène penchée, *Silena nutaris*. Grappe de

graines de la grosseur d'un grain de blé. Aucun usage connu.

Adonis, *Adonis automnalis*. Petite plante à branches fines et soyeuses. Employée pour les maux de ventre.

Capillaire, plante à petite feuille sinuée ; pousse le long des murs ; employée pour les maux de dents et les affections de la poitrine. (En décoction.)

Anthyllide vulnéraire, (légumineuse.) *Triboulet*. Petite tête ronde à feuilles violacées ; sert de nourriture aux ânes et aux lapins.

Herbe de St-Dominique, *Herba de san Doumingo*. Petite feuille ovale dentelée, pousse dans les terrains secs ; employée comme fébrifuge.

Souci, *Calendula ; Garrounade*. Sa tige est surmontée d'une grosse fleur jaune peu agréable à la vue et à l'odorat. — Elle est en Roussillon le symbole de brouillerie entre amoureux ; lorsqu'un garçon et une fille portent une *garrounade*, l'un à la boutonnière et l'autre au corsage, c'est signe de rupture de fiançailles.

Ortie, *Urtica urens ; Outrigoul*. Sert de nourriture aux bestiaux. Le suc des tiges de cette plante, pris à la dose de 100 à 200 grammes, arrête les hémorrhagies.

Herbe des fatigues, gremil bleu pourpre, *Lithospermum purpureo-cœruleum ; Herba del cança*. Tiges un peu rugueuses à plusieurs branches, garnies au printemps de fleurs roses et violettes. Assez abondante sur les rives du Ravaner. Est employée en tisane pour rendre les forces perdues par suite d'excès de travail, ou pour toute autre cause.

Thé des Pyrénées, *Té*. Les habitants de la montagne le prennent en infusion pour remplacer le thé ordinaire. Il soulage les maux d'estomac, d'abdomen, est un peu laxatif et vermifuge. — Le thé des Alpes, bien connu en médecine, et le thé des Pyrénées possèdent les mêmes qualités.

Mouron des oiseaux, *Stellaria media* ; *Mourellouns*. Les oiseaux aiment beaucoup sa graine.

Mouron des champs ou **mouron rouge**, *Anagallis arvensis* ; de la famille des primulacées. *Mourellouns roitgs*. Petite plante à fleurs rouges. *Est un poison pour les oiseaux*, ainsi que pour les autres animaux. Ce renseignement a son utilité ; les amateurs d'oiseaux en cage et les éleveurs d'animaux éloigneront avec soin le mouron rouge.

Camomille, *Anthemis cocula* ; *Camemille*. Grande plante assez élégante. La camomille est tonique, stimulante, fébrifuge, antispasmodique. — L'infusion est utile dans les coliques venteuses, les accidents nerveux, l'affaiblissement qui accompagne la fièvre typhoïde. (4 à 8 gr. de fleurs par litre d'eau.) Les bains de camomille rendent de grands services aux enfants débiles, scrofuleux.....

Hépatique, *Hepatica* ; *Herba del felge*. Grandes feuilles un peu luisantes ; utilisée dans les maux d'estomac.

Plantain, *Plantago lanceolata* ; *Plantalge* ou *Llengue de llapin*. Petite plante à feuilles longues et étroites, entourées de plusieurs tiges garnies de graines bonnes pour les oiseaux, lorsqu'elles sont sèches. Fleurit de juin à septembre ; ses feuilles s'appliquent sur les plaies ; on en fait des infusions pour calmer les maux d'yeux.

Le thym et le fenouil, très communs sur les Pyrénées, sont des plantes cordiales et légèrement excitantes. La lavande, également abondante, est employée en infusion contre la migraine et les maux de tête. (Sommités en infusion.) On applique aussi sur les brûlures les feuilles du lierre rampant que l'on rencontre un peu partout.

Le brelle, *Coue de guille*. Petite plante à tiges fines ; légèrement fébrifuge.

Grande chélidoine, *Chelidonium majus; Herba saloni*. De la famille des papaveracées. Plante à feuilles dentelées. Toutes les parties sont utiles, mais la racine est plus active que la tige. De cette tige et des feuilles on extrait un suc jaune caustique et amer qui contient de la gomme gutte : ce suc est un poison, mais la plante, employée avec précaution, est fort utile dans l'hydropisie, la goutte, la scrofule. Elle est excitante, diurétique, purgative et vomitive.

Orpin élevé, *Sedum altissimum ; Herba de san Juan*. Tête jaunâtre à plusieurs branches touffues ; n'a aucune utilité. Les Pyrénéens superstitieux en font des bouquets qu'ils clouent sur les portes le jour de la St-Jean, pour interdire l'entrée de la maison aux sorciers et aux mauvaises fées. Cette coutume est commune dans la montagne.

L'orpin est encore appelé *bona aventura*,

« la bonne aventure ; » les jeunes gens l'offrent aux demoiselles, le jour de la Saint-Jean, après le déjeuner matinal qu'il est d'usage d'aller faire ce jour-là, près des fontaines situées dans la campagne.

Romarin, *Roumani*. Grande tige garnie de feuilles fines et longues. Très odoriférant.

Mauve, *Malva sylvestris* ; *Malve*. S'emploie en tisane, en cataplasme. La mauve est adoucissante, émolliente ; utilisée dans les maladies aiguës quand il y a inflammation. Plante très utile.

Bourrache, *Borrago officinalis* ; *Bourrayne*. L'infusion des fleurs et des feuilles possède les mêmes propriétés que la mauve et la violette ; elle pousse la sueur à la peau. Fleurit en été. Employée pour la guérison des rhumes et des catarrhes.

Muscari, *baret de capellà* (chapeau de prêtres). Plante grasse qui croît entre les pierres des murs des champs. La feuille, après en avoir ôté l'épiderme, s'applique sur les blessures provenant de brûlures.

Les nourrices emploient aussi cette feuille pour guérir les gerçures du sein.

Géranium. *Geranium robertianum* ; *Fourchètes*. Plante bisannuelle, aux fleurs roses ; c'est un astringent assez faible.

Géranium noueux. *Geranium nodosum* ; *Zidorte*. Grande feuille un peu triangulaire. — Excellente nourriture pour les chèvres.

Digitale, *Digitalis* ; *Poudous*. Longue grappe de grosses capsules, dont l'enveloppe élégante est couronnée d'une étoile à cinq branches. — Cette plante a des qualités diurétiques, mais son usage exige de grandes précautions ; elle est vénéneuse et assez célèbre dans les fastes des tribunaux. Pousse à l'état sauvage ; les chevriers de la montagne l'arrachent toutes les fois qu'ils la rencontrent. Du reste, les animaux ont l'instinct de l'éviter.

La digitale ne doit jamais être employée sans les conseils d'un médecin. Elle croît de préférence dans le Nord de la France et ne vient sur les Pyrénées qu'à une température correspondante à celle de sa contrée d'origine ; appartient à la famille des scrofulariées ; bisannuelle, haute de 60 à 90 centimètres, à tige simple un peu velue, à feuilles longues, ridées, duveteuses et blanchâtres à la partie inférieure, aux fleurs tubuleuses avec des poils à l'intérieur, de couleur jaune, peu d'odeur, saveur âcre et amère. Cette plante, qui constitue un poison végétal des plus dangereux, ne saurait être trop signalée à l'attention des herboriseurs.

Tames commun, *Tames communis; Iritgèce*. Grande plante à feuilles espacées en forme de lance à crochets renversés. Les chèvres la recherchent avidement, ainsi que la céreste commune, *Cerastium vulgatum*, de plus petite dimension.

Lychnide vespertine, *Patacs*. Tige légère surmontée de plusieurs petits calices. Les femmes de la montagne la font manger aux chèvres qui mettent bas avant le temps.

Fougères mâles, *Falguères mascles*. Pousse de préférence dans les terrains humides ; guérit les maux de tête.

Iris commun, *Iris germanica; Ribané*. Sa

racine ou rhizome, à petite dose, est excitante, expectorante et diurétique. A dose forte, elle produit des évacuations de l'estomac et des intestins. On prépare aussi un vin d'iris en faisant macérer, dans un demi-litre de vin et pendant quelques jours, 120 grammes de racine fraîche. Les feuilles de cette plante sont longues, étroites, et les fleurs d'un bleu violacé agréablement veiné.

Patte de pigeon, *Patte de couloum*. Plante bizarre, rampant dans l'herbe ou sur le bord des sentiers de la montagne; à petites grappes de bouffettes blanches; très commune dans le voisinage de la mer. Est calmante, rafraîchissante et fortement diurétique.

Une petite plante pectorale du même genre, mais à tige droite, très fréquente dans l'herbe, est appelée ici *patte de chat*. (Infusions.)

Prunelle commune, *Prunella vulgaris; Chouguemelle*. Herbe aimée des chèvres.

Galactite, *Cardoum*. Plante à petite houppe violette. Nourriture des cochons. (Cette appellation est naturelle et familière en Catalogne; le mot *porc* est grossier et ceux qui l'emploient sont réputés mal élevés.)

Le *Balsem* (en catalan). Plante grasse à larges feuilles cannelées irrégulièrement. Utilisée dans les inflammations des yeux.

La morelle, *Solanum dulcamara*. De la famille des solanées. Plante vénéneuse.

La mémoire, *Nemoris*. Petite plante grasse à fleurs blanches ou jaunes. Ces dernières imitent un peu celles de l'immortelle. A la faculté de se conserver longtemps fraîche après avoir été coupée. N'a aucun usage connu.

Brome, *Trauque-sac.* Fourrage.

Marrube commun, *Marrubium vulgare ; Mal roitg.* Petite plante à feuilles espacées et groupées. Les ouvriers qui se blessent la font bouillir et l'appliquent sur les plaies.

Coloquinte, *Cucumis Colocynthis.* Espèce de concombre sauvage dont le fruit est amer et purgatif ; pousse dans les endroits très chauds et à l'abri des vents du Nord.

La coloquinte se reconnaît à ses tiges rampantes et à ses grandes feuilles à 5 lobes. Ses fleurs sont petites et jaunâtres, ses fruits atteignent la grosseur d'une orange. La pulpe du fruit infusée dans du vin constitue un bon et puissant purgatif, de beaucoup préférable aux purgatifs minéraux. On l'emploie aussi dans les rhumatismes chroniques et les maladies de la peau.

Asphodèle, de la famille des liliacées, croit près de la mer dans les terrains arides et chauds. Plante assez rare dans l'intérieur de la montagne ; abonde sur le littoral.

Lamier, *Lamium ; Outrigoul bourd.* — Fleurs pectorales. Ressemble beaucoup aux orties, mais ne pique pas.

Véronique, *Veronica.* Se reconnaît facilement à ses jolies grappes axillaires de petites fleurs bleues qui fleurissent de juin à août. On la récolte dans les lieux arides. Les fleurs de la véronique sont légèrement toniques, excitantes ; utiles dans les catarrhes pulmonaires. Cette plante est connue sous le nom de *Thé suisse.* (Sommités en infusion.)

Centaurée, *Gentiana centaurium ; Herba del tarau.* Jolie plante à tige grêle, terminée par de petites fleurs roses dont le limbe est divisé en cinq parties. Au plus fort de la floraison, on récolte les sommités que l'on dessèche rapidement. Est un peu tonique, fébrifuge et antiscorbutique.

Percepierre, *Passe-pierre* ou *Criste marine*. Pousse entre les pierres des murs. Cette plante est employée pour les affections de la gravelle. Elle a aussi la propriété de nettoyer rapidement les bouteilles les plus encrassées, et de rendre aux cristaux toute leur transparence. Les ménagères catalanes en font un grand usage.

Liseron des prés, *Volubilis*. Fleurs violettes ou blanches. Plante grimpante.

Valériane des bois, de la famille des Valérianées, 1 ou 3 étamines. Très commune dans les vallons élevés. L'infusion de ses racines calme la douleur des brûlures. Employée en médecine contre la migraine.

Ciguë ombellifère. Croît en abondance dans les gazons ou dans les fossés près de la mer, à Collioure et à Port-Vendres. Plante très vénéneuse dans le Midi ; inoffensive dans les pays froids ; on la mange en Allemagne et en Angleterre. Ressemble au persil. Les chèvres et les moutons broutent la ciguë impunément, mais elle empoisonne les lapins, les bœufs et les chevaux.

Laiche des rivages, *Carex riparia*. Plante vivace, ne pousse qu'au bord de la mer.

Chardon, *Carduus ; Gire-soul*. Plante parasite à feuilles épineuses.

Le Ravaner, sur les collines duquel a été recueillie une partie des plantes indiquées ci-dessus, est le plus souvent inoffensif, mais il devient impétueux et même dangereux pendant la fonte des neiges, ou par les grandes pluies. — Ce torrent prend sa source sur un des versants du pic Sailfort, dont le sommet se dresse à 978 mètres d'altitude, entre les tours de Madeloch et de la Massane. Il coule constamment en cascades et, vu des hauteurs environnantes, il paraît se dérouler entre ses rives escarpées comme un léger ruban d'argent. Le Ravaner va se jeter ensuite dans la mer sous un des forts de Collioure, son bassin s'élargit alors, devient fertile, et prend le nom catalan de vallée de l'*Ouille*.

Une excursion sur la crête des Albères, au pic Sailfort et à la tour de la Massane, sera des plus intéressantes ; on ne peut trop la recommander aux ascensionnistes aventureux des Clubs alpins et pyrénéens. Tout ce parcours leur réservera de vives surprises qui exciteront leur enthousiasme.

Les excursionnistes devront s'approvisionner de vivres et partir de Collioure dès les premières lueurs de l'aube ; ils graviront la route stratégique d'où ils domineront la ville, ses rivages, ses forts, ses promontoires, et bientôt ils apercevront vers l'orient, le soleil surgir des flots de la Méditerranée. — Ce ravissant spectacle est inoubliable.

Après un parcours d'environ cinq kilomètres, les touristes rencontreront à gauche une autre route stratégique qui descend vers la fraîche vallée de Notre-Dame-de-Consolation et, exactement en face, un sentier de mulet dans lequel ils s'engageront. C'est un chemin pierreux, rocailleux, accidenté ; les braves habitants de ces montagnes supportent leur part des charges de l'Etat, mais jamais celui-ci n'a dépensé un centime pour améliorer leurs affreux chemins.

Les pentes qui descendent de ce sentier, vers le fond de la vallée, se couvrent au printemps d'une flore multicolore. Les tons violets accentués de la lavande sont les plus abondants. Toutes ces couleurs s'effacent peu à peu et, au mois d'août, cette brillante parure n'a plus qu'une apparence d'herbes flétries et brûlées.

Les voyageurs arriveront bientôt en vue du Ravaner et, un peu plus loin, à gauche, ils apercevront un groupe de plusieurs maisons appartenant au hameau du Rimbaut.

Ici, on ne peut plus se diriger seul, mais la maison d'école est la première de ce groupe, et l'Instituteur, toujours obligeant, indiquera les diverses directions à suivre ; au besoin il procurera un guide. — Les populations patriarcales du Rimbaud ne sont pas cupides ; une rémunération quelconque suffira à ce guide. — Un touriste ayant donné un jour une pièce de 5 francs à un jeune garçon qui l'accompagnait, ce trait de générosité fut considéré comme un événement merveilleux et devint légendaire dans la montagne.

Du Rimbaut, les voyageurs iront visiter l'antique abbaye de la Valbonne.— Ce monastère, fondé en 1164 par l'Ordre de Citeaux, renferme les cendres de Yolande, femme de Jacques Ier, roi d'Aragon, mais le tombeau a disparu. On peut encore reconnaitre la citerne, le cimetière, la porte d'entrée, plusieurs constructions. L'église est entière. C'est du *roman* de l'époque secondaire, les ogives sont simples, unies et donnent par leur architecture la date de la construction du monument. Il n'est donc pas du IXe siècle, comme je l'ai indiqué à tort à la page 49 de cet ouvrage. — Lors de ma première visite, cette église était remplie de fourrage jusqu'aux voûtes, et je n'avais pu me rendre compte de son architecture ; mais, récemment, je l'ai examinée de nouveau avec plus d'attention, et j'ai reconnu l'époque exacte de son édification. Des renseignements recueillis sur place ont confirmé mes suppositions.

En quittant la Valbonne, deux sentiers se présenteront aux voyageurs : celui de droite se dirige vers la tour de la Massane ; celui de gauche s'engage dans un vallon encaissé et boisé ; il rencontre plusieurs fontaines : la *foun de l'Ouliales*, la *foun de las Arels*, et atteint, par une pente rapide, le sommet du pic de Sailfort. Au-dessous de cette crête, les sources du Ravaner sortent des rocs de Cassagne et des Barnèdes.

De toutes ces fontaines, dont les eaux arrosent et fertilisent les vallons du versant sud-est de la montagne, la plus belle est la *foun de las Arels*, la fontaine des racines. — Cachée dans un petit bois de noisetiers, ombreux et charmant, elle est d'un accès difficile : mais après l'avoir atteinte, quelle perspective, quelle fraîcheur, quel air parfumé et quelle satisfaction de l'obstacle vaincu !

Le pic Sailfort, le plus élevé de cette partie

des Albères, délimite la frontière ; il domine la Catalogne depuis Barcelone jusqu'au delà de Perpignan. L'ascensionniste pourra, de cette hauteur, reconstituer toute l'histoire de la contrée, suivre la marche des invasions et, à travers le prisme de l'imagination, assister aux luttes de trente siècles. Sa pensée, ce miroir vivant, reflètera tous les événements écoulés, fera revivre toutes les générations disparues, tous les peuples divers qui ont bu l'eau des sources de ces montagnes, le vin des coteaux, mangé le pain des plaines, et dont les cendres, maintenant dispersées par le vent, se mêlent aux tourbillons de poussière qui obscurcissent parfois l'horizon.

Lorsque les ascensionnistes seront redescendus à la Valbonne, ils pourront, s'ils ont des muscles de fer et des jarrets d'acier, entreprendre l'escalade de la Massane, dont la tour est indiquée sur la carte d'Etat-Major par un triangle trigonométrique. Le chemin qui y conduit passe à la *foun de l'Ange*, dont les eaux, presque glaciales, sont ombragées par de magnifiques cerisiers et châtaigniers, droits et lisses, et dont quelques-uns atteignent jusqu'à 20 ou 25 mètres de hauteur.

La fontaine de l'Ange est un lieu de repos pour les touristes et les chasseurs ; ils y réparent leurs forces en aspirant à pleins poumons l'air vif de ces hautes altitudes, et les exhalaisons enivrantes qui se dégagent des plantes aux aromes capiteux. On y fait aussi de joyeux déjeuners ; des bancs entourent la source et des pierres superposées servent de fourneaux aux chasseurs pour faire rôtir leur gibier. — Nous revenons ici aux temps préhistoriques ; parfois, une caravane de montagnards part en chasse, à l'aventure, pour plusieurs jours ; elle n'emporte comme vivres que du pain ; le gibier fournit le plat de résistance, l'eau pure des fontaines la boisson, et les bois des abris pour la nuit.

Longtemps projetées au coin du pauvre foyer, les expéditions à la Massane font la joie et l'allégresse des chasseurs du Rimbaut. Ces montagnards, aux mœurs simples, n'ont pas la fortune, mais ils ont la santé et le bonheur. Ils ignorent l'ennui, les souffrances et les tourments des citadins.

De la fontaine de l'Ange, de ce délicieux refuge, on aperçoit sur le versant opposé un groupe de rochers ; au milieu se trouve l'entrée de la *cobe de las Encantadas*, caverne des Enchantées. Elle se compose de plusieurs salles ; les trois premières sont ornées de stalactites ; celles qui suivent ne peuvent être explorées, l'air, chargé d'acide carbonique, n'est plus respirable et les lumières s'éteignent. Cette caverne est le quartier général des chauves-souris de la contrée.

En continuant de gravir le sentier de la Massane, les touristes atteindront la petite *foun*, petite fontaine fort cachée qui ne tarit jamais, et passeront à la *foun dels Roumaguès*, fontaine des broussailles ; ils auront ensuite à traverser, avec quelques difficultés, une forêt de ronces et d'épines, parsemée de fondrières ; c'est le séjour tranquille et la retraite assurée des serpents du voisinage. Ici, le guide devient indispensable, car l'endroit est dangereux et il n'y a plus aucune trace ni de chemin, ni même de sentier de chèvres.

Enfin, après de nouveaux efforts et quelques escalades de rochers glissants et à pic, dominant des précipices, les intrépides voyageurs atteindront la tour de la Massane, d'où la vue est la même que du haut de Madeloch (Voir page 42), mais plus étendue. Ces deux tours datent du VIIIme siècle ; construites toutes deux par les Maures d'Espagne sur de formidables amas de rochers, elles ont d'abord servi de points d'observation et ensuite de repaires aux bandits sarrasins.

Entre le sommet de la Massane et la frontière d'Espagne, se développe en pente douce un vaste terrain couvert de bois, de hautes herbes, de plantes rares et odoriférantes, dont les fleurs aux couleurs vives éclatent sur le vert foncé des gazons. Le gibier abonde dans cette région et les fontaines y sont nombreuses ; parmi celles-ci, la *foun de la Fâchouse* est renommée par son extrême fraîcheur. Ce lieu est la terre promise, l'Eden rêvé des Nemrod de la montagne, des botanistes et des amateurs de vastes panoramas.

Après avoir commencé leur mouvement de retraite et franchi de nouveau le Ravaner, les excursionnistes devront aller visiter sur la montagne, au-dessus des maisons du Rimbaut, la caverne ou la *cobe de Lalarpe*.

Trois énormes blocs de pierre fichés en terre, d'environ trois mètres de longueur en tous sens et de trente centimètres d'épaisseur, forment trois côtés d'un parallélogramme ; un quatrième rocher les recouvre, et un cinquième devait clore le tout ; ce dernier a été enlevé récemment.

C'est là, sans aucun doute, un monument mégalithique, un *tumuli* ou tombeau gaulois, dont on rencontre encore beaucoup de spécimens en Bretagne. Les amateurs d'antiquité en trouveront aussi quelques-uns dans les Pyrénées ; il en existe un autre à six kilomètres du Rimbaut, vers Banyuls, au lieu dit les Abeilles.

Les monuments mégalithiques, qui remontent à environ 3,000 ans, étaient de plusieurs sortes : — les *dolmens*, ou pierres de sacrifices, sur lesquelles se célébraient les rites du culte druidique, formaient d'énormes tables faites d'un seul bloc de rocher, reposant sur deux larges et solides piliers. — C'est sur ces autels que s'accomplissaient les cérémonies d'une religion mystérieuse et sanguinaire. J'ai visité, dans un de mes voyages, la plus remarquable de ces gigantesques constructions ; elle est située sur les bords de l'Océan Atlantique et près de Locmariaquer. Il en existe une également à Haramont, au milieu de la forêt de Villers-Cotterets (1).

Nos ancêtres devaient posséder une force musculaire incroyable, qui confond l'imagination, pour transporter, souvent sur des hauteurs et sans moyens mécaniques, des masses aussi considérables.

Les *tumuli*, construits comme les *dolmens*, étaient de moins grande dimension et fermés de tous côtés ; les sarcophages les ont rem-

---

(1) Voir *l'Histoire du Valois*, pages 42 et 457.

placés dans les Gaules. Ces *tumuli* étaient les tombeaux des principaux guerriers et personnages celtes ou gaulois.

Les *menhirs* sont des masses monolithiques fichées dans le sol ; leur position verticale les fait ressembler à des obélisques. Comme les *tumuli* ou tombelles, ils marquaient l'emplacement des sépultures. On en rencontre encore un grand nombre autour de la chapelle de St-Michel, dans les champs de Carnac.

Il y a aussi en Bretagne des *cairns;* ce sont des amas de pierres, quelquefois considérables, recouvrant la dépouille d'un chef gaël. Ils s'élèvent dans les contrées où il n'existe pas de grès de grandes dimensions. — Le mort était alors enterré près d'un chemin, et chaque passant, en signe de regret, jetait une pierre sur cette sépulture.

Les *cairns* sont devenus très rares ; je n'en ai aperçu que deux dans le Morbihan, entre Auray, Quiberon et la Chartreuse, ou chapelle mortuaire des émigrés.

Bien souvent, heureux Tytire, étendu à l'ombre d'un hêtre touffu, *sub tegmine fagi*, j'ai contemplé des hauteurs du Rimbaut, le regard perdu dans l'espace, les montagnes pyrénéennes, les grandes plaines du Roussillon et

Les baisers du soleil effleurant la mer bleue,

dont les reflets doraient au loin les rivages de notre belle Provence.

J'aspirais avec délices les odeurs aromatiques du thym, du fenouil, du romarin, de la menthe sauvage, lorsque, tout à coup, le son léger et argentin d'une clochette faisait tressaillir les échos d'alentour ; je baissais les yeux : des chèvres broutaient avec avidité ; au milieu d'elles, et à l'extrémité d'un promontoire, la silhouette d'un chevrier se dessinait sur l'horizon. — C'était le chevrier du Rimbaut, coiffé du bonnet catalan et la large main appuyée sur son baton noueux. — Cet enfant des montagnes, immobile comme une statue, la pensée égarée dans le vague et dans l'inconscient, offrait un contraste violent avec l'ardeur de ses chèvres, toujours grimpant, et toujours sautant de rochers en rochers.

Là, dans ces immenses solitudes, c'est le repos absolu de tout ce qui existe. Aucun bruit ne se fait entendre ; ni la voix humaine, ni les aboiements des chiens, ni le mugissement des bœufs, ni le chant mélodieux du rossignol...... Le léger murmure d'un torrent, et, parfois, le cri aigu d'un oiseau rompent seuls cet éternel silence. — Que nous sommes loin ici de la rumeur des hommes !

* *
*

Après avoir examiné la Flore du Roussillon, au point de vue pratique et utilitaire, nous allons consacrer quelques pages aux amateurs de *cynégétique*, de *conchyliologie*, d'*ornithologie* et d'*ichthyologie*.

Grands mots que Pradon croit des termes de chimie,

dirait Boileau ; c'est-à-dire à ceux qui poursuivent les animaux sur la terre, dans l'air et sous les eaux, ainsi qu'aux savants que séduisent les mœurs, les coutumes, le caractère et *l'esprit des bêtes.*

La Faune du Roussillon présente, comme la flore, une infinité d'espèces ; les chasses des Pyrénées avaient autrefois un grand renom dans tout le Midi ; mais là, comme un peu partout en France, le gibier est devenu assez rare ; l'homme lui faisant une guerre acharnée et sans trêve.

Il y a cependant lieu de remarquer que les oiseaux de passage sont toujours nombreux. Ils viennent, pour la plupart, de l'Afrique et y retournent à des époques fixes, bien connues des chasseurs.

Le sanglier, *Singla*, jadis très commun dans les Albères, a disparu entièrement; on rencontre encore quelques solitaires dans les forêts de la Cerdagne, du Conflent, du Capcir et du val d'Andorre.

Le loup, *Lloup*, commence à passer à l'état de légende. Le dernier peut-être, a été tué en 1886 près de la tour de la Massane.

L'ours n'existe plus depuis longtemps.

Lamalou, qui vient de mourir, a été un habile et intrépide chasseur de montagne ; il a achevé la destruction des ours dans les Pyrénées ; ses exploits lui ont valu une réputation européenne.

On rencontre dans les bois la civette, *Gate fagit*, petit animal carnassier d'Afrique, et, sur les bords de la Méditerranée, la loutre, *Lludriga*, quadrupède carnassier aquatique qui se nourrit principalement de poissons. On le chasse pour sa fourrure.

Le chevreuil, *Izart*, s'est conservé, grâce à son extrême prudence ; il vit en grandes troupes sur les contreforts du Canigou et est presque inabordable : un de ces animaux, toujours placé en vedette sur une éminence, prévient ses compagnons à l'approche du danger, et tous disparaissent immédiatement.

Le lapin, *Llapin* ; le lièvre, *Llèvre* ; l'écureuil, *Asquirol*, peuplent toujours les bois et les plaines.

L'écureuil, un des plus gracieux animaux de la création, fait son nid, comme la pie, sur le sommet des arbres et dans les branches les moins accessibles à ses ennemis.

Pendant une de mes promenades aux environs d'Amélie-les-Bains, je m'étendis un jour sur un lit de mousse, la tête appuyée sur une touffe de bruyère ; l'air était tiède, embaumé, et je m'absorbais dans la lecture. Tout à coup un magnifique écureuil sauta d'un arbre, s'approcha craintif et hésitant, mais, enhardi par mon immobilité, il s'avança, pencha même sa tête fine, mutine, et parut lire aussi. A ce moment, je fis un mouvement involontaire, l'écureuil surpris s'élança et, rapide comme l'éclair, disparut dans les hautes branches de son arbre.

Le loir, le rat, la musaraigne, sont des rongeurs. La taupe, *Taoupe*, est un insectivore.

Comme carnivores, il reste dans les forêts des Albères : le renard, *Guilla* ; la fouine, *Fagine* ; le furet, *Furas* (1) ; le blaireau, *Ta-*

---

(1) En catalan l'*u* se prononce *ou* ; ainsi on doit dire *Fouras*. Cette remarque est générale et s'applique à tous les noms qui vont suivre.

chou ; le putois, *Pudent* ; celui-ci ressemble un peu au chat sauvage, mais il a la peau tigrée et le museau allongé ; fait la chasse aux rats et aux lapins.

Dans cet ordre des *mammifères*, le blaireau et la fouine sont des bêtes de proie très nuisibles ; omnivores, ils commettent chaque jour des déprédations considérables. Tout leur est bon : insectes, reptiles, souris, taupes, lapereaux, levrauts, œufs de tous oiseaux, racines, fruits et jusqu'aux truffes.

Le chat sauvage, *Gat-Fagi*, est aussi très redouté des hôtes de la forêt ; ce réfractaire de la civilisation est remarquable par sa grande souplesse, par l'élégance de ses formes et de ses mouvements ; c'est une des plus parfaites organisations des mammifères.

Les oiseaux de passage sont nombreux en Roussillon : le pigeon ramier, *Culum* ; l'étourneau, *Asturnell* ; la grive, la bécasse, la bécassine, la cigogne, le héron, le pluvier doré, *Andurada* ; toutes les espèces de canards sauvages ; la poule et le poulet d'eau, *Pulla d'aïgua* ; la macreuse, *Macruse*, noire comme la poule d'eau, mais le double en grosseur ; le vanneau, *Pigra* ; l'ortolan, *Bardala*.

Le pigeon ramier, l'étourneau et l'ortolan se chassent au filet, sur les crêtes voisines de la mer ; les deux premiers en février et en mars ; le troisième en avril et en mai. L'ortolan vient d'Afrique : après avoir traversé la Méditerranée, il est fatigué et rase la terre ; c'est alors que le chasseur caché dans une cabane, et qui a tendu verticalement un long filet, le renverse à terre lorsque l'oiseau passe ; celui-ci, ainsi que l'étourneau et le ramier, ne voyagent que contre le vent et conséquemment par celui du Nord.

Le vanneau vient, au contraire, des régions froides, arrive par grandes bandes en septembre et repart en mars. Comme le chevreuil, il est fort difficile à surprendre ayant toujours une sentinelle pour avertir en cas de danger. Lorsque ce gardien vigilant donne le signal d'alarme, tous les oiseaux répètent le même cri, s'élèvent et partent dans la direction suivie par leur sentinelle.

La poule d'eau possède aussi un instinct merveilleux pour échapper au danger : à l'apparition du chasseur, elle plonge au fond de l'étang ou de la rivière, remonte peu à peu, mais reste immergée, ne laissant voir à la surface, et le plus près possible d'un roseau, que le bout de son bec afin de respirer. Le chasseur, qui a aperçu ce gros gibier, le poursuit, revient sur ses pas et ne peut le découvrir.

M. le docteur Paul de Lamer, de Perpignan, a signalé un passage très abondant d'une espèce de grives habituellement rares dans la plaine du Roussillon. C'est la litorne, *Turdus Pilaris*. Les champs en étaient littéralement couverts vers la fin de février 1889.

Le canard sauvage se tient pendant le jour sur les bords de la mer, des étangs et des cours d'eau. Il prend son vol le soir pour la montagne, où il se nourrit du gland des chênes, et revient le matin dans ses cantonnements. Le crépuscule et l'aurore sont donc les deux meilleurs moments de la journée pour le tirer.

Les ortolans ne séjournent pas sur les côtes; ils continuent leur voyage. A cette époque passent aussi, par bandes nombreuses, les hirondelles de mer, *Uchols*, et de terre, *Urandols*; les culs-blancs, *Padassus*; les tourterelles, *Tourtas*; les chardonnerets, *Cardinas*; les linottes, *Passareills*; les bergeronnettes, *Cugniez* ou *Grugettes*; les verdiers en grande quantité, les oriols, très amateurs de figues, de couleur entièrement jaune et dont la chair est fort délicate, les merleaux, *Pardals*; les moineaux de rochers, *Pardals rouquès*; las *Escalas Bruchas*, qui restent dans le pays le même temps que l'hirondelle de terre.

L'escalas se perche, au crépuscule, sur l'extrémité des arbres, d'où il aperçoit les insectes se jouant dans les derniers rayons du soleil; il prend son vol pour les saisir et revient à son poste d'observation. Il fait aussi, comme l'hirondelle, une guerre acharnée aux sauterelles, le fléau des pays chauds; cet oiseau est souvent attaqué, mais la nature lui a donné un bec recourbé qui lui permet de lutter contre ses ennemis.

La gracieuse et légère hirondelle, la messagère du printemps, comme l'appellent les poètes et les amoureux, fuit en automne vers les rivages africains, pour ne revenir qu'aux beaux jours. Sympathique à l'homme qu'elle paraît aussi aimer, elle construit hardiment et avec confiance son nid sur ses demeures.

Certains amateurs supposant que les hirondelles, essentiellement insectivores, ne devaient émigrer l'hiver que pour retrouver leur subsistance habituelle, se sont emparés de plusieurs petits et sont parvenus, par une nourriture spéciale, à les retenir toute l'année dans des *hirondelliers*. Ces oiseaux, laissés en liberté, prennent leur vol dans la campagne, mais rentrent toujours au refuge. Quelques hirondelles ont même été dressées à transmettre des dépêches, au moyen de signes conventionnels indiqués par des fils de couleur attachés à leurs pattes. On a ainsi constaté qu'elles parcourent 185 kilomètres environ à l'heure, ou 46 lieues ; c'est-à-dire 16 de plus que les pigeons voyageurs.

D'ailleurs, par une expérience faite le 3 septembre 1889, à l'Esplanade des Invalides, le lecteur se rendra un compte exact de la rapidité du vol de l'hirondelle : deux de ces oiseaux apprivoisés par M. Desbouvre, ont mis 1 h. 1\|4 pour accomplir le trajet de Paris à Roubaix.

Les oiseaux s'élèvent dans les airs, parcourent de grandes distances en quelques instants, et l'homme, cet être pensant et intelligent, est condamné à se traîner péniblement sur la terre. — Des ailes, des ailes, l'humanité réclame des ailes !

Les oiseaux stationnaires sont : la perdrix rouge, *Pardiu* ; la perdrix blanche se rencontre dans les environs du Canigou ; l'alouette, *Llauselta* ; l'alouette huppée, *Cugullada*, que l'on aperçoit souvent par les chemins. Il y a aussi une autre variété d'alouettes, *Cutulius* ; à l'instar des vanneaux, un de ces oiseaux veille toujours au salut de la troupe.

Le merle, *Merlat*, et le merle femelle, *Merla* ; la tourte ; le rouge-gorge, *Pita-Routch* ; le martin-pêcheur, *Arna*; la huppe, *Puput*, ainsi nommée parce qu'elle a sur sa tête des plumes disposées en touffe ; le courli qui, comme le vanneau et le *Cutulius*, surveille le chasseur.

Les cailles, *Gatllas*, sont nombreuses en Roussillon.

Dans certains hôtels, une partie de la vitrine est occupée par une volière, où l'on nourrit de malheureuses cailles destinées aux consommateurs. En temps de chasse prohibé, cette coutume favorise le braconnage.

Un grand restaurant de Paris, très connu, possède depuis plusieurs années un de ces succulents volatiles, toujours le même.

La pauvre bête ayant compris le sort qui l'attend, y échappe par un procédé ingénieux : dès que le premier client apparaît, elle va se poser dans un coin, sur une patte, fait le gros dos, se roule en hérissant ses plumes, ce qui est un signe certain de maladie chez les oiseaux.

Quand un gourmet manifeste le désir de manger une caille et qu'il n'y en a pas en réserve, on lui propose la pauvre affligée dont l'air souffreteux fait pitié à voir. « Non, répond le consommateur, elle est malade. »

L'intelligence de cette caille lui assure de longs jours et une vieillesse heureuse.

Le courli est grisâtre et le double de grosseur du perdreau. Il aime à jouer avec les chiens, à les fatiguer et à leur faire perdre la chasse ; lorsqu'il aperçoit un chien il se pose à terre, bien en évidence, se laisse approcher de très près et prend son essor en rasant le sol ; il s'arrête un peu plus loin comme paraissant fatigué, le chien se précipite de nouveau, l'oiseau repart, se repose encore et ainsi de suite pendant des kilomètres.

Il y a aussi des chauves-souris, *Ratapanère;* des éperviers ou *Falcous;* des verdiers, *Bardarol;* des corbeaux, *Gorb;* ceux-ci font leurs nids dans la montagne.

Les corbeaux se protégent entre eux : si un de ces oiseaux est pris au piége, ses congénères s'efforcent de le délivrer. Lorsque le ravisseur survient, ils tournoient rapidement au-dessus de sa tête, poussent des cris effroyables pour l'intimider, et essaient même de l'attaquer. — Les corbeaux ont aussi le sentiment de la compassion : quand un des leurs est prisonnier, ils viennent près de la cage, poussent de petits gloussements doux et plaintifs bien différents de leur croassement habituel.

Les riverains de la Méditerranée ont l'habitude de tuer, sur le bord du rivage, les ânes, mulets et chevaux hors de service, que le flot emporte à la première tempête. En attendant, les geais, les corbeaux et les chiens viennent simultanément et d'un commun accord, se repaître de ces débris ; lorsque les chiens empiètent sur la part de leurs voisins, ceux-ci les attaquent et, le plus souvent, restent maîtres du champ de bataille.

Le gai rossignol arrive au printemps et part en hiver ; les hautes cimes aux roches crevassées donnent asile aux ducs, de la grosseur de l'aigle ; les geais, *Gatch,* envahissent les plaines et les coteaux. Le nom catalan de ce dernier oiseau est récent et imitatif ; on ne connaissait pas ici le geai avant 1870. Craignant la poudre et les batailles, cet oiseau est venu du Nord-Est pendant la guerre franco-allemande ; il est resté et dévaste les champs.

Les coucous, les pics-verts, *Picas-Socas*, peuplent les bois. Lorsque le pic-vert, ou picmard veut se préparer un nid, il sonde préalablement avec le bec l'arbre qu'il a choisi ; après avoir reconnu l'endroit où il existe un vide, il perce un trou à coups redoublés et y établit sa demeure. — On rencontre aussi l'engoulevent, *Angagna-Pastus*, ou *trompe-berger* ; il a une tête énorme, un bec petit, mais une bouche d'une grandeur démesurée, ce qui lui a valu son nom français. Cet oiseau doit son appellation catalane à son habitude de crier et de battre des ailes pendant la nuit en cherchant sa nourriture.

Le *Gamarus* est un oiseau de montagne de la grosseur d'une perdrix ; son plumage est semblable à celui de la bécasse et son cri imite celui de la chèvre.

Le cormoran, *Gorb mari*, oiseau de mer de l'ordre des palmipèdes, a la grosseur de l'oie.

La corneille, *Graulas*, est un oiseau de passage précurseur du mauvais temps.

On chasse aussi dans le Roussillon plusieurs variétés de becs-fins.

Parmi les oiseaux de mer, il y a lieu de citer la mouette et le goëland, *Gabila*. Lorsque des bandes de goëlands s'ébattent longtemps au-dessus d'un même point, c'est un signe de la présence d'une bande de poissons. Le goëland se pose sur la vague et prend le poisson avec ses pattes. Le flamand, *Flameng*, habite les bords du lac de St-Nazaire.

Les flamands sont des oiseaux voyageurs de l'ordre des échassiers. Ils quittent le Roussillon vers la fin de l'automne, et partent pour l'Afrique en longues bandes triangulaires. — Le premier fatigue plus que ses compagnons ; aussi, après un certain temps, il est relevé par le suivant et tous, jusqu'au dernier, prennent ainsi successivement le commandement de la troupe.

Dans la classe des reptiles, on rencontre dans la montagne : le lézard gris, *Llouert*, ce gracieux petit animal si vif et si prompt à se cacher dans les murs ; le lézard vert, *singlantane*, qui étale son gros ventre aux rayons brûlants des chauds soleils d'été ; le lézard des maisons, *Dragoun ;* la couleuvre à collier, *Colubex natrix*, de Linné, longue d'un mètre environ et souvent plus. M. Blanc en a tué une autour de la Massane qui mesurait 2 mètres 45 et avait dans le ventre une autre couleuvre de 1 mètre 50. Si, en Russie, les loups se mangent mutuellement, contrairement au proverbe, il en est de même pour les reptiles des Pyrénées.

Il existe près de la tour de la Massane un endroit tellement bouleversé par la nature qu'il est inabordable. — Là, au milieu de précipices à pic, de rochers élevés, de broussailles épaisses et d'arbres enchevêtrés, vit une population nombreuse de serpents, de couleuvres, de vipères, de scorpions.... ; tous ces reptiles acquièrent d'énormes proportions.

On ne peut pénétrer dans leurs ténébreux repaires, mais ils en sortent parfois pour chercher leur nourriture ; c'est alors que les chasseurs et les botanistes en font la dangereuse et désagréable rencontre.

La vipère commune, *Vipera vulgaris*, est l'espèce la plus dangereuse des Albères ; son venin n'a pas, cependant, une action aussi foudroyante que celui des crotales. La vipère ne dépasse pas 70 ou 80 centimètres. Avec sa robe d'un beau gris perlé, tachetée de points noirs, elle est plus jolie et plus coquette que la couleuvre ; mais, c'est le cas de rappeler ici qu'il faut se méfier des brillants atours.

La couleuvre fuit devant le danger et se laisse tuer facilement. La vipère, plus courageuse, ne prend pas l'offensive, mais elle lutte jusqu'à la mort. J'en vis une, un jour, sauter sur le baton qui la frappait et le mordre avec rage.

> Cet animal est très méchant,
> Quand on l'attaque il se défend.

La vipère n'est donc dangereuse que si on marche sur elle sans l'apercevoir.

Pour éviter les conséquences de la morsure d'une vipère, il faut, le plus rapidement possible, élargir la plaie, la faire saigner, la cautériser avec un fer rouge, la laver avec de l'ammoniaque, et en boire quelques gouttes dans un verre d'eau : quelques gouttes seulement d'ammoniaque, pour que le remède ne soit pas pire que le mal.

On rencontre aussi, et principalement dans les prés du Ravaner, le *Scurçonne*. C'est un énorme ver de couleur noire, rayé de jaune sur les flancs, et de la même grosseur dans toute son étendue. Il ne paraît pas dangereux ; cependant, il existe une croyance à son sujet : quand quelqu'un est mordu par un *Scurçonne*, il doit gagner vite une rivière ou une fontaine ; l'animal prend la même direction, et le premier qui touche l'eau est sauvé, l'autre meurt immédiatement.

Dans la classe des amphibies, le Roussillon possède la grenouille grise ; le crapaud, cet utile destructeur des insectes nuisibles, et la salamandre, *Salimandre*. Le scorpion, *Scorpit*, appartient à la division des annelés, classe des arachnides ; la légende l'a rendu plus redoutable qu'il ne l'est réellement.

Les insectes sont en nombre considérable : le hanneton ; le papillon aux ailes multicolores ; la sauterelle, verte ou grise ; la légère libellule ou demoiselle ; la guêpe ; la laborieuse abeille qui, nourrie de plantes aromatiques, fournit un miel fin et délicat.

Si nous continuons à descendre cette gamme, nous arriverons aux infiniment petits, dont la multitude aussi désagréable que microscopique, pullule dans la contrée : mouches, moustiques, puces, pucerons, phylloxéra..... ce sont les fléaux de l'homme et les ennemis, souvent mortels, des plantes, des vignes et des arbres fruitiers.

Le phylloxéra, importé d'Amérique en 1867, attaque les vignes, feuilles et racines. Le mildiou ou mildew, autre fléau récent, a traversé aussi les mers avec les nouveaux plants américains ; ce n'est pas un animal, mais un cryptogame.

Le *Black-Rot*, cette nouvelle maladie de la vigne, est peut-être encore plus terrible que le phylloxéra ; elle a envahi tout le sud-ouest de la France et a semé l'épouvante dans le Bordelais. C'est une espèce de pourriture noire que l'on combat par des poudres, l'eau céleste et des solutions de sulfate de cuivre.

Les rivières du Roussillon renferment tous les poissons des autres cours d'eau de la France : anguilles, truites, ablettes, gardons, carpes, brochets, goujons, etc., etc.

* *
*

Pour compléter cette rapide énumération des êtres qui peuplent la plaine et les montagnes de la Catalogne, nous étudierons les habitants sous-marins de nos rivages.

Commençant par un aperçu de la conchyliologie, nous remarquerons que les coquillages sont peu nombreux sur les rivages roussillonnais. On y trouve cependant des huîtres excellentes, trop rares malheureusement, des clovisses, des moules, des escargots de mer... ainsi que des oursins.

L'oursin, qu'on appelle aussi châtaigne de mer, est bien un coquillage armé de pointes redoutables aux baigneurs, mais il appartient plutôt à l'espèce des zoophytes (éponges, étoiles de mer, etc., etc.) ; c'est le premier échelon de l'animalité.

De forme sphéroïdale et de couleur brune,

l'oursin se décoiffe comme un œuf à la coque. Les gourmets ne mangent que l'étoile d'un jaune-orange, dont les branches nagent dans une mixture d'algues triturées et d'eau de mer distillée par l'animal.

Les vieux matelots avalent tout : étoile, algues, liquide, et disent, en se pourléchant les lèvres, qu'ils mâchent la mer.

Voici, pour la plus grande partie, les noms français et catalans des poissons méditerranéens. Nous reviendrons ensuite sur quelques particularités à leur sujet.

Le souffleur, *Moula* ou *Raqui* ; le marsouin, *Dalfi* ; le requin, la *Mussola*, l'*Angel* ; la raie, *Claballada* ; le loup de mer, *Llubaru* ; le congre, *Cungra* ; la murène, *Murena* ; le rouget, *Ruget* ; la sole, *Sola* ou *Rouarda* ; la rascasse, *Ascurpit* ou *Rufi* ; la langouste, *Llagusta* ; le homard, *Llangan* ; la poulpe ou pieuvre, *Pup* ; la chèvre de mer, *Cabra* ; la cigale de mer, *Llagusta* ou *Cigala* ; le dainte, *Dentul* ; l'araignée de mer, *Aragna* ; le pageau, *Pagell* ; le poisson bleu des rochers, *Llubius blau* ; la dorade, *Durada* ; le *Sarc*, la *Tut*, le *Jouelle*, le *Gall*, ou poisson de St-Pierre ; la baudroise, *Rap* ; le maquereau, *Barat* ; le soleil, *Sul* ; la queue noire, *Cua negra* ; la fouine de mer, *Mustela* ; le furet de mer, *Fura* ; le rat de mer, *Rata* ; le *Salpa* ; le mulet de mer, *Llissa* ; la sèche, *Cipi* ; le calmar, *Calama* ; le médecin, *Metja* ; le musicien, *Jugla* ; le chat de mer, *Gatbaira* ; l'*Ascrita* ; la demoiselle de mer, *Dimusela* ; l'étrangle-chat, *Ascagna-Gats* ; le chien de mer, *Ca mari* ; la sardine, *Sarda* ; la petite sardine, *Sardiñole* ; l'aiguille, *Aguia* ; le thon, *Tugnina* ; l'anguille de mer, *Angula* ; le *Rum* ou *Palalla* ; l'anchois, *Anchoba* ; le pilote, *Fanfra* ; la *Tramulusa*, la lamproie, l'espadon....

Le *Fanfra* a été appelé pilote, parce qu'il accompagne les navires afin de se nourrir de la mousse qui s'est amassée sous la coque. C'est un poisson bleu, dont la chair est ferme et a le goût du thon.

Le congre se tient toujours dans les rochers et pèse jusqu'à 25 kilog. Excellent à manger, sa qualité augmente avec son âge et sa grosseur.

Le loup de mer plonge et disparaît dans la vase quand il aperçoit le filet ; on ne peut le prendre qu'à l'hameçon ou à la fouine (trident). Très bon poisson.

La cigale de mer chante ou gémit lorsqu'elle est enlevée dans le filet. Ses cris ressemblent au bris d'un panier d'osier. — Excellent poisson.

Le dainte est un poisson gris un peu doré.

La piqûre de la rascasse est dangereuse ; elle a, parfois, nécessité des amputations.

Le rouget et la sole sont des poissons de vase. — Très bons à manger, ainsi que le dainte. La tut est un poisson plat et rond comme un disque.

La fouine et le furet de mer, poissons de roches, sont exquis à manger. Le rat de mer est mauvais.

La sèche est visqueuse, comme le poulpe, avec cette différence que quand elle est poursuivie, elle projette une matière noire et épaisse, pour aveugler son ennemi et prendre la fuite. C'est avec ce liquide qu'on fabrique la sépia. Lorsque les pêcheurs ont pu s'emparer d'une sèche femelle, ils l'attachent à l'arrière du bateau ; tous les mâles qui l'aperçoivent accourent et se font prendre facilement. — L'amour perdit Troie.

La charpente osseuse ou le squelette de la sèche se nomme *biscuit de mer*. On le rencontre fréquemment sur les plages ; les oiseaux y affilent leur bec.

Le gall, ou poisson de St-Pierre, a ceci de remarquable : c'est qu'avec ses arêtes on peut monter une charrue d'une exactitude parfaite ; pas une vis, pas un boulon ne manque. — L'homme a mis des siècles à perfectionner la charrue, et le Créateur l'avait déjà construite dans le corps d'un poisson.

La baudroise s'enterre dans la vase et ne laisse passer que ses antennes ou cornes mobiles ; les petits poissons, trompés par l'apparence, les prennent pour des vers ; mais, au moment où ils s'approchent, la baudroise sort sa tête et les happe rapidement.

Le salpa se prend à l'épervier ou à l'hameçon, avec des tomates comme amorces.

L'escagna-gats a été surnommé *Etrangle-Chats*, parce que ses nombreuses arêtes le rendent immangeable.

La murène est illustre dans l'histoire par sa voracité et la qualité de sa chair : c'est un poisson assez analogue à l'anguille, mais dont la mâchoire est garnie de dents redoutables. — Néron et quelques patriciens élevaient des murènes ; ils leur faisaient jeter des esclaves vivants qu'elles dévoraient avidement.

Cicéron parle également de la murène ; malgré son brillant discours *pro Milone,* son ami fut exilé à *Massilia* (Marseille). — Heureux Milon, s'écriait le grand orateur, tu manges en ce moment chez les Phocéens l'excellente murène et le délicieux poisson de la Méditerranée !

La vue de la murène n'est rien moins que rassurante. — M. Raymond Pams, d'Argelès, dans une promenade en yacht devant la rade de Port-Vendres, ayant fait stopper, un homme de l'équipage descendit dans le canot pour aller pêcher au large ; il s'empara d'une énorme murène, mais quand il la vit se tordre et ouvrir une bouche garnie de plusieurs rangées de dents menaçantes, il prit peur et, se croyant en présence du légendaire serpent de mer, s'élança à l'avant, saisit un aviron, le lança avec force sur la murène et la manqua ; son arme improvisée traversa le bateau qui coula immédiatement.

Notre héros regagna le yacht à la nage, où il raconta son combat épique et sa malheureuse issue. On partit aussitôt à la recherche de l'embarcation coulée et on la trouva, immergée seulement jusqu'au bordage ; quel ne fut pas l'étonnement général lorsqu'on aperçut la murène continuer à s'y prélasser tranquillement. Sa capture définitive fut bientôt opérée.

Le chien de mer, *Ca mari*, est un poisson dangereux pour l'homme, qu'il attaque et blesse souvent.

L'aiguille, *Aguilla*, est la victime du thon, qui en fait sa nourriture favorite.

La murène, la langouste et le poulpe se font une guerre acharnée et se détruisent réciproquement : la langouste tue la murène en l'enserrant dans ses pinces. La murène brise le poulpe avec ses dents fines et coupantes. Quant au poulpe ou pieuvre, cet hypnotiseur, ce buveur de sang, ce mollusque céphalopode fait de caoutchouc et de viscosité, il fascine et endort la langouste, l'étreint dans ses tentacules flasques, collantes, garnies de ventouses, et, comme un vampire, la vide avec ses suçoirs.

Le marsouin, de son côté, dévore les mulets qu'il poursuit la nuit jusque dans les ports. Les fuyards affolés bondissent parfois sur la grève, mais, le plus souvent, ils se réfugient entre les navires et les quais. — A ce moment, d'autres ennemis surviennent : les matelots, réveillés par ce bruit insolite, jettent leurs éperviers à la mer et ramènent indifféremment vainqueurs et vaincus.

Les Latins appellent le marsouin *sus maris*, les Provençaux, *mar suin*, les Allemands, *meer schwein*. Toutes ces étymologies signifient *cochon de mer*. C'est un mammifère cétacé de la famille des dauphins, dont il diffère par sa tête obtuse, arrondie, au museau court. Son corps est terminé par une queue, son principal moteur, qui s'élargit transversalement. La partie dorsale est sombre à reflets violacés, la partie ventrale est d'un blanc sale.

Les marsouins communs ne dépassent pas 1 m. 25 ; mais certaines espèces atteignent jusqu'à 10 mètres. Ils se nourrissent de maquereau, de hareng, de saumon..... et, dans la Méditerranée, de sardines, qu'ils poursuivent jusqu'à travers les filets dont ils brisent les mailles. C'est le fléau des pêcheurs du littoral méditerranéen.

La femelle du marsouin a le sentiment maternel très développé : à peine né, le petit nage autour de sa mère qui se place sur le côté pour lui présenter la mamelle nourricière. Si, en jouant, le jeune étourdi échoue sur la grève, sa mère fait mille efforts pour le remettre à flot, et meurt avec lui si elle ne peut le sauver.

Le marsouin a un ennemi terrible dans le souffleur ; celui-ci, dont la longueur est de 15 à 25 mètres, mange toutes sortes de poissons en aspirant l'eau et en la rejetant ensuite dans les airs, à l'instar de la baleine.

Lorsqu'un navire est entouré par une bande de marsouins, l'apparition d'un souffleur est un spectacle curieux pour l'équipage ; les marsouins affolés fuient dans toutes les directions, se précipitent sur les bordages et, pendant ce temps, le souffleur, dont la course est beaucoup plus rapide, les hume l'un après l'autre jusqu'au dernier.

Enfin, le requin, ce squale féroce, est le roi de la Méditerranée. Comme celui des grenouilles de notre fabuliste, le bon La Fontaine, il dévore indistinctement tous ses sujets. Il est, en outre, un danger constant pour le navigateur : quand des requins suivent le sillon d'un navire, tout homme qui tombe à la mer est infailliblement perdu.

Une étrange capture a confirmé ce fait au mois d'octobre 1889 : à Brusc (Var), des pêcheurs ramenèrent dans leurs filets un cétacé énorme appartenant à la famille des requins, genre *mouronne*, dont le poids atteignait 1,500 kilogrammes. Il mesurait 4 mètres de long, 1 m. 50 de circonférence au milieu, et sa bouche, garnie de dents, 50 centimètres de pourtour. Ce monstre marin avait un corps humain dans le ventre.

A l'exception de quelques peuplades de l'Afrique centrale, de la Nouvelle-Guinée ou des iles Polynésiennes, l'homme ne mange pas l'homme, mais il fait une guerre incessante à toute la création. De son côté la nature, en mère marâtre, détruit son œuvre chaque jour : les pluies, les inondations, les sécheresses, les incendies déterminés par la foudre..... tuent par myriades des êtres qui sortaient à peine du néant. — Presque tous les animaux se dévorent entr'eux. C'est la destruction darwinienne des espèces les plus faibles par les plus fortes : TUER POUR VIVRE ! telle est la loi fatale, inéluctable. — Dans des strophes touchantes, Victor Hugo a esquissé cette guerre universelle.

. . . .

  Tout rit, tout chante, c'est la fête
  De l'infini que nous voyons ;
  La beauté des fleurs semble faite
  Avec la candeur des rayons.

. . . .

  Un coup de fusil dans la haie,
  Abois d'un chien, c'est le chasseur ;
  Et pensif, je sens une plaie
  Parmi toute cette douceur.

Tandis que là-bas siffle un merle,
La sarcelle des roseaux plats
Sort, ayant au bec une perle ;
Cette perle agonise, hélas !

C'est le poisson qui, tout à l'heure,
Poursuivait l'aragne, courant
Sur sa bleue et vague demeure,
Sinistre monde transparent.

. . . .

Mais tout a un but dans la nature ; toutes les manifestations des êtres créés, toutes leurs actions, même les plus funestes, se rattachent peut-être à l'ensemble des lois qui régissent, conservent et perpétuent l'Univers. — C'est le secret de l'Eternel.

*
* *

Après cette longue halte dans le domaine de la science, nous reviendrons à Amélie-les-Bains et à ses environs.

Palalda, *Palatium Dani,* le château ou le palais de Dan, que nous connaissons déjà, devait exister sous un autre nom avant l'arrivée des Romains : quelques médailles celtibériennes retrouvées à divers endroits ne permettent pas d'en douter. — Son église remonte au IXme ou Xme siècle : lourde, massive, peu élevée, c'est le style roman de la première époque. La porte, garnie de filets de serrurerie en spirales, est fort curieuse ; on y remarque des fers de chevaux cloués par-dessus ces arabesques.

D'après une tradition religieusement conservée de génération en génération dans les familles du village, ces fers de chevaux représenteraient des trophées rapportés de l'alestinc. Ils auraient été enlevés aux chevaux de plusieurs Musulmans.

Cette légende paraît d'autant plus authentique que, de temps immémorial, une cérémonie étrange s'était perpétuée chaque année : Le jour du vendredi saint, les habitants de Palalda défilaient devant la porte de l'église, et, armés de bâtons, frappaient ces fers de chevaux : image de bataille et symbole de la victoire des Croisés.

Toutefois, comme dans leur zèle religieux certains fidèles ébranlaient la porte de leurs coups redoublés et faisaient sauter les fers (il en manque, en effet, deux ou trois), le clergé a supprimé récemment cette cérémonie.

Il y a lieu de remarquer que, jadis, la même coutume existait dans d'autres localités du Midi : ainsi M. l'abbé Dupuy rapporte qu'à Lectoure, en 1825, lorsque les prêtres donnaient le signal de ténèbres, les assistants frappaient sur leurs livres ou sur leurs stalles, conformément au rite catholique, et que dans le même moment, la porte de l'église était assiégée par les jeunes garçons armés de maillets; ils se précipitaient sur cette porte et la battaient à la démolir.

Il existait jadis, en Roussillon, de singulières coutumes: ainsi, à Argelès, le jour de la fête de Saint-Antoine, les habitants tuaient leurs cochons et allaient en déposer des morceaux sur l'hôtel de ce saint, afin de l'honorer. Le clergé prélevait, comme dîme, une partie de ces victuailles et le surplus était vendu sous le portail de l'église, au profit de la chapelle de St-Antoine. — Toutes ces anecdotes nous rappellent les mœurs de nos ancêtres.

Palalda figure dans les fastes de la guerre de 1793-1794 : les Espagnols avaient établi leur artillerie dans ce village pour battre le fort d'Amélie ; les Français répondirent et bombardèrent les assiégeants. Plusieurs maisons portent encore des traces de boulets.

Une des plus intéressantes excursions des environs d'Amélie-les-Bains est celle du *Pic de France*, situé à 1432 mètres d'altitude. — On prend, au départ, un chemin qui contourne le parc de l'Etablissement militaire et remonte la vallée du Mondony.

A mesure que l'ascensionniste gravira la montagne, sa vue s'étendra à l'infini sur la France et vers l'Espagne.

Il apercevra, baignée dans les flots d'une lumière argentée, toute la plaine et les coteaux du Roussillon. Des torrents et des ruisseaux les sillonnent. Une foule de villages, de métairies et de châteaux éparpillent leurs maisons dans toute cette étendue.

Voici Elne, Palau-del-Vidre, les châteaux de Taxo d'Amont et d'Aval, Ortaffa, Brouilla, Banyuls-dels-Aspres, le Pont-de-Céret, Saint-Jean-Pla-de-Cors, les mas de la vallée du Tech, Saint-Ferréol, la blanche Amélie et ses ravissants bosquets de verdure.

Au loin, apparaît Argelès avec son haut clocher. — Collioure, Port-Vendres, Banyuls se dissimulent derrière les montagnes ; mais, au delà, sur la mer infinie, des oiseaux aux ailes blanches flottent sur la vague : ce sont des barques de pêche aux grandes voiles, qui

portent une population intrépide de matelots.
— Tous ces hommes au visage et au cœur de bronze, que la Méditerranée berce sur ses flots inconstants, rentreront-ils dans leurs foyers ? — Problème terrible de chaque jour.
— Quelle rude vie que celle de ces marins, et quels tristes lendemains les vents réservent trop souvent à leurs familles éplorées !

Les naufrages sont fréquents sur le littoral. — Déjà, au début de ce livre, nous avons vu la disparition, corps et biens, du bateau « *La Vénus.* » Ce sinistre maritime vient de se renouveler, mais avec des conséquences moins funestes :

Par une belle soirée du mois de juillet 1889, je descendis vers la mer en suivant les pentes des derniers promontoires pyrénéens où, çà et là, des blocs éboulés laissent de larges taches blanches parsemées de mica, que les immortelles brodent de leur feuillage d'argent pâle, et de leurs rigides grappes aux reflets d'or vierge. — Là, aussi, poussent des genêts aux fleurs éclatantes, aux effluves enivrantes, des chardons pareils à des acanthes, des genévriers. aux baies violettes, et des caroubiers tordus qui décorent leur sombre verdure de gousses luisantes.

J'arrivai sur la plage d'Argelès, où règne le silence des profondes solitudes, que trouble seul le murmure des flots, et, parfois, le cri aigu d'un oiseau de mer, en harmonie avec le paysage. Je gravis un rocher, je le sentais tressaillir sous l'action répétée des vagues, et j'aspirais avec délices cette eau pulvérisée, saturée d'émanations marines.

Pendant que je contemplais l'espace illimité, il me sembla voir un bateau de pêche s'engloutir subitement. La distance étant grande, je crus à une illusion d'optique, ou à un de ces phénomènes de réflexion produit par la lumière solaire, si fréquents sur les vastes surfaces de la mer et des déserts.

C'était bien un naufrage.

Le *Caton*, du port de Collioure, avait mis à la voile par une brise assez forte, qui ne soufflait cependant pas en tempête, et le bateau filait rapidement ; mais, arrivé en face de l'embouchure du Ravaner, une rafale que rien ne faisait prévoir le renversa. Il sombra et coula à pic immédiatement.

Les cinq hommes de l'équipage, précipités dans les flots, remontèrent à la surface et purent se soutenir sur les vagues. Le patron seul, M. Guiot, ne sachant pas nager, allait infailliblement périr, lorsqu'il fut rejoint par son fils, mousse du bord, âgé seulement de 12 ans. Ce jeune garçon avait pu s'emparer d'un aviron ; il le plaça sous les bras de son père, et il le soutint en même temps.

— Courage ! père, disait l'enfant ; je ne vous quitterai pas ; on viendra à notre secours. — courage ! et s'il faut mourir nous mourrons ensemble !.....

Plusieurs fois, M. Guiot fut sur le point de s'abandonner et de disparaître, mais, toujours, son fils le relevait, le replaçait sur la rame et l'encourageait de nouveau.

Quand, plus tard, les péripéties de cette scène poignante furent connues, toutes les mères de la ville versèrent de nombreuses larmes.

Cette lutte contre la mort ne pouvait se prolonger longtemps, les autres marins étaient aussi à bout de forces, et fatalement, elle devait avoir un dénouement terrible. — Heureusement, la nuit n'était pas encore venue : deux autres navires de pêche aperçurent les naufragés, se portèrent rapidement à leur secours et les recueillirent. — Il était temps, quelques instants encore de retard, et la mer dévorait sa proie.

Le lieu exact du naufrage ayant été indiqué par une bouée, on revint le lendemain faire des sondages, afin de déterminer la profondeur de l'eau. Le *Caton* était coulé par 14 brasses (environ 22 mètres). Un plongeur, revêtu du scaphandre, peut descendre jusqu'à 30 mètres.

L'opération fut donc tentée et, après des efforts et des dangers inouïs, — le vent était violent, — elle réussit complètement. Le *Caton* remonta lentement sur l'eau, et fut remorqué au port. Plus de 300 habitants de Collioure le tiraient ensuite à terre, au milieu de toute une population enthousiasmée par cette heureuse réussite et, surtout, par le sauvetage des naufragés.

Du haut du pic de France, l'observateur distinguera encore, mais dans le lointain, Perpignan, sa citadelle, son Castillet, ainsi que Castel-Roussillon, Canet, les étangs de Leucate, de St-Nazaire ; et, à gauche, l'éternel Canigou. — Cette gigantesque masse écrase l'homme et lui fait sentir sa faiblesse. Que de siècles se sont écoulés depuis qu'une formidable poussée a fait jaillir ce Titan du sein des ondes, et que les neiges se sont amoncelées sur sa tête.

Mais le touriste, s'arrachant à ses méditations, ne laissera pas le soleil descendre derrière les montagnes et le Canigou couvrir de sa grande ombre la vallée du Tech. Pour regagner Amélie, il pourra passer par Montalba et suivre la rive gauche du Mondony. — Il faut environ huit heures pour accomplir cette ascension qui est un veritable voyage.

Montalba est le spécimen parfait de la généralité des communes pyrénéennes, où le sol est hérissé d'obstacles et semé de précipices. Le voyageur a déjà vu, au Rimbaut, que cet amas chaotique ne permet que de petites agglomérations d'habitations. Le village est généralement dispersé dans la montagne, sur d'étroits plateaux ou sur des pentes susceptibles d'être l'objet d'une petite culture, souvent pauvre et chétive.

Ainsi, en arrivant à Montalba, qui compte 250 habitants, le voyageur n'apercevra que trois constructions : l'église, l'école et une métairie ; le reste de la population est au fond des ravins, sur la déclivité des vallons, ou cachée dans les anfractuosités de sombres gorges, presque inaccessibles pour l'homme des plaines. — Il faut être né dans ces régions lugubres et silencieuses comme un sépulcre pour ne pas y périr d'ennui : il y a deux ans, un instituteur, envoyé du Riveral à Montalba s'est suicidé après un court séjour. Il est juste de dire qu'à la nostalgie étaient venus s'ajouter divers chagrins qu'activait la tristesse de ces solitudes.

Dans le même temps, le curé du village, que gagnait le désespoir, déserta son poste pour ne pas subir le même entrainement.

Afin d'accomplir le voyage de Montalba, l'excursionniste prendra le chemin qui conduit au Fort; il se dirigera vers sa gauche et dominera souvent le Mondony, ses ravins et ses précipices; il traversera, à gué, le lit du torrent, après être descendu sur les flancs d'un vaste amphithéâtre et avoir admiré une superbe cascade. — Une jolie métairie, *Riobanos*, de beaux arbres, d'énormes rochers, des montagnes à pic, donnent à ce paysage solitaire un aspect poétique et saisissant.

Montalba n'est plus éloigné, mais la montée est pénible. Aussi, comme compensation, quel imposant spectacle! — L'œil ne s'égare pas dans l'espace, mais l'aspect de ces roches monstrueuses, de ces pics qui s'élancent dans les airs, de ces ravins profonds, impressionnent vivement l'imagination; c'est le bouleversement des éléments aux premiers âges du monde.

Il y avait jadis, sur l'emplacement de l'église et des quelques maisons de Montalba, un château-fort dont on distingue encore les ruines; on aperçoit aussi celles d'une forteresse située à cinquante mètres plus haut. Ces pans de mur, ces créneaux qui se découpent sur le ciel et paraissent le menacer, font le soir, par un beau clair de lune, l'effet d'un fantastique mirage.

Mais, plus bas, le vert gradué et harmonieux de plusieurs petites prairies charment l'œil et le reposent de l'aspect âpre et dénudé des hautes montagnes.

Après avoir contemplé ce spectacle fascinateur de la primitive et sauvage nature, le voyageur descendra par un sentier conduisant au pont d'Annibal et constatera, par lui-même, que, malgré la tradition, il a dû être bien difficile, et même impossible à l'armée carthaginoise de franchir ces étroits défilés avec des chevaux et des éléphants.

Le touriste continuera à parcourir ce sentier, passera devant une maison, traversera des châtaigneraies et regagnera Amélie par le chemin qu'il a déjà pris pour se rendre au pic de France.

Une ascension à *Santa Engracia* rentre aussi dans le programme du touriste. C'est une antique petite chapelle, objet d'un pèlerinage le lundi de Pâques de chaque année. Elle est indiquée sur la carte sous le nom de Ste-Engrace, à 1,500 mètres à vol d'oiseau d'Amélie. Il n'y avait, jusqu'à ce jour, qu'un sentier pierreux pour y accéder, mais le Génie militaire l'a remplacé par une route stratégique ; une batterie élevée sur ce point protége le Fort et commande la vallée du Tech.

Par ses contours sinueux, cette route a huit kilomètres de longueur. On se rend à Santa Engracia en passant par le Fort et la route de Montalba ; bientôt, après avoir dépassé une petite chapelle, on tourne à droite pour monter jusqu'au plateau. Cette route offre une réunion de magnifiques perspectives, qui s'étendent d'un côté vers les contreforts du Canigou, et de l'autre vers la plaine du Roussillon et la Méditerranée.

Il y a un camp militaire à Santa Engracia,

et par conséquent une cantine où le voyageur pourra se reposer et même déjeuner.

* * *

Nous allons maintenant chercher d'autres impressions, des perspectives inconnues et de nouvelles sensations. — Nous quitterons avec regret Amélie et toutes ses attractions : la vie n'est faite que d'arrachements. — Hélas ! comme en peu de temps les choses s'emparent de notre cœur !

Cependant, la nature, comme la femme, est toujours attentive à nous plaire. Toutes deux ne cessent d'être différentes d'elles-mêmes. — Toutes deux multiplient nos plaisirs et se révèlent chaque jour par de nouveaux attraits, par de nouvelles séductions.

Nous continuerons à remonter la rive droite du Tech. — La route passe au pied de la montagne du Fort ; de grands arbres l'ombragent ; elle franchit le torrent, et un vieux pont conduit sur la rive gauche. C'est le pont d'Arles ou Pont-Neuf, ainsi nommé parce que, comme celui de Paris qui remonte à trois siècles, il a conservé sa première appellation. — Après un parcours de quatre kilomètres, nous arriverons à *Arles-sur-Tech*.

Il nous sera également possible, en sortant d'Amélie, d'accomplir ce trajet par la rive opposée : après le pont de cette ville, nous côtoierons de beaux jardins, arrosés par un cours d'eau, des parterres de violettes et de fleurs cultivées pour l'exportation ; plusieurs villas sont entourées d'orangers et de citronniers, mais les grands arbres sont rares. — C'est la *Petite Provence*, délicieuse en hiver, brûlante en été ; le chemin se rétrécit, domine le Tech à une certaine hauteur, traverse de belles prairies où serpentent des ruisseaux, passe dans une ferme, derrière une forge catalane, et aboutit au Pont-Neuf.

Ces deux chemins, ainsi que plusieurs sentiers tracés sur la montagne et passant par le Fort, constituent, autour d'Amélie, une réunion d'agréables promenades.

A partir du pont d'Arles, le panorama change complètement ; la vallée s'élargit, étale ses prairies, ses champs cultivés ; le Tech prend de plus grandes proportions, roule ses rochers, et s'écoule par plusieurs bras qui animent et vivifient le vallon. Au second plan la ville d'Arles apparaît avec ses maisons et ses deux tours. Ce tableau, qui ne manque pas d'une certaine grandeur, est dominé par le piton de Belmatz et les sommets du haut Vallespir.

Arles doit être un jour la tête de ligne du chemin de fer qui se rattache, à Elne, sur la voie d'Espagne par Narbonne et Perpignan. Cette ligne du Vallespir dessert actuellement Brouilla, Banyuls-dels-Aspres, le Boulou, St-Jean-Pla-de-Cors et Céret ; elle atteindra plus tard Amélie-les-Bains, et enfin Arles-sur-Tech. Nous avons déjà vu que ce parcours entre les montagnes des Albères sera des plus pittoresques ; quant à présent, les élégantes constructions de la ligne d'Elne à Céret font un ravissant effet dans ce superbe et verdoyant paysage.

La ligne du Vallespir était attendue depuis bien des années ; elle va donner la vie, le mouvement, l'activité à toute la contrée. — Le commerce, l'industrie et, principalement, l'exploitation des richesses minières et forestières de la haute vallée prendront une importante extension. Les chutes du Tech, puissance motrice considérable, seront utilisées. — Quant aux Etablissements thermaux du Boulou, d'Amélie-les-Bains et de La Preste, le développement de ces Stations balnéaires ne fait aucun doute pour personne.

Les carrières de marbre blanc de Céret, de Reynès, les pierres granitiques de Corsavy, les gites métallifères de *Lamanère*, de *Batère*, de *las Indas*, de *las Canals*, de *Rocas Negras*, etc., etc., *véritables montagnes de fer*, restaient improductifs, mais tout changera ; leur exploitation entrera prochainement dans une voie nouvelle d'activité et de prospérité.

Néanmoins, les ambitieux et les imprudents qui veulent faire grand et s'enrichir de suite, ne devront pas s'abandonner trop vite à cette impulsion et se lancer tête baissée dans de folles et ruineuses entreprises. — *Le temps ne respecte pas ce qu'on fait sans lui.* — L'exploitation de cet *Eldorado* doit être lente et calculée. Le succès restera aux plus sages et aux plus habiles.

En attendant, la foule attire la foule, et les populations se porteront vers Céret, vers Amélie, vers Arles ; ces centres commerciaux ou de plaisir se peupleront. — Quant aux touristes, aux amateurs de la grande nature, qui aiment à se transporter rapidement sur le théâtre de leurs explorations, ils ne peuvent manquer d'affluer dans cette partie si renommée de nos superbes montagnes pyrénéennes.

L'aspect d'Arles (*Arulæ*), de cette vieille ville espagnole, produit un effet saisissant; ses rues, ses places, ses maisons, ses balcons, ont un cachet tout spécial d'originalité.

C'est le centre commercial du haut Vallespir. — Arles y expédie ses produits agricoles et en reçoit ses fers, ses minerais, ses cercles, ses douelles, ses espadrilles..... On fabrique dans ce chef-lieu de canton des articles de taillanderie, des manches de fouets, ainsi que les fameux et terribles couteaux catalans.

L'église d'Arles est un des plus beaux monuments religieux du Roussillon; elle a été terminée en 1157; c'est le style *roman* secondaire qui a succédé à l'époque romaine. — L'architecture romane est lourde, pesante, mais animée d'un mouvement ascensionnel hardi. — Ces voûtes élevées donnent à l'homme, dans leur ensemble massif, le sentiment de sa faiblesse, et disposent l'âme à saisir la souveraine majesté et la grandeur de Dieu.

Cette église est une basilique à trois nefs; les bas côtés sont ornés de chapelles. Celle des saints Sennen et Abdon a un beau rétable en bois sculpté.

Le cloître, classé dans les monuments historiques, est bien délabré. C'est cependant un délicieux monument d'architecture; son style est pur et correct. Il est d'une remarquable élégance avec ses fines colonnettes de granit, sur lesquelles repose un entablement de marbre blanc.

Le cloître d'Arles était un véritable sépulcre de morts et de vivants : le cimetière occupait la partie centrale et, pendant leurs promenades autour des galeries, les moines n'avaient que des tombes sous les yeux. Ce tableau lugubre était encore assombri par la répétition constante du salut : « *Frère, il faut mourir.* » — De plus, une horloge qui sonnait lentement les heures, comme un glas funèbre, portait en exergue cette triste et philosophique devise : *Vulnerunt omnes, ultima necat.* Toutes les heures blessent, la dernière tue.

Le linteau de la porte de l'église est formé par un seul morceau de granit triangulaire. On y remarque *l'alpha* et *l'omega* séparés par une croix. — Cette inscription signifierait-elle qu'entre le commencement et la fin, c'est-à-dire depuis la naissance jusqu'à la mort, il y a une place pour la souffrance ?

D'un autre côté, d'après le profond symbole chrétien, Dieu est au commencement comme à la fin des choses ; *alpha* et *omega*. — Quant aux deux A gravés de chaque côté de ce logogriphe, les épigraphistes n'ont pu en déchiffrer le sens.

Il y a une curieuse légende sur les saints Abdon et Sennen : le pays étant ravagé par des bêtes féroces, l'abbé Arnulfe, afin de les éloigner, alla demander des reliques à Rome ; le pape lui donna les ossements de deux princes persans, Abdon et Sennen, martyrisés au IIIe siècle.

Arnulfe, craignant les voleurs, enferma ces reliques dans un tonneau qu'il remplit d'eau et s'embarqua; arrivé dans le Roussillon, il chargea son précieux fardeau sur un mulet, mais, en route, le muletier proféra un gros juron; aussitôt mulet, muletier et tonneau roulèrent dans un affreux précipice.

Confus et désolé, Arnulfe continua sa route, mais il fut étonné, en arrivant à Arles, d'apercevoir au milieu de la place le mulet portant toujours le tonneau, et autour toute la population prosternée. Quant au muletier, la légende est muette à son sujet.

Arnulfe enleva les reliques et versa l'eau du tonneau dans un antique sarcophage. — On le voit toujours devant l'église.

Depuis plusieurs siècles, cette eau a accompli de nombreuses guérisons miraculeuses; elle ne s'épuise jamais; on la distribue aux pèlerins, soit gratuitement, soit moyennant une légère rétribution.

« Les savants, dit M. Bonnefoy, ont voulu expliquer la présence de cette eau qui se renouvelle, sans aide apparente; mais n'ayant pu résoudre cette difficulté, ils en ont conclu que l'autorité ecclésiastique, seul juge compétent des manifestations surnaturelles, a le droit de garder une prudente réserve..... »

Il existe aussi dans le Roussillon plusieurs fontaines aux eaux miraculeuses; « pour guérir, annonce M. Joanne, les maladies dont il a plu à Dieu d'affliger l'humanité. » — Ces derniers mots ne sont pas rigoureusement exacts : en effet, presque toutes nos affections proviennent beaucoup moins de Dieu que de nos excès, de nos passions, de nos imprudences... L'homme primitif était sain et bien portant.

Le clergé de Perpignan avait jadis l'habitude, en temps de sécheresse, d'aller à Canet, suivi de toute la population, tremper dans la mer les ossements de saint Galderic, pour obtenir de la pluie.

A la suite de plusieurs processions restées infructueuses, les Consuls firent venir, en 1612, les reliques des saints Sennen et Abdon. Le chroniqueur du temps annonce d'une façon assez irrévérencieuse que, malgré plusieurs bains prolongés, ces saints refusèrent leur intervention.

Le couvent d'Arles a été fondé en 738, sur les ruines d'un temple païen, par des moines Bénédictins. Des donations successives enrichirent ce monastère ; l'abbé d'Arles devint puissant ; sa juridiction spirituelle et temporelle s'étendait sur sept paroisses et comprenait d'immenses territoires, depuis le haut Vallespir jusqu'au delà de St-Jean-Pla-de-Cors et de St-André. Il possédait également les droits des seigneurs féodaux. Son revenu était considérable.

Tout passe en ce monde : le temps qui use tout, les révolutions, torrents impétueux dont rien ne peut barrer le cours, ont emporté les antiques abbayes ; la liberté reconquise en a dispersé les ruines. Ces couvents ne répondaient plus à aucun besoin, et leurs priviléges accablaient la nation. — De même que toutes les choses d'ici bas, ils ont eu leur grandeur et leur décadence, et s'ils ont disparu avec la féodalité et la monarchie, c'est que, comme ces institutions aux nombreux monopoles, ils n'étaient plus en harmonie avec les progrès des idées et l'état général de la société.

Néanmoins, les couvents ont eu, au moyen-âge, leur raison d'être et leur utilité : pendant plusieurs siècles, ils ont été la sauvegarde du peuple contre les destructeurs de l'humanité. — Le clergé s'efforça d'arrêter les guerres intestines et fit souvent des efforts sublimes de charité. Il protégea les populations des campagnes et lutta parfois avec succès contre la cruauté et les exactions féodales. — En outre, les abbayes recueillirent, conservèrent et nous transmirent les débris de la civilisation romaine.

C'est à partir de la fin du VIe siècle que les Gaules se couvrirent de monastères. Les moines, ces infatigables pionniers, fouillèrent avec ardeur les terres incultes. La charrue pénétra dans les forêts druidiques que la hache romaine n'avait jamais touchées. Les Bénédictins et d'autres religieux, annoncent MM. Guizot et Henri Martin, ont été les défricheurs de la France.

D'un autre côté, à ces époques de misères et de calamités, les monastères furent souvent un refuge pour les vaincus de la vie, pour ceux qui avaient perdu toute espérance : ils y trouvèrent le repos et l'oubli de leurs maux.

Par une méditation constante dans l'isolement et loin des bruits de la terre, ces hommes élevèrent leurs âmes consolées vers l'idéal, conçurent l'immensité, contemplèrent l'illimité..... — Pour n'en citer qu'un exemple,

Copernic, le père de l'astronomie moderne, était un moine.

Par la prière qui est sainte, saine au corps et saine à l'esprit : — *Mens sana in corpore sano,* — les malheureux oublièrent leurs souffrances, détachèrent leurs cœurs des choses d'ici-bas et se rapprochèrent de la Divinité ; ils comprirent, pressentirent les vérités éternelles et l'immortalité !.....

A l'heure de la mort, l'âme s'élève vers les sources d'où elle émane et s'affranchit de toute crainte. Elle échappe aux appréhensions constantes de la vie, c'est-à-dire aux Puissances menaçantes, écrasantes, malveillantes qui enveloppent l'homme depuis le berceau jusqu'à la tombe. — Le détachement de la terre triomphe de ces Puissances ennemies et vengeresses, qui ne sont autres que le Dieu du mal, ce Dieu biblique, injuste et toujours terrible.

La vie de l'homme ressemble à un roseau que l'on plie et dont on fait rejoindre les deux extrémités. Cette existence se partage en plusieurs amours : au début, dans l'enfance, l'amour de Dieu ; dans l'explosion de la jeunesse, l'amour de la femme et des plaisirs ; plus tard, l'amour de la gloire, des honneurs et des richesses. — Lorsque la vieillesse arrive avec son cortége de douloureux souvenirs ; quand on a tout épuisé et bien reconnu l'inanité des choses, l'amour de Dieu revient. — C'est un cercle dans lequel nous tournons tous fatalement.

. . . .

Petit enfant, j'aimais d'un amour tendre
Ma mère et Dieu, saintes affections !

Puis, mon amour aux fleurs se fit entendre,
Comme aux oiseaux et comme aux papillons.
. . . .

Un peu plus tard j'aimais toutes les femmes
Et tous les arts, et toutes les grandeurs.
. . . .

Et maintenant, au bout de ma carrière,
. . . .

J'aime avec foi la terre d'espérance
Que Dieu promet au voyageur rendu ;
Et plein d'amour pour la nature immense,
Je m'en irai comme je suis venu..... (1).
. . . .

C'est à ce moment de la vie, quand le rideau va se baisser pour lui sur la splendide scène du monde, que l'homme aime à contempler cette admirable nature et à jeter vers elle un dernier regard et une dernière espérance. — C'est alors qu'il éprouve une sensation profonde à voyager dans le pays de la mémoire, à évoquer les temps écoulés, et à rappeler à sa pensée le souvenir de ceux avec qui il marchait jadis si confiant et si joyeux vers l'avenir.....

. . . .

Après ce sermon sur la montagne, nous reviendrons à Arles.

Cette ville est le pays des vieilles coutumes : il y existe encore une cérémonie qui se perpétue de siècle en siècle ; c'est la fête de l'ours. — Le 2 février de chaque année, le peuple promène dans les rues de la ville

---

(1) PLOUVIER. — Extrait de l'album du Ménestrel.

un homme déguisé en ours. Ce pseudo-animal paraît féroce ; il cherche à se précipiter sur les habitants, mais il est retenu par de fortes chaînes, et, à chacune de ses velléités de rébellion, il est fortement corrigé. Du haut des fenêtres et des balcons, les femmes lui lancent des oranges, des pommes, des dragées..... que les enfants ramassent en se bousculant jusque sous ses pattes. Comme toujours, la fête se termine par des danses ; l'ours y prend part, après avoir été débarrassé de sa tête et de ses chaînes.

La fête de l'ours remonte à une époque inconnue. — Il y a longtemps, dit la légende, un ours de taille colossale répandait la terreur dans la contrée ; on parvint à s'en emparer vivant ; il fut solidement garrotté, promené ensuite triomphalement dans les rues d'Arles, accablé de coups et, finalement, mis à mort. La fête rappelle cet anniversaire.

Située au milieu d'un large bassin, la ville d'Arles est entourée de montagnes dont les altitudes, en s'élevant vers l'extrémité du Vallespir, prennent peu à peu de plus grandes proportions. Du haut de sommets rongés par l'action du temps, s'inclinent des pentes boisées et cultivées. Les sources qui surgissent de toutes parts fertilisent cette contrée accidentée et y répandent l'abondance.

Pendant un printemps que j'ai passé à Arles, j'ai exploré ses forêts et ses vallons. La saison du renouveau y est splendide.

Les pics élevés, recouverts de neige pendant l'hiver, n'ont qu'une maigre végétation, mais les rives du Tech, du torrent du Riuferrer, de celui de St-Laurent-de-Cerdans, sont parsemées de jolies métairies, de champs cultivés, de prairies verdoyantes, de forêts de chênes-liéges et de châtaigniers...... Ces régions sont remarquablement saines ; l'air pur y est exquis à respirer, et jamais aucune épidémie n'y fait son apparition.

La science moderne, qui a trouvé dans les germes morbides l'explication d'un grand nombre de maladies, estime que l'impureté de l'atmosphère, déterminée par le manque de propreté, développe ces germes et cause des épidémies dans les centres mal entretenus.

Toutes ces vallées sauvages et pittoresques s'enfoncent comme des coins dans les Pyrénées, jusqu'à la frontière espagnole.

C'est au printemps que les émanations pénétrantes des bois et des prairies redonnent à tout l'organisme les forces de la jeunesse. C'est à ce moment qu'on respire les bourgeons des hêtres, le chaton des arbres en fleurs, les branches vertes des pousses nouvelles, l'odeur enivrante des foins..... toutes les sèves capiteuses enfin ; qu'on entend dans la nuit les hôtes de la forêt appeler leurs timides compagnes, et les poursuivre sous la ramée.....

> Le printemps est une revanche.
> Le bois sait à quel point les thyms,
> Les joncs, les saules, la pervenche
> Et l'églantier sont libertins.
>
> Victor Hugo.

C'est au printemps que la gaîté insouciante de l'oiseau emplit les airs d'accords mélodieux, vifs, rapides, sonores, ou d'une douceur langoureuse ; symphonie charmante, chœur interminable dans lequel chaque artiste ailé fait sa partie.

Les oiseaux chantent l'espérance, l'espérance du renouveau qui console des rigueurs de l'hiver. Ecoutons-les :

Ici, le rossignol, improvisateur merveilleux, accompagne la fauvette aux sons de cristal, le pinson aux trilles joyeux. — Là, le sifflet de la grive et du merle se mêle au grincement de la scie aiguë de la mésange, aux coups de marteau du picmard. Plus loin, la tourterelle sentimentale soupire sa plainte amoureuse, qu'interrompent les deux notes moqueuses du coucou (1).

C'est aussi au printemps que s'ouvrent les petites fleurs des champs, les pétales d'or des genêts sur le bord des chemins et, dans les ruisseaux, le calice de l'iris où se désaltèrent les bergeronnettes et les oiseaux-mouches..... C'est alors que les ronces sont toutes blanches, que les arbres laissent partir au loin leurs légères barbizettes, que les amandiers, les pruniers, les poiriers, les pommiers, les aubépines..... sèment à foison l'or et l'argent de leurs fleurs ; la brise, en les emportant, répand dans l'atmosphère des bouffées de parfum.

O bonnes senteurs de floréal !

La splendeur d'avril renouvelle les jardins de la vallée ; elle jette partout le charme, la vie et le bonheur. — Il n'y a de bon, de vrai sur

---

(1) Les oiseaux ont leur langage : Dupont de Nemours a déterminé quinze cents mots pour la langue seule du rossignol.

la terre que les beautés de la nature, la jeunesse et le printemps.

C'est encore au printemps que la terre boit avidement le soleil qui la féconde. — Quand les rayons brûlants de l'astre du jour traversent avec peine les branches des grands bois, les sentiers se couvrent de violettes, de pâquerettes, de petit trèfle, de lierre terrestre, de mille plantes grimpantes et rampantes. — Les framboisiers commencent à fleurir et, bientôt, les fraisiers étalent leurs petites fleurs blanches et roses, écartées en éventail, sur le gazon dru et fin des éclaircies.

Le printemps voit aussi voltiger le papillon léger que les enfants poursuivent de fleurs en fleurs. — Insouciant du danger, il se pose sur les plus belles et met dans l'inconstance le bonheur de la vie..... Heureux lépidoptère ! — Orgueilleux et dédaigneux, il prodigue les baisers à ses amantes favorites, et, gracieux messager d'amour, leur apporte le pollen qui les féconde ; cependant il les délaisse bientôt, après les avoir fascinées et enivrées par ses caresses, par l'éclat de ses ailes et la parure étincelante de son brillant costume.

Le papillon est une fleur vivante et, s'il n'est pas fleur lui-même, disent les Indous, il vit avec les fleurs et semble emprunter un parfum à toutes celles qu'il a aimées.

Le papillon, fleur sans tige
Qui voltige,
Que l'on cueille en un réseau ;
Dans la nature infinie,
Harmonie
Entre la fleur et l'oiseau.

Gérard de NERVAL.

> J'admire les papillons frêles
> Dans les ronces du vieux castel ;
> Je ne touche point à leurs ailes.
> Un papillon est un pastel.
>
> Victor Hugo.

Lorsque la fraise apparaît, le printemps fait place à l'été ; à l'été que Victor Hugo a chanté dans les strophes suivantes :

> Les bois sont sacrés ; sur leurs cimes
> Resplendit le joyeux été ;
> Et les forêts sont des abimes
> D'allégresse et de liberté.
>
> Tout reluit ; le matin rougeoie :
> L'eau brille, ou court dans le ravin ;
> La gaité monte sur la joie
> Comme la mousse sur le vin.
>
> O fraîcheur du rire ! Ombre pure !
> Mystérieux apaisement !
> Dans l'immense lueur obscure
> On s'emplit d'éblouissement.
>
> O solitude ! tu m'accueilles
> Et tu m'instruis sous le ciel bleu.
> Un petit oiseau sous les feuilles,
> Chantant, suffit à prouver Dieu.

Mais le rêve ayant une fin, nous reprendrons notre voyage.

D'Arles même, un sentier nous conduira dans la vallée du Riuferrer, *rivus ferrarius*, rivière ferrugineuse. Ce torrent descend des hauteurs de la tour de *Batera* (1,475 mètres d'altitude) ; nous rencontrerons dans une petite plaine une église solitaire ; c'est Saint-Pierre. D'après une tradition, le premier couvent d'Arles, ainsi que la ville, s'élevaient à cet endroit.

Nous monterons encore pendant environ une heure et demie, et nous arriverons au milieu d'un chaos effroyable de masses granitiques, affectant les formes les plus bizarres. Il y a là, dit une légende, une pierrre de sacrifice, un *dolmen* gaulois et, un peu plus loin, le *palet de Roland*.

Cette pierre appartient aux monuments mégalithiques de l'époque gauloise. On en voit encore entre Caudiès et Saint-Paul-de-Fenouillet, près de la route qui se continue vers l'ouest en passant par Estagel, et sur les bords de la Boulzane. Le voyageur a déjà aussi visité celles du Rimbaut (page 175).

A une petite distance du *palet de Roland*, le touriste apercevra l'auge du cheval de ce héros; c'est l'*abeurador del cavall*.

Ici, dans le Roussillon, la tradition rattache tous les faits chevaleresques, tous les souvenirs historiques ou extraordinaires, au souvenir d'Annibal, de César, de Roland ou de Charlemagne.

Non-seulement la popularité de Roland est encore très vivace dans les Pyrénées, mais on la retrouve même chez les Turcs et jusqu'en Asie; elle a envahi toutes les langues, toutes les littératures et toutes les imaginations. — La *chanson de Roland*, la harpe guerrière de cet Achille français, a fait vibrer toutes les cordes héroïques des peuples du moyen-âge.

Dans son poème immortel de *Roland à Roncevaux*, Mermet nous a transmis ce chant célèbre :

Dans les combats, soldats de France,
Des preux chantez le plus vaillant.
Tout fuit quand il brandit sa lance :
Chantez, soldats, chantez Roland.

J'entends au loin dans les campagnes,
Perçant les bois et les montagnes,
Des ennemis glaçant le cœur,
Son cor d'ivoire au son vainqueur.

Dans les combats, soldats de France,
Des preux chantez le plus vaillant.
Tout fuit quand il brandit sa lance :
Chantez, soldats, chantez Roland.

Là-bas, dans la plaine sanglante,
Brille une épée étincelante,
Rouge comme un soleil couchant :
C'est Durandal au dur tranchant.

. . . .

Je suis Durandal,
Du plus dur métal,
Sans craindre personne.
Qui me portera,
La victoire aura,
Son cœur s'il ne donne.

Hélas ! Roland donna son cœur à la belle Alde et perdit la vie à Roncevaux. — Ecoutons le chant plaintif de la fille de l'Emir d'Espagne :

Le soir, pensive au pied des Pyrénées,
De nos bergers j'écoutais les chansons,
Et j'étais calme, en ces douces années,
Comme la neige assise sur les monts.
 Et lorsqu'ils allaient en Espagne,
 J'interrogeais les pèlerins
 Sur les hauts faits de Charlemagne
 Et les exploits des paladins.
 Au milieu des grandes mêlées
 Apparaissait Roland vainqueur.
 Son nom remplissait nos veillées,
 Ce nom faisait battre mon cœur.

Vous avez fui, bienheureuses journées,
Comme l'oiseau chassé par les autans,
Comme un brouillard, au sein des Pyrénées,
S'élève et passe en un jour de printemps.

*
* *

Si nous suivons, en quittant Arles, la route de Prats-de-Mollo, nous l'abandonnerons momentanément pour prendre à droite, à un kilomètre de la ville, le chemin de Corsavy qui, en une heure de marche, nous mènera à ce village ; nous remarquerons à gauche, à moitié chemin, le mas de *l'Aloy*. Nous y reviendrons avec les Trabucayres.

Corsavy possède encore des ruines d'un château seigneurial. Il y a dans ces parages des mines de fer d'une grande richesse ; elles ont été abandonnées, en même temps que la plupart des forges catalanes du Vallespir. Il est probable que ces mines seront de nouveau exploitées et reprendront leur valeur, lorsque le chemin de fer viendra jusqu'à Arles.

C'est ce qui est arrivé sur l'autre versant de ces montagnes : la vallée de Prades a augmenté d'importance depuis la construction du chemin de fer ; ses minerais sont plus exploités et ses Etablissements thermaux plus fréquentés.

Nous pourrons, des environs de Corsavy, contempler de près les cimes et les contreforts du Canigou. L'ascension ne s'entreprend pas généralement de ce côté, mais par la vallée de Prades et le Vernet.

En quittant Corsavy, nous reviendrons sur

nos pas jusqu'à la route de Prats-de-Mollo, que nous continuerons à suivre. — Bientôt, à deux kilomètres d'Arles, nous apercevrons, à notre droite, une vallée profondément encaissée qui, en une demi-heure, nous conduira à « la Fou. » Ce gouffre célèbre est une longue échancrure mesurant 160 mètres de la base au sommet, ouverte dans la couche primaire granitique. Les eaux se précipitent dans cette insondable déchirure du sol. Les parois de ce mur immense sont tapissées, çà et là, d'arbustes qui surplombent l'abîme.

Des profondeurs de la Fou, cette coupure à vif de la roche paraît dresser ses longues murailles à une hauteur vertigineuse. — La plume ne saurait rendre le saisissement de grandeur sauvage que l'âme éprouve à la vue de tout cet ensemble superbement sinistre. — Il est des impressions de l'esprit humain qui ne peuvent que s'affaiblir en les exprimant.

Ces épouvantables escarpements, que l'imagination peut à peine concevoir, laissent dans l'âme un malaise, une angoisse irraisonnée. Le mouvement de surprise indéfinissable qui en résulte, inspire une certaine horreur physique, serre la poitrine et étreint le cœur.

Pendant mon séjour à Arles, j'allai visiter la Fou; je remontai le torrent, il était à sec. En arrivant près du gouffre, je vis que ses eaux, alimentées par les neiges fondues du Canigou, avaient été détournées et canalisées pour l'arrosage des prairies. Me trouvant arrêté, je me déshabillai et j'entrai dans le canal; il me conduisit à un lac souterrain.

A ce moment, je commençai à perdre pied;

l'eau tournoyait d'une façon peu rassurante, j'étais seul et je craignis d'être subitement englouti. Tout à coup, des oiseaux énormes sortirent de ces profondeurs ténébreuses, en poussant des cris menaçants, et en battant bruyamment l'air de leurs longues ailes. — Je regagnai prudemment le canal d'irrigation.

Ces hôtes de *la Fou,* ainsi que ceux des sombres cavernes de ces régions élevées, appartiennent aux diverses espèces de la race des oiseaux de proie : orfraies, vautours, aigles alpins ou des montagnes rocheuses.

Il y a quelques années, un ornithologiste, s'étant aperçu que plusieurs de ces oiseaux avaient établi leur nid dans une cavité de la grande faille de *la Fou,* proposa une récompense de cinq cents francs à celui qui aurait le courage d'aller explorer ce nid.

Un jeune montagnard, dont le cœur devait être cuirassé d'un triple airain, offrit de tenter cette entreprise, téméraire jusqu'à la folie.

La convention conclue, cet audacieux Catalan attacha une corde à nœud à un arbre situé au-dessus du gouffre, fixa à sa ceinture un panier ainsi qu'un solide gourdin, et descendit dans le vide. — Arrivé par des prodiges de souplesse et d'adresse sur le bord du nid, il fut tout à coup attaqué par les oiseaux qui l'habitaient, et, bien que suspendu par une main à cent mètres de hauteur, il leur livra un terrible combat ; il en sortit vainqueur, s'empara de cinq ou six œufs, les mit dans son panier, remonta sans accident et reçut la récompense promise.

Etant revenus sur la route de Prats-de-

Mollo, nous continuerons à remonter le Tech, sans quitter ses rives ; nous traverserons le torrent de la *Comalada*. Il existe dans ce voisinage une grotte très curieuse à visiter, la *Coba de las Encantadas*, la grotte des Fées, et nous arriverons au village du Tech, dont la population se compose en grande partie de douaniers et de leurs familles.

Jusqu'à la riante et fraîche vallée d'Arles, les abords du Tech présentent un aspect attrayant qui contraste avec le caractère grandiose des montagnes plus éloignées du haut Vallespir. Plus on avance vers Prats-de-Mollo, plus cette région devient imposante. Au *Pas du Loup*, on peut passer sur la rive droite du Tech et s'engager sur le chemin de St-Laurent-de-Cerdans. Mais, dans l'une et l'autre direction, il faut s'élever sur un sol coupé par des ravins et resserré entre des rives escarpées.

C'est aussi à la vallée d'Arles que s'arrêtent les vignes qui tapissent le versant de la rive gauche du Tech, exposé au soleil et abrité des vents du Nord.

Combien est doux à l'œil le spectacle des pampres qui couvrent les coteaux de leur verdure phosphorescente et semblent gravir la montagne ! Lorsque la fleur du raisin s'épanouit, une délicieuse odeur se répand dans toute la vallée ; c'est l'avant-coureur du parfum du vin, des ivresses qui sortiront bientôt de la grappe mûre et fermentée.

Mais ici, comme dans toutes les contrées vinicoles, d'invisibles ennemis s'abattent sur les ceps : *Oïdium*, *Mildew*, phylloxéra..... ;

les plants d'Amérique ne réussissent pas toujours et ne produisent qu'un vin de qualité inférieure ; la vigne du pays, acclimatée depuis des siècles, est la véritable vigne ; on lui a trop demandé, sans la réconforter par des engrais, et on l'a fatiguée. — D'un autre côté, on a toujours procédé par bouture avec des plants plusieurs fois centenaires. — Rajeunissons-les par des semis ; il faudra peut-être cinq ou six ans avant que ces pépins aient convenablement raciné, mais nous rendrons à la vigne des moelles fermes, une dure écorce, et rien n'y mordra plus.

La vallée se resserre au village du Tech, et la route franchit de dangereux précipices; les rochers s'avancent vers le torrent et semblent vouloir s'écrouler pour en barrer le cours. Ce sont les défilés que les chroniqueurs de la guerre de 1642-1674 appellent col de *Maurès*, *Sourre de Mourèse*. Ils sont désignés sur la carte sous le nom de *las Siljas*, la *Pouillangarde*, et sous celui de *Baus del Aze*, la chute de l'Ane, dans les légendes de la contrée. Leur célébrité est aussi grande que celle des gorges de Roncevaux.

Nous avons vu que c'est là qu'eut lieu la destruction d'une colonne française. A la suite de cette défaite, le maréchal de Noailles envoya deux régiments pour pacifier le haut Vallespir ; redoutant avec raison cette vallée, ils passèrent par Prades, contournèrent le Canigou et attaquèrent Trinxeria. Celui-ci franchit la frontière et se retira en Espagne avec ses miquelets ; les guérillas catalanes se soumirent et Prats-de-Mollo ouvrit ses portes aux Français. C'est alors que l'on construisit le fort Lagarde (856 mètres d'altitude) ; un souterrain le fait communiquer avec la ville.

Les Espagnols revinrent en 1690, mais ils ne purent prendre le fort Lagarde ; ils s'en emparèrent en 1793 et le perdirent après la bataille du Boulou.

Si le lecteur ne connaît pas cette vallée, peut-être la plus sauvage du Vallespir, qu'il se figure, par l'imagination, une gorge longue, étroite, sombre, sinistre, des pentes rapides, d'énormes rochers amoncelés au hasard ou suspendus dans le vide, des murailles de granit se dressant à pic vers le ciel. — Plus de vignes, plus d'oliviers, plus de culture ; mais une végétation chétive, des arbres rabougris, des genêts, des bruyères, des ronces, des fougères..... que le soleil ne vient presque jamais vivifier. — Et, plus bas, au-dessous de soi, d'affreux précipices où roule en cascades le Tech écumeux. — Il semble que l'on parcourt les entrailles de la terre, ou les profondeurs d'un immense sépulcre.

La distance d'Arles-sur-Tech à Prats-de-Mollo est d'environ 18 kilomètres. La route est bonne, des parapets bordent les précipices et garantissent les voyageurs contre les impressions vertigineuses.

Je revins un jour de Prats-de-Mollo avec le courrier des dépêches ; il s'était mis en retard, mais pour regagner le temps perdu, il frappa violemment ses chevaux ; la voiture filait comme l'éclair sur la pente rapide du torrent, se soulevait aux brusques détours de la route et rasait les précipices.

— Nous allons culbuter, dis-je au conducteur. Cela ne vous est-il pas déjà arrivé ?

— Oui, l'année dernière.

— Ah ! qu'en résulta-t-il ?

— Nous sommes Catalans, moi et mes chevaux, et nous n'eûmes aucun mal. Les Catalans sont en fer.

— Mais…… les voyageurs ?

— Il y avait deux Parisiens : brisés, écrasés…, on en ramassa les morceaux au fond du précipice. — Dame !….. les *Franciots* ne sont pas en fer.

— Clic, clac, *Harry !* les chevaux volent de plus belle et s'emballent tout à fait.

Malgré cette course désordonnée, nous arrivâmes sains et saufs à Arles, où j'appris que mon Catalan devait être né en pays gascon ; aucun accident n'était arrivé l'année précédente sur la route de Prats-de-Mollo.

J'émettais l'avis, un peu plus haut, qu'il fallait être né dans ces montagnes pour s'y plaire et y vivre.

Eh bien ! non-seulement les Catalans aiment leurs montagnes, mais ils ne peuvent même pas s'imaginer qu'il soit possible d'habiter d'autres contrées. — Lors de ce voyage à Prats-de-Mollo, j'étais servi à l'hôtel par une jeune fille :

— Vos montagnes sont splendides, lui dis-je, mais ne vous ennuyez-vous pas au milieu de ces profonds ravins ? Vous voyez à peine le soleil entre les grandes murailles de rochers. — Connaissez-vous le pays de plaines aux larges horizons, où la vue s'étend au loin, à l'infini ?.....

— Non, Monsieur. — Ces grandes plaines où les yeux se perdent, le soleil qui éblouit, cela doit être bien ennuyeux. — Ah ! jamais je ne quitterai mes belles montagnes. — *Montanyas regaladas !*

Aucune expression ne saurait rendre cette admiration superstitieuse et cette passion irraisonnée du montagnard pour ses rochers. Il y concentre sa pensée, sa vision et tressaille devant leurs masses mystérieuses ; c'est l'horizon nécessaire à sa vie. — N'est-ce pas le cas de répéter ici : Tout ce que Dieu fait n'est-il pas bien fait ?

Les étymologistes ont discuté longtemps sur l'origine du nom de Prats-de-Mollo (prononcez *Moyo*). La signification du mot *Mollo* est restée inconnue. *Prats* veut dire prairie. — Il y a en effet une éclaircie à cet endroit. — A la fin du XIIIme siècle, on a ajouté *de Mollo*, c'est-à-dire voisine *de Mollo*, petite localité espagnole située de l'autre côté de la frontière, pour la distinguer de *Prats en Cerdagne* et de *Prats en Fenouillèdes*.

Les maisons de *Prats-de-Mollo*, dominées par l'église, s'élèvent en amphithéâtre sur le flanc de la montagne. — Ce chef-lieu de canton, avec ses six communes, n'a que 7,000 habitants sur une superficie de 25,388 hectares. On y fabrique des espadrilles, *Espardenyas*, chaussures de corde indispensables dans la montagne ; des *Asclops*, sabots ; du drap et des *Barratinas*, coiffure nationale.

La flore de ces régions élevées et froides

est des plus intéressantes à explorer. Le naturaliste y trouvera partout des espèces rares ; principalement sur le chemin de la tour d'*En Mir* (regard), située à 3 kilomètres au sud-ouest de Prats et à l'altitude de 1,540 mètres.

Prats-de-Mollo est un modèle de ville espagnole ; ses maisons, ses rues, ses balcons, les coutumes des habitants, la proximité de la frontière, tout rappelle l'Espagne. En outre et plus que dans tout le Roussillon, les vieilles danses catalanes s'y sont conservées : *La Farandole, le ball de Ceremonia* et *le ball de la Posta*, sorte de bouffonnerie. La *Fête des Mulets* y existe toujours. A un mariage, des jeunes gens, sous le nom d'*Espaders*, forment de brillantes cavalcades et organisent des réjouissances en l'honneur des époux.....

En sortant de Prats-de-Mollo, un chemin à gauche conduira le touriste, après un parcours d'environ six kilomètres, au col d'Ares, sur la frontière espagnole.

Dans ses Commentaires, « *de Bello civili,* » César annonce qu'il passa de la Gaule en Espagne par les montagnes situées entre Prats et Camprodon. — A la suite de sa victoire de Munda, il fit ériger, sur le point culminant de cette partie des Pyrénées, un monument commémoratif de son triomphe et de la défaite de Pompée. Cet édifice fut appelé ARA et le passage COLLUM DE ARA, qu'il a conservé sous le nom de col d'Ares.

Les Albères, depuis les sources du Tech jusqu'à la Méditerranée, étaient, en raison de leur dépression, le grand chemin de l'Espagne ; toutes les armées, toutes les invasions les traversèrent.

Ces régions élevées servaient de poste d'observation ; César y établit plusieurs camps pour surveiller la Gaule et l'Ibérie.

Comment dans cette contrée isolée, sauvage et couverte d'ennemis, ces soldats romains passaient-ils leur temps ? A se fortifier, à se garder, à veiller constamment, à recueillir des nouvelles, à assurer leurs approvisionnements, car le vivre est le grand objet pour une armée, à réparer, à renouveler les armes, les machines, les attelages, à manœuvrer, à tracer des routes.

C'est assez pour les longues journées. Le plein air est, d'ailleurs, comme le pont d'un navire en mer ; on y est sans cesse distrait et en éveil ; les aspects varient à chaque instant de la journée : c'est l'aube, ce sont les lueurs matinales. Le soleil, dans sa course, annonce les heures ; il appelle aux repas, aux divers travaux.....

Tout ce qui remplit la journée du soldat moderne sous la tente, au campement, se retrouve à peu près pareil dans les temps antiques ; les différences sont moins grandes qu'on ne suppose. S'il nous était possible d'apercevoir, à travers les siècles, ces troupes romaines circulant dans nos vallées, gravissant nos montagnes, campant sur nos collines, nous reconnaîtrions des types de nos jours, et nous saisirions des mots de notre langue prononcée avec l'accent qui dure encore.

C'est aussi par le col d'Ares, qu'en 1793, le général Dagobert entra en Espagne avec son armée, pendant que Ricardos établissait son camp au Boulou. — Une visite à cet endroit historique, outre l'intérêt du voyage, est donc un grand attrait de curiosité.

Il y a aussi un pèlerinage à accomplir à Prats-de-Mollo. C'est *Notre-Dame du Coral*; un berger ayant trouvé l'image d'une vierge dans le tronc d'un chêne, le clergé se rendit à cet endroit et y fonda une chapelle. La même découverte a eu lieu à *Peña* et à *Font-Romeu*. D'un autre côté, ce miracle s'expliquerait naturellement : par crainte d'une profanation, ces images sacrées auraient été cachées pendant les invasions des Normands, et retrouvées beaucoup plus tard.

Dans les Pyrénées, comme dans les Cévennes et dans tous les pays de montagnes, la foi est grande ; presque tous les villages ont leur miracle et leur lieu de pèlerinage.

Après Prats-de-Mollo, la route continue d'offrir des sites accidentés aux divers aspects. Fraîche, large et riante comme un parc anglais, elle serpente au milieu de la vallée et suit les méandres du Tech. — L'horizon élevé est borné par des cimes de montagnes, dont le col Pragon et le *Pla Guillem* sont les points culminants.

A mi-chemin de La Preste, on rencontre Saint-Sauveur, Graffouil, de superbes cascades ; enfin, la Forge, le hameau de La Preste et l'Etablissement thermal apparaissent aux regards du touriste.

Cette promenade, facile et agréable, n'est que de huit kilomètres. Nous approchons des sources du Tech, la vallée se resserre, ses grands escarpements et toutes ses sinuosités constituent une série de grandioses beautés.

La Preste possède un bel Etablissement thermal fondé vers 1840 par M. Cabot, mais dont les aménagements et la magnifique installation moderne sont dus à l'intelligente initiative des propriétaires qui lui ont succédé.

L'Etablissement est entouré de vigoureuses plantations qui feraient douter de l'altitude de La Preste, si la carte d'Etat-Major ne signalait ce hameau à 1,283 mètres. De ce plateau élevé le regard embrasse les différents aspects des gorges de la vallée et des sites multiples qui l'environnent.

Les eaux de La Preste, très renommées, sont sulfureuses, incolores, limpides et légèrement acidulées. Leur efficacité est grande dans beaucoup de circonstances, et principalement dans les maladies de la gravelle et du calcul vésical.

Vers la fin du second Empire, l'amiral Rigault de Genouilly, atteint d'une grave affection, obtint un tel soulagement par l'usage des eaux thermales de La Preste, qu'il en fit le plus grand éloge à Napoléon III. Celui-ci résolut de suivre le même traitement. Toutefois, il était fort pénible, pour un malade, d'entreprendre à cette époque le voyage d'Arles-sur-Tech à La Preste.

En effet, le voyageur devait s'engager dans un chemin raboteux, accidenté, parfois un peu élargi, mais le plus souvent étroit et bordant des précipices. Le danger devenait encore plus grand lorsqu'une voiture, descendant ce chemin, se heurtait à une autre qui le gravissait. — Le voyageur était alors heureux si, à la suite de cette rencontre, une croix funéraire, plantée en sa mémoire, ne devait pas indiquer le lieu où il avait péri! — C'était une excursion dans un cimetière. Il n'existait aucun pont sur les torrents.

L'empereur ne pouvant suivre cette voie dangereuse, on la transforma sur son ordre et elle fut classée comme route thermale.

La construction en était presque achevée lorsque 1870 arriva. Sans les événements de cette année terrible, les Stations thermales de La Preste et d'Amélie-les-Bains auraient certainement pris une extension plus rapide.

Du reste, Napoléon connaissait, par expérience, les affreux chemins du Roussillon. à son retour d'Algérie, dans les premières années de son règne, une violente tempête l'obligea à se refugier à Port-Vendres ; il ne voulut pas reprendre la mer, mais, jusqu'à Perpignan, il fut tellement secoué et cahoté, qu'il prescrivit l'exécution de la route actuelle.

L'Etablissement des bains de La Preste s'élève à 40 mètres du lit du Tech et à 1,130 mètres au-dessus du niveau de la mer ; il est agréablement situé sur un plateau couronnant plusieurs étages de jardins. Ce vaste terrain est recouvert de belles plantations formant des groupes d'arbres, sortes de belvéders d'où la vue contemple les sommets du haut Vallespir, les torrents qui en descendent et leurs gorges aux aspects variés.

Il y a d'intéressantes excursions à faire aux environs de La Preste ; au moulin de *Gref-*

fouil, au col *Baix,* à *Costabona,* à la *Solenila*...... Toutes offrent des perspectives étendues ou resserrées, et pleines de charmes.

A quelques centaines de mètres de l'Etablissement, un sentier conduira le promeneur à la vallée du Silence, ainsi nommée parce que jamais aucun bruit ne trouble cette profonde solitude, et, un peu plus loin, à la grotte de *Can Brixot,* remarquable par ses stalactites et ses stalagmites. Toutefois, l'accès n'en est pas très facile; il ne faut pas craindre le vertige, et avoir le courage d'affronter l'appréhension du vide.

En effet, le visiteur devra se suspendre d'abord à une échelle de fer, retenue seulement au sol par deux crampons et dont l'extrémité se balance dans l'espace. Il s'accrochera ensuite à une seconde échelle, arrivera en terre ferme, s'appuiera sur les parois de la galerie, se courbera, et arrivera enfin à une grotte ornée de concrétions pierreuses. — Les baigneurs de La Preste, qui entreprennent cette excursion, s'offrent souvent, à peu de frais, un spectacle féerique en illuminant cette salle avec des feux de Bengale.

Le groupe d'habitations, appelé *La Forge,* qui existe près de l'Etablissement des bains, était une ancienne colonie norwégienne installée avant la révocation de l'Edit de Nantes, pour exploiter les mines de fer, jadis importantes, de ces montagnes pyrénéennes.

L'excursionniste pourra monter jusqu'au col Pragon, traverser la frontière à 400 mètres de La Preste et visiter *Espinabell,* premier village espagnol.

Pendant la saison thermale, l'Etablissement des bains organise des fêtes et des courses à pied. — Une de celles-ci consiste à réunir quelques montagnards et à leur désigner pour but le pic le plus vertigineux des environs de La Preste ; les premiers arrivés gagnent certains prix. Les jeunes filles triomphent de la gloire de leurs *ambistadous*, et tous, garçons et jouves, donnent ensuite aux baigneurs le spectacle de leurs danses nationales.

Après être arrivé à la limite de la route thermale, le promeneur continuera à remonter le cours du Tech ; il apercevra bientôt une métairie qui a eu son heure de célébrité lors de la dernière guerre civile espagnole. C'est *Baragane*, où don Carlos, vaincu et poursuivi, trouva un refuge assuré.

Encore deux heures de marche, et le touriste pourra se reposer sur les tapis de verdure qui entourent la source du Tech, au pied de *Roque Couloum* (séjour de pigeons sauvages), à une altitude de plus de 2,000 mètres. La réglisse est abondante et pousse naturellement dans ces parages.

Quoiqu'un peu longue et pénible, cette excursion peut se faire facilement de La Preste dans une seule journée. Les beautés de ces sites élevés dédommageront largement le touriste de ses fatigues.

*
* *

En quittant La Preste, nous redescendrons le Vallespir ; mais, à six kilomètres d'Arles et avant d'arriver aux gorges de la Fou, nous franchirons le Tech sur le pont *del Pas del Llop*, du Saut-du-Loup, nous suivrons une route sinueuse qui domine le torrent à une grande hauteur, et s'engage dans la vallée de St-Laurent. Ce sont toujours les Pyrénées, avec leurs roches granitiques, leurs sommets dénudés et leurs vallons fertiles ; partout, sous les yeux, des bois, des pentes inclinées, de profonds précipices, des prairies verdoyantes. Cette route montueuse, d'une beauté sauvage remarquable, et aux nombreux contrastes, a une similitude frappante avec les plus beaux paysages alpestres.

Toutefois, ce n'est qu'une apparence ; chacune des protubérances ou des dépressions de notre planète a sa forme unique et un aspect qui lui est propre. — La règle est universelle, la nature ne se copie jamais ; les feuilles de tous les arbres sont dissemblables et aucune plante n'est la reproduction exacte d'une autre plante. Il en est de même pour toute la création : chacun des membres de la grande famille humaine a son type spécial, particulier, et son originalité individuelle.

Le voyageur trouvera à Amélie et à Arles des voitures qui le conduiront à St-Laurent-de-Cerdans ; mais le parcours à pied étant plus agréable, je résolus un jour de l'accomplir à ma fantaisie. Dans les Pyrénées, il faut beaucoup regarder, s'arrêter souvent et ne jamais se presser d'arriver au but. — La méditation et la longue contemplation développent les aspirations vers tout ce qui est beau et grand.

C'était pendant l'été et, ici, dans le Roussillon, où le climat est celui de l'Algérie, les rayons lancinants du soleil, comme de multiples aiguilles, piquent la peau aux heures chaudes de la journée. Il était donc important de s'élever rapidement sur la montagne.

Parti d'Amélie lorsque les premières lueurs du jour se dessinaient à peine, je traversai Arles et j'arrivai au pont *del Pas del Llop* au moment où le soleil apparaissait à l'horizon. Une brise matinale, tiède et parfumée, courait en légers frissons à travers les arbres, apportant la fraîcheur des prairies, les senteurs des bois, les aromes des fenaisons et les mille bruits du réveil de la nature.

Les oiseaux gazouillaient leur hymne du réveil,
Et buvaient en chantant les rayons du soleil.

Tout ce paysage dégage de grands attraits : — un parfum pénétrant de plantes et de fleurs des bois qui s'épanouissent dans la rosée, trouble les sens, fait battre le cœur et enivre l'âme.

Je suspendais souvent ma marche pour admirer ce spectacle, l'un des plus imposants qu'il soit possible d'imaginer. — Toutes ces richesses naturelles ont été données à l'homme pour embellir sa demeure, charmer son séjour sur la terre, et éveiller dans son esprit le sentiment, toujours éprouvé mais difficile à exprimer, de l'idéal et des saintes émotions.

Peu à peu la route s'élève et, à chaque détour, apparait une nouvelle et grandiose perspective : vers la droite, Corsavy et les pics qui le dominent ; plus loin, le haut plateau de Montferrer, large et magnifique terrasse, se détache sur un contrefort du Canigou.

Au premier plan, se dresse une aiguille de granit surmontée d'une construction ; c'est l'ancienne tour de *Cos* qui domine toute la vallée. Sur la partie culminante de cette montagne, on aperçoit distinctement, au-dessus de Montferrer et à 1032 mètres d'altitude, les ruines du château féodal de *lo Casteil*, dont les prisons légendaires ont laissé de sinistres souvenirs dans la mémoire des habitants ; on chante encore dans les foyers d'alentour cette complainte légendaire :

> *Al casteill de Montferrer,*
> *Las presons son tan negras,*
> *Que lo dia ab la nit*
> *No se conexan mica !*

> Au château de Montferrer,
> La prison est si sombre,
> Qu'on n'y peut distinguer
> Le grand jour d'avec l'ombre !

Les sommets du Canigou émergent au-dessus de ce deuxième plan ; ils terminent et encadrent cet ensemble majestueux.

Toutes ces montagnes, qui semblent superposées les unes sur les autres, *Ossa* sur *Pélion*, s'élèvent dans les airs, depuis les profondeurs de la vallée du Tech jusqu'à près de 3,000 mètres de hauteur. La tour Eiffel paraîtrait un jouet d'enfant au milieu de ces géants de granit, aux vastes proportions et à la tête toujours couronnée d'une auréole de neige.

Montferrer n'est pas facile à aborder ; des chemins de mulets seuls y conduisent, c'est un but d'excursion pour les ascensionnistes ; ils pourront visiter l'église qui est de l'époque romane, admirer un beau sarcophage de l'an 1307 et trouver dans les environs des truffes renommées dans le pays.

La route continue ses nombreuses sinuosités, laisse le Tech à droite pour remonter un de ses affluents ; puis, à son dernier détour, la jolie petite ville, élégante et coquette, de St-Laurent-de-Cerdans apparaît au milieu d'un riant bassin encadré par des montagnes boisées. C'est un ravissant coup d'œil que les artistes aiment à reproduire. — L'art n'est-il pas l'image de la vie et la reproduction des beautés de la nature ?

Comme à Prats-de-Mollo, l'industrie principale du pays est la fabrication des espadrilles.

St-Laurent-de-Cerdans appartenait aux abbés d'Arles avant la Révolution. C'est un gros bourg de 2,400 habitants, situé sur la rive droite de la Quère et entouré de belles châtaigneraies. Par son altitude, environ 800 mètres, cette contrée jouit d'un climat tempéré en été, mais assez rigoureux en hiver.

Du haut de la vallée de St-Laurent-de-Cerdans, le touriste intrépide pourra gagner Prats-de-Mollo par des sentiers ou des chemins vicinaux, quelquefois difficiles, mais toujours praticables ; il passera soit par *La Manère*, soit par *Serralongue* ; soit encore par la Forge de Galdare, où il pourra rejoindre la route nationale d'Arles-sur-Tech à Prats-de-Mollo, à 3 kilomètres environ et en deçà du village du Tech. La carte lui indiquera sa direction.

Ces excursions à travers les hautes montagnes offrent de grands attraits à l'amateur de la nature grandiose et sauvage.

Les environs de La Manère, *La Manera*, sont abrupts, arides et tristes, *usque ad mortem*; mais comme compensation, ils renferment des mines d'une richesse remarquable : cuivre, houille et plomb argentifère. On y rencontre aussi dans le ravin de l'Attrape-Loups, *Agafa Llops*, le porphyre quartzifère ; au *Pla de las Taulas*, la galène ou sulfure de plomb natif, et au ravin de *Malrems*, de la marne qui contient des fucoïdes.

Serralongue possède les ruines d'un château-fort dont les seigneurs dominaient le haut Vallespir. — Ce sont les tours de *Cabrens*. — Elles constituent les fortifications les plus anciennes et les plus considérables du Roussillon. Leur ensemble donne une idée exacte de ce que pouvait être un repaire de barons à l'époque de la féodalité. Chacune de ces forteresses est un véritable nid d'aigles, entouré de précipices infranchissables et de rochers inaccessibles. L'aspect seul de cette longue crête couverte de donjons, de tours et d'enceintes fortifiées, inspire une idée redoutable du pouvoir qui trônait jadis dans ces parages. — Le nom de *Serra-Llonga* est mêlé à des chants populaires et à d'épouvantables légendes qui ont répandu longtemps la terreur dans ces sombres montagnes.

Aujourd'hui, les châteaux féodaux comme les vieux monastères, images d'un monde éteint

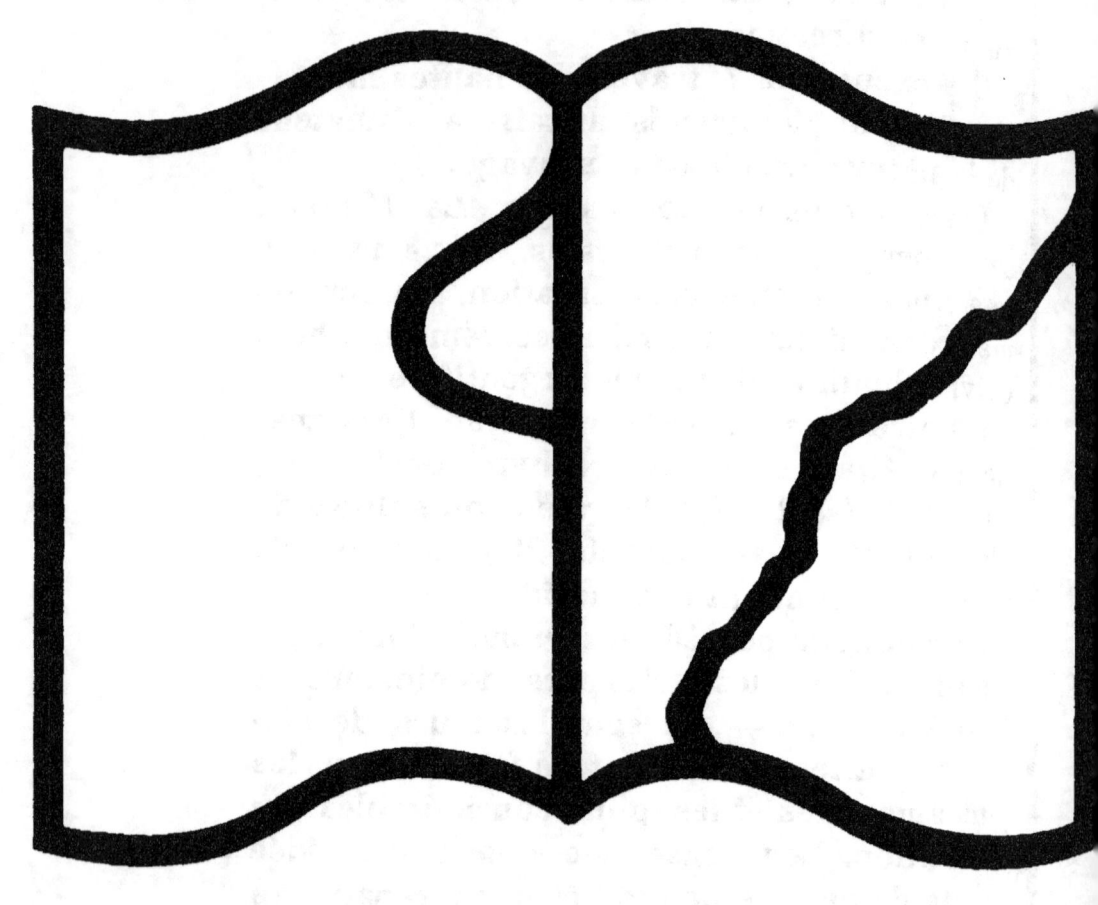

Texte détérioré — reliure défectueuse

NF Z 43-120-11

et déjà loin de nous, sont maintenant perdus dans le recul mystérieux des temps, et entrés dans l'éternelle nuit des choses passées.

Néanmoins, une impopularité indélébile pèse toujours sur le souvenir de la féodalité, de ce régime détesté qui accablait les malheureux serfs du joug le plus tyrannique et le plus inintelligent. Le peuple qui a tant souffert de l'oppression des seigneurs, qui les a si longtemps combattus et enfin terrassés, ne leur a jamais pardonné. — Les siècles de haine qui s'étaient amassés dans le cœur de nos ancêtres, ont déterminé les révoltes et les violentes représailles de la période révolutionnaire ; c'était fatal ! — Il ne faut pas avoir peur de l'histoire, mais avoir le courage de contempler, de juger le passé pour connaître le présent et préparer l'avenir.

« .... Pour nous, dit Michelet, qui cherchons le pauvre peuple à travers les récits de Froissard, nous l'irons prendre dans cette grande mêlée, sous l'éperon des gentilshommes, sous le ventre des chevaux, souillé, défiguré..... afin que nous puissions lui dire « Vous m'avez conçu dans les larmes, vous avez sué la sueur et le sang pour me faire une France. Dieu me garde de vous renier jamais ! »

Cependant, il y a lieu de remarquer que la féodalité du Midi était beaucoup moins oppressive que celle du Nord. Cette différence était déterminée par diverses causes.

Le *principe aristocratique*, importé de la Germanie par les Francs, ne pénétra que fort peu dans le Midi où, après la disparition de

empereurs et pendant les v
société se reforma sous l'i
de la civilisation antiq
les Romains laissèren
principe d'égalité qui
quentes des Barba
des réminiscence
souvenirs d'inst
même, par de
Républiques
souven
p

urs devant nos regards éton-
témoignage de ces temps
rres intestines.
tin nous annonce que
Nord, les moindres
devient plus bru-
ire que se resser-
es petits sires
urs fantaisies
des, et l'on
ridicu-
qui

et revivifia les formes de l'administration romaine.

Toulouse possédait déjà des franchises ; son Chapitre électif, ses *Capitouls*, étaient présidés par le comte en personne. Tous ces magistrats avaient une grande autorité, et « le corps des citoyens se qualifiait superbement de barons de Toulouse, *los baros de Tolosa*. »

Le consulat, dont l'idéal était de s'affranchir de toute redevance, date dans le Roussillon de 1196. Il succédait à un régime où les villes possédaient le droit de guerre, mais n'avaient pas de juridiction ; celle-ci appartenait au roi et aux seigneurs. Selon la langue politique du royaume d'Aragon, dont faisait partie la Catalogne, on nommait les trois classes de la société : *Main majeure — Ma major ; Main moyenne* et *Main mineure*.

La religion de l'amour et le respect de la femme étaient aussi plus exaltés chez la noblesse du Midi que partout ailleurs ; la chevalerie provençale a élevé la femme au-dessus de l'homme et en a fait une sorte de divinité terrestre. « Ce ne fut pas là le retour de l'instinct vers les vieux cultes naturalistes, mais, au contraire, l'élan de l'âme vers la nouvelle idéalité qui reconnaissait dans la femme la grande puissance morale de la création. » Le culte de la *dame*, au moyen-âge, procédait du principe qui avait créé le culte de la Vierge Marie. » — Voici un exemple de l'admiration et de la vénération qu'inspirait la femme dans le Midi.

Quand, dans un accès de fureur jalouse, le

mari de la comtesse Marguerite lui fit manger le cœur de Guillaume de Cabestaing, — nouveau festin d'Atrée, — les nobles du Roussillon et de la Cerdagne coururent aux armes contre le meurtrier. « Le roi d'Aragon, Alphonse II, ordonna de démolir Castel-Roussillon, emprisonna le seigneur, et réunit dans le même tombeau l'amant et sa maîtresse, en mémoire desquels un service funèbre fut célébré chaque année à Perpignan. » (1) — Singulière glorification de l'adultère !

L'action féroce du comte de Castel-Roussillon, et le trait touchant de sensibilité des chevaliers catalans, peuvent exciter la surprise par leur violent contraste, mais le moyenâge avait conservé des siècles barbares cette extrême mobilité d'impression qui caractérise l'enfance des peuples comme celle de l'homme. — En effet, l'histoire nous apprend qu'alors les hommes commettaient les plus grandes cruautés, en même temps qu'ils se signalaient par les actes les plus sublimes et les plus généreux.

Pour les motifs précédemment développés, les forteresses féodales étaient assez clairsemées dans le Roussillon. Cette contrée possédait également beaucoup moins de couvents que le Centre et le Nord de la France, où le nombre en était exagéré : ainsi, avant la Révolution de 1789, les seules provinces du Beauvoisis, du Senlisis et du Valois en comptaient jusqu'à 1257.

---

(1) Cette conclusion ne concorde pas avec celle de la légende (page 62).

Les monastères de femmes étaient, surtout, peu nombreux dans le climat brûlant du Midi, où l'exaltation de l'âme et l'élan ascétique détruisaient le corps: Gertrude, une sainte célèbre dans les fastes de l'Eglise, mourut d'épuisement à 33 ans.

Les moines catéchisaient les populations, répandaient la parole divine dans les campagnes, défrichaient, retournaient la terre, construisaient des églises et des monastères; leur existence se trouvait enveloppée, absorbée par ces travaux, par l'étude, par les actes de la vie religieuse, mais les couvents de femmes n'étaient que de vastes abris mortuaires, où la paresse et le désœuvrement tuaient sans bruit les malheureuses recluses. Cet ennui pesant, lourd et mélancolique, minait rapidement leur santé : un chroniqueur du XVe siècle estime, qu'en moyenne, elles ne résistaient pas plus de dix à douze ans à cette étroite claustration.

La prescription absolue du célibat, déjà contraire aux lois de la nature, l'est encore plus aux lois divines. — « C'est forcer Dieu, pour ainsi dire, à donner le signal de la fin du monde. » — Jésus-Christ n'a-t-il pas dit : « Croissez et multipliez. »

Néanmoins, qui peut sonder tous les mystères du cœur humain ? — Il y a des âmes blessées que la réalité froisse et fatigue ; des femmes avides de sentir et affamées d'idéal. — Il y a des rêveuses qui, aux luttes et aux agitations de la vie, préfèrent le calme et le repos du cloître. Il y a des femmes désolées, accablées, et dont une infortune persistante a brisé le cœur. — Elles sont consolées par les pompes de la religion, par l'extase silencieuse des sanctuaires, par un élancement de foi ardente, par un rayonnement d'amour divin, qui bercent la prière et endorment la douleur. — Ce sont les épouses mystiques du Seigneur.

**

De St-Laurent-de-Cerdans, il sera facile au touriste d'aller visiter les sources du Mondony, au-dessus du mas Noëll et au pied du Roc de France. Cette métairie, dont le nom a déjà été cité lors du récit de l'invasion espagnole, en 1793, se détache en relief sur un plan incliné et accidenté, au milieu de bouquets de bois et de champs en culture. Elle figure sur la carte d'Etat-Major au dessus de St-Laurent. Un sentier y mène en une demi-heure ; il franchit la montagne et traverse une sapinière, ainsi que des plantations de châtaigneraies. Le retour par la route stratégique sera des plus agréables ; les gracieuses sinuosités de ce chemin modifient constamment la perspective, qui s'étend sur de grandes vallées, de belles prairies, vers la ville de St-Laurent, les pentes du Canigou, les pics de la Cerdagne et du haut Vallespir.

Après avoir parcouru en été ces vallées, toujours fraîches malgré les grandes chaleurs, j'y suis revenu au mois d'octobre ; l'aspect en était complètement modifié.

A l'automne, les premières gelées blanchissent les gazons et les bruyères. Au chant de la brise succède le gémissement de la tempête dans les branches à demi-dépouillées, le peuplier allonge ses feuilles jaunes et tremblantes sur la frondaison empourprée des hêtres, des châtaigniers, ou sur la verdure éternelle des sapins, et la forêt devient veuve de ses hôtes ailés ; l'oiseau ne chante plus. C'est toujours la vie avec ses oppositions puissantes, ses contrastes saisissants ; mais, dans ces régions élevées, c'est la langueur mystérieuse d'une nature qui va s'endormir ; c'est bientôt l'hiver, ses neiges et ses brouillards.

Il est difficile de traduire dans une langue humaine toutes ces transformations de la flore des Pyrénées, et de rendre le charme pénétrant qui résulte des impressions ressenties.

La frontière d'Espagne n'est, à vol d'oiseau, qu'à quatre kilomètres de Saint-Laurent, et à six kilomètres par les chemins. Pour la gagner, on se dirige, soit vers Coustouges, soit vers Villaroja, — Villeroge sur la carte.

Un peu au-dessus de St-Laurent-de-Cerdans, ravin de *la Quera* se divise en deux bras ; lui de gauche conduit à Coustouges.

village, qui ne compte plus que 600 ha-
nts, est l'ancienne *Costuja* fondée par les
s, qui y établirent une colonie militai-
hs en firent une ville importante ;
par les Sarrasins, les Nor-
peupla peu à peu.
IIIe siècle, vers 1180, que
e Roussillon eurent prin-
des *routiers* et *cotte*-
e Basques, de Na-
llaient et tuaient

pour leur propre compte quand les princes cessaient de les solder. » — A cette époque, Coustouges fut presqu'entièrement détruite.

Dans sa bulle de 1011, le pape Sergius dénomme cette localité *Custodia*. — D'après une ancienne tradition, Damase, élu pape en 366, serait né à Coustouges et en aurait fait bâtir l'église ; cette opinion, qui est de Mérimée, n'est qu'une légende. — Toutefois, comme le style de l'église actuelle est du roman de l'époque secondaire, c'est-à-dire du XIIe siècle, notre grand écrivain fait ruiner l'ancien monument religieux par les Arabes.

La paroisse de Coustouges a été donnée en 988, par le comte de Besolu à l'abbaye d'Arles ; celle-ci l'a conservée jusqu'à la Révolution.

La nouvelle église fut consacrée en 1142 par Udalger, évêque d'Elne, et dédiée à la Vierge : « *Eclesia Beatæ Mariæ de Custodia.* »

Un examen attentif des monuments religieux du moyen-âge démontre que les églises du Roussillon appartiennent pour la plus grande partie au style *roman* de la période secondaire. C'est par cette étude compara ve que les archéologues établiront l'âge, caractère et la valeur architecturale de cun de ces édifices.

L'architecture *romane*, qui co la forme lourde et pesante, te rehausser ses piliers et se et ses flèches ; elle attein gance relative et arrive richesse, au luxe de l'o forme de l'art parce

Comme les égl

romane, celle de Coustouges est à une seule nef ; sa voûte ogivale, peu prononcée, retombe sur des pilastres accolés aux murs latéraux. La plus importante des deux portes, bien dégagée et élégante, est encadrée par quatre colonnes à chapiteaux sculptés, supportant une belle archivolte décorée de moulures et d'ornements. On retrouve dans les sculptures de l'archivolte du portail des vestiges de l'art antique, restes de la tradition romaine qui, dit M. Revoil, s'est continuée dans le Midi de la France jusqu'à la fin du XIIe siècle.

L'étude de l'architectonographie nous apprend que l'ogive apparaît au XIe siècle, s'étend au XIIe et se manifeste comme le principe d'une architecture nouvelle. — Les traits principaux de l'édifice ogival sont : « la substitution de la ligne verticale à l'horizontale, dans tout ce qui attire l'œil et détermine la physionomie du monument, l'allègement, l'exhaussement de tout l'ensemble, l'évidement des masses pleines, la multiplication et l'agrandissement des ouvertures. » — Paris, Senlis, Noyon, Laon, ont pris la tête de ce mouvement dans l'art. — La belle flèche de la cathédrale de Senlis, qui domine au loin nos belles plaines et nos majestueuses forêts du Valois, est la plus ancienne qu'ait élevée le système ogival (1155-1184).

On prétend que l'ogive a été rapportée de l'Orient, à la suite des Croisades, et que les Arabes avaient pris l'idée de l'ogive du rapprochement des branches du palmier.

L'architecture gothique, en usage du XIIme au XVIme siècle, est caractérisée par la forme ogivale des voûtes. Le nombre s'y rencontre fréquemment. Les chapelles, les autels, les piliers, les fenêtres, les rosaces y suivent les nombres trois, sept, douze, savoir : trois, à raison des trois personnes de la Trinité ; sept, pour représenter les sept péchés capitaux, et douze, en mémoire des douze apôtres.

Le chœur, dirigé vers l'Orient, représente la tête de Jésus-Christ sur la croix. Dans quelques églises, — à Troyes par exemple, — ce chœur ne suit pas l'axe de la nef, mais imite l'affaissement de la tête du Sauveur. Les chapelles de l'abside figurent la couronne d'épines ou l'auréole ; le transsept s'étend à droite et à gauche, comme les bras du Dieu crucifié ; le corps de l'église se prolonge comme le corps de la victime, et les trois portes principales d'entrée sont en rapport numérique avec la Divinité en trois personnes. Souvent, deux tours s'élèvent au-dessus du grand portail ; l'une, celle du nord, figure le pouvoir temporel ; l'autre, celle du midi, le pouvoir spirituel. Ces deux puissances, qui contribuent au maintien de la cité de Dieu, sont inégales en prérogative ; aussi, d'ordinaire, la tour méridionale est-elle plus élevée que sa voisine.

La longueur de l'église de Coustouges, y compris la nef et le chœur, est de 24^m.60, et sa largeur de 13^m.80. Le grand côté de ce rectangle est orienté de l'est à l'ouest. L'appareil est formé de blocs de granit, dont quelques-uns ont une teinte orangée foncée admirable. Cet édifice est un des plus curieux du Roussillon. (Monuments historiques.)

Le cadre restreint de cet ouvrage ne permettant pas d'entrer dans le détail architectural de l'église de Coustouges, il y a lieu de signaler à l'archéologue un travail des plus savants de M. de Noell, sur ce monument religieux. (*Bulletin de la Société agricole, scientifique et littéraire.* — Perpignan, 1889.)

La vallée qui entoure Coustouges renferme des gisements fossiles et métallurgiques remarquables. Le botaniste y découvrira une flore spéciale à ces hauts sommets, parmi laquelle une plante appelée en catalan : *coxinet de la senyora, coussinet de la madone ;* c'est l'*Erinacca pungens, anthillis erinacca;* elle abonde aux abords de *la Muga.*

De St-Laurent-de-Cerdans, le touriste pourra accomplir deux excursions en Espagne qui lui laisseront d'excellents souvenirs ; il devra se procurer un guide et se diriger, par Villeroge, sur *la Muga* (prononcez *Mouga*).

Ce torrent forme, pendant un parcours de plusieurs kilomètres, la ligne de frontière. — Plus loin, c'est la nature âpre et sauvage, d'immenses et majestueuses solitudes, où règne, selon l'expression de Tacite, l'*horreur des forêts*, et où l'écho seul répond aux appels désespérés du voyageur égaré.

La première de ces excursions aura lieu à la *grotte des Trabucayres*, restée célèbre dans les deux Catalognes. On met généralement 2 à 3 heures pour se rendre à cette grotte, située sur la montagne de *Basagoda*.

Le second voyage aura pour but de découvrir un terrain géologique des plus rares dans ces régions pyrénéennes.

Après avoir de nouveau traversé Villeroge

et franchi la *Muga*, le voyageur se dirigera vers l'ermitage de St-Aniol, lieu de pèlerinage très fréquenté par les Espagnols ; arrivé sur une montagne, il apercevra un terrain qui, malgré sa situation à 800 mètres d'altitude, est composé d'une couche épaisse de coquillages fossiles, tous de même forme et à peu près d'égale grosseur. Les conchyliologues les nomment *Vénus*. Ce sont des coquilles marines, semblables à l'escargot de mer, mais beaucoup plus petites.

Il faut compter deux heures de marche, en partant de Villeroge, pour arriver à ce dépôt marin. Lorsqu'il s'est constitué, la mer recouvrait le sol, et les Pyrénées n'existaient pas. C'est pour ce motif qu'elles ne possèdent pas de houille.

Il existe également d'importants dépôts de coquilles fossiles à deux kilomètres de Millas, en face de Neffiach, sur les bords de la Tet.

Ces coquilles sont englobées dans des bancs de sable vert et d'argile qui, en certains points, constituent des coteaux de 40 à 50 mètres d'élévation ; ils se prolongent sur une étendue d'environ 5 kilomètres. — Parmi ces débris marins, il y a lieu de citer le *Pectenla Tricostatus*, qui mesure 28 centimètres sur 50 de largeur, et le *Pinna Flambellum*, (40 centimètres sur 25). Ces coquillages sont exposés au Musée de Perpignan.

Il est nécessaire de remonter un peu haut pour expliquer la formation des montagnes, ainsi que celle des dépôts coquilliers ; mais que le lecteur se rassure, je serai bref.

De l'étude de la cosmogonie, il résulte que

l'essence de la matière est une force créée de toute éternité, ses effets se manifestent dans les nébuleuses qui peuplent l'immensité des cieux. Notre système planétaire a donc été, dans l'origine, une nébuleuse qui, par suite de la force concentrique et centrifuge, s'est condensée en une masse de fluide. Cette agglomération a formé le soleil, d'où se sont détachés les planètes et leurs satellites.

Le soleil est resté incandescent, mais notre terre s'est peu à peu refroidie et, lorsque la température est devenue inférieure à 100°, une croûte a commencé à se former. La vapeur d'eau, mêlée à l'air, s'est alors condensée, est tombée en pluies torrentielles sur cette écorce encore brûlante, s'est vaporisée de nouveau, est retombée et a fini par former les mers. C'est l'âge primitif de la terre. — Pendant la longue période de ce premier refroidissement, il ne pouvait rien exister sur le globe rompu, inondé et bouleversé.

En continuant à s'épaissir par la diminution de chaleur du feu central, la couche terrestre est successivement entrée dans les âges primaire, secondaire, tertiaire et quaternaire. — Notre planète rayonnait autrefois ; c'est un soleil éteint, dont le refroidissement ne s'arrête pas ; il est constant et de tous les instants, comme celui de notre grand soleil. L'astre du jour, le flambeau du monde, source de toute force, de toute chaleur, s'éteindra à son tour et deviendra une planète obscure ; le froid et les ténèbres envahiront les espaces planétaires. L'extinction du soleil causera la mort de tout ce qui puise l'existence dans son action bienfaisante et vivifiante.

> Hélas ! il est bien vrai, tout, ici-bas, périt,
> On ne l'a dit que trop, en ce monde où tout lasse ;
> Le porphyre et les fleurs, tout se brise et tout passe,
> Etincelle ou Soleil, tout s'éteint, s'assombrit.
> POPELIN.

Mais rien ne se crée, rien ne se perd, et rien ne se crée de rien ; *ex nihilo nihil*. Ce principe, posé par Lavoisier, est vrai de toute éternité et dans toutes ses applications : après un temps indéterminé dont l'esprit humain ne saurait saisir la durée, tous ces corps éteints : soleil, terre, planètes, satellites, continueront de rouler dans l'espace infini ; mais n'étant plus soumis à aucune force, par la cessation de toute chaleur, ils se disloqueront, s'émietteront, reviendront à l'état gazeux, sorte de vapeur cosmique impalpable, et reprendront leur première forme de nébuleuse.

Il en est de même de notre corps qui n'est qu'un composé de gaz condensés, pressés et solidifiés par une force d'attraction nommée *affinité* centrifuge dans la jeunesse, indifférente dans l'âge mûr, et centripète dans la vieillesse. A ce moment, la force concentrique a déjà cessé, puis arrive bientôt la déchéance des tissus, la dissolution de l'organisme et enfin la mort ; c'est-à-dire le retour de la matière à l'état gazeux. Quant au MOI personnel, il ne saurait non plus périr, puisque rien ne disparait dans la nature ; mais il est un, indivisible, conserve son individualité et ne se transforme pas. — C'est notre âme immortelle !

Après une série incalculable de siècles, les vapeurs de notre nébuleuse, qui contiendront toujours le germe du monde, se contracteront insensiblement, s'échaufferont, formeront un amas de petites étoiles : celles-ci se réuniront sous l'action de l'attraction universelle pour recommencer, nouveaux soleils et nouvelles planètes, leurs mystérieuses destinées. — *La mort éternelle ne régnera jamais !*

Ces quelques lignes résument rapidement la cosmogonie de Laplace. Cent années de progrès scientifiques ont confirmé en partie cette théorie. Elle a une portée philosophique si haute, si étendue dans sa simplicité, qu'elle trouble l'esprit en lui dévoilant, avec l'immensité, le passé le plus éloigné, comme elle lui fait entrevoir le plus lointain avenir.

La théorie de Laplace a un caractère sérieux et repose évidemment sur des données positives ; mais l'hypothèse et l'imagination y entrent aussi pour beaucoup.

Depuis, d'autres astronomes sont venus et ont fait quelques nouvelles propositions plus rationnelles et plus en rapport avec les progrès de la science.

Si nous abaissons nos regards vers le monde que nous habitons, ses tableaux variés de jour en jour plus étudiés et plus connus, ses transformations incessantes, nous offriront un merveilleux spectacle et un champ d'observation indéfini qui provoqueront notre admiration. La science, grâce à ses moyens d'investigation, ne cesse un seul instant d'en surprendre les secrets.

Pendant l'âge primaire de notre terre, des soulèvements produits par l'ébullition centrale ont constitué les premiers grands reliefs de l'Europe, sur une zone qui comprend l'Ecosse et la Norwége.

La terre, en continuant de se refroidir, a occasionné de nouveaux plissements ; ils ont produit l'ensemble des montagnes qui s'étendent obliquement de l'Angleterre à la Bohême.

Ce n'est que plus tard, après un long calme relatif, et seulement pendant l'âge tertiaire, qu'eut lieu le troisième soulèvement ; il comprend les Balkans, les Carpathes, les Alpes et les *Pyrénées*.

Malgré ces cataclysmes, la terre avait des habitants, mais l'homme n'apparaît qu'à l'époque quaternaire.

Les géologues et les naturalistes ont cherché à se rendre compte de l'âge de la terre : 1º par l'examen de ses différentes couches ; 2º par la recherche des débris de la faune et de la flore renfermés dans les masses sédimentaires ; 3º par le temps que mettent actuellement ces dépôts à se constituer. Voici la division que nous donne Rengade :

Epoque primitive. — Algues et vermisseaux, 106,000 siècles.

Epoque primaire. — Fougères et poissons, 64,000 siècles.

Epoque secondaire. — Conifères et reptiles, 22,000 siècles.

Epoque tertiaire. — Arbres et mammifères, 4,000 siècles.

Epoque quaternaire. — Diluvium. — Faune, flore actuelles et, peut-être, l'homme, 1,000 siècles.

Terrains. — Apparition certaine de l'homme, 60 siècles.

Si, à ces 197,060 siècles, on ajoute le temps que dut mettre à se refroidir la masse primordiale granitique en fusion, l'âge de la terre s'élèverait à plus de 40 millions d'années, chiffre, bien entendu, tout à fait approximatif.

Cette action incessante des dépôts marins se continue sous nos yeux : dans le lit des fleuves et dans les mers, des matériaux, enlevés chaque jour aux montagnes par les eaux, s'entassent, s'agglomèrent et se cimentent avec des débris de végétaux et d'animaux.

L'œuvre de destruction et de reconstitution qui a commencé avec le monde ne finira qu'avec lui : des continents ont disparu sous les eaux, d'autres ont surgi à la lumière du jour et, actuellement, de nouveaux sédiments assoient les futures périodes millénaires.

L'homme lui-même, avec les nombreux objets à son usage, figure parmi les débris de toutes sortes qui constitueront plus tard un sixième âge du globe. — Tous ces amas se fossilisent pêle-mêle au fond des mers, s'incrustent dans les couches sédimentaires en même temps que les épaves des navires naufragés. Ces terres de l'avenir fourniront à l'humanité qui nous suivra le moyen de reconstituer l'histoire des mœurs et de l'industrie de l'homme actuel.

Les gigantesques concrétions pierreuses,

stalactites et stalagmites, que renferment des excavations souterraines, dont quelques-unes ont une étendue de plusieurs kilomètres, ne permettent pas de douter de l'âge déjà avancé de notre planète.

Voici comment se forment ces concrétions :

Il arrive souvent que des lacs, renfermés dans les couches terrestres, contiennent en dissolution de l'acide carbonique ; ces eaux perdent leur gaz au contact de l'air lorsque, par des infiltrations, elles peuvent s'échapper, goutte à goutte, des réservoirs souterrains. — C'est ainsi que se dressent de grandes colonnes. Les stalactites sont formées par les concrétions que la goutte d'eau laisse au plafond de la voûte ; les stalagmites par ce qui reste d'acide carbonique dans cette goutte d'eau, quand elle tombe sur le sol. Chacune de ces gouttes édifie alors deux colonnes qui, avec le temps, se rejoignent et se soudent vers le milieu. C'est à ce même phénomène que sont dues les pétrifications obtenues par les sources des pays calcaires.

Les grottes de *Han-sur-Lesse*, en Belgique, que mes compatriotes du Nord visiteront facilement en partant de Givet, sont un exemple de ce lent travail de la nature. Ils y admireront de vastes salles décorées de pendentifs fixés à des voûtes élevées, de hautes colonnes soutenant des dômes immenses, des *fac-simile* de portes, de fenêtres ou de décorations monumentales. — La chambre de Proserpine a excité, surtout, ma plus grande attention.— Toutes ces splendeurs souterraines sont l'œuvre de l'éternelle goutte d'eau. — La nature a certainement employé un nombre considérable de siècles pour construire ces palais enchantés, pour élever ces stalactites aux mille reflets diamantés, pour orner cette grandiose architecture plutonienne de gracieuses arabesques, de longues draperies et de fines dentelles de pierre.

Nous venons de voir que les poissons sont les premiers êtres vivants créés, et qu'ils peuplaient déjà les eaux à la fin de la période primaire. — Or, le soulèvement des Pyrénées ne s'étant produit que de longs siècles plus tard, c'est-à-dire à l'époque tertiaire, il en résulte que ces montagnes peuvent occuper l'emplacement d'une ancienne mer et contenir des débris marins.

A l'origine, les Pyrénées étaient beaucoup plus élevées ; mais elles se sont abaissées, et les vallons ont été exhaussés. — Cette œuvre de la nature se poursuit avec une telle lenteur, et les âges s'écoulent si rapidement, que les générations passent, emportées par le temps, sans s'apercevoir qu'autour d'elles tout change et se transforme.

Les peuples qui se sont succédé sur la terre ont cependant conservé, et nous ont transmis certains souvenirs des modifications du globe. Plusieurs de ces événements appartiennent à la légende, mais d'autres ont été contrôlés par la science ou par l'observation.

Ainsi, nous savons que deux voies romaines aboutissant au mont St-Michel, traversaient une épaisse forêt. En l'an 709, la mer envahit cette contrée et, après les grandes marées d'équinoxe, les pêcheurs de la côte prétendent distinguer, sous les eaux, des arbres entiers droits sur leurs tiges.

C'est à la même époque que remonte la formation de l'île de Jersey : la mer qui sépare actuellement celle-ci de la France était une vaste forêt parsemée de villages s'étendant d'Ouessant au cap de la Hague. — En 1735, la mer se retira fort loin de la côte normande, et l'on put voir quelques ruines de ces villages, ainsi que la trace des anciennes forêts englouties par l'Océan.

Précédemment, vers le Ve siècle, une grande ville, nommée Ys, située dans la baie d'Audierne et près de Douarnenez, avait été submergée. Le souvenir de cette terrible catastrophe est resté légendaire dans la contrée; il a été idéalisé et fait encore l'objet d'un récit aux veillées bretonnes. — Ys était protégée par une digue que fermait une porte, lorsqu'une nuit la fille aînée du roi, pour se venger de sa sœur, sa rivale préférée, ouvrit l'écluse et les eaux se précipitèrent : cité, palais, temples, tout fut englouti. La légende ajoute que, par un temps calme, à la marée basse, une éblouissante vision apparaît du haut du rocher d'Ys : la ville est là au fond de la mer; elle a conservé ses monuments et toute sa splendeur antique.

Longtemps après l'apparition de l'homme sur la terre, l'Angleterre et la France étaient encore unies par deux chaînes de collines, dont l'une forme toujours l'ossature du Cotentin, et l'autre relève le milieu du fond de la Manche, sous le nom de *Banc de Varne*. Lorsque se produisit la violente séparation de ces montagnes, résultat d'un affaissement ou d'un ébranlement du sol, les plaines de la Hollande, dont l'origine moderne est incontestable, se sont formées par l'accumulation des terres que les flots chassaient devant eux. Par suite, les golfes profonds dans lesquels se jetaient le Rhin, la Meuse et l'Escaut, ont été comblés ; ces fleuves ont dû se creuser de nombreux chenaux pour rejoindre la mer.

L'ancienne réunion du sol français et du sol anglais est, en outre, attestée par la complète similitude des roches qui constituent ces deux rivages. — En face de chaque accident du littoral de la Grande-Bretagne correspond, sur nos côtes, un accident de même nature minéralogique ; chacune des falaises de France est la continuité des couches géologiques des falaises correspondantes d'Angleterre. En se précipitant dans ce passage, les eaux ont créé la Manche.

Mais, phénomène remarquable, la nature refait ce qu'elle a détruit : les sables rapportés chaque jour par le flux et le reflux comblent lentement le Pas-de-Calais, dont la profondeur diminue d'année en année et n'est en moyenne que de 31 mètres. Cette élévation constante du fond de la mer, en face de Gravelines et de Dunkerque, est d'environ un mètre dix centimètres tous les dix ans. Ces deux ports sont donc irrévocablement condamnés, et, peut-être, avant un millier d'années, l'Angleterre sera de nouveau réunie physiquement à la France. — Si notre génération pouvait attendre ce laps de temps, il serait inutile de construire un pont sur la Manche.

Cette mer comblée, les choses seront remises en l'état de son côté : puis, comme complément du travail perpétuel de la nature, la Hollande, dont les digues puissantes prolongent seules l'existence, rentrera sous les mers. — J'ignorais encore la géologie des Pays-Bas, quand j'ai eu l'intuition de ce futur cataclysme, en parcourant à pied les digues du littoral, entre Moërdyk, Rotterdam et Amsterdam : j'aperçus le sol de ces contrées beaucoup plus bas que le niveau des hautes marées.

Fait inexplicable, pendant que la Hollande s'abaisse, des terres voisines s'élèvent ; ainsi, on vient de constater que les côtes de la Suède, à l'extrémité du golfe de Bothnie, se sont exhaussées de deux mètres dix centimètres depuis l'année 1750. Il est même probable que ce soulèvement progressif, ayant barré la route aux courants polaires, a occasionné la fonte des glaces et déterminé, en Europe, des déluges partiels, ainsi que l'adoucissement de la température.

Cet adoucissement peut être aussi attribué au dessèchement de la mer africaine ; il est incontestable que la Numidie et l'Afrique du nord, surnommées par les anciens le grenier de Rome, étaient jadis beaucoup plus fertiles que de nos jours ; fertilité que ces pays devaient aux pluies produites par la condensation des vapeurs de la mer intérieure. C'est même ce motif qui a fait supposer à plusieurs météorologues que la reconstitution de la mer de Gabès, projet du commandant Roudaire, aurait pour conséquence un refroidissement très sensible de l'Europe centrale : notre continent étant redevable, en partie, de son climat tempéré à l'atmosphère brûlante, chassée de l'Afrique vers le Nord par les vents de l'hémisphère austral.

Comme les Pyrénées, Madagascar est un véritable océan de montagnes de hauteurs à peu près égales. Cette île est formée des promontoires les plus élevés d'une ancienne étendue de terre, la Lémurie, actuellement submergée. En effet, la faune, la flore, les diverses races humaines de Madagascar ne se rattachent par aucun point à celles de l'Afrique ; et bien que rapprochées l'une de l'autre, ces deux terres présentent les plus grandes dissemblances. L'Afrique, terre nouvelle, ne doit avoir émergé du sein des mers qu'après l'époque tertiaire ; peut-être en même temps que la Lémurie s'engloutissait sous les flots et que disparaissait la mystérieuse Atlantide.

Hérodote a donné des détails sur ce dernier continent, situé autrefois, annonce-t-il, entre l'Afrique et l'Amérique, et qui, à la suite d'un cataclysme, se serait affaissé sous les eaux. Les Phéniciens rapportèrent ces récits légendaires à Polype, qui nous les a légués comme témoignage du peu que nous sommes et de l'incertitude de l'existence humaine.

Des explorateurs ont, en outre, fait la remarque que, non-seulement les mœurs et les usages des habitants de Madagascar n'ont rien de commun avec ceux des peuples de l'Afrique, mais que les coutumes des Malgaches paraissent se rapprocher singulièrement de celles des plus anciennes races de l'Europe : les dolmens et les menhirs, qui abondent dans l'île de Madagascar, sont de formes exactement semblables à ceux de la Gaule. Ces monuments mégalithiques, — malgaches et celtes, — ont dû appartenir au même peuple et au même culte.

Les îles de l'Océan Pacifique, dont la réunion constitue l'archipel Polynésien, doivent être également les sommets d'un continent englouti. Des observations de plusieurs navigateurs ne laissent aucun doute sur l'origine commune des populations de ces îles ; mêmes types, mêmes traditions, mêmes superstitions, mêmes langues, ou du moins mêmes radicaux et particules affixes ou explétives. Cependant ces insulaires, que séparent des centaines de lieues, n'ont pu avoir de communications entr'eux qu'aux époques où ils habitaient la même terre, leurs frêles pirogues ne tenant la mer que sur les côtes. Ces similitudes de langage se rencontrent également entre les races Malgaches et Malaisiennes.

Non-seulement les éléments, les tremblements de terre, les volcans bouleversent, parfois, certaines contrées de notre planète et en changent la configuration, mais les animaux, les insectes, les infiniment petits, les productions marines calcaires, les hommes eux-mêmes, modifient constamment les formes de la terre par une action insensible, inappréciable, mais constante et continue : ainsi, la Polynésie, en s'affaissant sous les eaux, a laissé émerger les sommets de ses montagnes ; ce continent se reconstitue par la reproduction des polypiers :

Le *polype*, petit animal marin de la famille

des zoophytes, nage en arrière comme l'écrevisse. Lorsqu'il rencontre un rocher, il s'y attache par sa persistance à reculer, et par l'impossibilité de marcher en avant. Il subit alors plusieurs transformations ; son petit corps devient rose clair, rose foncé, rouge, quelquefois blanc ; l'animal meurt, se durcit et le corail est formé.

Comme le sapin qui lance des branches dans toutes les directions, il surgit de nombreux bourgeons du corps du polype ; c'est la reproduction par voie de bourgeonnement. De ces petits êtres, les uns quittent leur famille pour courir les aventures, toujours à reculons ; les autres s'attachent au foyer paternel. Les immenses polypiers forment ainsi des récifs, des îles, et enfin des continents.

De longues observations ont été faites sur la reproduction des polypiers par M. Agassiz, de Boston. Il annonce qu'un banc de corail ne s'élève que de 15 à 18 centimètres par siècle. Cependant des navigateurs, ayant naufragé sur des récifs de coraux, ont prétendu avoir parcouru antérieurement les mêmes mers sans aucun danger.

Selon eux, l'élévation de ces bancs n'est pas aussi lente que le soutient M. Agassiz. Celui-ci se défend en accusant les navigateurs naufragés de mettre leur imprévoyance sur le compte de la formation rapide des polypiers.

La grande invasion des Kimris-Teutons fut déterminée, disent les historiens latins, par un violent tremblement de terre qui souleva les flots de la Baltique ; cette mer déborda et ravagea ses rivages. Les peuples de la contrée envahie par l'inondation franchirent le Danube au nombre de plus de douze cent mille. Ils mirent la République romaine en danger; Marius la sauva.

Après la bataille des Cimbres et des Teutons, un des plus grands drames de l'histoire des Gaules (102 ans avant J.-C.), le général romain fit ériger à cet endroit, sur les bords du Rhône, un temple à la *Victoire*. Les premiers chrétiens le transformèrent en église et la dédièrent à *sainte Victoire*.

Combien de ces grands mouvements de la terre et des eaux resteront toujours ignorés! Ainsi, à la suite de fouilles exécutées dans la plaine de Marly, Buffon a signalé quatre dépôts successifs de débris d'animaux marins. Ces transformations du monde, qui ne se sont succédé qu'à des milliers d'années d'intervalle, appartiennent à la nuit des temps; elles resteront le secret du suprême Architecte de l'univers!

Le sol de Paris a donc été quatre fois sous les mers, et, comme il n'est qu'à 27 mètres au-dessus de l'embouchure de la Seine, il ne s'écoulera peut-être pas un temps bien long, avant qu'il ne disparaisse une cinquième fois dans les profondeurs de l'abîme.

Depuis plusieurs siècles, ces changements dans la configuration du globe sont signalés par les historiens. Ils nous ont appris que du temps de Constantin, les eaux baignaient les murs d'Elne, l'antique Illibéris. Nous savons également qu'Aigues-Mortes, aujourd'hui à quinze kilomètres des côtes, était un port de mer du temps des Romains. Des remarques semblables ont été faites sur les rivages de l'Italie et de l'Afrique du nord ; la mer Tunisienne de Gabès n'existe plus.....

Ici, près de nous, dans le département de l'Hérault, des alluvions ont rattaché plusieurs îles au continent, et l'ancien tracé de la côte est encore indiqué par de vastes étangs.

Lorsque le soulèvement des montagnes pyrénéennes se produisit, les couches primaire et secondaire remontèrent à une grande hauteur. Des déluges partiels, des courants terribles entraînèrent une partie des terrains friables, mirent à nu les granits de l'âge primitif, et arrondirent les arêtes vives des cassures, plus ou moins inclinées et souvent verticales.

Les pluies, les dégels, les vents continuent leur œuvre ; ils abaissent chaque jour les Pyrénées, comblent et élargissent les vallons. Les animaux qui paissent sur la montagne déterminent aussi souvent des avalanches par leurs courses précipitées.

Les hommes, eux-mêmes, soit par leurs travaux, soit par le fait de leur déplacement, modifient les formes de ces régions élevées. Le touriste ne fait pas une excursion sur une pente un peu abrupte, sans projeter involontairement, avec son pic ou *alpenstock*, des fragments de rochers qui, à leur tour, déplacent d'autres pierres et roulent, toutes ensemble, jusqu'au fond des ravins..... Le lecteur sourira : quelques pierres de moins sur ces géants de granit, dira-t-il, sont une quantité négligeable. — Oui, mais la quantité importe peu quand l'action est répétée ; ce n'est qu'une question de temps, et la durée n'existe pas pour ce qui est sans fin. Un jour ou un million de siècles n'ont-ils pas la même valeur dans la mesure de l'éternité ?

Il en est de même pour la plupart des phénomènes que nous observons ; ils ne sont qu'apparents : nos années, nos heures, toutes nos divisions du temps ne sont établies et réglées que par les divers mouvements de la terre ; ces divisions varient sur chacun des mondes célestes. — La durée, nous venons de le voir, n'a aucune raison d'être pour ce qui est immortel. — L'étendue, la surface, la vitesse ne sont définies que par le volume de notre corps, la facilité ou la difficulté de nous mouvoir. — La nuit, petit cône d'ombre, n'est qu'un point noir imperceptible dans les espaces qu'illuminent des millions de soleils..... Nous ne pouvons comprendre que ce qui appartient au monde de nos impressions terrestres ; les idées de grand, de petit, de durée, d'espace, de limite, de vitesse, sont *relatives* et non *absolues ;* elles n'existent que pour nous, et la nature ne les connaît pas.

Comme dans l'ordre physique, que d'apparences dans la politique ou dans l'ordre moral, causes premières d'étranges erreurs ! — Que de déboires dans la vie ! Que d'illusions perdues et que de Dieux tombés !!!

Le sens littéraire de notre époque n'est pas moins dévoyé que le sens moral. — Exagérations d'un côté, apparences de l'autre. — Nos romanciers ne nous présentent plus que des tableaux fantaisistes ou exceptionnels de la société actuelle ; ils glorifient les fous, les exaltés, les morphinomanes, les hystériques, les hypnotisés, les névrosés, les incohérents, les décadents et les excentriques de toutes sortes. Faut-il attribuer cette déviation du génie humain à la grande poussée de savoir qui caractérise le siècle actuel ?

* *
*

Après cette diversion, nous reviendrons ouvrir le livre de la nature à l'une de ses plus belles pages ; c'est-à-dire au Roussillon, dont l'étude offre tant d'intérêt.

Nous avons vu qu'à la suite du soulèvement des Pyrénées, l'entraînement des premiers dépôts d'alluvion avait causé l'exhaussement des vallons : le lit du Tech fournit la preuve de ce fait ; il contient dans son sous-sol des rochers et des galets arrondis par le frottement et l'action répétée des eaux. Ces terres ont comblé la mer tertiaire du Roussillon qui, précédemment, s'étendait jusqu'à Ille et Céret.

Non loin d'Ille, dans la vallée de la Tet que nous parcourrons bientôt, existent près de Corbères-lès-Cabanes des grottes, « *las Covas del Moutou*, » dont la formation est attribuée à l'action répétée des vagues de cette mer tertiaire du Roussillon.

Lorsque la dernière période d'alluvion fut terminée, les eaux douces envahirent les terrains de nouvelles formations, et la vie commença à apparaître dans ces plaines marécageuses ; quand elles se desséchèrent, elles devinrent fertiles par suite de l'entraînement de l'humus des montagnes.

Il en résulte que les hauteurs, dépouillées de leur sol arable, doivent être maintenant améliorées par l'engrais.

Des fouilles pratiquées dans la plaine du Roussillon, au moyen de puits artésiens, ont pénétré jusqu'à la couche du *pliocène marin*, composée de graviers et d'argiles sableuses bleues-micacées. Au-dessus s'étagent les trois terrains de l'époque tertiaire d'eau douce : pliocène : *pleion*, plus ; *kaïnos*, récent ; — miocène : *meion*, moins ; *kaïnos*, récent ; — éocène : *eos*, aurore ; *kaïnos*, récent ; temps nouveau ; et, enfin, les *dépôts modernes*.

En explorant récemment les Cévennes, j'ai constaté un exemple frappant d'une de ces révolutions terrestres par suite de soulèvement : à deux kilomètres de Bédarieux, sur la route de Carlencas, on distingue parfaitement la cassure de la couche granitique primitive ; des rocs nus, lisses, s'élèvent perpendiculairement de chacun des côtés de cette route ; ils sont très rapprochés et imitent les grandes falaises de la Manche. De forts courants ont dû emporter les terrains qui les séparaient et ouvrir la vallée.

Du haut du mont Caroux, ou du pic de Tantajo, près de Bédarieux, l'œil distingue nettement les vastes soulèvements des Cévennes. — Ces montagnes semblent rhythmées dans leur amplitude, et rappellent la longue houle de l'Atlantique.

La vision grandiose et charmante de cette mer immobile, de ces belles montagnes, ne s'effacera jamais de ma mémoire ! — Qu'elle est jolie et coquettement ornée la petite ri-

vière de l'Orb, avec ses prairies et ses vignes !
avec ses forêts qui s'étagent et ondulent sous
la brise jusqu'aux plus hauts sommets ! —
Voici Bédarieux, le Bousquet, Camplong,
Graissessac et son active population de mineurs, Hérépian et sa fertile vallée, Lamalou-les-Bains, ville nouvelle dont les palais s'élèvent chaque jour comme par enchantement. Autour, se groupent les jolis villages de Villecel, du Poujol, de l'Hort, des Airs, de Villemagne, et de Bardejean dominé par l'ermitage de Notre-Dame-de-Capimont.

La réputation des sources minérales et thermales de la riche station de Lamalou-les-Bains s'étend dans tout le Midi de la France. Les habitants de cette région connaissaient, depuis des siècles, les effets merveilleux et l'influence bienfaisante des eaux de « La Malou, » de la *douleur*, disaient les anciens, qu'elles font disparaître comme par enchantement.

Plus récemment, de savants médecins ont constaté la vertu thérapeutique de ces eaux, essentiellement toniques et reconstituantes, et dont l'action directe, par leur composition chimique, est considérable sur les reins.

Les Romains avaient déjà construit des thermes dans la contrée ; une piscine récemment retrouvée à Lamalou-le-Haut ne laisse aucun doute à ce sujet.

D'ailleurs, une voie militaire traversait le pays ; elle desservait *l'Oppidum* du *Pla-de-Bru*, le camp de César, *Roque Césaire ;* les retranchements de *Capimont*. Ces points stratégiques maintenaient, de Béziers à Toulouse, la puissance des empereurs et la domination de Rome.

Villemagne, aujourd'hui toute de souvenir, était jadis une ville romaine importante ; de nombreuses ruines remontant aux Césars y subsistent toujours. Dès le XIIIe siècle, les comtes de Béziers et de Narbonne y battaient monnaie dans une maison qui existe encore.

L'église de Villemagne, construite en 809, a été saccagée vers 1700 par les protestants des Cévennes qui, après la révocation de l'Edit de Nantes, défendirent leur indépendance et même leur vie. — C'était l'heureux temps des Dragonnades ; triste fin du règne de Louis XIV.

Jean Cavalier, chef des Camisards, brûla aussi la célèbre abbaye de Villemagne et ses trois églises ; elles remontaient à 826. L'église de St-Grégoire a été édifiée sur les ruines d'un temple romain, dont on distingue encore les substructions.

Les soulèvements des montagnes des Cévennes, des Pyrénées et de l'Auvergne se sont produits vers la même époque géologique, comme le démontre l'identité des roches que l'on rencontre dans ces diverses régions.

Il en résulte que la même ondulation volcanique, les mêmes courants électriques et magnétiques, ainsi que les conséquences de leurs affinités, se sont mis en même temps en agitation dans cette partie du globe, et y ont accumulé les éléments de même nature que nous observons.

Toutefois, dans certaines montagnes centrales de la France, les soulèvements de la couche terrestre primordiale sont souvent horizontaux, tandis qu'ils sont à peu près verticaux dans les Pyrénées. Il y a là une question de forces différentes.

Quand les vapeurs causées par l'ébullition intrà-terrestre ont pu se dégager au moyen des volcans, le soulèvement a eu lieu d'une façon plus uniforme. Mais, dans les Pyrénées, où les volcans sont rares, ce soulèvement s'est produit avec violence ; il a élevé la couche terrestre à une plus grande hauteur et a déterminé des failles, des brisures quasi-verticales. Par ces fissures, les eaux souterraines élevées en même temps ont donné naissance aux sources et aux fontaines.

Ces phénomènes expliquent, également, la présence des fossiles marins sur les montagnes qui formaient autrefois le fond des mers.

Par l'examen des grandes failles et des profondes déchirures des bords du Tech, il a été possible aux géologues de déterminer les âges de la charpente de la terre.

Plusieurs de ces savants ont remarqué qu'aux environs d'Amélie-les-Bains, le *Serrat d'en Merle*, masse de gneiss porphyroïde, a dû surgir comme un coin entre le *Puig d'Olou*, constitué par du grès rouge triasique, et le mamelon du Fort, composé de schistes et de calschistes.

Cette éruption granitique, disent les géologues, a été d'une violence extrême. Le *Puig d'Olou* a dû être presque renversé, ainsi que le prouve la gorge qui sépare les deux montagnes et où coule le Mondony ; les parois de cette gorge sont à peu près verticales. Il en est résulté de nombreuses failles dans les terrains avoisinants, principalement dans le ravin du Mondony et dans le vallon dit *Correch d'en Bataille*, qui sépare le *Serrat d'en Merle* du mamelon de Fort-les-Bains.

Les bouleversements de la croûte du globe furent complétés par des cataclysmes atmosphériques et surtout par de nombreux diluviums. Les formations des époques primaire, secondaire et tertiaire, furent profondément altérées ; leurs débris, entraînés par les eaux, formèrent de nouvelles couches superposées, *sédimentaires* ou *stratifiées*. Ces terrains sont *schisteux*, *triasiques*, *jurassiques*, *crétacés* et *carbonifères*. Les Pyrénées ne possèdent pas ces derniers.

A ces dépôts successifs se mêlèrent souvent des *granits*, des *gneiss*, des *basaltes*, soulevés par de nouvelles éruptions de la couche primaire non encore refroidie. — Ils s'épanchèrent à l'état fluctueux sur la surface des terrains supérieurs, et se durcirent avec le temps.

Si le lecteur désire poursuivre cette étude, il pourra consulter avec fruit la carte géologique de France, à l'échelle d'un millionième, dressée par des ingénieurs, sous la direction de M. Jacquot, Inspecteur général des mines, et publiée par le Ministère des Travaux Publics. Elle a été établie d'après des documents topographiques de la carte d'Etat-Major et par ceux de la carte des Pyrénées espagnoles de M. Schrader.

Cette carte géologique, du plus grand intérêt, donne la connaissance exacte des terrains du Roussillon : *granitiques*, *sédimentaires*, *dévoniens, porphyrés, granités, siluviens, cambriens, jurassiques…..*

Les vallées appartiennent à l'époque quaternaire ou d'alluvion : *gneiss, leptignites, schistes, chlorileux, siliceux……*

Mais en même temps que les Pyrénées s'élevaient, des lacs intérieurs se soulevaient. Ils sont formés par l'infiltration des eaux, qui donnent la vie aux régions élevées et fertilisent les vallons. Selon que les eaux souterraines sont plus ou moins rapprochées du feu central, dont la température liquéfie le granit à 700 degrés, elles arrivent plus ou moins chaudes à la surface du sol.

La température des matières intrà-terrestres, toujours en ébullition sous nos pieds, est donc d'au moins 700 degrés. Cette immense chaudière circulaire compte environ 12,000 kilomètres de diamètre, tandis que la mince écorce qui nous en sépare n'a pas plus de 40 kilomètres d'épaisseur.

Quant à la chaleur des diverses couches terrestres, des expériences précises et répétées ont démontré qu'elle augmente d'un degré, par chaque fois 30 mètres de profondeur.

Lorsque ces eaux, sortant de nappes souterraines, ne rencontrent aucune matière soluble, elles sont simplement filtrées et forment des sources froides, limpides et cristallines. Dans le cas contraire, elles sont plus ou moins chaudes et minéralisées. Il y en a un grand nombre dans les Pyrénées.

Les chimistes et les médecins qui s'occupent d'hydrologie, c'est-à-dire de la science qui traite des eaux, de leurs différentes espèces et de leurs propriétés, subdivisent les eaux sulfureuses des Pyrénées, selon la base de leur sulfuration, en *sodiques* ou *naturelles* et en *calciques* ou *artificielles*.

Les premières surgissent des terrains primitifs ; elles sont *chaudes* et ne présentent à leur griffon aucune odeur sulfureuse. Les secondes, qui se rencontrent dans les couches supérieures de transition, sont froides et sentent fortement le soufre.

Les géologues expliquent la formation de ces dernières par ce fait que les eaux *séléniteuses*, c'est-à-dire chargées de sulfate de chaux (plâtre), sont décomposées au contact de matières organiques enfouies dans le sol ; elles donnent principalement du sulfure de calcium et du gaz acide sulfhydrique. Ce sont les eaux sulfureuses artificielles.

Depuis le commencement du siècle, et surtout depuis l'établissement des chemins de fer, les sources thermo-minérales des Pyrénées ont acquis une juste renommée. — La douceur du climat, la beauté des sites des contrées montagneuses et de leurs délicieux vallons exerçaient déjà une grande attraction sur les étrangers, lorsque les travaux d'éminents spécialistes, médecins pour la plupart, ont signalé les multiples propriétés curatives des eaux pyrénéennes.

*
* *

Le sol du Roussillon, si riche en précieux débris d'un monde éteint, commence à être exploré par les paléontologistes, dont les recherches et de sérieuses études reconstituent la faune ancienne. Ces savants ont retrouvé les animaux qui peuplaient la contrée avant l'époque quaternaire : le mastodonte aux énormes dimensions, le porc-épic, le sanglier, l'ours, *ursus arvernensis*, le lynx, la tortue, l'hipparion, la grande antilope, et de gigantesques *pachydermes* appartenant aux trois genres du rhinocéros, etc., etc.

On a rencontré récemment dans les couches du terrain pliocène des variétés de canidés fossiles, qui ne diffèrent pas des variétés actuelles : le chien, le loup, le renard, le chacal, avec leurs caractères propres, apparaissent déjà.

Le chien, ce fidèle compagnon de l'homme, aurait-il été à cette époque son contemporain ? ou, l'ayant précédé sur la terre, se serait-il ensuite attaché à lui ?

On vient aussi de mettre à jour des espèces encore existantes, bien que n'appartenant plus à l'Europe : des singes, *macacus priscus*, des *macaques*, sorte de singes à têtes plates et à queues très courtes ; des rongeurs voisins du rat, des *lagomys*, petits lièvres d'Asie, et diverses *coquilles* dont on ne retrouve plus les similaires dans la Méditerranée.

A ces époques reculées, la mer tertiaire du Roussillon était donc peuplée d'animaux ; ils ont laissé, comme nous venons de le voir, de nombreux débris de leurs ossements dans les couches d'alluvion. Les requins y abondaient ; on rencontre partout leurs dents redoutables et, ainsi qu'aujourd'hui, ils devaient répandre la terreur autour d'eux.

Au sein des mers, de même que sur la terre et dans les airs, la vie est un combat continuel. — *Struggle for life.* — Les espèces animales, dit l'anglais Darwin, ne subsistent ou ne progressent que par l'élimination des individus timides, chétifs ou moins bien doués. Les *struggle forlifers* appliquent actuellement cette méthode à l'humanité.

Nous avons déjà cité, à la page 196, le requin comme un des hôtes les plus dangereux de la Méditerranée. Il pullule surtout dans les mers chaudes, où, par instinct, il accompagne les navires contaminés. — A Cayenne, devant le bagne, les requins paraissent savoir que les forçats morts ne sont pas enterrés, mais jetés à la mer : quand ces squales féroces entendent le son de la cloche du port annoncer le départ du bateau funèbre, ils accourent de la haute mer, s'ébattent joyeusement, les flots bouillonnent, et, à peine le cadavre du malheureux est-il précipité par-dessus bord, qu'il est déchiqueté et dévoré. Os et chair, tout est vite englouti dans leurs vastes estomacs.

M. le docteur Donnezan, de Perpignan, qui possède une remarquable collection paléontologique, l'a enrichie récemment d'une belle défense de mastodonte, avec trois molaires, des débris du *Palœorix Boodon*, de la dentition complète de l'*Hipparion Crassum* et de deux épines de *silure*, poissons d'eau douce émigrés aujourd'hui dans les régions tropicales. Ces découvertes ont été faites au *Serrat d'en Vaquer*.

On a retrouvé également dans le Roussillon des *tortues* géantes, longues de plus d'un mètre, reléguées actuellement dans les îles du Pacifique et de l'Océan Indien. Par où se sont faites ces étranges communications entre des terres que séparent maintenant d'énormes étendues de mers ? Quels changements n'attestent-elles pas dans la géographie ancienne de notre terre ? Si ces difficiles problèmes restent parfois sans solution, n'en est-ce pas moins une gloire pour la paléontologie et un plaisir bien vif pour le chercheur, que d'essayer d'éclairer les origines et les transformations de la vie ?

De plus en plus étudiée et mieux connue, la terre présente un merveilleux spectacle qui, chaque jour, nous apparaît sous les formes les plus variées et les plus nouvelles, de l'incommensurable à l'infiniment petit :

> Aux regards de Celui qui fit l'immensité,
> L'insecte vaut un monde ; il a autant coûté.....
> LAMARTINE.

On n'a encore retrouvé dans nos régions montagneuses aucune trace de l'homme tertiaire ; toutefois, M. Félix Regnault, jeune naturaliste toulousain et explorateur audacieux, vient de découvrir dans les grottes de Gargas, près de Tibiran (Hautes-Pyrénées), un puits d'une profondeur de vingt mètres, ainsi que d'autres excavations, où étaient ensevelis des débris humains mêlés à des ossements d'animaux antédiluviens : grand ours, grand lion, hyène gigantesque, etc., etc.

Cette découverte est d'autant plus importante qu'on n'avait pas encore trouvé, dans les Pyrénées, de traces de l'homme remontant à une si haute antiquité. La grotte de Gargas figurera désormais parmi les plus célèbres gisements paléontologiques.

D'un autre côté, M. Boucher de Perthes a découvert, il y a plusieurs années, à Menchecourt et à St-Acheul, en Picardie, quelques débris de squelettes humains mêlés à des ossements d'animaux appartenant à l'époque tertiaire. Il en résulterait que l'homme serait apparu immédiatement après la formation des couches primaire et secondaire, et daterait de plus de cent mille ans.

M. de Quatrefage, dont les travaux ont été publiés en 1884, va plus loin encore ; non-seulement il admet que l'homme tertiaire est démontré de *fait*, mais il ajoute que l'homme secondaire n'aurait rien de contraire aux données de la science ; or, ce savant, fervent catholique, s'était toujours opposé à ce qui tendait à démontrer l'existence de l'homme préhistorique, en contradiction avec les assertions de la Bible.

L'autorité considérable de M de Quatrefage permet donc de supposer que l'humanité remonterait à vingt-cinq mille siècles.

D'autres savants, parmi lesquels Agassiz, les professeurs Wogts et Llyod, estiment que l'âge du monde peut être évalué à un million de siècles, et l'existence de l'homme à dix millions d'années. Ils ajoutent que les nombreux diluviums qui auraient bouleversé notre planète avant l'apparition de l'humanité, se sont succédé sur ce globe à des périodes irrégulières, éloignées les unes des autres de quinze à vingt mille siècles.

C'est après ces cataclysmes que l'atmosphère, chaude encore et chargée des premières substances vitales, couva sur cette terre primitive les germes des végétaux aux dimensions énormes, et donna naissance aux monstrueux mammouths, plésiothaures, etc.

Ces grands végétaux et ces animaux aux formes colossales furent détruits par le diluvium condenseur ; celui-ci établit les équilibres et constitua les agrégations des différentes espèces minéralogiques. Il en résulta des soulèvements volcaniques et des courants venus du foyer central qui déterminèrent l'inflammation des gaz intérieurs, ainsi que des bouleversements généraux.

Quand cette première création disparut, et après trois ou quatre autres diluviums, les animaux et les végétaux que nous connaissons, — l'homme excepté, — prirent possession de la terre et s'y multiplièrent.

Quatre ou cinq mille siècles plus tard, lorsque ces bouleversements diminuèrent d'intensité et que le sol fut préparé pour recevoir une espèce supérieure, un nouveau principe vital, sous forme spermatozoïde, se répandit sur notre planète et donna naissance aux différentes races humaines. — L'homme et la femme ne seraient donc pas arrivés par un seul couple, mais spontanément, comme par éclosion, sur toute la surface de la terre.

Au contraire, Darwin, Lamarck, Rengade et quelques autres naturalistes, prétendent que l'homme et la femme — le mâle et la femelle

— descendent immédiatement du singe et de la guénon ; ils sont l'échelon supérieur d'espèces successives. On doit admettre dans l'ordre animal, disent-ils, le système des métamorphoses par degrés, comme hypothétiquement il faut invoquer, dans l'ordre végétal, les lois du métamorphisme.

D'après ce système, l'homme dériverait d'une forme unique, de l'éponge ou du mollusque ; il aurait suivi l'échelle animale et continuerait cette ascension, jusqu'au moment où il atteindra le dernier échelon, c'est-à-dire la perfection divine.

La Genèse et la géologie seraient donc à refaire. — Quant à l'âge préhistorique, il n'est pas possible de le préciser ; cependant il résulte des découvertes de la science que l'histoire date de plus de dix mille ans, et que les dolmens, menhirs et tous les monuments mégalithiques ou monolithiques appelés, à tort, préhistoriques, ne remontent pas à plus de six mille années.

Depuis sa création, l'humanité n'a jamais été détruite. Les douze ou quatorze diluviums qu'elle a traversés n'ont anéanti que partiellement certaines races. Aucune autre n'est apparue sur la terre après l'arrivée de l'homme primitif ; cependant les Troglodytes pourraient ne remonter qu'au déluge noétique, mais c'est douteux.

De tous les êtres créés avant lui, l'homme était, peut-être, le moins bien organisé pour l'attaque et la défense, le plus exposé à la fureur des éléments, aux cataclysmes de l'atmosphère. Néanmoins, faible et désarmé, il a triomphé de toutes les causes de destruction qui l'entouraient.

Dangereux était pour l'homme le séjour des bois ; dangereux le séjour des plaines. — Là, erraient par bandes des ours, des éléphants, des tigres..... Là, rampaient sur le sol, en replis sinueux ou enroulés dans les crevasses de la terre, de grands pithons, de venimeux serpents ; leurs dents, leurs griffes, leurs regards, leurs souffles étaient mortels. — Là s'ouvraient des abîmes, s'étendaient des lacs insondables, débordaient des rivières, se précipitaient, en immenses cascades, des torrents qui ne recèlaient pas moins de périls que la terre ; le rhinocéros, le serpent, l'hippopotame, de monstrueux pachydermes infestaient leurs bords. — Partout de vastes fondrières, de profonds marécages servaient de repaires aux gigantesques sauriens, aux voraces crocodiles....... Tous ces ennemis de l'homme l'épiaient pour le déchirer et s'abreuver de son sang.

Craintif d'abord, cet être nu, chétif et désarmé, dissimule sa présence sous les rochers, au fond des cavernes. Pendant des milliers d'années, de siècles peut-être, il ne subsiste que de racines ou de fruits sauvages ; mais, guidé par ses instincts de conservation, servi par une intelligence supérieure à celle des animaux, il s'arme de branches, de pierres, attaque à son tour ses nombreux ennemis, pour se nourrir de leur chair et se vêtir de leurs dépouilles.

De terribles inondations, des bouleversements de toutes sortes ont changé la configuration de la terre, englouti des continents, soulevé des montagnes et déplacé des mers ; la nature elle-même s'est transformée, la faune, la flore de ces époques reculées se sont modifiées ; certaines espèces ont disparu et l'homme, le grand *Prédestiné*, est resté ; il détruira des races d'animaux, en soumettra d'autres dont il se fera des auxiliaires, abattra des forêts, défrichera et ensemencera des plaines, bâtira des villes, des palais, inventera la poudre, l'imprimerie, découvrira la vapeur, l'électricité..... Puis, par ses livres, par ses journaux, il répandra et vulgarisera la science, ainsi que toutes les découvertes dues à son génie ; enfin, il propagera les saintes notions du droit, du devoir, de la justice et de la liberté !

LES TRABUCAYRES.

Depuis 1820, l'Espagne a été, par intermittence, le théâtre d'une lutte presque fratricide entre les deux branches des Bourbons ; famille qui, depuis Louis XIV, et sauf quelques interruptions, règne sur ce pays.

Ces guerres civiles amenèrent de nombreuses calamités : meurtres, pillages, incendies..... ; à ces fléaux vint s'ajouter un brigandage effréné. — Les rivalités des prétendants à la couronne d'Espagne causaient la misère du peuple. — C'étaient là jeux de princes !

Pendant que les cadavres des malheureuses victimes de ces ambitieux pourrissaient dans les sillons, selon l'expression de Victor Hugo, les *Altesses* et les *Monseigneurs* se réconciliaient, se congratulaient, et banquetaient joyeusement. — C'est toujours ainsi que se terminent les guerres dynastiques ou les querelles entre familles royales.

En effet, l'histoire nous apprend que nos plus grandes guerres, celles qui ont entraîné le plus d'hécatombes d'hommes et, quelquefois, la ruine des nations, n'ont eu, le plus souvent, pour prétexte que de futiles dissentiments momentanés entre souverains.

Aujourd'hui, après la journée Européenne du 1er mai 1890, s'ouvre une ère nouvelle, bien prévue et annoncée, celle des *Luttes sociales*. Ces dissensions momentanées remplaceront les luttes de *Races* et de *Peuples*, et, avant un siècle peut-être, l'*Europe ouvrière* ne fera plus qu'une famille. Ce sera plus rationnel, et surtout plus humain, que les guerres politiques, absurdes, cruelles, horribles même.

Notre Europe marche invinciblement à la recherche légitime d'un meilleur état social; elle est entraînée par le souffle régénérateur qui passe à travers le monde moderne. C'est la continuation de l'évolution commencée en 1789, qui se terminera par le triomphe de la pure démocratie et la disparition de tous les priviléges. — Que je voudrais, comme le disait Voltaire à la fin de sa vie, être mon petit-fils, pour voir les grandes choses qui se préparent!

Après la mort de Ferdinand VII, Don Carlos prétendit lui succéder, en vertu de la loi salique qui exclut du trône les femmes de la race des Bourbons. Il souleva le Nord de l'Espagne ; Zummalacarreguy organisa la résistance dans les pays basques, et Cabrera, avec ses guérillas, dévasta la Catalogne.

Pendant quatre années, les échos des sauvages vallées des Albères repercutèrent les détonations des armes à feu, les cris de triomphe ou d'agonie des combattants; et, bien souvent, les eaux du torrent de la Muga roulèrent des flots de sang.

La guerre carliste ne cessait que pour toujours recommencer ; elle prit vers la fin du règne de Louis-Philippe une extension importante, et les provinces pyrénéennes espagnoles furent longtemps ravagées.

Dans le Midi de la France, et principalement dans le Roussillon, on suivait avec intérêt les péripéties de la lutte engagée. — Les légitimistes tenaient pour don Carlos, qu'aujourd'hui encore ils prétendent nous imposer comme successeur de Henri V ; les libéraux faisaient des vœux pour Marie-Christine, la reine régente, *la reyna gobernadora*.

Parmi les bandes d'insurgés, il y en avait une qui ne relevait d'aucun parti ; ces brigands guerroyaient pour leur compte, tuaient et pillaient indifféremment carlistes et libéraux, arrêtaient les diligences, rançonnaient ou massacraient les voyageurs, mettaient à contribution les fermiers, *arrendadors*, ou les propriétaires de *mas*, *pagès*. C'étaient les *Trabucayres*. Ils étaient armés de *trabucs*, gros mousquets, à canons courts, ramassés et évasés en entonnoir, qu'ils remplissaient de balles et de chevrotines jusqu'à la gueule. L'étymologie du nom de ces bandits était tirée de celui de l'arme terrible dont les projectiles moissonnaient leurs ennemis comme des épis sous la faux (1).

Les gorges de la Muga, presque impénétrables, ont servi pendant de longues années de refuge aux Trabucayres ; ils s'y retiraient

---

(1) Les *Trabucos*, cigares de la Havane bien connus en France, tirent aussi leur nom de la forme de cette arme espagnole.

lorsqu'ils étaient poursuivis trop vivement par la gendarmerie espagnole, *los mosos de escuadra.*

Les Trabucayres avaient leur quartier général près de Céret, à *Las Illas*, village français de la frontière, où un cabaretier, leur complice, les cachait quand ils avaient commis quelque méfait en Espagne. Là, ils dépensaient en orgies l'or volé. Si la police française survenait, des espions les avertissaient et, en un instant, ils rentraient sur le territoire espagnol. Faisant ainsi la navette, il fallait pour les surprendre le concours simultané des forces des deux Etats.

C'est de *Las Illas* et du moulin de la *Coustella* que ces bandits venaient s'embusquer dans l'arbre qui a conservé le nom, desormais célèbre, de *Chêne des Trabucayres*, d'où ils surprenaient et assassinaient les voyageurs. (Voir page 109.)

La légende s'était aussi emparée quelque peu des Trabucayres. — On les voyait partout, on en faisait même des gentilshommes.

Entre temps, affirmait la rumeur publique, ils menaient joyeuse vie à Céret, à Perpignan, à Figuères, à Gérone, à Barcelone, où, habillés à la dernière mode, on les rencontrait en compagnie de femmes richement vêtues et couvertes de bijoux ; ils occupaient les premières places dans les théâtres, aux courses de taureaux..... Ils devenaient légion et, tout à coup, disparaissaient pour préparer, disait-on, une expédition à main armée. — Le mystère qui les entourait épouvantait les imaginations, et faisait voir derrière ces bandits une puissance occulte, souveraine, toujours prête à punir l'indiscrétion.

On raconte encore l'anecdote suivante :

Un Trabucayre, surnommé *lo Caball Blanc*, le Cheval Blanc, que sa femme accompagnait partout, arrêtait les voyageurs et rançonnait les propriétaires de la campagne d'Argelès-sur-Mer. Le général commandant à Perpignan voulut le faire prendre.

Sur ces entrefaites, un personnage de bonne mine et de manières distinguées se présente à la Division, annonce qu'il est délégué du Ministre de l'Intérieur auprès des autorités du Roussillon, pour s'entendre avec elles sur les dispositions à intervenir au sujet du brigandage. Le général accueille ce haut fonctionnaire, cause avec lui, l'invite à sa table, et tous deux concertent un plan pour s'emparer du *Cheval Blanc*.

— Connaissez-vous ce brigand ? dit l'envoyé du ministre au général.

— Non, mais j'ai son signalement, et je le reconnaîtrais facilement.

L'invité se retire, et deux heures après le général reçoit ce billet laconique :

« Merci de votre excellent déjeuner et de vos utiles renseignements.

« Lo Caball Blanc. »

A quelque temps de là, pendant le long procès des Trabucayres à Perpignan, qui fit dire aux Espagnols que les Français aimaient à paperasser, — *Gobierno de Papel*, — le Cheval Blanc, poursuivi à outrance, traversa la frontière, continua ses déprédations, et se fit prendre aux environs de Gérone par des carlistes. Ceux-ci, sans aucune forme de procédure, le passèrent immédiatement par les armes, lui, sa femme et sa bande. — Tout n'est pas rose dans le métier de brigand !

La vérité sur les Trabucayres, c'est qu'ils étaient peu nombreux, comme on le verra par la suite, mais ils ne reculaient devant aucune extrémité : le maire d'un village français fut enlevé à quelques pas de sa maison par un seul de ces bandits, emmené en captivité et mis à une rançon de 40,000 francs. Les paysans n'allaient plus aux champs qu'avec leur fusil ; si un étranger apparaissait, « voilà un Trabucayre ! » s'écriait-on, et toutes les portes de se barricader. — La terreur était générale, et personne n'osait se plaindre.

Dans les villes du Roussillon, les Trabucayres sont aujourd'hui à peu près oubliés, mais la tradition en est toujours vivace dans la montagne ; principalement aux environs du théâtre de leurs anciens exploits. Un jour, pendant une excursion au delà de St-Laurent-de-Cerdans, vers la frontière d'Espagne, des enfants s'enfuirent à mon approche, en poussant des cris d'orfraies, s'embusquèrent derrière un rocher et me lancèrent des pierres. Plus loin, je rencontrai un jeune garçon qui me salua du traditionnel : Bonjour, Monsieur.

— Tu parles donc français, mon ami ?

— Oui, me répondit-il fièrement ; je vais à l'école.

— Et tes camarades, pourquoi se sauvent-ils en me jetant des pierres ?

— Parce qu'ils vous prennent pour un Trabucayre. Mais moi, je sais qu'il n'y en a plus ; le maitre nous a dit qu'ils avaient été pris et qu'on leur avait coupé la tête.

Voilà les bienfaits de l'instruction !

Quant à ces *hidalgos* de grands chemins, ils n'étaient rien moins qu'élégants ; leur extérieur avait même une apparence des plus rébarbatives ; dignes émules des brigands des Apennins, leur nature, leurs mœurs, leur existence vagabonde, en faisaient des sauvages égarés dans une société civilisée. J'ai rencontré plusieurs vieux montagnards qui en ont aperçu, ou qui les ont connus à l'époque de leur capture, en 1845. Voici le portrait qu'ils m'ont fait d'un Trabucayre : *Avis aux peintres*.

Espadrilles découvertes pour permettre le jeu complet des muscles du pied. Cette chaussure légère était maintenue par deux tresses de laine rouge s'enroulant et s'entre-croisant, autour des jambes, jusqu'au-dessus du mollet et par-dessus le pantalon.

Une large bande de flanelle rouge entourait plusieurs fois les reins jusqu'au milieu de la poitrine. Dans cette ceinture étaient passés plusieurs pistolets d'arçon et, de chaque côté, un terrible couteau catalan à lame étroite et longue de 35 centimètres ; le manche avait 30 centimètres ; les Trabucayres excellaient à lancer avec dextérité cette arme meurtrière. Une veste étroite, à boutons d'or, recouvrait leurs épaules ; la chemise était ouverte, laissant à nu le cou et le haut de la poitrine. Ils avaient pour coiffure la *baratina* catalane, d'un rouge sang, et toujours sur l'épaule le fameux *trabuc*. La physionomie générale était celle de l'emploi ; mais, en expédition, ils se recouvraient la figure d'un masque. Nul ne connaissait leurs traits.

En même temps qu'ils tuaient ou mutilaient leurs prisonniers avec leurs terribles couteaux catalans, les Trabucayres, qui ignoraient ou dédaignaient la fourchette, se servaient également de ce couteau pour manger. Du reste, l'usage de la fourchette est relativement récent ; il ne date, dans la bourgeoisie, que du siècle dernier, et dans la haute société que du XVIIe. On se servait auparavant de ses doigts avec l'aide du couteau.

Chaque nuit, et parfois en plein jour, les Trabucayres quittaient leurs repaires presqu'inaccessibles, dont ils connaissaient seuls les sentiers. — Comme un vol de rapaces, ils s'abattaient sur les voyageurs, les métairies, les maisons isolées et même sur les villages. — Le touriste pourra encore apercevoir sur une montagne qui domine le Rimbaut, à gauche du chemin venant de Collioure, les ruines d'un *mas* mis à sac jadis par les Trabucayres. Ils y vécurent jusqu'à épuisement de toutes ressources, détruisirent l'habitation et, en se retirant, ne laissèrent que les murs. Les habitants de cette ferme furent probablement assassinés ; jamais aucun ne reparut.

Cependant, cette destruction des propriétés isolées était une exception : généralement, les Trabucayres se contentaient d'imposer les fermiers. Par cette contribution forcée, accompagnée de menaces de mort en cas de dénonciation, les bandits s'approvisionnaient et se ménageaient des refuges lorsqu'ils étaient serrés de trop près par *los mosos de escuadra*. Plusieurs fois, les Trabucayres luttèrent avec succès contre les carabiniers espagnols.

Des journaux ont rapporté jadis que les carlistes attaquaient les diligences et incendiaient les métairies. — C'est une erreur : on a attribué à ces partisans les exploits des Trabucayres. Je tiens cependant d'un Catalan sérieux, que les carlistes pillaient et brûlaient les maisons où l'on refusait d'acquitter les contributions exorbitantes, prélevées pendant leurs opérations sur le pays qu'ils occupaient militairement.

Les carlistes affirmaient que c'était au nom du droit divin et pour donner la paix et le bonheur aux Espagnols, qu'ils commençaient, d'abord, par les ruiner. — Quel singulier rôle les ambitieux font jouer à la Divinité ! — Mais l'humanité marche vers le progrès : jadis, on célébrait les conquérants qui exterminaient les populations ; bientôt, après l'époque de transition que traverse notre fin de siècle, on célébrera avec enthousiasme les penseurs qui amélioreront le sort de tous.

Toutefois, les carlistes étaient impitoyables pour les bandits irréguliers. On cite à ce sujet l'exemple d'un aventurier qui paya de sa vie les nombreuses rapines qu'il exerçait en leur nom. Lors de la dernière guerre civile espagnole, cet individu rançonnait des métayers français afin de procurer, disait-il, des ressources aux troupes du prétendant. Les gendarmes se mirent à sa poursuite et l'atteignirent sur la limite de la frontière. Au même moment, des soldats de don Carlos survinrent ; comme l'arrestation avait été opérée sur le territoire espagnol, ils réclamèrent le prisonnier qui leur appartenait, et, sans aucun jugement, le fusillèrent immédiatement devant les gendarmes français.

Un lourd cauchemar d'épouvante pesait donc depuis longtemps sur les Albères, et même sur les deux Catalognes, sans que nul ne pût s'y soustraire, lorsqu'un drame sanglant, accompagné de raffinements de cruauté inouis, causa un effarement général. Quelques hommes eurent, enfin, assez de courage et de volonté pour dénoncer tous ces crimes.

Pendant une nuit sombre, les Trabucayres quittent *Las Illas*, se portent rapidement sur la route de Gérone, s'embusquent et attendent la diligence qui, de Barcelone, se dirige sur Perpignan par Le Perthus. Elle apparaît, les brigands l'entourent et ordonnent aux voyageurs de descendre. Couchés en joue, ceux-ci obéissent; ils sont bientôt dépouillés et leurs bagages enlevés.

De tous les voyageurs, les Trabucayres n'en retiennent que trois susceptibles, supposent-ils, de payer une rançon. Parmi ceux-ci est compris le jeune Massot, âgé de 17 ans, dont les études sont terminées et que sa mère ramène du collége de Barcelone.

Vainement, M⁽ᵐᵉ⁾ Massot, affolée par le désespoir, se traine aux genoux des bandits, pleure, supplie qu'on lui rende son fils; elle promet toute sa fortune, mais elle est repoussée violemment. Les Trabucayres menacent d'égorger le jeune homme sous ses yeux, si elle continue de les obséder de ses lamentations. Triste et désolée, cette pauvre mère regagne seule Darnius, localité espagnole où elle habite.

Des trois prisonniers, aucun ne devait revenir ; tous allaient périr misérablement.

Le premier, un bourgeois de Gérone nommé Bailber, déjà âgé, ne put suivre la marche rapide de ses bourreaux ; frappé sans pitié, il tomba dans un sentier de la montagne, fut abandonné et mourut de faim.

Le deuxième, Joseph Roger, de Figuères, essaya de s'échapper, mais il reçut, en pleine poitrine, la décharge d'un trabuc ; foudroyé, il roula au fond d'un précipice. — Les deux cadavres furent retrouvés quelques jours plus tard par *los mosos de escuadra*.

Quant au jeune Massot, il ne conserva momentanément la vie que pour subir un long et douloureux martyre, qui devait se terminer par une mort horrible.

L'attaque de la diligence et la fin tragique des deux premiers voyageurs avaient redoublé l'effroi des populations pyrénéennes ; l'imagination grossissait encore le danger, et les Trabucayres, dont on exagérait le nombre, paraissaient maitres du pays.

Le lendemain de l'arrestation du jeune Massot, sa mère reçut, par un intermédiaire, une lettre du chef des Trabucayres lui enjoignant de faire remettre, à un lieu désigné, mille onces d'or, — plus de 80,000 fr., — sinon elle recevrait bientôt une nouvelle demande avec une oreille de son fils, puis l'autre oreille et ainsi, successivement, le nez et les yeux.

Mme Massot, qui était loin de posséder une

somme aussi forte, put cependant réunir 25,000 fr. qu'elle remit elle-même au sinistre entremetteur, lui promettant d'apporter le reste dans deux jours. Douze heures après, elle recevait un petit paquet qu'elle ouvrit en frémissant. Quelques lignes seules étaient tracées sur un papier ensanglanté : « Si demain, à pareille heure, nous n'avons pas les 80,000 fr., plus 200 onces par chaque jour de retard, nous vous enverrons la *seconde*. »

Au fond du paquet se trouvait une oreille humaine !..... Une de celles de son fils !

La lettre, sans signature, était datée *del Campo de Honor !* du champ d'honneur ! — Quel cynisme impudent !

Héroïque comme toutes les mères, Madame Massot ne perdit pas courage. Elle alla trouver chacun de ses parents et les amis de son mari, mort depuis peu de temps, les pria, les supplia, réunit la somme entière et la porta à l'intermédiaire des bandits.

De mémoire d'homme, les Trabucayres n'avaient pas manqué à leurs engagements. Les prisonniers étaient renvoyés aussitôt après le paiement de la rançon, ou froidement égorgés dans le cas contraire. La mère du jeune captif était d'autant plus en droit d'espérer son retour que, plusieurs années auparavant, son mari, également prisonnier des Trabucayres, avait été renvoyé contre une somme de 20,000 francs.

Cependant, au lieu de revoir son fils qu'elle attendait avec anxiété, cette malheureuse mère reçut le lendemain la seconde oreille du jeune prisonnier, accompagnée de

cette phrase effroyable : « Mille onces d'or de suite, sinon vous allez recevoir son cœur !... »
— Elle tomba foudroyée d'un transport au cerveau.

La mesure était comble. L'indignation fut cette fois plus forte que l'épouvante. Une colère inexprimable souleva les populations. Les autorités françaises et espagnoles s'émurent enfin, et une expédition militaire s'organisa.

Un mouvement d'ensemble ayant été concerté, une longue ligne de tirailleurs s'ébranla ; elle s'étendait d'Argelès à Port-Bou et était composée de gendarmes, de douaniers, de plusieurs bataillons d'infanterie des deux nations, auxquels s'adjoignirent de nombreux volontaires. Cette colonne devait balayer les Albères, fouiller les bois, les buissons, les fondrières, les maisons, et même tous les villages de la montagne.

L'ardeur était extrême, mais on ne trouvait rien ; les Trabucayres, traqués comme des bêtes fauves, fuyaient toujours devant cette petite armée, ou, supposait-on, devaient se cacher dans un repaire inconnu de tous.

Sur ces entrefaites, un vieux contrebandier, le *saludadou* de Reynès (sorcier) annonça qu'une grotte dont il connaissait l'existence, existait sur la montagne de *Basagoda*. Cette grotte paraissait inaccessible, mais il connaissait le moyen d'y accéder, et il offrit d'y conduire quelques hommes déterminés. Il ajouta que plusieurs jours auparavant, en parcourant ces parages, les cris déchirants d'un malheureux qu'on devait martyriser étaient parvenus à ses oreilles.

La Basagoda fut aussitôt entourée, et plusieurs intrépides montagnards, armés jusqu'aux dents, ainsi que deux anciens sous-officiers de chasseurs à pied, tous agiles comme des chèvres, s'engagèrent dans des taillis inextricables.

Cette grotte a pris plus tard le nom de *grotte des Trabucayres* ; on ne peut l'atteindre qu'en suivant des escarpements vertigineux ; ils se terminent par une sorte de corniche suspendue dans les airs, serpentant au flanc d'une roche à pic et à peine suffisante pour poser le pied. Au-dessous, se trouve un abîme au fond duquel roule le torrent de la Muga.

Les excursionnistes qui entreprendront l'ascension de la grotte des Trabucayres, — une des grandes attractions de la contrée (*great attraction*), — remarqueront qu'un seul assiégé pourrait défendre facilement ce passage contre un régiment.

Quant à la grotte, elle est assez spacieuse pour contenir aisément une douzaine d'hommes ; elle est suivie d'une seconde moins grande, et complètement sombre, où les Trabucayres enfermaient leurs prisonniers.

Chaussés d'espadrilles, évitant de faire rouler une pierre, et dans le plus profond silence, les assiégeants arrivèrent à la grotte..... ; elle était vide. Des débris de cuisine répandus autour d'un foyer encore allumé, annonçaient que les Trabucayres avaient pris la fuite depuis quelques instants seulement.

Mais, spectacle horrible !..... les pieds glissent dans le sang et, à la lueur vacillante de la flamme, on aperçoit un cadavre, mutilé et encore chaud, étendu sur le sol ; c'est celui du jeune Massot atrocement défiguré : les oreilles et le nez coupés, les yeux arrachés…. Ce n'était pas même suffisant d'avoir commis ces atrocités, les Trabucayres avaient, en outre, tracé avec la pointe d'un poignard, un cercle sanglant sur la poitrine du pauvre enfant, et chacun des brigands, comme pour signer sa complicité, avait enfoncé son long couteau catalan sur cette ligne sanglante. On put, par le nombre de plaies, compter les Trabucayres : ils n'étaient que onze.

Au milieu du XIXe siècle, onze hommes seulement mettaient en échec deux grandes nations et toute une armée.

Un douanier me disait un jour que chaque fois qu'il passait au pied de la Basagoda, il tressaillait malgré lui ; il croyait toujours entendre, dominant le hurlement du vent et le mugissement du torrent de la Muga, les appels désespérés, répercutés par les échos, de la dernière victime des Trabucayres.

Après cette épouvantable découverte, la poursuite recommença plus active, s'il était possible, et plus acharnée qu'auparavant.

A l'époque où se passaient ces événements, aucune route praticable n'existait encore dans le haut Vallespir. Les montagnes, semées de fondrières, offraient des refuges souvent inconnus aux habitants de la contrée. Les bois enchevêtraient leurs arbres dans un tel réseau inextricable, que les difficultés de la marche augmentaient à chaque pas.

On chercha les Trabucayres aux environs de Coustouges, de Lamanère, vers Prats-de-

Mollo, autour de Montferrer..... Pendant ce temps, les bandits, qui avaient résolu de se refugier en Andorre, ne purent réaliser ce projet ; ils traversèrent le Tech, gagnèrent *lo mas de l'Aloy*, où le métayer, leur complice, les avait déjà cachés dans des temps difficiles. Cette métairie, qui paraît suspendue au-dessus du gouffre de la *Fou*, renferme dans son sous-sol de profondes excavations.

La colonne avait déjà fouillé vainement le mas de l'Aloy, lorsqu'un tout jeune enfant indiqua le refuge des Trabucayres ; ils furent bientôt pris sans pouvoir faire usage de leurs armes. Cependant, l'un d'eux s'échappa par le gouffre de la *Fou*. — Avec une souplesse inimaginable, il s'élançait d'aspérités en aspérités, se suspendait à de faibles arbrisseaux, quand une balle l'atteignit au vol, c'est l'expression véritable ; il tomba dans le vide.

Le lecteur doit se souvenir de ce gouffre : c'est un épouvantable chaos et l'image du plus sombre décor de l'Enfer du Dante.

Malgré cette terrible chute, le bandit vécut encore plusieurs heures. Transporté à Arles-sur-Tech, il demanda un prêtre pour se confesser et en obtenir l'absolution.

Le curé d'Arles vint, mais peu d'instants après, il s'élança tout effaré au dehors et, levant les bras au ciel, s'écria : — Ah ! les misérables, les misérables !!... Ne les laissez pas échapper ! — Le blessé était mort. L'expiation commençait.

L'acte de repentir de ce bandit peut étonner. Cependant, il est naturel chez les êtres primitifs et sauvages. L'histoire en présente de nombreux exemples.

Avant de partir en expédition pour aller voler et assassiner, les Trabucayres se rendaient à un pèlerinage quelconque; ils priaient Dieu de veiller sur eux, de les protéger contre les maudits, c'est-à-dire contre les soldats et les gendarmes qui battaient la montagne pour les surprendre.

Ils obligeaient le prêtre à bénir des chapelets qu'ils s'enroulaient autour du poignet gauche. Dans leurs engagements avec les *mosos de escuadra*, lorsqu'ils restaient maîtres du champ de bataille, ils faisaient, d'une main, baiser aux blessés la médaille de leur chapelet, et, de l'autre, égorgeaient les malheureux. — L'âme de ces Trabucayres se composait d'un singulier mélange de mysticisme et d'atroce férocité.

Lorsque, plus tard, le Président des Assises reprocha ce massacre des blessés au chef des Trabucayres, celui-ci répondit simplement :

— « Nos ennemis mouraient en état de grâce et nous en étions débarrassés. »

Avant d'achever le jeune Massot, le *Commandant*, — c'était le titre que se donnait le chef des Trabucayres, — le fit agenouiller. Comme le pauvre enfant ne pouvait, en se débattant dans les affres de la mort, se rappeler ses prières, le brigand, à l'instar du prêtre devant un moribond, les récitait d'abord et les lui faisait répéter.

Tout cela était naturel pour ces natures sauvages, à peine sorties de l'animalité; elles ne comprenaient pas le sens moral et humanitaire de la religion. J'ai déjà rappelé, dans mon *Histoire du Valois*, quelques étranges superstitions de ce genre ; on m'a taxé d'exagération et de hardiesse réaliste. — Le lecteur jugera si je ne suis pas, au contraire, un idéaliste et même un spiritualiste convaincu. Reproche-t-on au photographe de représenter les objets dans toute leur exactitude ; beauté et laideur ? — Eh bien ! un historien fidèle et consciencieux doit procéder comme la nature ; peindre les mœurs et reproduire la physionomie des caractères ; autrement, il ne fait que du roman et de la fantaisie.

La recommandation du curé d'Arles, de bien garder les prisonniers, était inutile : une foule tumultueuse avait envahi la route de Céret pour les escorter au passage. Cette population, assoiffée du sang des bandits, voulut plusieurs fois les mettre en pièces. Ceux-ci marchaient au milieu de nombreux gendarmes, de deux bataillons d'infanterie et d'un escadron de cavalerie. — A plusieurs reprises, cette force imposante dut lutter contre l'effervescence de la foule en délire.

De Céret, les Trabucayres furent transférés au Castillet de Perpignan, et l'instruction commença ; les assises se tinrent dans l'église de l'ancien couvent de St-Dominique.

On fouilla de nouveau la montagne ; les complices des Trabucayres, ainsi que d'autres bandits qui opéraient isolément, tombèrent entre les mains des gendarmes. — Le jour de l'ouverture des débats, le nombre des accusés s'élevait à 23. Les dépositions des témoins, des plus émouvantes et des plus dramatiques, secouèrent souvent l'assistance de frémissements d'horreur et d'effroi.

C'est alors que l'instruction révéla une particularité singulièrement douloureuse, relative à la mort du jeune Massot. Les Trabucayres avaient été trompés et volés par leur intermédiaire qui, à deux reprises, joua une sinistre comédie et leur persuada que la mère du prisonnier se refusait à payer la rançon.

J'ai sous les yeux le compte-rendu de ce jugement, avec les noms, prénoms et surnoms des 23 accusés. Je ne les ferai pas connaître, ce détail n'aurait pour le lecteur aucun intérêt. De plus, quelques familles de ces Trabucayres, habitant toujours la Catalogne, ne doivent pas porter la responsabilité d'actes imputables seulement aux coupables ; en outre, quelques-uns de ces accusés sont revenus dans le pays à l'expiration de leur peine et existent encore.

Un des complices des Trabucayres, l'intermédiaire dont l'escroquerie causa le martyre et la mort du jeune Massot, ne fit que plusieurs années de prison ; les hommes étaient cléments, mais l'expiation frappa vivement les imaginations. — Etait-ce la fatalité ? Etait-ce la justice immanente des choses qui se souvient de tout, ou la réaction de la nature contre la violation de ses lois ?

Toujours est-il que peu de temps après le retour au village de cet individu, sa femme tomba du haut d'un âne et se tua ; sa fille se pendit de désespoir ; enfin, lui, le coupable, roula dans un précipice, s'y brisa, et son cadavre ne fut retrouvé qu'un mois plus tard, à moitié dévoré par les bêtes fauves.

Six des Trabucayres, condamnés seulement

aux travaux forcés à perpétuité, moururent au bagne. Les quatre autres terminèrent leur existence sur l'échafaud : deux à Céret et deux autres à Perpignan (1846).

Le Président du Jury des assises, ancien maire d'Argelès, M. Padallé, âgé aujourd'hui de près de 80 ans, et de qui je tiens une partie des renseignements qui précèdent, a assisté à l'exécution capitale des quatre Trabucayres. — C'est en déjeunant ensemble que cet aimable vieillard rappelait à sa mémoire et me racontait ces récits anecdotiques. On ne cause bien qu'à table, dit un proverbe. En effet, le pain et le sel de l'hospitalité établissent promptement la cordialité, l'échange des idées et la communauté des impressions.

Récemment, M. Padallé me disait qu'il était encore parfois ému et que sa conscience hésitait lorsqu'il se rappelait les terribles péripéties de l'expiation suprême des crimes des Trabucayres. — Vous avez accompli votre devoir par cet acte de haute justice, lui répondis-je : les criminels, les chiens enragés, enfin tout ce qui est un danger pour la société ou pour l'individu, est impitoyablement appelé à disparaître. Je suis, ainsi que vous, partisan de l'abolition de la peine de mort, à condition toutefois, comme l'a écrit Alphonse Karr, *que messieurs les assassins commencent.*

AVIS AU VOYAGEUR.

La carte — *Itinéraires en Roussillon* — qui accompagne le volume des *Souvenirs du Midi*, est extraite de la grande carte de France en 273 feuilles, à l'échelle de 1/80000e, levée par les Officiers du corps d'Etat-Major et dressée au Ministère de la Guerre. Œuvre considérable par l'ampleur de la conception et la grandeur de l'exécution : pendant plus de soixante années, l'astronomie, la géodésie, la topographie, la géologie, ainsi que les arts du dessin et de la gravure, ont prêté leur concours à ce monument scientifique, l'une des gloires du XIXe siècle.

Avec un peu d'étude et d'attention, en s'aidant de l'observation du terrain, la lecture et la compréhension de cette carte seront faciles : le voyageur pourra calculer les distances à l'aide d'un curvimètre ou d'un compas. Dans ce dernier cas, l'ouverture du compas, indiquant la distance, devra être rapportée sur l'échelle ou sur un double-décimètre.

Un mètre représentant 80,000 mètres,
Un décimètre représentera 8,000 mètres,
Un centimètre 800 mètres,
Et un millimètre 80 mètres.

Cinq centimètres de cette carte correspondent donc à quatre kilomètres ou à une lieue de France.

Le curvimètre est un petit instrument ingénieux servant à mesurer instantanément, sans report à l'échelle, les distances sur les cartes topographiques. Cet instrument est muni d'une roue dentelée qui, en tournant sur la carte et en se conformant à toutes les sinuosités, fait marcher une aiguille sur un cadran gradué pour les diverses échelles.

Le point où s'arrête l'aiguille indique exactement la mesure du parcours.

Ce curvimètre, ainsi que les feuilles de la carte d'Etat-Major pour toute la France, l'Algérie, la Tunisie et le Tonkin, se trouvent chez les principaux libraires et éditeurs de cartographie de Paris et de la province.

Nous conseillons au voyageur d'étudier sur la carte, avant chaque excursion, la topographie de la contrée qu'il se propose d'explorer, afin de se rendre compte des distances à franchir et de la direction de ses promenades. C'est surtout en parcourant à pied les plaines et les montagnes du Roussillon qu'il en appréciera les beautés, les richesses et toutes les attractions, qu'il se réservera les surprises des yeux et de l'esprit les plus agréables et les plus intelligentes.

Cette carte des *Itinéraires en Roussillon* se termine à Olette, ville de la vallée de la Tet. — Pour continuer à nous suivre, le voyageur devra se procurer le N° 257 (Prades), de la grande carte de France. Il trouvera cette feuille, ainsi que nous venons de l'annoncer, chez les éditeurs de cartographie, et principalement chez M. LAMIOT, à Céret, et chez M. LARRIEU, à Prades, imprimeur-directeur du *Canigou*.

Nous ajouterons qu'un grand nombre de lecteurs de notre ouvrage « *Histoire du Valois* » ont détaché et fait coller sur toile, au format de poche, les cartes qui y sont jointes, afin d'en avoir l'usage plus commode pendant leurs promenades ou excursions. Le touriste pourra agir de même à l'égard de la carte des Itinéraires en Roussillon.

LA VALLÉE DE LA TET

OU DE PRADES.

LE CONFLENT, LA CERDAGNE & LE CAPCIR.

LE VAL D'ANDORRE.

Après avoir exploré les rivages du Roussillon, les Albères, les bords du Tech, les hautes montagnes du Vallespir, nous parcourrons la vallée de la Tet. — Nous ne ferons aucune description de Perpignan ; le voyageur trouvera facilement dans cette ville plusieurs monographies la concernant.

Toutefois, avant de nous diriger vers Prades, nous reviendrons, une dernière fois, sur les bords enchanteurs de notre belle Méditerranée. — Nous ferons une promenade à Canet, petite localité où il existe encore des traces d'anciennes fortifications. — Une jolie route, d'environ 10 kilomètres, nous y conduira ; elle laisse à gauche Castel-Roussillon.

La magnifique plage de Canet, sur laquelle s'élèvent plusieurs grands établissements de bains, est fort recherchée par les habitants de Perpignan et du Midi de la France ; elle s'étend à l'infini, à droite et à gauche du rivage, et la vue, aussi loin que la courbe de la terre le permet, ne rencontre que

« Des voiles s'enfuyant, comme l'espoir qui passe. »

Semblables à de grandes mouettes rasant les vagues, ce sont, pour la plupart, de petites barques de pêche, aux voiles blanches, montées par les intrépides matelots de Banyuls, de Collioure, de St-Laurent-de-la-Salanque, de La Nouvelle, d'Agde, de Cette.... Véritables enfants de la Méditerranée, ils l'aiment comme une mère nourricière, comme une maîtresse adorée, car tous sont nés sur ses bords, ont grandi sur ses grèves, ont été bercés par son éternelle chanson d'amour et de colère.

C'est là, sur ces rivages, que les rêveurs, les amis de l'imposante nature aiment à aller méditer ; que les convalescents recouvrent la santé en aspirant, à pleins poumons, les salubres et fortifiantes émanations marines.

Comme les heures s'écoulent rapides et fugitives à contempler la mer !... Chaque jour, c'est un spectacle nouveau : par le beau temps, sa surface se marbre de couleurs changeantes, au gré d'un nuage ou d'un souffle de vent. Quand le ciel se charge d'orage, les vagues deviennent grises, cuivrées ; elles grondent, murmurent, poussent des éclats de voix, ou subitement se rendorment, apaisées....

La mer... — Ah ! celui-là seul qui a vécu sur ses rivages ; qui a respiré son air libre et fort, qui s'est enivré de ses harmonieux concerts, de son immensité, qui a frémi devant ses abîmes mouvants ; celui-là seul peut comprendre qu'à ce mot le cœur tressaille, se gonfle comme les vagues frémissantes sous la brise indomptée !

La Méditerranée, aux flots transparents, semble animée, vivante ; ses vagues ont chacune leur grâce, leur allure et leur mouvement particuliers. Il y en a de caressantes, de voluptueuses, de charmeresses, de méchantes, d'irascibles, de folles ; elles entrent en fureur et s'apaisent soudainement. — Parfois, la mer, placide et tranquille, se soulève doucement, à intervalles réguliers, comme la poitrine d'une femme heureuse !... Puis elle semble respirer lentement, retient son souffle, reste un instant immobile et pousse, enfin, un long et profond soupir, comme une jeune fille que troublent les premières effluves de l'amour !.....

Le soir, la mer a des recueillements extraordinaires : c'est le silence des grandes plaines et de la solitude du désert !..... Ecoutez !.... un bateau à vapeur se perd dans l'horizon ; il est bien loin, mais l'oreille saisit une légère trépidation, un sifflement affaibli et un certain frémissement de l'air.

A l'aube, cette accalmie est quelquefois remarquable : pas un clapotis, aucun frisson même n'agite la surface de l'eau. Cette étendue, calme et sans limite, paraît se confondre avec l'infini d'un ciel d'azur. Elle ressemble à une véritable glace, diaphane et lumineuse en même temps, et dont les tons sont variés, irisés, comme l'atmosphère qu'elle reflète.

> Calme plat ce matin. Pas un souffle de vent
> Ne met une voussure à ce miroir vivant
> De la mer incolore où flotte une buée.
> L'Orient endormi boude encore la nuée,
> Et les lourds goëlands, à la pointe des rocs,
> Semblent des moinillons engoncés dans leurs frocs.
> La lune, seulement, luit d'un éclat très pâle.
> Au fond de l'étendue, une teinte d'opale
> Monte, comme un reflet de satin chatoyant.
> Et par gradations insensibles, noyant
> L'onde et le ciel dans ses rouges caresses,
> Le soleil chevelu fait ruisseler ses tresses !
>
> Omer CHEVALIER.

Quand le soleil a disparu derrière les Pyrénées, la lune s'élève vers l'horizon africain et surgit majestueusement du sein des flots. Elle monte lentement dans les espaces éthérés, efface à peine le vif éclat des étoiles, et sa mystérieuse clarté étend sur la mer sa mobile et blanche moire d'argent.

Mais ce spectacle magique s'assombrit tout à coup : sans transition, sans cause apparente, la mer devient inquiète, houleuse, un frémissement intime l'agite jusque dans ses plus grandes profondeurs..... Bientôt, elle s'enfle démesurément, devient terrible.... — Le ciel est noir et un grain s'avance rapidement. — Cette force des vagues en fureur est si grande qu'elle ébranle les rochers et les digues..... Rien ne lui résiste.....

Parfois, avant d'arriver à ce paroxysme de colère, la mer *moutonne ;* elle gonfle et soulève ses vagues qui retombent et blanchissent ; ce sont, dit Victor Hugo, « les moutons sinistres de la mer. »

« L'écume jette au roc ses blanches mousselines. »

Ces clameurs de la mer, ces rejaillissements d'écume ont été appelés *moutons* par les marins, parce que tout blancs, ils courent, se précipitent sur la plaine agitée, comme un troupeau affolé dont rien ne peut arrêter la débandade furieuse.

Quelle admirable poésie que ce passage des *Châtiments* !

La vague, où l'on entend comme des chocs d'armures,
Emplit la sombre nuit de monstrueux murmures.
. . . .
. . . .

Cette nuit, il pleuvait, la marée était haute,
Un brouillard lourd et gris couvrait toute la côte,
Les brisants aboyaient comme des chiens ; le flot
Aux pleurs du ciel joignait son noir sanglot,
L'infini secouait et mêlait dans son urne
Les sombres tournoiements de l'abime nocturne ;
Les bouches de la nuit semblaient rugir dans l'air.....
J'entendais le canon d'alarme sur la mer........
. . . .

A son retour de Canet et avant de rentrer à Perpignan, le voyageur traversera les vastes et splendides jardins de St-Jacques. S'il franchit la Tet et en remonte la rive gauche, il apercevra ceux non moins riches du Vernet. La renommée de cette fertile et plantureuse banlieue de Perpignan s'étend dans la France entière. Les primeurs de toutes sortes, fruits et légumes, y sont cultivées par d'habiles horticulteurs : artichauts, petits pois, asperges, tomates, cerises, pêches, abricots, melons, poires, prunes, etc., sont recherchés dans tout le Midi et s'exportent dans les provinces du Centre, du Nord, et même en Angleterre.

Rien de plus curieux que l'animation qui

règne sur le marché de Perpignan : dès le lever du soleil, les intermédiaires ont déjà fait leurs achats et expédié les primeurs dans toutes les directions ; aussi les maraîchers s'empressent-ils, avant l'aube, d'apporter leurs produits qu'ils récoltent bien souvent pendant la nuit.

Un fait authentique et assez bizarre, dont s'est réjoui toute la ville, s'est passé récemment à ce sujet : une jolie jardinière avait exposé de bon matin, sur le carreau de la halle, une collection variée de magnifiques fruits ; mais quand vint le jour, on s'aperçut qu'aucun n'était mûr ; elle les avait cueillis dans l'obscurité. Cet événement a excité la verve d'un poète perpignanais qui signe simplement *Oun tal* (un tel) ; il en a fait une chanson qui a été mise en musique, et dont l'air et les paroles sont devenus subitement populaires dans tout le Roussillon. Voici ces strophes catalanes, suivies de leur traduction :

L'OURTOULANA.

Oun' ourtoulane d'al Barnel
Creya que par milloun coulla,
Se calie alsá dal llit
Ambés déou horas de nit.

Donc s'an anába per l'hort
Amb' ouná candel' ancésa,
Y sense ascoutar la Tresa,
Que li deya : « Ténas tort ! »

Lous ascarbats mardissés
En la bajen s'en foujian,
Y lous grapáouts se couytian
De s'amagar pals llaourès.

Lou cargol plé de destret
Dins sa closqua se tancaba,
La granyota que cantaba
Sul cop perdia 'l xiulet.

Trapitxán lous carbassous,
Y saltán per las toumátas,
Las fajinas y las ratas
Feyan oun rabatje afrous !

Y lous ousseils malahits,
Chots, gamaroùssous, cabécas,
Al mitx da las foúllas sécas
S'astában tout arroudits.

Ella, achouride y l'oull biou,
Anába per las bassánas,
Coullint las cols, las patánas,
Touta la frouyta d'istiou.

Y se deya tot marxant,
D'alagrament tota roja :
Demá, lous sóus com la pluja
Dins la falda me cauran.

Mès, al landemá mati,
Cuán ba tournar de la plaça,
Feye ouna mála grimaça,
S'en pouguén pas abani :

Lo pressech era tout bert,
La figu' éra pas madoura,
Y la de coll-de-segnoura
Semblaba figua de porc !

Dingou nou' n' bia boulgout
D'aqueixa frouyta macada ;
Y la dounzelle, apourada,
May més ba coulle la nit !

Bous que m' baniou d'ascoutar,
Que la lliçou sigui bona :
« A las fouscas, frouyte y dóna
« May se ténan de llastar ! »

LA JARDINIÈRE.

Une jardinière du Vernet croyait que, pour mieux cueillir les fruits et les légumes, il fallait se lever du lit vers dix heures du soir.

Donc elle allait par le jardin avec une chandelle allumée, et sans écouter Thérèse qui lui disait : « Tu as tort ! »

Les scarabées immondes fuyaient en la voyant, et les crapauds courageux se dissimulaient dans les lauriers.

L'escargot, plein d'effroi, dans sa coquille se cachait ; la grenouille qui chantait, sur le coup perdait son sifflet.

Piétinant les courges et sautant à travers les tomates, les belettes et les rats faisaient un ravage affreux.

Et les oiseaux de mauvaise augure, hiboux, chats-huants et chouettes, au milieu des feuilles sèches restaient immobiles.

Alerte et l'œil vif, elle allait par les carrés, cueillant les choux, les pommes de terre et tous les fruits d'été.

De contentement toute rouge, chemin faisant elle se disait: « Demain les sous, comme la pluie, tomberont dans ma poche ! »

Mais le lendemain matin, quand elle revint du marché, elle faisait une laide grimace, ne pouvant comprendre ce qui lui arrivait.

La pêche était verte, la figue n'était pas mûre, et celle de Cou-de-Dame ressemblait à la figue de porc !

Personne n'avait voulu de ces fruits flétris, et la demoiselle toute confuse n'a jamais plus cueilli pendant la nuit.

Vous qui venez de m'écouter, que la leçon vous soit bonne : « Dans l'obscurité, fruit et femme ne doivent jamais être choisis. »

*
* *

N'ayant esquissé qu'à grands traits, au commencement de cet ouvrage, l'histoire du Roussillon, nous reviendrons un instant sur les événements dont cette province a été témoin, sur ses mœurs, ses coutumes et son administration jusqu'en 1790, époque de son appellation toponymique de département des Pyrénées-Orientales. — Les récits du temps passé intéressent toujours, subjuguent même ceux qui aiment à saisir l'âme d'un peuple à travers les siècles, pour juger le présent et éclairer l'avenir.

Les souvenirs charment notre existence. Partout, maintenant, on cherche à pénétrer les événements du foyer de nos aïeux. La science de l'histoire, des anciens monuments, des traditions populaires est activement étudiée. Toutes les provinces de France, et surtout celles du Midi, sont riches en faits mémorables ; elles renferment des trésors de contes, de légendes, d'enseignements utiles, d'inspirations idéales. — Cette noble curiosité est le génie de notre race.

Le domaine de la tradition est infini ; cette science est encore jeune, mais elle marche à pas de géant. Elle touche à l'ethnographie, à la linguistique, aux croyances diverses, à l'anthropologie, à la métrique, à la numismatique, à l'archéologie, à l'épigraphie, à l'esthétique..... Elle passe rapidement des problèmes les plus ardus de la symbolique à l'étude d'une fiction, d'une image enfantine à un vieux refrain populaire, de l'illusion du rêve à la réalité brutale, d'une description d'un paysage à une dissertation sur les religions, du récit d'une légende villageoise à l'interprétation des événements de l'histoire.... — Le plus petit fait, la moindre superstition l'intéresse ; elle s'amuse d'un rien, d'une fleurette même, pourvu qu'elle ait son parfum.

A la suite de sa réunion à la France par le traité de 1659, la Catalogne et la Cerdagne cis-pyrénéennes formèrent une Intendance ou Généralité qui comprenait trois Vigueries : 1º du Roussillon et du Vallespir ; 2º du Conflent et du Capcir ; 3º de la Cerdagne.

Les viguiers, nommés par le roi sur la proposition du gouverneur de la Province, rendaient la justice, administraient et remplissaient les fonctions de subdélégués et de maîtres des forêts.

Les habitants de la plaine et des villes se rallièrent franchement à la France, dont ils avaient du reste imploré le secours ; mais les montagnards du Vallespir, de la Cerdagne, du Conflent et du Capcir, restèrent longtemps espagnols de cœur. Encore aujourd'hui leur centre est moins Perpignan que Barcelone. Il est vrai qu'ils ne connaissent pas plus Madrid que Paris. Ces populations, avant tout catalanes, regrettent encore leur autonomie.

Cependant, il y a lieu de remarquer qu'avant 1659, le Roussillon ayant déjà appartenu plusieurs fois à la France, était préparé à s'y assimiler facilement ; mais le Conflent, le Capcir et presque toute la Cerdagne, connue sous le nom de *Cérétanie-Augustane*, n'avaient jamais cessé de former une province espagnole presque indépendante, avec Puycerda pour capitale.

La Généralité du Roussillon étant la plus petite de France, les Intendants, désignés par le roi parmi les personnages de la cour, obtenaient fréquemment des postes plus importants.
— Les Viguiers étaient plus stables ; ils appartenaient à la noblesse ou à la haute bourgeoisie du pays et avaient par conséquent, autour d'eux, leurs familles, leurs intérêts et leurs relations.

M. Brutail, auteur d'une étude sur l'économie rurale du Roussillon, à la fin de l'ancien régime, donne d'amples détails à ce sujet.

« Placée sur les frontières de l'une des provinces les plus remuantes de l'Espagne, présentant un grand développement de côtes, habitée par une population mal pliée à la domination française, la Généralité de Perpignan était d'un gouvernement difficile : ses Intendants furent le plus souvent des hommes d'une grande intelligence, et plusieurs occupèrent par la suite de hautes fonctions. »

L'autorité locale était représentée par un *Bayle*, ou maire. Il était à la nomination du roi dans les villes, et à celle des seigneurs dans les villages. Des *consuls*, sous la direction des viguiers, régissaient les communes.

Quant aux seigneurs, ils ne possédaient plus depuis longtemps, comme il a été dit précédemment, que très peu d'autorité et presqu'aucun pouvoir politique : la corvée seigneuriale avait disparu, ainsi que la plus grande partie des droits personnels attribués jadis par la féodalité au suzerain sur le vassal, et à celui-ci sur le roturier. — A cette époque, le seigneur n'est plus qu'un habitant séparé des autres, et isolé dans son château par certaines immunités et quelques priviléges.

Enfin, et comme dernière transformation, le Roussillon, le Conflent, la Cerdagne et le Capcir ont été institués en DÉPARTEMENT DES PYRÉNÉES-ORIENTALES, par décret de l'Assemblée Nationale en date du 9 février 1790, et divisés en 3 districts et 25 cantons.

* *
*

L'extrême variété dans la nature des terroirs que nous allons parcourir, soit par leur altitude, soit par leur climat, entraîne une grande diversité dans les produits de ce sol, généralement riche et généreux.

Au siècle dernier, le Roussillon, déjà sans débouché, était en outre fermé de tous côtés par des douanes ; il n'y avait pas de marine marchande sur les côtes et, seulement, à peine quelques routes carrossables. Par suite du mauvais état et de la rareté des chemins, les transports étaient difficiles, coûteux ; ils ne pouvaient se faire qu'à dos de mulet et à travers des sentiers de chèvres rocailleux, souvent escarpés et dangereux.

Aussi, les échanges, c'est-à-dire l'importation et l'exportation, ne pouvant s'opérer facilement, le pays était-il fréquemment éprouvé par la disette. En 1741, Raymond de St-

Sauveur, intendant de la Généralité du Roussillon, annonce que l'ouverture rapide d'un chemin en Cerdagne lui a permis de faire parvenir, à temps, du blé aux habitants qui allaient littéralement périr par la faim. En 1751, l'intendant écrivait au roi : « Le Roussillon est sujet à des disettes presque continuelles. » Enfin, en 1778, la famine fut générale dans la Cerdagne et le Conflent.

Mais, avant l'annexion à la France, une foule de fléaux sévissaient encore plus cruellement dans le Roussillon qui était le refuge, et l'est encore parfois, des brigands de la Péninsule hispanique. Pestes, famines, guerres continuelles, persécution et zèle sanguinaire des inquisiteurs, spoliation par les soldats espagnols, qui traitaient la province en pays conquis....... la misère était générale. — Depuis 1493, époque à laquelle Charles VIII rendit la Catalogne française au roi d'Aragon, jusqu'en 1640, lorsque les habitants de Perpignan se révoltèrent contre Philippe IV d'Espagne, le Roussillon fut décimé, dépeuplé même, par toutes ces calamités.

Les famines presque annuelles émurent l'administration française ; à plusieurs reprises les rois prescrivirent d'arracher les vignes pour les remplacer par des céréales. — Néanmoins, déjà sous l'ancien régime, les vins du Roussillon étaient renommés : le roi, les ministres, les seigneurs de la cour en étaient très amateurs et, chaque année, le gouverneur leur en expédiait à grands frais.

Aujourd'hui, la situation a bien changé ; le département des Pyrénées-Orientales est incomparablement plus riche que l'ancienne Généralité du Roussillon : la production s'est accrue dans des proportions invraisemblables ; le numéraire est plus abondant, et nous avons déjà dit que, sous l'heureuse influence de la France, la longévité a augmenté depuis un siècle et la population a doublé.

Il n'en est pas malheureusement ainsi, pour ce dernier cas, dans toutes les provinces de notre belle France. — Or, on sait qu'une nation dont la natalité diminue, ou même reste stationnaire, est vouée à une défaite inévitable dans cette âpre lutte pour la vie, que toutes les nations civilisées poursuivent entre elles sur le terrain économique.

Aucun intérêt n'a pour les Etats, une importance plus capitale que la population. Tout se ramène à cet inépuisable sujet ; l'augmentation du chiffre des naissances sur celui des décès est l'indice le plus certain de la prospérité d'une nation, et même une condition indispensable de son existence. — Ce qui s'arrête, meurt ; c'est la loi fatale de la nature.

L'augmentation de la population du Roussillon est surtout sensible dans le haut pays, où elle est favorisée par le bien-être et par l'instruction qui se répand partout, même dans les plus petits centres : ainsi, dans la partie de la Cerdagne française, aujourd'hui très peuplée, tous les habitants parlent et écrivent la langue française ; ils lisent et connaissent un peu notre littérature. — En effet, par l'assimilation des œuvres du génie humain, la mémoire s'étend, l'imagination s'élève et l'esprit s'excite à penser. — De plus, le développement intellectuel de tous les hommes, à tous les degrés de l'enseignement, est la préparation nécessaire aux réformes politiques et sociales.

Pour procurer à notre corps sa subsistance, nous devons travailler, faire un métier quelconque ; mais les meilleures heures que nous passons ici-bas sont celles qui nous dégagent de la vie matérielle, animale, pour nous transporter, par la lecture, dans le domaine de la pensée et de l'imagination. — L'homme vit de pain et d'un peu de poésie..... Serait-ce la peine qu'il ait existé, quand le tombeau se referme sur lui, si l'idéal, cette substance de l'âme, ne l'a pas emporté quelquefois par-delà les bornes de son étroit et triste horizon ?

C'est là, en Cerdagne, dans ce petit coin isolé et perdu entre des cimes élevées, que l'on constate le mieux le résultat bienfaisant de l'annexion. Du dernier village français au premier village espagnol, le contraste est frappant : de ce côté, en France, des chemins praticables, une population aisée, des habitations bien construites, propres, confortables ; de l'autre côté, en Espagne, d'affreux sentiers de chèvres, des masures délabrées et la misère à peu près générale.

Quant à la longévité, elle serait encore plus grande dans le Roussillon, dans ce climat chaud et remarquablement sain, si les habitants imitaient les populations du Nord, où règne la propreté la plus méticuleuse. Mais ici, dans la plupart des localités, on n'observe qu'imparfaitement les lois de l'hygiène et de la salubrité publiques. Aussi ces centres sont-ils livrés, sans défense, aux épidémies qui passent et y trouvent un terrain tout préparé et beaucoup trop favorable.

La première conséquence de l'assainissement général, sera donc l'abaissement de la mortalité et l'augmentation de la longévité.

Le Roussillon étant une des plus fertiles contrées de France et, avant tout, un pays vinicole par sa situation géologique et la température de son atmosphère, n'attendait, pour prendre une extension considérable, que des voies de communication.

Ce n'est seulement qu'en 1749 que le personnel des Ponts et Chaussées fut établi. En 1789, il ne se composait que d'un ingénieur, d'un sous-ingénieur et de quelques employés. — Aussi la viabilité se ressentait-elle de cette restriction.

Toutefois, la Catalogne française était encore mieux dotée, sous ce rapport, que la Catalogne espagnole, où il n'existait aucun chemin praticable.

Pendant la campagne de la Révolution, les routes qui rayonnaient autour de Perpignan rendirent à l'armée française les plus grands services ; elles facilitèrent les approvisionnements, le mouvement des troupes, les opérations de guerre, et furent une des causes de nos succès.

Malgré l'amélioration importante des voies de communication dans le département des Pyrénées-Orientales, la viabilité de cette contrée est peut-être, de toute la France, celle qui laisse le plus à désirer : beaucoup de villages de la montagne ne sont reliés entr'eux que par des chemins de mulets ; les routes, même nationales, sont souvent défoncées, les ponts manquent ; il en résulte qu'en hiver, à l'époque des pluies et de la fonte des neiges, ces routes sont interdites aux piétons. — Ainsi, au mois de février 1890, pour accomplir une promenade d'Amélie à Céret et retour, je dus me déchausser quatre fois et franchir pieds nus les torrents glacés qui barraient la route. La même aventure m'arrive encore souvent dans le parcours de Collioure à Argelès-sur-Mer.

Parfois, l'administration des Ponts et Chaussées fait placer des pierres espacées ou une planche étroite, sans rampe, en travers des torrents, mais ces casse-cou sont dangereux ; aussi, les voyageurs sujets au vertige, les femmes, les vieillards préfèrent-ils s'exposer à une fluxion de poitrine en franchissant ces torrents à gué. — De deux maux il faut choisir le moindre !

« Il fait chaud en Roussillon, me disait un Catalan, mais le *soleil* de Paris est loin, et ses rayons nous parviennent bien affaiblis. Depuis vingt ans nous réclamons des ponts, ou au moins des passerelles avec garde-fous, et l'Administration a l'oreille dure ; il n'est de pires sourds que ceux qui ne veulent pas entendre. Cependant, nous payons nos impôts et nos élections sont républicaines. — Voilà notre récompense ! »

Abandonnant un moment les routes et les chemins, c'est maintenant par la voie ferrée que nous parcourrons une partie de la vallée de la Tet. — Que de progrès depuis peu d'années !

* *

La Tet, qui est la rivière la plus importante des Pyrénées-Orientales, n'est navigable dans aucune de ses parties. Elle prend sa source sur le versant Ouest du Puig Péric, à 2,825 mètres d'altitude, et se jette dans la mer au-dessous de Perpignan, après un parcours de 120 kilomètres.

La vallée dans laquelle coule la Tet, large d'abord, se resserre bientôt. Ce torrent roule ses eaux à travers d'énormes blocs de rochers qui forment des barrages naturels et d'immenses cascades. Il pénètre ensuite dans une gorge sauvage, le *Mal Pas*, en sort par le *Fourat de la Ximenella*, le trou de la cheminée, et débouche dans un vallon étendu, *le Pla dels Abeillans*, la plaine des noisetiers.

La Tet traverse ensuite *le Pla de Barras*, où commencent à apparaître les premières cultures, contourne les murs de la forteresse de Montlouis, puis est étroitement encaissée entre de hautes parois rocheuses. De Mont-Louis à Olette, pendant une longueur seulement de 14 kilomètres, à vol d'oiseau, son niveau s'abaisse de 1603 à 613 mètres.

Cette rivière reçoit plus loin quelques affluents, passe à Olette, à Serdinya, à Villefranche, à Ria, entre dans la fertile vallée de Prades et laisse cette ville à quelques centaines de mètres de sa rive droite.

Après Vinça, la vallée se resserre, forme une gorge étroite et, en face de Rodès, le torrent est tourmenté par d'énormes blocs de rochers ; mais il débouche bientôt dans la vaste plaine qui commence à Ille, à 120 mètres d'altitude, pour ne se terminer qu'à la mer, en arrosant successivement les cultures, les prairies et les jardins de Neffiach, de Millas, de St-Féliu-d'Amont et d'Avail, du Soler et de Perpignan.

La ligne du chemin de fer de Perpignan à Prades suit la rive droite de la Tet, et parcourt une plaine remarquable par la variété et l'abondance de ses produits agricoles. Cette richesse est due à la fertilité de la terre et à une irrigation aussi savamment comprise que parfaitement appliquée. — Sur ce sol bien arrosé, les récoltes n'ont rien à redouter de l'ardent soleil du Midi ; elles sont généralement de deux par an, quelquefois de trois.

Cette contrée privilégiée prend particulièrement le nom de *Riveral*. La perspective s'en étend au loin et est encadrée d'un côté par les rivages de la Méditerranée, et de l'autre par un splendide hémicycle de montagnes : les Albères, les pics élevés de la Cerdagne, et les Corbières, une des ramifications des Pyrénées.

Ici, contrairement aux régions montagneuses, la fécondité exceptionnelle du sol a concentré la population : les villages, les métairies sont rapprochés et ne manquent pas de pittoresque avec leurs ceintures de petits cours d'eau dérivés de la Tet, avec leurs habitations aux toitures formées de briques convexes, et dont les tons vermillonnés ont été atténués par le soleil et la pluie. — La vigne, les céréales, les arbres fruitiers, les plantes fourragères rompent aussi, par la variété de leurs couleurs, la monotonie de la plaine.

Lorsque l'hiver vient, les troupeaux descendent des montagnes et pâturent dans les prairies artificielles des bords de la Têt, où abonde le trèfle, dit « du Roussillon ; » sa fleur d'un rouge ardent est tempérée par des champs de millet aux panaches dorés, de lupin, de légumineuses de toutes sortes, qui alternent avec des carrés de lin dont la corolle azurée charme l'œil du promeneur.

Le trèfle du Roussillon ou trèfle d'Espagne forme de brillants tapis qui s'étalent dans la campagne. — Originaire de la Catalogne, il s'est répandu dans toute la France, mais dans les climats tempérés il perd un peu de sa splendide coloration. On le retrouve aussi dans la Mayenne sous le nom de trèfle *farouch*, qui n'a rien de farouche ; sa fleur ressemble à une grosse fraise allongée. — Dans la Bourgogne et dans le Centre de la France, on l'appelle trèfle incarnat.

Cette fécondité des vallons et des plaines du Roussillon est due, en partie, à l'entraînement, par les eaux, de l'humus des montagnes ; aussi, avons-nous dit plus haut que les hauteurs, dépouillées du sol arable, devaient être améliorées par l'engrais.

Un jeune instituteur, M. Blanc, a fait au Rimbaut d'utiles expériences à ce sujet. Il a constaté qu'une récolte de pommes de terre a donné, par hectare, sur un terrain de la montagne, les résultats suivants :
37,000 kilogrammes avec engrais chimique.
30,900   —   avec fumier de ferme.

26,000 kilogrammes avec fumier de chèvres.
16,000 — sans aucun fumier.

Il a été également démontré que les résultats acquis par des engrais chimiques, sur des terroirs semés en céréales, ont été notablement supérieurs à ceux obtenus par les fumures ordinairement en usage.

Un engrais d'hiver, généralement bon pour tous les terrains du Roussillon, doit comprendre par hectare 300 kilogrammes de tourteau à 7 0/0 d'azote, 50 kilogr. de chlorure de potassium, 200 kilogr. de superphosphate de chaux à 12 0/0, et 200 kilogr. de phosphate naturel. Au printemps, on ajoutera 100 kilogr. de chlorure de potassium, 300 kilogr. de nitrate de soude et 100 kilogr. de plâtre.

L'engrais humain et les immondices de toutes sortes, si nuisibles à la santé publique et qui affectent si désagréablement les nerfs olfactifs aux abords de certains villages, sont ici beaucoup trop dédaignés.

Cependant, par la décomposition et l'action chimique de la terre, ces détritus augmentent considérablement le rendement des récoltes; nos compatriotes du Nord n'ignorent pas ces avantages, et les Chinois, surtout, en tirent le plus grand profit. — Ainsi, me racontait un voyageur sérieux, lorsque je me promenais, avec certains airs d'inquiétude, près d'une localité de l'empire du Milieu, un paysan accourait, quelques papiers à la main, me prier gracieusement de venir dans son champ.

Le sol doit être traité par la science. — C'est par l'application des lois de la physiologie de la nature, c'est-à-dire par l'étude des organes et des fonctions des végétaux, que l'agriculture et la viticulture prendront une extension considérable.

Lorsque l'on arrivera à augmenter d'un hectolitre seulement le rendement d'un hectare, le chiffre de la récolte correspondra, pour les 7 millions d'hectares d'emblavures de toute la France, à une plus-value de 140 millions de francs. — Des hommes spéciaux, qui ont fait de sérieuses expériences à ce sujet, émettent l'avis que l'on peut, par l'emploi des engrais chimiques, arriver à faire produire, en moyenne, 20 hectolitres de blé à l'hectare, au lieu de 15 ou 16, chiffre actuel. — L'augmentation de rapport serait donc, pour toute la France, d'une somme de 700 millions environ. Nous ne serions plus alors tributaires de l'étranger qui nous enlève notre argent par l'importation.

Le 22 octobre 1889, M. Georges Ville, que tous les agriculteurs connaissent, a donné lecture à l'Académie des sciences d'un mémoire résumant les expériences dont le champ d'épreuves de Vincennes est le théâtre depuis plus de trente années. Ce mémoire est accompagné de pièces végétales montrant l'influence des phosphates, des azotates, de la potasse et de la chaux sur le développement des plantes de nos climats.

Désormais on peut donner la composition précise des engrais qui conviennent à chacune d'elles, vignes, céréales, etc., etc., et indiquer les proportions qui, dans des conditions définies, permettent d'atteindre le plus rapide et le plus grand développement.

A l'issue de la séance, les membres de l'Académie, au nombre desquels était le Ministre de la guerre, ont voté un grand prix de 50,000 fr. destiné à récompenser les travaux sur les progrès de l'agriculture.

Un témoignage d'une haute autorité scientifique corrobore, indubitablement, les assertions qui précèdent sur la valeur et l'importance des engrais.

Dans son Rapport concernant la situation du vignoble des Pyrénées-Orientales en 1889, M. Léon Ferrer, président de la Société agricole, scientifique et littéraire de Perpignan, annonce que, dans certaines localités dont les terres sont profondes et fertiles, les vignes résistent victorieusement aux atteintes du phylloxéra, avec une simple fumure.

M. Léon Ferrer, qui vient d'être décoré de la main d'un Ministre pour les services exceptionnels qu'il a rendus à l'agriculture et à la viticulture, ajoute qu'en dehors des localités privilégiées, les vignes de tout le Roussillon doivent, sans exception, leur vigueur actuelle au traitement insecticide par le sulfure de carbone, et à une *bonne fumure* à la suite.

Les céréales et les pommes de terre constituent, avec la vigne, la culture qui paraît le mieux convenir aux Pyrénées-Orientales. — Autrefois, la culture des céréales avait une plus grande importance. La diminution provient de l'établissement des vignobles, de la création de canaux d'irrigation, et du morcellement de la propriété qui est poussé jusqu'à ses dernières limites.

Ainsi, je citerai un exemple : Un père de

famille vient, en mourant, de laisser à ses onze enfants un terrain d'une étendue totale de 86 mètres carrés. Le partage a été fait ; mais quelle culture peut-on entreprendre avec des parcelles de 8 mètres carrés, dont il faut déduire les chemins qui y conduisent ?

Les Allemands, en gens pratiques, ont compris le danger de cette trop grande division du sol ; ils ont voté récemment une loi qui oblige les propriétaires à faire entre eux des échanges pour faciliter la culture. Par cette sage mesure, la valeur et le produit de la terre ont sensiblement augmenté ; le territoire s'est, en outre, agrandi par la suppression de nombreux chemins devenus inutiles.

La manie de l'émiettement de la propriété est particulière à plusieurs provinces du Midi, et surtout à la Corse, où les maisons elles-mêmes sont partagées entre co-héritiers. Il en résulte que telle bicoque appartient à quatre ou cinq propriétaires ; les actes notariés de ces successions sont plus compliqués, avec leurs charges et servitudes, qu'un traité entre deux grandes nations.

Dans la première partie de cet ouvrage, j'émettais l'avis que les Instituteurs devraient, les jours de congé, entreprendre des promenades récréatives, pendant lesquelles ils enseigneraient succinctement à leurs élèves les principes généraux de la géologie, cette histoire de la terre ; ceux de la botanique, cette histoire de la nature ; ceux de l'agriculture, cette mère nourricière, etc., etc.

L'étude de la géographie élémentaire et de la topographie locale est aussi la meilleure « étude de choses » qu'on puisse offrir à l'esprit des enfants. Etrangère aux abstractions, elle est facile et, en même temps, une hygiénique et agréable récréation par les excursions et les observations dont elle devient l'occasion. Cette étude doit précéder l'enseignement de l'histoire.

Depuis cinq années que je parcours les chemins du Roussillon, je n'avais encore rencontré aucune caravane scolaire, lorsque me promenant un jour sur la plage d'Argelès, j'entendis tout à coup une marche militaire faire retentir les échos de cette solitude. Une troupe, la compagnie scolaire du Rimbaut, s'avançait en bon ordre.

Ces élèves se baignèrent et s'exercèrent à la natation. Après cette leçon de propreté et d'utilité pratique, un enfant parut se noyer, ses camarades accoururent, l'enlevèrent, l'étendirent sur le rivage, et là, l'instituteur leur apprit à rappeler à la vie toute personne asphyxiée par suite d'immersion : frictions prolongées, massage vigoureux sur la poitrine, insufflation d'air dans les poumons, pression alternative des muscles costaux.

A cette conférence d'un si vif intérêt, en succéda plusieurs autres relatives à la mer et à ses habitants, aux vents, aux pluies, aux marées, à la profondeur des eaux, aux navires, à leurs moyens de locomotion, etc.

Pendant la route, l'attention des enfants avait déjà été attirée sur les formes de la terre, le soulèvement des Pyrénées, les grands sites, les beautés de la nature..... certaines plantes leur avaient été dénommées avec l'indication de leur usage, de leur propriété et de leur emploi le plus utile.

Au moment de regagner le Rimbaut, l'Instituteur affecta de ne plus reconnaître son chemin. Il feignit de prendre les avis de chacun, mais comme ils étaient divergents, il sortit une boussole de sa poche, déploya une carte d'état-major, l'orienta ; après plusieurs explications, les élèves tracèrent eux-mêmes sur cette carte la direction à suivre, et tous repartirent pour le Rimbaut, en escaladant les montagnes d'un pied agile et sûr.

On ne saurait trop encourager ces promenades scolaires ; elles occuperont les loisirs de l'Instituteur, l'obligeront à étendre son instruction, donneront aux élèves le goût de la lecture qui apprend à penser, et les aideront à acquérir les connaissances utiles, et même nécessaires à une bonne direction de l'existence.

Aujourd'hui, pour prendre rang et compter dans la société, l'instruction est devenue indispensable. Elle élève l'esprit et l'étend jusqu'aux plus lointains horizons. — Dans ce monde, il s'agit d'ÊTRE ou de ne pas ÊTRE : « *To be or not to be,* » disent les Anglais. Celui qui s'arrête est perdu.

Ces petites conférences, ces causeries familières, en présence de la nature et devant l'objet expliqué, ces courses à travers plaines et montagnes, développeront considérablement les muscles des enfants, ainsi que leur perspicacité ; elles stimuleront leur intelligence, formeront leur jugement, leur apprendront à raisonner, à déduire des conséquences et à remonter aux causes. — C'est une double gymnastique physique et morale.

Depuis quelque temps, il est de mode de blâmer le surmenage intellectuel des enfants ; par contre, on exalte les exercices gymnastiques. Il y a dans cette polémique une fausse interprétation de la vérité : un enfant n'est pas surmené ; il s'imprègne de ce qu'il peut, et, selon ses aptitudes, prend ou laisse de son programme. Ce n'est que vers 15 ou 16 ans qu'il se bourre le cerveau en vue d'examens déterminés. Alors le surmenage devient un danger et doit être combattu par des exercices de corps souvent répétés.

*
* *

Lorsque nous quitterons Perpignan pour explorer la vallée de la Tet, nous nous rendrons d'abord à Prades. Ce parcours est de 41 kilomètres. Le chemin de fer se dirige au sud et ensuite vers l'ouest, après avoir franchi le ruisseau de la Basse sur un pont hardi, d'où l'on aperçoit le panorama de Perpignan, sa citadelle et son Castillet.

Nous laisserons à gauche la ligne d'Espagne, la route de Thuir, les villages de Toulouges, de Ponteilla, de Trouillas, de Canohès, un des champs de bataille de 1793, le mas Romeu, la métairie Hainaut, qui a remplacé le couvent de l'*Eula* ; — *monasterium de Eula*, — ancien prieuré de religieuses Cistériennes fondé en 1176.... A droite du chemin de fer et de l'autre coté de la Tet, se détacheront successivement Saint-Estève, Baho, Le Soler, Villeneuve, Pézilla et Corneilla-de-la-Rivière. Les eaux thermales de Berne, qui jaillissent au nord de ce dernier village, possèdent une certaine réputation.

Du Soler, qui est la première station, la plaine est bordée, à droite, par la chaîne aride des Corbières ; à gauche, par des champs cultivés, des prairies, où les fleurs de l'été sont jetées à profusion, et où mille petits ruisseaux arrosent des lis d'eau, des grenadiers, des orangers, des citronniers, des aloès, des lauriers-roses, enfin toute la flore de cette région presque tropicale.

Au delà, vers l'horizon du Sud, les crêtes dentelées des Albères s'étendent jusqu'au Canigou, dont les assises rayonnent dans tous les sens. Plus près, sur une butte calcaire de forme conique, on aperçoit l'ermitage de *Saint-Martin-de-Camelas*.

Avant d'arriver à Millas, la ligne passe à Saint-Féliu-d'Avall et à Saint-Féliu-d'Amont, dont l'église conserve des objets de serrurerie du XIIIme siècle. Il y existait jadis un monastère de chanoines de Saint-Ruf.

Après avoir franchi le Boulès, qui descend d'un contrefort du Canigou, nous arriverons à Millas. Cette ancienne place forte fut prise par les Espagnols en 1793. Sur la promenade publique jaillit la *Foun del Rey*, dont le débit est abondant et l'eau excellente.

Millas était déjà connue en 985, pour la richesse et la puissance de ses seigneurs.

A gauche et à 5 kilomètres, le touriste visitera Corbère-les-Cabanes, dont le vieux château présente encore des détails intéressants.

Il y a là une grotte célèbre déjà signalée dans l'histoire du soulèvement des Pyrénées.

Cette grotte, *las Covas del Moulou*, est des plus remarquables par son étendue et les ramifications de sa galerie principale. Des piliers de stalactites et de stalagmites s'élancent vers la voûte comme des colonnes dans un temple. Plusieurs cours d'eau se précipitent avec fracas dans un abîme. Des vents qui, parfois, soufflent avec violence, suivent la direction de ces torrents souterrains et indiquent les changements de temps.

La formation de la grotte de Corbère remonte, probablement, à l'époque tertiaire de la terre, lorsque les Pyrénées se sont soulevées. L'effet de ce long travail des siècles est saisissant. — Combien de milliers d'années se sont écoulés depuis que la vague battait ces rochers surgis du sein des flots, les creusait et les fouillait ! — Quel grand sculpteur que la mer, quand elle attaque et cisèle une masse granitique !

Le voyageur pourra également se rendre de Perpignan à Millas par une belle route qui remonte la rive gauche de la Tet ; elle traverse *Saint-Estève*, le *Mas del Rey* (la maison du Roi), où séjourna Louis XIII en 1652, pendant le siége de Perpignan, *Baho*, *Villeneuve-de-la-Rivière*. L'église de ce dernier village, bâtie vers 1010, est entourée par une enceinte fortifiée.

La distance de Perpignan au Soler est de huit kilomètres. A mi-chemin, le voyageur apercevra à sa gauche le splendide parc Ducup, appartenant à M. Pierre Bardou-Job, dont la célébrité, parmi les fumeurs de cigarettes, s'étend dans le monde entier.

Cette vaste propriété, d'une contenance de 120 hectares, complantés principalement en vignes, est abondamment arrosée par les eaux d'un canal et de cinq puits artésiens. Elle est ornée de jardins, de vergers, d'arbres plus que séculaires, d'une longue tonnelle, d'un parc anglais, avec ses pièces d'eau, ses frais ombrages, ses kiosques, ses pelouses, ses massifs d'arbustes et de fleurs... — Toute la nature, enfin, concourt à faire du parc Ducup une superbe propriété, confortable et somptueuse.

Les services rendus à la viticulture par M. Bardou-Job, ainsi que les sacrifices qu'il s'est imposés, lui ont valu une récompense honorifique : la Société agricole, scientifique et littéraire des Pyrénées-Orientales lui a décerné une médaille d'or dans sa séance du 29 décembre 1889.

M. de Bruguère, dont nous avons déjà parlé à la page 122 de cet ouvrage, a obtenu, dans la même séance, un rappel de médaille d'or pour ses importants travaux dans son domaine de St-Paul.

Viennent ensuite *Pézilla-de-la-Rivière* et *Corneilla-de-la-Rivière*.

Pézilla-de-la-Rivière possédait un château-fort qui a été transformé en habitation particulière. L'église de ce village renferme un cippe romain en marbre blanc fort remarquable. Il est consacré à Apollon et à Diane; plusieurs bas-reliefs représentent une lyre, un lévrier, un arc, un carquois et une biche.

La route longe ensuite la base de la montagne de *Forçà-Réal* et rejoint le chemin de Montner et d'Estagel.

Pour se rendre à l'ermitage de *Forçà-Réal*, pèlerinage qui date de 1633 et s'élève à l'extrémité de la montagne, le voyageur passera par le *Mas de la Garrigue*, près duquel jaillit une abondante source ferrugineuse, et suivra ensuite une route en zig-zag, quelquefois difficile, mais d'où la vue s'étend au loin et offre une des plus belles perspectives du Roussillon. Cette montagne, dont l'altitude est de 507 mètres, sert souvent aux marins pour se diriger sur les côtes du Roussillon. Méchain la prit pour point de triangulation, lorsqu'il détermina la longueur du méridien terrestre.

A 300 mètres de la chapelle, et à l'extrémité de la crête, se trouvent les débris de l'ancien château de *Forçà-Réal*, — Fort Royal, — bâti au XIIIe siècle pour protéger la frontière du royaume d'Aragon contre la France.

En 1793, 4,000 Français, campés au pied de Forçà-Réal, tinrent en échec, pendant deux mois, un corps d'armée de 25,000 Espagnols.

Le botaniste rencontrera sur cette montagne des pivoines et des asphodèles.

Une route, qui franchit la Tet, conduit par *Montner* à *La Tour-de-France* et à *Estagel*, petites villes situées sur les bords de l'Agly. A gauche de cette route, on aperçoit le château de *Caladroër*, près duquel se trouve un menhir brisé.

Estagel est la patrie des Arago. — François y naquit le 20 février 1786 et le quitta à l'âge de 15 ans pour suivre son père, nommé trésorier de la Monnaie, à Perpignan.

Entré au collége communal, François Arago ne s'occupa d'abord que d'études littéraires. Il raconte dans ses mémoires comment son esprit se porta vers les mathématiques : — Un jour, dit-il, je rencontrai un jeune officier du Génie ; nous fîmes connaissance et, dans la conversation, je lui demandai comment il avait pu obtenir déjà ce grade important :

— Je sors de l'Ecole polytechnique, me répondit-il.

— Quelle est cette école ?

— Elle appartient au Gouvernement et on y est admis par examen ; le programme est à l'administration départementale.

Cette scène est reproduite dans un des bas-reliefs du piédestal de la statue d'Arago, à Perpignan.

Un an après cette conversation, Arago entrait à l'Ecole polytechnique ; il en sortait à 17 ans avec le nº 1.

Attaché à l'Observatoire de Paris, François Arago remplaça en Espagne, avec M. Biot, le célèbre académicien Méchain, mort par suite de ses pénibles travaux astronomiques à travers les *sierras* de la Péninsule.

Pendant la guerre d'Espagne, Arago fut retenu prisonnier ; en rentrant en France, on le nomma aussitôt académicien. Il avait 23 ans.

Devenu professeur à l'Ecole polytechnique et Directeur de l'Observatoire, Arago se rendit aux Tuileries le 28 juillet 1830, afin de proposer son intervention à Charles X.

Arago fut élu plusieurs fois député des Pyrénées-Orientales, et proclamé, en 1848, membre du Gouvernement provisoire. Il était secrétaire perpétuel de l'Académie, lorsqu'il mourut à Paris, le 2 octobre 1853.

Nous ne suivrons pas ses quatre frères : Jacques, Victor, Etienne et Emmanuel Arago, ce dernier sénateur des Pyrénées-Orientales et ambassadeur de France à Berne.

Etienne Arago a été conservateur du Musée du Luxembourg, à Paris.

Madame Arago, leur mère, vécut très longtemps ; sur la fin de sa vie, lorsqu'elle recevait à Estagel des étrangers, venus souvent de fort loin pour lui rendre hommage, cette excellente femme les conduisait dans sa chambre à coucher et, montrant son lit, disait très innocemment, avec une fierté naïve : « C'est ici que mes fils ont été conçus. »

Ce mot de madame Arago mère n'est-il pas d'une simplicité charmante et biblique ?

Estagel possède la statue de François Arago par Alexandre Oliva. Ce célèbre sculpteur est mort à Paris au mois de février 1890. Il est également l'auteur de plusieurs chefs-d'œuvre au nombre desquels il faut placer l'*Immaculée Conception*, de Banyuls-sur-Mer.

Comme je l'ai dit au commencement de cet ouvrage, Oliva était issu d'une famille pyrénéenne, et avait dû ses succès à sa persistance acharnée au travail et à son ardent désir d'apprendre à sculpter. Après sa mort, une couronne d'immortelles, entourée d'un crêpe noir, a été posée sur son buste, actuellement au Musée du Luxembourg, à Paris.

Le Musée du Luxembourg possède deux œuvres d'Oliva : le buste de Rembrandt, et celui du R. P. Ventura. Tous deux iront au Louvre.

A 2 kilomètres de Millas, le chemin de fer laisse à droite *Neffiach*, où il existe une source d'eau saline minérale, apéritive et digestive. En face de ce village, de l'autre côté de la Tet, sont situés les dépôts coquilliers marins dont il a été parlé plus haut.

Ille, où nous arriverons ensuite, est une ville de 3,500 habitants, entre la Tet et la rive gauche du Boulès. Sa situation est charmante et constitue un des séjours les plus appréciés des amateurs de chasse en plaine et en montagne. Son territoire est d'une fertilité exceptionnelle. Les fruits d'Ille, ses pêches surtout, jouissent d'une grande réputation. L'élevage des vers à soie y prospère depuis quelques années.

Les environs de cette oasis de fleurs et de verdure abondent en monuments antiques et du moyen-âge. Prosper Mérimée s'inspira de ces richesses pour écrire son roman fantastique : *La Vénus d'Ille.*

L'exubérance de la végétation et la fraicheur de la vallée d'Ille ont inspiré un poète qui la compare à la Bétique décrite par Fénelon dans Télémaque: « Elle semble avoir conservé les délices de l'âge d'or ; toute l'année n'est qu'un heureux hymen du printemps et de l'automne, qui paraissent s'y succéder sans interruption. »

Cette splendide plaine de la Tet, comme celle du Tech, est, en effet, le véritable pays de l'éternel printemps ; du bon et vivifiant soleil, principe de toute existence. Le soleil semi-tropical de cette région excite la nature à prodiguer tous ses dons ; il réchauffe le corps refroidi par l'âge, stimule les sens affaiblis et fait battre le cœur jusqu'à la plus extrême vieillesse. — Dans cette chaude clarté du soleil, les forces de la jeunesse reviennent, et les exhalaisons pénétrantes, enivrantes des plantes toujours vertes, renouvellent les délices du passé.....

O vous ! habitants des villes, vieillards et anémiques de tous pays, dont les organes sont atrophiés par l'âge, par la névrose, l'excès du travail ou l'abus des plaisirs, venez sur les bords de notre belle Méditerranée, parcourez nos plaines, escaladez nos montagnes, venez dans ce pays de l'air pur et de la lumière éclatante, et bientôt vous recouvrerez les forces et la santé !

Nous n'irons pas cependant, charmante lectrice, jusqu'à vous donner le conseil du docteur Gérard, qui s'exprime ainsi :

« L'avantage immense qu'on ressent après une saison aux bains de mer, ou après un séjour dans la montagne, est surtout produit par les effets de la lumière sur la peau ; et les avantages seraient encore plus grands si, au lieu de porter d'élégants costumes, les femmes se préoccupaient plus de leurs intérêts que de leur pudeur ; c'est avec un éventail pour tout vêtement qu'elles devraient se promener en plein soleil ; elles reviendraient à la ville un peu plus noires, il est vrai, mais combien leur sang serait plus rouge et leur santé meilleure. »

O bon soleil du Roussillon, si les Parisiens

te connaissaient, comme ils accourraient se régénérer à tes joyeux rayons !

Ainsi, en ce moment, à la fin d'un mois de janvier délicieux, et pendant lequel aucun nuage n'a voilé le ciel bleu, je trace ces lignes en plein air, sous un bosquet d'orangers ; les fleurs et les fruits s'entremêlent dans les branches d'un même arbre. Autour de moi, le parterre est brodé, avec un art consommé, d'héliotropes, de géraniums, de roses, de violettes, d'anémones, de jacinthes, d'œillets, de pervenches, de primevères, de résédas, de camélias..... enfin de toute la flore hâtive et bariolée de cet Eldorado, de cet Eden terrestre. — Le chevalier Renaud, le héros de la *Jérusalem délivrée*, se croirait transporté ici dans les jardins d'Armide, de son amoureuse enchanteresse.

Ces senteurs multiples sont si troublantes, agissent avec une telle puissance sur le système nerveux que, pris d'un éblouissement subit, je dépose ma plume et allume une cigarette ; un léger nuage de fumée bleuâtre flotte capricieusement en spirale vers la voûte de verdure. A la tiédeur du parfum des fleurs qui caresse l'épiderme comme l'haleine de la femme aimée, se mêle l'arome du tabac, et l'ivresse des sens est complète : une délicieuse somnolence, le ravissement du rêve, des effluves de bonheur envahissent l'imagination et bercent la pensée..... C'est l'Orient et ses almées ; c'est l'hallucination voluptueuse du haschich.. ..!

Je me réveille, je ressaisis la réalité et

j'élève mes regards vers l'horizon ; la jolie petite ville d'Ille m'apparaît alors en pleine lumière blanche, au milieu des jardins qui l'entourent ; elle est couronnée d'un demi-diadème de pics couverts de neige, où des reflets lumineux sèment des diamants, des saphirs et des perles. Plus haut encore, c'est la silhouette merveilleuse du Canigou ; c'est le ciel transparent comme le plus pur cristal ; c'est le soleil dont les rayons poudrent de paillettes d'or et d'argent, et font flamboyer cette scène paradisiaque.

Le climat du Roussillon est certainement le plus beau et le plus uniforme de tous ceux des rivages méditerranéens. Il est cependant parfois troublé par la tramontane, vent violent et désagréable, mais Cannes, Antibes, Nice, Monte-Carlo, Menton, Roquebrune subissent plus souvent les rigueurs du mistral.

Les vents qui agitent, généralement au printemps, l'atmosphère du Roussillon et sévissent avec force sur les rivages ou dans les régions montagneuses, sont le résultat de la condensation rapide, par le froid, de l'air des hautes altitudes, et de la dilatation simultanée, non moins brusque, par la chaleur, des couches brûlantes des côtes espagnoles ou africaines. — D'autres causes, connues des météorologues, proviennent des courants de tout notre hémisphère ; nous n'avons pas à les étudier ici.

Ce déplacement de l'air modifie subitement la température du Roussillon, souvent plusieurs fois dans la même journée, et détermine, par la rencontre des vents contraires, des cyclones ou tourbillons dangereux pour les marins.

Ainsi, le 4 mai 1890, par un temps assez calme, deux bateaux de pêche du port de Collioure tenaient la mer près de l'embouchure du Ravaner. Ils paraissaient en parfaite sécurité, lorsque tout à coup, secoués par un cyclone d'une violence extrême, ils roulèrent sur leurs bordages et tourbillonnèrent brusquement. Le premier, *l'Ange Gardien*, chavira la coque en l'air ; le second, *la Jeune Charlotte*, fut projeté en avant, avec une vitesse considérable sur la plage sablonneuse d'Argelès.

Pendant cette tourmente, d'une durée de quelques secondes à peine, les dix hommes d'équipage des deux bateaux furent projetés dans les airs comme des fêtus de paille et retombèrent à la mer. Etourdis par cette secousse, aussi terrible qu'inattendue, ils allaient infailliblement périr, quand toute la flottille de Collioure, qui naviguait sans rien ressentir, à quelques centaines de mètres seulement, fit force de voiles et sauva les naufragés.

« *Illi robur et œs triplex.....* »

« Il était armé d'une triple cuirasse d'airain le cœur de celui qui, le premier, s'aventura sur les flots inconstants. »

Voici l'explication de ce phénomène :
Un vent régulier soufflait de la haute mer, lorsqu'il fut heurté subitement par un contre-courant d'air tempétueux descendu des sommets pyrénéens, avec la rapidité de l'éclair, par l'étroite et profonde vallée du Ravaner.

Les deux bateaux, se trouvant sur le point exact de cette rencontre, ne purent résister au choc violent qui en résulta et naufragèrent.

Le lecteur qui m'a suivi jusqu'ici ne m'accusera pas, je l'espère, de malveillance ou d'hypocondrie. Il est cependant plus facile de réussir, en littérature, par les doléances, la raillerie et la méchanceté, que par des écrits bienveillants, empreints d'un contentement philosophique ou humoristique.

Néanmoins, si je me suis souvent complu à célébrer la richesse du sol roussillonnais, je crois qu'il serait condamnable de rester insensible devant les calamités dont la colère céleste accable, depuis dix années environ, les populations vinicoles de ce pays.

Je veux parler des dommages immenses que causent d'affreuses maladies à la vigne, c'est-à-dire à la plus précieuse et à la plus productive des cultures de la contrée.

L'oïdium, le *phylloxéra*, le *mildew*, le *black-rot*, tels sont les noms barbares des fléaux maudits qui ont chassé de bien des foyers l'aisance et la joie, pour y substituer les privations et la sombre tristesse.

Espérons que cette terrible épreuve va finir, et qu'une Puissance mauvaise ne l'a envoyée momentanément à l'homme que pour lui rappeler qu'il doit, parfois, peiner et souffrir; et, aussi, parce que rien ne dure, parce que si l'animalcule veut vivre, la plante le veut aussi et se prête à la résistance. Il est rationnel de l'aider; le moyen est difficile à trouver, mais, n'importe, la plante ne périra pas; la nature s'y oppose et aucune plante ne disparaît.

Malheureusement, toutes ces calamités favorisent la falsification des vins : ainsi, le nombre des fabriques de vins factices s'élève à 218 pour la banlieue de Paris seulement. Cette mixture, qui n'a du vin que le nom, est préparée avec des dattes, des figues, des caroubes, fruit du Midi très rouge qui sert à la nourriture des animaux, des fleurs de mowra, etc., etc. On ajoute une très petite quantité de raisins secs afin de rappeler de loin le goût du vin. On relève cet affreux mélange par des alcools, des mélasses, de la glucose, et on le colore avec des produits chimiques. — Qu'il est éloigné le temps où le bonhomme Noé buvait le pur jus de la vigne, de la grappe parfumée !

Les fabricants de ces vins, dits de *raisins secs*, affirment qu'ils n'ont pour but que de fournir de la boisson à bon marché au *pauvre*, au *petit*, à l'ouvrier *besogneux*. Ces prétendus philanthropes ne sont en réalité que des spéculateurs ; leur seul souci est de s'enrichir, puisque le consommateur paie environ 70 fr. l'hectolitre un produit pharmaceutique ne coûtant que 10 fr. au préparateur.

Parfois, quand le scandale devient trop grand et l'augmentation de la mortalité hors de proportion, la justice, aiguillonnée par l'opinion publique, s'émeut quelque peu ; elle traduit devant ses tribunaux les riches falsificateurs. Alors les journalistes partent en guerre, jettent feu et flammes, signalent des familles entières descendues au tombeau pour avoir absorbé ces breuvages mortels... Les lecteurs applaudissent, et les coupables sont condamnés à…. quelques francs d'amende.— Les lois, règlements et ordonnances de toutes sortes sont comme les toiles d'araignées : les grosses mouches les traversent, les petites sont prises, empêtrées, garottées, étranglées et, finalement, croquées.

Les désastres viticoles, qui ruinent le Midi depuis dix ans, ont cependant stimulé l'ardeur de nos savants et réveillé leur ingéniosité ; ils ont été secondés par le courage ou l'expérience des propriétaires intéressés, et le monstre a reculé. — Partout, le recépage s'opère victorieusement, et à la désespérance succède l'espoir du triomphe définitif.

Bien que certains esprits d'humeur morose dénigrent le vin, c'est lui qui nous donne la force et la santé. Il est indispensable à notre nation ; c'est le vin qui verse dans le sang de nos soldats la *furia francèse* et qui, malgré nos revers, fera toujours d'eux les premiers soldats du monde. C'est lui qui donne à nos arts, à nos produits, à nos conceptions, à notre goût, la suprématie dans tout l'univers. C'est lui, enfin, qui nous épanouit l'âme et entretient dans nos cœurs la vieille gaîté gauloise. — Comme l'existence parait plus douce, les femmes plus jolies et la nature plus verdoyante, quand nous les regardons à travers un flacon de vieux vin !

C'est la dive bouteille, véritable charmeresse, qui, à la table d'un ami, au milieu de gais compagnons et de femmes charmantes, illumine les visages de ses brillants reflets. Aussi, lorsque les verres sont remplis de ce breuvage d'or liquide et d'ambre parfumé, lorsque le diapason de chacun est élevé au paroxysme de la jouissance, au moment suprême psychologique, n'est-ce pas avec une certaine dignité, avec un regard attendri, que chaque convive porte à ses lèvres, déguste savamment, religieusement, le vin exquis du Roussillon, dont l'arome embaumé trouble les yeux et enivre les sens ?

Et, quand l'aimable amphitryon — un amphitryon est toujours aimable, —

« Le véritable amphitryon
Est l'amphitryon où l'on dine ; »

fait sauter bruyamment le bouchon de la bouteille de Champagne, de ce nectar olympien, les joyeux buveurs, le regard ému par la reconnaissance, ne bénissent-ils pas Dieu d'avoir donné à l'homme tous ces vins délicieux, pour la profonde béatitude des jeunes et vieux buveurs ?

L'usage du vin a une telle importance sur la longévité qu'il y a plusieurs années, la récolte ayant complètement manqué dans le Roussillon, par suite de l'envahissement subit du phylloxéra, un grand nombre de vieillards peu fortunés moururent pendant l'hiver qui suivit. — Le vin est le lait des vieillards, dit un proverbe.

Ille possède, outre ses jardins et ses plaines de vignes, de nombreuses pépinières d'orangers, de citronniers, de grenadiers... Quelques-uns de ces arbres atteignent des dimensions surprenantes ; cependant, aucun n'est aussi remarquable que le célèbre oranger de

Collioure. Celui-ci, dit Louis Figuier dans sa publication de la *Nature*, est probablement le plus bel oranger qui existe en France ; il mesure 11 mètres de hauteur, 1^m.80 de circonférence et produit jusqu'à 4,000 oranges par an ; variété ordinaire, ronde, jaune accentué et de toutes tailles, qualité excellente.

Depuis cinq ans, j'aperçois souvent ce superbe oranger. — De la dimension d'un gros chêne, il est en toutes saisons, et dans le même temps, couvert de fleurs et de fruits.

M. Portal, à qui appartient cet oranger phénoménal, possède également, dans son magnifique jardin d'expérience, un grand nombre d'autres arbres et de plantes appartenant aux régions tropicales : dattiers, cactus, agaves, bambous, bananiers, citronniers, poncyriers, cédratiers, lauriers-roses, palmiers, pommiers d'Adam, cocotiers d'Abyssinie, de l'Amérique du Sud et du Chili, *Jubea spectabilis, Brachychitoum*, et le *Phœnix hanceana* de la Chine, le seul en Europe en pleine terre, lauriers d'aussi grande dimension que nos peupliers du Nord, etc.

Par son ampleur et l'enchevêtrement de ses branches, il est difficile de cueillir tous les fruits de l'oranger de Collioure ; on les laisse alors mûrir et tomber ; M. Portal les donne, pour ainsi dire, aux habitants de la localité qui veulent les ramasser. Afin de sauvegarder l'amour-propre des amateurs, ces oranges ne sont vendues que 0 fr. 50 le cent.

La faune et la flore de l'Australie sont si étranges, qu'elles nous paraissent appartenir plutôt à une autre planète qu'à la Terre. On peut voir au Jardin d'acclimatation, à Paris, plusieurs espèces de cette faune : lyre, kanguroo, ornithorynque....

De son côté, M. Portal possède quelques échantillons de la flore australienne, parmi lesquels de superbes eucalyptus et des cocotiers aux petites noix succulentes.

Ce jardin a été créé, dans un vaste terrain bien exposé au Midi et à l'abri des vents du Nord, par M. Charles Naudin, professeur de botanique et d'histoire naturelle au Museum, membre de l'Institut. M. Portal a continué à entretenir ce qu'il a trouvé, moins certaines plantes médicinales et pharmaceutiques.

Les lignes qui précèdent étaient écrites et même imprimées, lorsque M. Portal m'invita à venir visiter son jardin d'expérience ; celui-ci est d'une telle curiosité par sa flore exotique en pleine terre et à ciel ouvert, qu'il est certainement unique dans toute l'Europe.

Je me rendis donc avec empressement à Collioure, où M. Portal me fit le plus aimable accueil, et ne cessa, pendant plusieurs heures, par un soleil torride (12 septembre 1890), de me faire admirer ses splendides richesses végétales ; il me désigna les noms des plantes, leurs lieux d'origine, leurs propriétés, et leur étrange ou bizarre particularité.

Je ne suivrai ici aucun ordre, aucune classification de genres ou d'espèces ; le hasard guide nos pas ; nous noterons les plantes au fur et à mesure que nous passerons devant elles. Quelques-unes, par leur rapprochement, forment des groupes impénétrables, inextricables. — M. Portal me fait remarquer à ce sujet que M. Naudin recevant, des navigateurs et des explorateurs du monde entier, ces plantes alors toutes petites et en pots, ne les espaçait pas suffisamment, attendu que beaucoup lui étant inconnues, il ne se doutait pas de l'extension qu'elles prendraient. Plusieurs, en effet, ont des dimensions gigantesques.

Palmiers de quinze espèces différentes. Une de ces espèces, le *Phœnix hanceana*, vit en pleine terre ; c'est le seul en Europe.

Cruciata cressensa du Chili ; petites fleurs blanches très odorantes. C'est un arbre fort curieux, dont les feuilles sont épaisses, lourdes, dures et terminées par une pointe ; elles forment des groupes symétriques, étoiles, cercles, croix, ancres de marine.....

Un grand nombre d'orangers de toutes contrées. Les troncs et les branches sont revêtues d'épines. Ces défenses formidables mettent les fruits à l'abri des voraces grimpeurs. — Un de ces arbres, que possède M. Portal, a commencé à donner des oranges à l'âge de 18 ans. (Il vient de graine.)

Orangers mandariniers.

Oranger de Jaffa. Fruit oblong.

Chinoisier ; produit le fruit surnommé *chinois*. Ne se mange que confit.

Pommier d'Adam ; ses fruits ressemblent à l'orange, mais sont de bien plus grande dimension. Ceux que j'ai aperçus dans le jardin de M. Portal étaient encore verts et déjà gros comme la tête d'un enfant. Cet arbre n'a pas encore été classé en botanique.

Citronnier à fruits doux.

Dattiers de quinze espèces différentes.
Bambous d'Afrique : verts, blancs et noirs.
Lys Broum. (Fleur.)
Citrus triptera ; genre citronnier à grandes épines, entre-croisées et longues de dix centimètres.
Hybrides de la Perse. (*Aceta fœtida*.)
Oliviers de Jérusalem.
Monstruosa falmiena ; agaves gigantesques d'Australie.
Carya alba ; noyer de l'Amérique du Nord. — La noix ressemble à un petit coco.
Jujubier sauvage d'Afrique.
Casuarina de la Nouvelle-Hollande.
Cierge du Pérou ; longue plante grasse.
Cytisus preliferus. (Açores.)
Néflier du Japon.
Cognassier du Japon ; (*Cydonia*).
Sabatto Palmeta, de Jérusalem. Cet arbre se reproduit par boutures.
Yucca du Mexique ; fruits comestibles.
Cocotier du Chili. (*Jubea spectabilis*).
Pied de tabac hybride, d'une hauteur de 4 à 5 mètres, obtenu par M. Naudin.
Acacia Molessina ; d'Afrique.
Acacia d'Afrique, à petite fleur bleue.
Acacia *cultriformis* ; d'Afrique.
Buis des Baléares.
Pointiana ; du Sud de l'Afrique.
Cyanofolia, d'Australie ; famille des Eucalyptus.
Lilas de Bourbon.
Aloès *Gigantea*. Les feuilles atteignent une longueur de 3 et 4 mètres.
Barba Jovi, de la Grèce.

Grenadiers de grandes dimensions.

Lauriers-roses ; nombreuses variétés.

Verveine très odoriférante.

Agaves de toutes tailles, aux feuilles bordées de couleurs diverses.

Myoporum, mille pores. Aux feuilles transparentes.

Caroubier d'Afrique.

Gland doux d'Afrique ; comestible.

Figuier de Barbarie, genre de cactus ; fruit succulent et très beau. (Douze espèces.)

Livingstonia ; palmiers d'Australie.

Pistacia Atlantica.

Brachychitoum Aurifolium ; Chine. Forme pyramidale ; arbre majestueux.

Kaki du Japon ; arbre fort curieux ; le fruit a la couleur de la tomate.

Palmier nain ardoisé du cap de Bonne-Espérance.

Bergamotier (*citrus*) ; citron avec lequel on fabrique l'essence de bergamote.

Boldrea flagrans ; mâle et femelle ; (Chili).

Sorbifolia de Mongolie. Très joli.

Manihot ; racines comestibles.

Chamœrops excelsa, de la Chine.

Plusieurs eucalyptus de dimension peu commune ; arbres magnifiques aux frais ombrages, dont les feuilles employées en infusion guérissent plusieurs affections, et principalement les maux de tête.

En terminant ma longue visite, M. Portal, toujours d'une complaisance inaltérable de savant et d'artiste, me fit remarquer trois superbes poivriers, aux branches fines ; elles retombent élégamment comme celles de nos saules pleureurs, et forment un gracieux berceau. — Les grains de cet arbre mûrissent et produisent du poivre de qualité supérieure.

L'église paroissiale d'Ille, dans le style du XIII siècle, est assez belle. Celle de l'hôpital date de 1236. Une troisième église, la *Radouma*, est en ruine. Il existe encore à Ille des débris de fortifications. Cette ville possède des archives très intéressantes.

Le 14 mars 1593, Ille, qui appartenait alors à l'Espagne, soutint un siége mémorable : 3,000 calvinistes français, arrivés inopinément, la prirent d'assaut, firent sauter une tour, et pénétrèrent jusqu'à l'église. La ville était prise, lorsque par un suprême effort les habitants se précipitèrent sur les assaillants et les rejetèrent hors des murs. Plus tard, en 1640, Ille ouvrit ses portes au prince de Condé ; les Espagnols ne purent la reprendre. En 1793, les troupes de Ricardos s'en emparèrent et y rétablirent, pendant deux mois, le gouvernement des Bourbons.

Les étymologistes nous annoncent que le nom de cette ville, dont l'origine se perd dans la nuit des temps, ne vient pas d'*Insula*, mais d'*Yla* ; cette signification appartiendrait aux idiomes ibériens, comme *Tet*, *Tech*, *Agly*, *Illiberis*, *Cauco-Illiberis*....

Au-dessus d'Ille, la vallée se rétrécit, les collines se rapprochent de la ligne du chemin de fer, et l'on arrive à la station de Boule-ternère, *Bula-Teranera, terra-negra*.

Cette petite ville est bâtie en amphithéâtre sur la rive gauche du Boulès. Elle possède des carrières de marbre et trois tours d'un vieux château.

C'était à Bouleternère que finissait le comté du Roussillon ; la vicomté de Conflent, dépendant du comte de Cerdagne, commençait au col de Ternère.

« Les limites du Conflent, dit Alart, étaient tracées par la nature et s'étendaient sans doute anciennement jusqu'au col de la Perche, comme semble l'indiquer un document de l'an 819 qui mentionne nominativement toutes les dépendances du diocèse d'Urgel, sans y comprendre aucune paroisse du canton de la Tet. »

Les comtes de Cerdagne, Guillem Raymond, en 1095, et Guillem Jorda, deux ans après, délimitent le Conflent aux frontières naturelles de cette contrée ; mais tous les autres documents, à partir de 897, au lieu d'étendre le Conflent jusqu'au col de la Perche, bornent ce pays, ainsi que le diocèse d'Elne, au cours de la Tet et au col de Jardo, entre Planès et la rivière de Balagneur ; ils laissent, par conséquent, à la Cerdagne, et au diocèse d'Urgel, les paroisses de Planès, de St-Pierre dels Forcats et de la Cabanasse, bien qu'elles fussent situées dans le bassin de la Tet.

Au X° siècle, nous apprennent des annales ecclésiastiques, la Cerdagne, le Conflent et le Vallespir étaient réunis sous l'autorité d'un seul seigneur, le comte OLIBA CABRETA. En 968, il fit un pèlerinage à Rome et emmena avec lui un moine de l'Ordre de Saint-Benoît, Arnulfe, abbé de Notre-Dame d'Arles-sur-Tech qui, pour éloigner les fléaux et les malheurs dont les habitants du Vallespir étaient affligés, sollicita du pape Jean XIII quelques saintes reliques. — Il conviendrait dès lors, de faire remonter vers la date de 968, la translation à Arles des ossements des martyrs Abdon et Sennen. (Voir page 211.)

Un sentier qui remonte la rive gauche du Boulès conduit en moins de trois heures aux ruines de l'abbaye de *Serrabona* (monument historique) ; c'est, après le cloître d'Elne et l'église de Coustouges, l'édifice le plus intéressant du Roussillon. L'église, du style roman, est à trois nefs, avec des arcades, des chapiteaux et des colonnes en marbre blanc et rouge ; le portail est couvert de sculptures.

De Serrabona, le touriste pourra monter au village de *Boule-d'Amont*, et de là, par *Saint-Marsal, Taulis, Roque-Jalaire*, gagner Palalda et Amélie-les-Bains. Nous avons déjà indiqué cet itinéraire, en sens inverse, en parcourant la vallée du Tech.

Le chemin de fer pénètre ensuite dans une gorge étroite. On aperçoit, à droite, *Rodès*, dans un paysage élevé, au confluent du Riú Fagès ; la vallée se rétrécit encore et le train franchit un tunnel. A sa sortie la vue s'étend sur les contreforts du Canigou. A droite, la Tet, très resserrée, est dominée par des terrasses couvertes d'oliviers ; çà et là émergent des prairies, des saules, des peupliers..... charmants petits coins de verdure.

Nous arriverons bientôt à *Vinça*, chef-lieu de canton important, pittoresquement situé au débouché d'une riante vallée. Sa température, fraîche dans la saison torride, y amène beaucoup de visiteurs.

On aperçoit encore à Vinça les restes des fortifications élevées en 1245, sur l'ordre de Jacques 1er d'Aragon. Les Espagnols s'emparèrent de cette ville le 26 juillet 1793, et la perdirent bientôt. L'église possède un beau tableau (saint Sébastien) et de riches ornements sacerdotaux ; le maître-autel est orné de belles statues en marbre.

La vallée de Vinça s'ouvre au sud, entre la ville et les premières ramifications du Canigou ; elle est sillonnée par des rivières et des canaux d'arrosage qui y entretiennent une admirable végétation. Le fond est occupé par des prairies, des jardins et des champs de céréales ; les vignes, les oliviers s'étagent sur les coteaux exposés au soleil, et d'épais taillis de chênes-blancs, de chênes-verts, de noyers et de châtaigniers couvrent de leur ombre les pentes escarpées. Les villages de *Rigarda*, de *Joch* et de *Finestret*, bâtis en amphithéâtre, surgissent du milieu de cette verdure.

A moins de deux kilomètres au N.-O. de Vinça, le voyageur apercevra sur la carte les bains de Nassa, appelés autrefois *Foun del Sofre*, fontaine du soufre. C'est la colline des Bains, *Coma dels Banys ;* nom que l'on donnait jadis dans le pays à la montagne d'où jaillissent les sources.

Ces eaux sulfureuses sortent de terre à la température de 25°. Comme les Eaux-Bonnes, auxquelles on les compare, elles sont souveraines dans les maladies de la poitrine, de la peau et de la vessie. L'établissement des bains, charmant séjour dans une situation topographique des plus favorisées, jouit d'un climat doux et toujours égal.

Il y a un grand nombre d'excursions pittoresques et accidentées à faire autour de Vinça : *Marceval*, au-dessus des bains de Nassa, est un ancien prieuré de chanoines du St-Sépulcre. Son église (monuments historiques) est l'objet d'une tradition dans la contrée ; la mère du pape saint Lin, successeur de saint Pierre, y serait enterrée.

L'ermitage de *Notre-Dame de Domanova* (325 mètres d'altitude), près du col de Ternère, sur la rive droite de la Tet, est une chapelle richement ornementée. Au delà, en suivant la vallée de Crozal, on arrive dans celle de *Vernadal*, où jaillissent deux sources ferrugineuses, et, un peu plus loin, à *Glorianes*.

De Vinça à Arles-sur-Tech, il y a plusieurs chemins accidentés passant par *Joch, Rigarda, Finestret, Ballestina, Velmanya,* le *Puig de l'Estelle* (1738 mètres), les mines de *las Indas* et *Corsavy*. — Avis aux touristes infatigables, qui ne redoutent pas les difficultés d'un sol abrupt et mouvementé.

Après Vinça, la station suivante est *Marquixanes*, bourgade antique en partie englobée dans ses anciennes fortifications, et possédant encore beaucoup de vestiges de l'ancien temps. Ce village est situé au confluent de la Tet et du ruisseau d'Espira. Son église possède un beau rétable sur le maître-autel.

La vallée s'élargit ensuite, et l'on entre dans la superbe plaine de Prades.

* **

Nous venons de parcourir rapidement une délicieuse contrée qui, comme un diamant à mille facettes, reflète mille perspectives, toutes plus enchanteresses les unes que les autres. Il n'y a ici que des indications succinctes ; mais avec ces points de repaire et en s'aidant de la carte d'Etat-Major, le curieux, le fouilleur, les amis de la belle et grande nature, se procureront des jouissances de l'esprit et des yeux, sans cesse renouvelées. Comme la vallée du Tech, celle de la Tet offre, sur tout son parcours, de nombreuses surprises et de charmantes découvertes.

Depuis le commencement de cet ouvrage, je suis souvent revenu sur l'aspect ravissant qu'offrent les Pyrénées-Orientales dans presque toutes les saisons. — Que peut-on désirer après ces pâturages embaumés, ces riches vignobles, ces bois d'oliviers, ces collines couvertes de mille fleurs odoriférantes ! — Les arrondissement de Céret et de Prades, surtout, ne sont qu'une suite de vallons délicieux, où de nombreux ruisseaux limpides descendent des montagnes, en serpentant à travers les bois et les prairies.

Ces sources, ces torrents étant, néanmoins, souvent insuffisants pour les besoins de l'agriculture, l'industrie de l'homme est venue : les premières ont été détournées et les seconds endigués pour la construction de nombreux canaux d'arrosage ; ils sont absolument indispensables dans ces contrées, où il ne pleut que rarement pendant l'été. Les sécheresses ont, presque chaque année, une durée de quatre mois et plus. — Le soleil se lève à l'horizon, parcourt son orbite et se couche, sans qu'aucun nuage ne vienne tempérer l'ardeur de ses brûlants rayons.

En effet, des statistiques récentes démontrent qu'à Perpignan, il n'est tombé de 1877 à 1886 (période décennale), que 466 millimètres d'eau ; chiffre bien au-dessous de la moyenne de toute la France, qui est de 870 millimètres.

Après Perpignan et ses environs viennent, pour le Midi : Cette, 492 millimètres ; Marseille, 523 ; Arles-sur-Rhône, 562 ; Carcassonne, 625 ; Toulouse, 687 ; Montpellier, 708 ; Nice, 799 ; Bayonne, 1^m.275 ; Bagnères-de-Bigorre, 1^m.319 ; Annecy, 1^m.383. Le département où il tombe la plus grande quantité d'eau est le Puy-de-Dôme, 1^m.484.

La recherche de l'origine des canaux d'arrosage dans le Roussillon nous donne lieu de les attribuer aux Romains, qui, à l'exemple des peuples anciens, utilisaient les eaux des rivières, ou se servaient des puits à roue, pour fertiliser les terres. D'ailleurs, le nom de *Conflent*, donné par les conquérants à la province que nous parcourons actuellement, semble corroborer cette assertion.

Les Egyptiens, qui n'attribuaient qu'à des dieux l'invention des premières machines d'agriculture, avaient leur pays parsemé de canaux pour l'arrosement, pour les communications et pour la défense. Ils savaient que l'agriculture est le plus ferme appui des Etats ; cet art faisait chez eux un objet spécial de gouvernement et de politique.

Dans le même temps, les Chinois ont abaissé des montagnes afin de donner au terrain la pente nécessaire à l'écoulement des eaux et à l'arrosement des terres. Ils ont arrêté de très grandes rivières et de nombreux ruisseaux pour en changer le cours et conduire les eaux sur des terrains secs et arides.

Le système complet d'irrigation de tout le Roussillon forme un vaste réseau qui assure la fertilité des plaines et des vallons. Les terres voisines de la mer se nomment *Salanques* ; exposées aux inondations, elles s'engraissent du limon que les rivières déposent et sont plus facilement arrosables que le haut pays.

A l'entrée de la vallée de Prades, le regard s'étend sur un échiquier de cultures diverses et variées. L'heureuse température de cette région, l'excellence du sol d'alluvion, l'intelligence de ses habitants, y multiplient les récoltes. — « On sème du blé en novembre, dit Companyo, il est récolté en juin ; on donne aussitôt un labour et l'on sème du maïs et des haricots. Ceux-ci sont récoltés en août ; le maïs reste sur pied. Immédiatement on sème du trèfle rouge mêlé de lupin ; on arrose et le fourrage se développe. Au commencement d'octobre, on récolte le maïs ; le fourrage reste et est mangé sur place en novembre, décembre et janvier. »

Dès les premiers jours de mai, les jardins de Prades étalent aussi devant les yeux charmés, leurs nombreux parterres de fraises. Ces délicieux petits fruits, balsamiques et rafraîchissants, à la chair pulpeuse, à la couleur d'un rouge vermeil, répandent dans les airs leur délicate haleine, dont la douceur tient de l'ambre et de la rose.

Parmi les industries nombreuses de Prades, résultant de la richesse de sa flore, la sériciculture occupe un des premiers rangs.

La réputation des graines de vers à soie des Pyrénées-Orientales n'est d'ailleurs plus à faire aujourd'hui ; ce qui est prouvé par la persistance des marchands de graines à venir, depuis un grand nombre d'années, s'approvisionner dans le département.

Citons en passant, parmi les établissements séricicoles les plus renommés de la contrée, ceux de M. Grand, à Perpignan, de M. Michel Forné, à Céret, et de Mme Thérèse de Gelcen, à Prades. Ces éducateurs n'en sont plus à compter les médailles d'or et d'argent qu'ils ont remportées dans les concours régionaux et internationaux.

L'industrie séricicole possède, dans les Pyrénées-Orientales, 384 éducateurs qui ont mis à incubation, pendant le cours de l'année 1889, 11 kil. 1[2 de graines. La moyenne du rendement a dépassé 2 kil. 1[2 par chaque gramme de graine éclose. La production totale de cocons frais a été, du 1er janvier au 1er octobre 1890, de 25,870 kilogrammes.

La Commission de sériciculture du département a obtenu une médaille d'or à l'Exposition universelle de 1889. Cette même Commission a décerné, de son côté, des récompenses à plusieurs magnaniers pour leur meilleure méthode à suivre et à mener une éducation à bonne fin.

Malgré la rapidité du train, le spectateur verra défiler, à sa gauche, une succession de riants vallons ombragés d'ormes et de noyers. A sa droite et au delà de la Tet, il apercevra le village d'Eus qui, comme celui de Palalda, dresse ses maisons les unes sur les autres.

Eus a une page glorieuse dans l'histoire du Roussillon : « Le 6 août 1793, dit le général Doppet dans ses Mémoires, Eus fut bombardé par les Espagnols. Les habitants de ce village donnèrent l'exemple du plus grand dévouement à la cause de la liberté : armés seulement de quelques fusils, ils arrêtèrent l'armée espagnole déjà maîtresse d'Ille, de Vinça et de Prades. Quoique certains de ne pouvoir résister, ils voulurent remplir leurs devoirs de patriotes ; ni les bombes, n les boulets ne purent les faire capituler. Cependant, cette poignée d'hommes libres devant une armée ne pouvait résister longtemps ; ces vaillants défenseurs abandonnèrent donc leurs maisons et, en se retirant, ils virent les flammes consumer le village. Les républicains d'Eus emmenèrent leurs femmes et leurs enfants dans les communes voisines. Le représentant du peuple, Cassanyes, s'empressa de prendre les mesures nécessaires afin que les victimes reçussent les secours que réclamait l'humanité, et qu'on devait à leur amour pour la patrie. »

A ce fac-simile du style de la grande époque, nous joindrons à titre de curiosité un acte de baptême du XVIe siècle, en langue catalane, extrait des archives d'Eus :

« *A XII de setembre 1578 fouch batejal Miquel Franca, fill de Bartomeu y de Elisabet Franca Muller, sua y fouch padry Mº Miquel Vela, rector d'Eus, y madrina Catarina Cabrera, y feu lo sagrament Mº Jean Adrillach, prenere y curat de dit loch.* »

Prades compte près de 4,000 habitants ; c'est un chef-lieu d'arrondissement dont le territoire, presqu'entièrement dans les montagnes, comprend le Conflent, le Capcir, la vallée du Quéral, la Cerdagne française et une petite partie du Languedoc. Cette ville est située au milieu d'une plaine de 8 kilomètres de longueur sur 4 de largeur. Son climat est presque toujours beau.

Le sol fertile de cette région produit des fruits, des légumes en abondance et d'une qualité merveilleuse. Prades a pris son nom des riches prairies qui l'entourent; *Prada, Prata,* et a donné lieu à quelques dictons : « Paris est Paris, mais Prades est un paradis, » ou encore « Après Paris, Prades. »

Une grande rue traverse Prades dans toute sa longueur ; elle est bordée de belles maisons régulièrement bâties, parmi lesquelles la sous-préfecture ornée de statues allégoriques du Canigou et de Prades ; de grands hôtels, le bureau des postes et télégraphes, la résidence du Viguier de France en Andorre, la gendarmerie, une vaste imprimerie, etc.

A droite, deux petites rues s'en détachent et conduisent à la place du *Reravall*, ombragée de hauts platanes, et au milieu de laquelle s'élève une fontaine en marbre rouge flanquée de quatre figures en fonte bronzée. L'église et la mairie sont sur cette place. — L'ensemble a un cachet original.

Comme tous les monuments religieux du Roussillon, et contrairement à ceux de nos contrées du Nord, l'extérieur de l'église n'a rien de monumental et est même assez disgracieux, mais l'intérieur renferme beaucoup de peintures, de dorures et de sculptures. La prodigalité des décorations est le signe distinctif des églises des deux Catalognes et même de toute l'Espagne.

Cette église, dédiée à saint Pierre, n'a été terminée qu'au XVIIe siècle. Le rétable du maitre-autel est une œuvre artistique de Joseph Sunyer. Le clocher, qui remonte au XIIe siècle, a 35 mètres de hauteur.

De même qu'un grand nombre des églises de la contrée, St-Pierre possède plusieurs reliques : St-Valent, St-Saturnin, Sté-Cécile, St-Pierre Orseolo, St-Romuald, St-Nazaire, St-Gaudérique y sont représentés par quelques débris de leurs ossements.

Non loin de la place est un établissement de bains avec un petit jardin autour duquel règne une galerie dont les arcades reposent sur des colonnes provenant de l'abbaye de Saint-Michel-de-Cuxa ; quelques chapiteaux sont ornés de fines sculptures.

Prades n'a d'abord été qu'un simple monastère dépendant de l'abbaye de Lagrasse. Une concession de Charles le Chauve, datée de 855, l'érigea en commune. En 1425, la ville obtint d'élire trois consuls. Vers l'an 1588, elle se racheta de la juridiction bénédictine pour se mettre sous la protection directe du roi, à la condition de garder ses immunités et ses priviléges.

Plus tard, en 1773, Prades devint le siége de la Viguerie du Conflent. Chef-lieu d'arrondissement depuis 1790, cette ville possède un tribunal de 1re instance, un collége, un petit séminaire, des fabriques de drap, de molleton, de papier et de poterie peinte.

Nous insisterons sur l'importance de l'acte de 855 qui est précieux pour l'histoire : Il indique qu'à cette date Charles le Chauve régnait encore sur tout l'Empire de Charlemagne prêt à se dissoudre. Le Roussillon, alors ravagé par les Northmans et les Sarrasins, allait être séparé une première fois de la France, et courir à de nouvelles destinées.

Le plus ancien monument écrit concernant les Pyrénées-Orientales se trouve aux archives de Prades : c'est un acte de 865 sur parchemin, relatif à la délimitation de Prades. Il en existe plusieurs copies anciennes ; M. Alart a donné un *fac simile* de l'original.

Prades, ville commerçante et animée, est le débouché d'un grand nombre de vallées latérales de la Tet, le centre du Conflent, qui lui apporte ses fruits, ses céréales, ses fers, et son bétail. C'est le passage de tous les voyageurs se rendant aux Etablissements thermaux de Vernet, Molitg, Olette, Thuès, Fontpédrouse et des Escaldes ; le grand marché où viennent aboutir tous les produits de la Cerdagne, du Capcir et d'une partie du Nord de l'Espagne. L'extension de nos Etablissements thermaux et la continuation du chemin de fer jusqu'à la Cerdagne donneront un jour à Prades une activité et une importance encore plus considérable.

En résumé, Prades est une des plus jolies petites villes du Midi de la France : — propre, nette, bien entretenue, élégamment bâtie, son séjour est agréable et son climat est tempéré. Ses habitants ont, en outre, à l'égard des voyageurs, une réputation proverbiale d'aménité et d'urbanité.

Aussi cette affabilité attire-t-elle un grand nombre d'étrangers. Pendant l'hiver les riches familles de la Cerdagne quittent leur climat froid pour venir se fixer à Prades.

Lorsque l'été arrive, les habitants des contrées chaudes du Midi viennent dans la vallée de la Tet comme dans celle du Tech, respirer la fraîcheur et l'air pur, chargé d'exhalaisons salubres. Les Espagnols, surtout, aiment ces Pyrénées françaises, où ils retrouvent, en partie, leurs mœurs, leurs habitudes et leur langage.

Ces quelques lignes me sont dictées par la reconnaissance ; dans ce charmant pays où j'étais inconnu : à Prades, au Vernet, à Mont-Louis, à Planès, à Font-Romeu... je n'ai rencontré que d'aimables personnes empressées à m'être utile et agréable.

A l'extrémité de Prades une route, à gauche, conduit en une demi-heure à Codalet et aux ruines de l'abbaye de St-Michel-de-Cuxa. Cet ancien monastère, fondé vers 860, a été jadis un des plus riches et des plus florissants de la contrée.

L'abbé jouissait des honneurs épiscopaux ; sa juridiction spirituelle et son pouvoir temporel s'étendaient sur 42 paroisses et 234 villages. Les moines possédaient une telle opulence que chacun d'eux avait une maison et un personnel de domestiques.

Plusieurs grands personnages vinrent terminer leur existence dans cette retraite ; entr'autres un ancien doge de Venise, saint Pierre Orséolo, qui y mourut en 987.

O ruines antiques et mystiques ! âmes d'un autre âge, vous rappelez à la mémoire tout un passé religieux, et, de vos débris, s'élève encore un vieil encens de foi chrétienne !

Dans nos pays du Nord, ai-je déjà annoncé (*Histoire du Valois*), les communautés « *prieuré, abbaye, couvent,* » constituaient des espèces de villes, où les habitants trouvaient toutes les choses nécessaires à la vie ; le grand autel de l'église était tourné à l'orient ; le dortoir occupait l'aile droite et répondait au haut de l'église ; au-dessous était le chapitre ; en face le réfectoire, à l'occident la cuisine ; le cloître occupait le centre des bâtiments. — A l'origine, chacun de ces établissements religieux formait, dans l'Etat, un petit Etat indépendant, ayant son église, ses lois, ses coutumes, ses mœurs particulières et ne relevant que de la Papauté.

Il en était à peu près de même dans le Roussillon, où les couvents fondés en Orient par saint Pacôme, avaient été introduits au Ve siècle. L'église, succédant à la basilique romaine, offrait un aliment au besoin de dévotion qui remplissait les âmes, et on venait y chercher, outre le spectacle des cérémonies sacrées, l'authenticité nécessaire aux actes privés ; la vie religieuse et la vie civile s'y confondaient. Le clergé, dit Franklin, concentrait en ses mains puissantes toute science, tout enseignement. Par ses soins, les malades étaient secourus, les prisonniers visités, les captifs rachetés ; il recueillait les enfants abandonnés, soulageait les pauvres, protégeait les humbles, et, parfois, excommuniait les seigneurs dont l'oppression sans mesure accablait les malheureux serfs.

L'église de St-Michel-de-Cuxa a été détruite en 1794. Elle avait été construite en 974 et appartenait par conséquent à l'époque romane primitive.

Les archéologues estiment que les ruines de cette église, toutes en marbre, doivent être classées parmi les plus curieuses des anciens édifices du Roussillon.

La situation de l'ancienne abbaye de Saint-Michel-de-Cuxa est charmante, grandiose même : près de là, un petit torrent, qui descend du Canigou, précipite ses eaux en gracieuses cascades, des collines s'étagent les unes sur les autres et, par une éclaircie, laissent apercevoir, à l'horizon extrême, les grandes montagnes dont les cimes se dressent vers le ciel dans toute leur magnificence.

Un savant bibliothécaire de Perpignan, auteur de plusieurs ouvrages remarquables, M. Pierre Vidal, nous apprend que la décence recevait, parfois, de dures atteintes dans les abbayes de la contrée, surtout dans les communautés de femmes. Il raconte qu'une polémique s'éleva même à ce sujet : le cardinal de Polignac fut chargé, un jour, de déclarer au Pape, de la part du roi, que si Sa Sainteté ne pourvoyait pas au rétablissement des bonnes mœurs dans les monastères, Sa Majesté serait dans la nécessité d'intervenir.

De leur côté, les moines de St-Michel-de-Cuxa écrivaient à Louis XV, en 1728, pour se plaindre de la conduite scandaleuse des suivantes que Mme de Copons, femme du Premier Président de Perpignan, amenait avec elle pendant son séjour d'été à l'abbaye.

La dispute s'envenimant, l'évêque de Perpignan affirma dans une lettre au roi qu'en temps de carnaval, les jeunes magistrats allaient chercher des nonnes dans les couvents pour les débaucher et les conduire au bal.

Le Procureur général répondit qu'il n'y avait pas de pays en France où il y eût autant de prêtres corrompus qu'en Roussillon...

Toutes ces querelles devaient bien réjouir la cour la plus dissolue de l'Europe.

En sortant de Prades, le voyageur apercevra, à droite, une route qui le conduira à Catllar, où les ruines d'un vieux château dominent la vallée. Il arrivera à Molitg, célèbre par son Etablissement thermal. Cette station est recherchée en été pour la fraîcheur de son climat et la qualité de ses eaux qui ont les mêmes propriétés que celles du Vernet.

Molitg compte 300 habitants ; c'est un village situé dans une région écartée, sur les plans inférieurs d'une montagne dont le sommet (450 mètres), domine les vallées environnantes, et est un moyen-terme entre la plaine basse et les régions élevées. Ses environs sont charmants et, de Prades, une belle route y conduit ; elle est ombragée, sur tout son parcours, par de gigantesques platanes et par de magnifiques mûriers à haute futaie. Toutefois, cette Station thermale se recommande moins encore par ses promenades agréables que par les énergiques qualités de ses eaux onctueuses et sulfureuses.

La situation géographique de Molitg, annonce le docteur Picon, le degré moyen de son altitude, son influence climatérique, la salubrité de l'atmosphère qui l'entoure, constituent un ensemble de circonstances hygiéniques et modificatrices, éminemment propres à venir en aide à la puissance médicatrice de ses eaux minérales.

De la terrasse de l'Etablissement des bains, l'œil embrasse un superbe panorama ; dans les vallons d'alentour s'étagent en gradins, les vignes, les figuiers, les oliviers, les grenadiers sauvages, les genêts d'Espagne, les térébinthes, les agaves, les cactus..... Toute cette végétation indique un climat doux, uniforme et tempéré.

Près des Thermes de Molitg, les ruines de l'ancien couvent de Notre-Dame du Corbiac et du château de Paracols sont très curieuses à visiter. Il existe dans ce dernier, des souterrains qui aboutissent à Molitg. — Comme Carthage, Paracols a sa légende ; on prétend encore, dans le pays, que le fils d'un seigneur de Nohèdes, s'étant révolté contre son père, celui-ci le bannit et ne lui donna pour terres que la contenance d'une peau de taureau. L'exilé fit découper une de ces peaux en lanières, très minces, et la circonférence comprise entre ces fins cordons aurait formé une étendue de terrain considérable. — On rencontre aux alentours de ce château et sur la montagne, huit monuments mégalithiques, dolmens et menhirs. Ce nombre indiquerait un centre d'habitations des temps préhistoriques, peut-être à cause des sources voisines.

Lorsqu'il rentrera à Prades, le touriste gagnera l'Espagne, en passant par Ria, Villefranche, Serdinya, Olette, Mont-Louis, le col de la Perche, Saillagouse et Puycerda.

La profonde vallée de la Tet ne le cède en rien à celle du Tech, mais la première, à partir de Villefranche, est souvent plus resserrée et plus sauvage que sa voisine; ses montagnes sont plus dénudées et plus escarpées, ses tons, d'un gris jaunâtre très prononcé, tranchent davantage sur le ciel bleu, ou sur la verdure des rives du torrent.

Ces deux vallées peuvent être comparées à deux sœurs, qui rivalisent de grâces et de charmes, mais dont le genre de beauté n'est pas le même : la physionomie générale de la vallée de la Tet est plus imposante, plus grave et plus sévère que celle du Tech; ses traits sont plus sérieux, plus durs même, ses lignes plus profondes et son ensemble d'un style plus accentué. Toutes deux, également séduisantes, ont des attractions très dissemblables, mais toutes deux méritent d'être appréciées au même degré. — Le voyageur définira ce sentiment d'après ses goûts, ses préférences et la tournure de son imagination. Il y aura là, pour lui, un vaste champ d'études et d'observations, ainsi qu'un véritable plaisir de l'esprit et de tous les sens.

Les impressions de ces deux voyages seront différentes, mais ineffaçables ; la mémoire les rappellera toujours. La contemplation des grands chefs-d'œuvre qui nous entourent, élève le cœur et ennoblit l'âme ; elle procure des sensations inconnues et des émotions qui, sans cesse renouvelées, sont une source de jouissance dans le présent et dans l'avenir.

L'habitude des voyages est un commencement de communion internationale des peuples : par les réunions, l'échange des impressions, ceux-ci apprennent à se connaître, à s'apprécier, à s'aimer et à unifier leurs idées. — Cette noble curiosité marque une tendance qui ne fera que s'accroître, que s'accentuer de plus en plus ; car, de plus en plus, les nations seront plus instruites et moins exclusives que jadis. L'avenir, à ce sujet, ne doit inquiéter personne.

C'est par les voyages que l'intelligence, l'imagination, le sentiment de l'idéal, se développent et prennent leur essor vers l'infini. C'est au contact des plus radieuses créations de la nature que l'homme est heureux de vivre, qu'il se rattache à tout ce qui est bon, qu'il retrouve tout le mouvement, toute la fraîcheur de sa jeunesse, qu'il s'élance au delà de l'existence par la connaissance de la vérité, de l'éternelle beauté et par la prescience de l'immortalité de l'âme !

* * *

En quittant la superbe plaine de Prades, avec la mélancolie inséparable des choses qui finissent, nous nous arracherons à toutes les attractions que nous venons de décrire, pour continuer à remonter le cours de la Tet.

Aussitôt après les dernières maisons de Prades, nous remarquerons, à gauche, le joli vallon de St-Michel. Le clocher du village détache sa masse grisâtre au-dessous du Canigou et au milieu d'un fouillis de verdure. Nous franchirons la rivière de Taurinya ; nous laisserons à droite la Tet, ses prairies, ses collines en terrasses couvertes de vignes, d'oliviers..... et nous arriverons à Ria.

Ria, situé au confluent de la Tet et du ruisseau de Conat, est formé de deux parties distinctes, séparées par la Tet. Le vieux Ria est un amas pittoresque de maisons noires étagées en amphithéâtre sur un cône isolé, au-dessus de la rive gauche de la rivière. Le nouveau Ria, sur la rive droite et bordant la route, est occupé par quelques maisons et par l'usine métallurgique Jacob-Holtzer et Cie. — On peut, avec l'autorisation, visiter cet établissement, où il se fait d'excellents aciers comparables aux produits anglais.

A un kilomètre de Ria, sur les collines qui

dominent la route à gauche, est le hameau de *Sirach*, où existe une *grotte* assez spacieuse. Cette caverne s'étend au loin sous la montagne ; par la beauté et la variété de ses stalactites, elle réserve aux visiteurs une série d'enchantements.

Ria possède un entomologiste bien connu dans la région, M. le capitaine Xambeu ; ce savant a recueilli dans les montagnes de nombreuses et curieuses espèces d'insectes. Nous ne le suivrons pas ; ses nombreux travaux nous conduiraient trop loin, mais nous signalerons aux amateurs de cette partie de la zoologie, un rapport sur les importantes découvertes de M. Xambeu. (*Bulletin de la Société agricole, scientifique et littéraire.* — Année 1889, page 144. — Perpignan.)

Une excursion aux environs de Ria offrira au touriste un grand attrait de curiosité ; c'est celle aux étangs de Nohèdes ; les *Palais des Démons*, dit une légende.

Accompagné d'un guide, nous quittâmes Ria un jour à trois heures du matin. La lune, dans son plein, éclairait les objets de ses lueurs confuses, semblables à de légères apparitions ; l'air vif, d'une fraîcheur exquise, nous caressait agréablement le visage.

Nous suivîmes la route carrossable de Conat, des plus agréables pendant l'été ; elle longe la rivière de Caillan et se termine à *las Fontaneillas*, pour se continuer par un chemin de montagne.

Conat, que nous traversâmes, possède des ruines d'un ancien château, ainsi que plusieurs sources ferrugineuses. Son église, du

XIe siècle, est ornée d'un portail aux élégants chapiteaux.

Le même chemin nous conduisit à Bettlans et, de là, à Nohèdes où nous remarquâmes la *Foun Roubillouse*, petite fontaine aux eaux carbonatées ferrugineuses. Parcourant ensuite les vastes prés de la *Soulane*, nous rencontrâmes le réservoir du gouffre et la *Jasse de Nohèdes*, où paissent de nombreux troupeaux pendant la belle saison. Après avoir traversé le *Pla d'al Gourc*, nous arrivâmes au premier étang, le *Gourc estellat*. Il tire ce nom du reflet de ses eaux, glacées et profondes, qui scintillent au soleil comme des étoiles au firmament. Des truites saumonnées y abondent. L'étendue de ce petit lac est de 220 mètres de longueur sur 80 de largeur.

Plusieurs autres étangs : le *Gourc blau*, à la coloration azurée, et le *Gourc nègre*, s'élèvent par gradins au-dessus du *Gourc étoilé*. Encaissés complètement par de hautes montagnes presque toujours couvertes de neige, tous ces étangs offrent des points de vue resserrés mais pittoresques. Des habitants de la contrée nous racontent qu'il s'est passé là, jadis, des événements surnaturels: entr'autres, des filles enlevées par les démons auraient été précipitées et englouties dans les profondeurs de ces lacs.

Les étangs de montagnes forment les réservoirs naturels des sources et des fontaines. Les principaux des Pyrénées-Orientales sont ceux de Lanoux, de Cadi, des Bouillouses, des Abeilles et de Nohèdes. Les étangs de la plaine sont plus étendus ; celui de Salces comprend, dans le Roussillon, 4,200 hectares et se continue dans le département de l'Aude sous le nom d'étang de Leucate. L'étang de St-Nazaire, dont les eaux sont salées, a une superficie de 940 hectares.

L'amateur de plantes rencontrera sur la colline de Nohèdes, le *Remondia Pyrenæïca*, et, autour des étangs, le *Carex Pyrenæïca*; des rhododendrons, des genêts, le *sempervivum*, l'aconit et quelques espèces spéciales à ces régions, dont l'altitude s'élève jusqu'à 1,800 mètres.

Au delà de Ria, la vallée de la Tet, d'abord assez large, s'étrangle en un étroit défilé. A gauche, la *Trencada d'Ambulla*, haute montagne de marbre métamorphique, dresse à 813 mètres ses escarpements à reflets rouges et bleus. Cette chaîne, qui domine la route jusqu'à Corneilla, est une station botanique des plus riches. La chaleur solaire, concentrée entre les anfractuosités des rochers, y active la végétation. Vers le milieu d'avril, on y rencontre *l'Asphodelus ramosus*, à côté d'autres liliacées en fleurs ; les renonculacées y abondent aussi, notamment les *adonis*, dont les corolles rouges tachent les rochers de gouttes de sang.

Au fond, devant soi, la vallée semble barrée par une série de hautes crêtes calcaires, bizarrement tailladées ; au sommet s'élève le château de Villefranche ; on aperçoit ensuite cette ville entre la Tet et les montagnes qui dominent la rive droite. Après avoir côtoyé la rivière du Vernet, le touriste passera sous deux portes extérieures faisant partie des fortifications de Villefranche, et, sans entrer dans la place, remontera le torrent et pénétrera dans une étroite gorge d'un aspect grandiose. Des deux côtés, des rochers merveilleusement découpés surplombent à pic, projètent de fines aiguilles, des cônes, des pyramides et des cubes gigantesques qui semblent sur le point de se détacher ; d'étroites gorges, des fentes verticales, creusent des trous d'ombre dans la lumière éblouissante de ce paysage ; enfin, quelques touffes d'arbrisseaux escaladent et piquent de points noirs ce fond de grisaille continu.

A droite de ce tableau, la rivière de Cady, bordée de prairies étroites, se brise en paillettes d'argent sur les rocs éboulés.

Après un parcours d'un kilomètre, la vallée s'élargit, les escarpements menaçants se reculent pour faire place à de molles ondulations ; les hautes herbes des prairies, les pommiers touffus, les noyers et les cerisiers contrastent, par leur végétation grasse et plantureuse, comme un paysage normand, avec la maigreur osseuse du défilé. Sur une butte, à gauche, les maisons de Corneilla, groupées autour de leur clocher, opposent aussi leurs murs enfumés et leurs toits sombres aux couleurs vives et claires du feuillage qui les entoure. On franchit ensuite la rivière de Fillols et on peut aller visiter l'église de Corneilla.

Cette église mérite d'être visitée ; elle est classée dans les monuments historiques. Le portail, en marbre blanc, est un des plus beaux du Roussillon.

La pente de la vallée de Corneilla est douce et agréable. La vue, des plus pittoresques, s'étend de tous côtés sur un admirable cirque de montagnes : à droite, le pic de *Très Estellas* se dresse nu, déchiqueté, immense pyramide haute de 2,096 mètres ; à gauche, s'ouvre la vallée du Cady ; déchirure profonde dont les parois grisâtres, que n'égaie aucune trace de verdure, ont un air de tristesse et de souffrance qui frappe l'imagination. Au-dessus, le pic de Quazemi et le Canigou étendent de l'un à l'autre une longue crête couverte de neige pendant une partie de l'année.

La route franchit le torrent de St-Vincent, puis se fraie un passage entre des blocs de rochers entassés les uns sur les autres. Des taillis de châtaigniers, d'aulnes et de peupliers confusément jetés entre les éboulis ajoutent encore à ce désordre de la nature ; c'est une mêlée de rochers, une absence d'alignement qui étonne au sortir des prairies de Corneilla.

A première vue, on pourrait croire que ces blocs ont été roulés par quelque puissant courant d'eau, ou déposés par quelques moraines de l'ancien glacier du Canigou.

Les géologues estiment que cet amoncellement est formé de matériaux désagrégés et non transportés ; ce n'est ni une alluvion ni une moraine, mais une roche décomposée sur place, dit M. Charles Martins.

« En effet, tout terrain de transport se compose de fragments de roches de nature différente entraînés par la glace ou par les eaux ; or, dans cet amoncellement, tous les fragments sont de même nature : c'est une roche schisteuse brune, à feuillets très minces, contenant du mica, et mouchetée de grands cristaux de feldspath, dont la longueur est de 3 à 4 centimètres. Une autre preuve que ces matériaux n'ont point été transportés, c'est que ces schistes micacés bruns à grands cristaux de feldspath n'existent point dans tout le massif du Canigou, d'où ils auraient dû pourtant provenir s'ils n'étaient pas le résultat de la décomposition d'une roche en place. »

Après avoir ensuite côtoyé les vergers et les prairies qui forment le fond de la vallée, la route arrive au Vernet.

Voilà le côté réel ; l'aspect vrai, presque la photographie du panorama remarquable qui se renouvelle, sous divers aspects, depuis Prades jusqu'au Vernet.

Mais si le voyageur est ami du merveilleux, s'il a été bercé avec les récits fantastiques d'Anne Radcliff, il devra partir un soir de Prades par un beau clair de lune.

C'est alors que ces paysages apparaissent et se déroulent successivement, avec leurs sites grandioses, leurs cavités profondes, leurs sommets déchiquetés aux roches aiguës... C'est la poésie des contes d'Hoffmann.

A droite, la lune, argentant les grandes montagnes rousses, semble étendre sur leurs flancs dénudés un large voile transparent, dont les tons varient d'un gris très doux à la couleur foncée des vieux plombs d'église. Les prairies châtoient comme des étoffes de soie vert pâle, entremêlées de paillettes scintillantes ou de perles légères.

A gauche, le contraste est frappant, c'est la nature puissante et terrible des montagnes à pic, des rochers aux aspérités dures, aux tons violents et aux coupures brusques.

Si, d'un côté, l'œil se repose sur un paysage enchanteur, si l'esprit est envahi par une douce et vague mélancolie, si l'imagination rêve Espagne, châteaux et *señoras* aux regards de velours ; de l'autre, le cœur se serre avec effroi devant ce chaos titanesque.

A mesure que l'on avance, des rochers surplombant la route semblent vouloir vous écraser de leur lourde masse. Instinctivement, on hésite à franchir ce défilé de l'enfer du Dante ; on se sent faible, petit, et, comme l'enfant devant un géant, on frémit et on admire en même temps.

Cependant, l'œil s'habitue insensiblement à ce sublime spectacle, la masse se divise, se coupe, les crêtes se dentellent et les grands blocs prennent les formes des vieux *burgs* allemands dessinés en noir par Victor Hugo. Plus loin, les rochers découpés, les pitons élevés font l'effet d'antiques manoirs en ruines. Mais si la lune, qui éclaire d'une lumière diffuse tous les interstices, se couvre d'un voile léger, les tons se fondent subitement et, comme sous la baguette d'un magicien, tous ces châteaux, ces donjons, ces créneaux s'écroulent, entraînent dans leurs ruines des silhouettes de fantômes aux formes bizarres et aux contorsions effrayantes.

C'est le cadre d'une vieille ballade aux nombreux enchantements : le bruit du torrent rappelle les accents lointains du cor ;

on attend ému, troublé, le passage de la chasse infernale, ou l'apparition, sur un haut donjon, de la blanche châtelaine venant interroger l'horizon et guetter le retour de son chevalier.

*
* *

Nous venons de faire cette excursion par une belle route carrossable. Le parcours en voiture est d'environ une heure et demie ; mais, quand la ligne ferrée de Prades aboutira à Villefranche, un tramway à vapeur sur rails sera établi jusque dans les Etablissements thermaux du Vernet.

De verdoyants vallons entourent cette Station balnéaire. Partout, de riantes métairies, aux paysages variés, sont encadrés magnifiquement par une nature imposante. Des pics élevés, gradins supérieurs d'un immense amphithéâtre, mettent toute cette région à l'abri des vents froids et violents.

En été, l'abondance des sources entretient, au Vernet, une délicieuse fraîcheur et une végétation luxuriante. — En hiver, les rigueurs de la température sont adoucies par les rayons du soleil, que réfléchissent les hauts rochers.

Les deux principales constructions de ces Etablissements balnéaires sont d'une architecture grandiose : la première, avec ses façades magnifiques et ses arcades monumentales, imite les hôtels de la rue Castiglione, à Paris. La seconde est une merveille de luxe, un véritable palais, dans le style du nouveau Louvre, vu de la cour du Carrousel, avec des terrasses élégantes, de vastes péristyles.

Quant à la distribution de l'intérieur du Casino, elle comporte tout le bien-être et le confortable modernes : des colonnades fines et élancées, de hauts portiques, des galeries, des tableaux, des sculptures artistiques, des meubles somptueux, des salles de jeux, de billard, de bal, une bibliothèque, un théâtre de toute beauté, etc., etc.

Le parc, qui descend vers le fond de la vallée, est aménagé avec un goût exquis ; il est orné d'arbrisseaux et de plantes rares de toutes essences, de toutes espèces et de toutes régions. Des corbeilles de fleurs, aux nuances graduées et aux enivrantes émanations, parfument l'atmosphère ; de grands arbres s'élancent du milieu des quinconces et dessinent sur le sable des allées leur ombre irrégulière ; des saules pleureurs aux branches déployées en éventail retombent mélancoliquement sur des ruisseaux sinueux ; des cascades pittoresques arrosent des pelouses parsemées de petites fleurs des champs ; de légers ponts franchissent une rivière aux capricieux méandres.....

Plus loin, sur un grand lac qui reflète l'azur des cieux, se balancent mollement de légers bateaux ; leur douce ondulation invite à la rêverie, à la méditation, aux tendres confidences....... Nous évoquons Lamartine :

> O lac, t'en souvient-il ?
> Nous voguions en silence ;
> . . . .

Autour des embarcations, et comme prenant plaisir à les accompagner, de beaux cignes, aux formes souples et élégantes, font onduler gracieusement leurs cous, semblables à des arcs au milieu des roseaux. Avec une majesté indolente et paisible, ils glissent silencieusement sur le miroir du lac, dont ils ne troublent la surface que par un long sillon argenté.

L'air est peuplé d'oiseaux, aux vives couleurs, à la voix mélodieuse. Ils voltigent d'arbre en arbre, de branches en branches, et chantent leur aubade à plein gosier. La symphonie de leurs accords joyeux se mêle à la gaité de cette merveilleuse nature :

> Au printemps, dans l'or pur du soleil radieux,
> Plus léger qu'une abeille ou qu'un sphinx en maraude,
> Passe vif et rapide, éblouissant nos yeux,
> Le courtisan des fleurs, l'oiseau-mouche émeraude.
>
> Volant de l'une à l'autre, il s'en va picorant
> Et plonge son bec fin jusqu'au fond des calices,
> Enchanté de la vie et toujours murmurant
> Comme s'il ruminait d'ineffables délices.
>
> Dans l'espace d'un jour il en voit par milliers,
> Butinant à loisir les plus fraîches écloses,
> Cloches des althœas, grappes des vanilliers,
> Corolles des grands lis, cœur embaumé des roses.
> . . . .
>
> André Lemoyne.

Ce superbe parc est embelli par un jardin d'hiver suspendu aux flancs de la montagne ; il renferme de nombreux palmiers, mille plantes exotiques et tropicales. L'Etablissement est entouré de kiosques coquets, de charmantes constructions..... il est dominé par le massif du Canigou que l'on aperçoit des bords de la Méditerranée, depuis Barcelone jusqu'aux embouchures du Rhône.

Le Canigou, aux teintes sombres et sévères, aux pentes rapides, aux profondes déchirures et au front sourcilleux, comme toutes les cîmes neigeuses, étend sa grande ombre sur la contrée entière ; il semble protéger les riants coteaux, les vertes forêts qui, du fond des vallées, s'étagent jusqu'à ses pieds.

Ce contraste saisissant, cet ensemble harmonieux, aux gammes ascendantes, aux consonnances parfaites dans leur disparité, surprend le regard par la variété des couleurs et transporte la pensée dans un monde inconnu. On ne saurait exprimer le charme qui envahit l'âme à la vue de cette prodigalité de verdure, et faire comprendre l'émotion violente dont le cœur est agité devant ce bouleversement chaotique.

Lorsqu'au printemps le soleil, dégagé des brumes de l'hiver, fait apparaître la vallée dans tout l'éblouissement de sa splendide floraison, les plus charmants souvenirs se réveillent et chantent dans l'imagination comme des rossignols. — Ceux qui veulent rêver, méditer, et aimer en liberté, ceux qui recherchent la nature coquette et sauvage à la fois, trouveront dans ce délicieux séjour le calme des sens et la satisfaction de leurs plus intimes aspirations.

D'importants embellissements viennent encore d'être exécutés dans les Etablissements thermaux du Vernet, par M. de Burnay. Ils donneront à cette Station balnéaire un renom qu'elle mérite à tous égards. — Les multiples propriétés curatives des Eaux, l'aspect grandiose des environs attireront en foule, dans cette contrée privilégiée, les malades et les touristes de tous pays.

Les étrangers trouveront au Vernet un accueil empressé. Les habitants de cette heureuse petite ville sont serviables et d'une urbanité parfaite. — A ce sujet, je tire ici une parenthèse pour témoigner ma reconnaissance à son maire, M. Jampy, qui, sans me connaître, m'a donné d'utiles renseignements.

Depuis la plus haute antiquité, les eaux du Vernet jouissent d'une grande réputation.

Les annalistes espagnols prétendent que cette localité aurait été fondée par une colonie de Toscans, compagnons d'Hercule. Elle est signalée, en 1186, comme appartenant au monastère de Saint-Martin-du-Canigou.

L'Etablissement du Vernet est ouvert toute l'année ; ses eaux sont sulfureuses, sodiques, incolores, très limpides, ne se troublant pas au contact de l'air, d'une odeur hépatique légèrement sulfureuse, onctueuses au toucher, résultat de l'agent alcalin qui entre dans leur composition et de la matière glaireuse (barégine), qui s'y trouve en suspension dans une notable proportion.

Voici la température des différentes sources de cet Etablissement : du Vaporarium, 57° ; — de la Comtesse, 8° ; — des Eaux-Bonnes, 52° ; — de St-Sauveur, 50° ; — Elisa, 33° ; — Mère, 58° ; — et du Parc, 65°.

Toutes ces sources débitent plus de 300,000

litres par 24 heures ; leur degré de sulfuration varie de 0,0016 à 0,0110. L'analyse des eaux fait constater, en diverses proportions, la présence des matières suivantes : sulfure de sodium ; carbonate de soude ; carbonate de potasse ; sulfate de soude ; chlorure de sodium ; carbonate de chaux et de magnésie ; silice ; glairine ou barégine.

Les maladies traitées sont : les rhumatismes aigus ou chroniques, les anciennes blessures, les névralgies ou névroses, cystite chronique, engorgements de la prostate, catarrhes de la vessie, gravelle, engorgements, granulations, érosions, ulcérations, chlorose, bronchites et laryngites chroniques, phthisie....... — L'inhalation des vapeurs sulfureuses des sources du Vernet est surtout conseillée par les médecins pour certaines affections de la peau, des membranes muqueuses et des organes génitaux.

A toutes ces causes de soulagement, il y a lieu d'ajouter les avantages inappréciables de l'absence presque complète des vents, d'un climat tempéré, d'un air pur, balsamique, indemne, et exempt des innombrables microbes, origine de tant de maladies, et toujours en suspension dans l'atmosphère des villes.

Les eaux thermales du Vernet ont déjà obtenu, pour leur supériorité incontestable, deux médailles d'or aux Expositions de Toulouse (1887) et de Barcelone (1888). — Ces eaux sont surtout souveraines dans les affections rhumatismales. — A ce sujet, je citerai les réflexions si judicieuses du Dr Louis Delmas, auteur de plusieurs ouvrages sur les

Stations pyrénéennes. Ce savant médecin a fait de celles-ci l'objet tout particulier de ses remarquables travaux.

« Si, d'une part, l'usage des eaux minérales se perd dans la nuit des temps, ainsi que le démontrent, avec une surprenante évidence, les découvertes récentes de plusieurs *knock-kenmodding* auprès de certaines Stations *pyrénéennes* ; et si, d'une autre, l'examen des ossements préhistoriques révèle parallèlement l'insondable antiquité des affections rhumatismales, on se trouve d'emblée en présence d'un argument irrésistible en faveur de l'efficacité du traitement thermo-minéral dans le rhumatisme chronique. Quoi de plus démonstratif, à *priori*, que cette vogue ininterrompue à travers les siècles, malgré les capricieuses évolutions de la mode thérapeutique ? Le commun accord, sur ce sujet, de peuples essentiellement opposés, à tous les points de vue, de race, d'instinct, de mœurs, de tradition, d'éducation sociale, suffirait à nous démontrer qu'il s'agit ici de toute autre chose que d'une simple crédulité naïve.

L'efficacité des eaux minérales s'impose donc par une longue expérience.

En ce qui concerne les indications générales, la thérapeutique thermo-minérale peut être considérée comme une très complète réunion des moyens réputés les plus actifs et les plus recommandés pour parvenir à une modification constitutionnelle durable. La nécessité de se rendre aux sources mêmes des eaux minérales, afin de bénéficier sûrement de tous leurs effets, procure déjà, *ipso facto,* les avantages si appréciés et si salutaires aux rhumatisants, du changement de milieu et d'habitudes.

Ils se délivrent de la sorte, pendant une période suffisamment prolongée, de toutes les influences atmosphériques nuisibles à leur santé, des obligations professionnelles peu compatibles avec les soins dont ils ne sauraient se passer. De plus, la très heureuse diversité de minéralisation et de thermalité des eaux permet à chacun de trouver dans le milieu de son choix, sous une forme appropriée à ses besoins organiques, l'ensemble des principes médicamenteux nécessaires à sa guérison.

Restreinte aux exigences curatives de l'élément rhumatismal, l'indication des eaux est tout aussi facile à justifier qu'elle se montre féconde en résultats d'autant plus tangibles qu'ils sont immédiatement appréciables. Ici, la preuve de l'amélioration, parfois de la guérison complète n'a pas à craindre d'être discutée. Les faits parlent assez haut pour chasser de tous les esprits la moindre velléité de suspicion. Il suffit de se rappeler l'état du malade à son arrivée aux thermes, alors qu'il se soutenait à peine à l'aide de béquilles ou de bras affectueusement protecteurs, manifestant au moindre mouvement les signes d'une intolérable douleur, réduit, en fin de compte, à l'impotence fonctionnelle d'un paralytique, et de le voir ensuite au dernier jour de la saison, libre de tout soutien, reprendre gaîment et allègrement le chemin de son domicile. — Il n'est pas de médecin des eaux qui ne puisse citer un nombre fort respectable de pareilles transformations.

En résumé, l'expérience des siècles, la foi populaire, les faits d'observation, l'analyse raisonnée des actions curatives, proclament l'opportunité du traitement thermal. »

La situation du Vernet, ses conditions atmosphériques, ses cures merveilleuses, ont fait supposer à M. de Burnay, propriétaire des Etablissements du Vernet, que l'on pouvait créer, dans cette Station thermale, un *Sanatorium*, où seraient envoyés les phthisiques et autres malades atteints d'affections de poitrine, pour y subir le traitement en plein air. — Des médecins de Paris ont approuvé ce projet, et l'inauguration du *Sanatorium du Canigou* a été faite le 11 octobre 1890, en présence de plusieurs sommités médicales et scientifiques.

Le nouvel Etablissement est situé sur les hauteurs qui dominent les anciens Thermes Mercader.

***

Au nombre des excursions faciles à entreprendre aux environs du Vernet, il y a lieu de citer celles du jardin d'hiver, à la montagne de la Penne, à l'abbaye de St-Martin-du-Canigou, à la tour de Goa, à Casteill, à la fontaine des Esqueyres, aux gorges de St-Vincent, à Corneilla-du-Conflent, à Fillols..... Et, dans la vallée de Sahorre, à *Baynal d'Amont* et *del Mitg*, à Fulla..... La carte d'Etat-Major indiquera ces itinéraires ainsi que ceux des grandes excursions.

La promenade du Casino à la laiterie est une des plus agréables : un petit chemin sinueux, en partie sous bois, gravit la montagne ; ses perspectives, multipliées par les détours, ravissent l'œil du spectateur, et des bosquets ombreux offrent de tranquilles retraites à l'amateur de lecture.

L'ascension la plus importante, la plus intéressante et la plus renommée de cette partie des Pyrénées, celle qui est l'objectif, le titre de gloire, et le but ardemment désiré des touristes intrépides, est celle du Canigou. La neige ne disparaît jamais de ses profonds ravins, mais le sommet extrême se découvre pendant les chaleurs de l'été, et il commence à être accessible au mois de juin.

De toutes les cimes de l'Europe, le Canigou est l'une des plus belles et des plus majestueuses — Ainsi que l'Etna, écrit Elisée Reclus dans sa Géographie universelle, le Canigou est un de ces monts qui se dressent dans leur force comme les dominateurs de l'espace immense : d'en bas, sa pyramide grisâtre, rayée de ravins, d'éboulis et d'arêtes en saillie aux teintes diverses, n'est pas moins puissante d'aspect que celle du volcan de Sicile.

En partant du Vernet pour atteindre le sommet du Canigou, le voyageur passera d'abord à Casteill (*Castrum*), pauvre village situé à l'extrémité de la vallée, dont plusieurs maisons, cependant, possèdent des pierres sculptées, des chapiteaux romans, des tronçons de colonnades ; vestiges de luxe architectonique qui proviennent des dépouilles de la célèbre abbaye de St-Martin-du-Canigou. — Un chemin serpente ensuite à travers des rochers, longe un précipice et conduit à ce vieux monastère, dont il ne reste plus que des ruines, « un amas de décombres pittoresques et mélancoliques, » dit le baron Taylor. Le climat y est âpre, froid et souvent terrible. — La tour est encore debout; les débris de l'église, ainsi que la crypte, sont intéressants et curieux à visiter.

Des terrasses et des balustrades de ce monastère, on ne voit de tous côtés que des précipices affreux dont les fonds sont hérissés de pointes de granit.

Le voyageur continuera à monter jusqu'au *col de las Banyals* ; il descendra ensuite dans un joli vallon, *Vacants de la Jassa d'en Vernet*, qu'ombrage un bois de sapin, gravira un plateau d'où il commencera à dominer les Pyrénées et à étendre son regard par delà les monts. Il pourra souper à cet endroit et coucher dans des abris habités par les bergers et les chevriers de la montagne.

A peine l'aube éclairera-t-elle de sa lumière blanchâtre le faîte des pics altiers, que le touriste, reprenant son ascension, côtoiera plusieurs petits lacs; il arrivera à *las Estagnols*, ou *Clots de Cadi*, à 2,000 mètres d'altitude, dépassera un vaste éboulement de roches granitiques et atteindra enfin la *cheminée*, c'est-à-dire le sommet du Canigou.

Ce plateau supérieur, situé à 2,785 mètres

au-dessus du niveau de la mer, n'a que 8 mètres de longueur sur 5 de largeur. Une cabane y a été installée pour abriter, pendant la nuit, les voyageurs qui désirent assister au lever du soleil. La pierre centrale a souvent servi à des études géodésiques : en 1842, François Arago, Laugier, Petit et Victor Mauvais y ont fait d'intéressantes études sur la physique du globe.

M. de Burnay vient de concevoir l'audacieux projet de supprimer la fatigue de la pénible escalade du Canigou.

Il s'agirait d'établir, comme au Righi, un chemin de fer funiculaire qui conduirait les promeneurs au sommet même du Canigou. Des études sont déjà commencées à ce sujet.

Du point ultième du Canigou, le touriste se rendra compte de l'aspect général des Pyrénées françaises et espagnoles : s'il regarde à ses pieds, il apercevra de profonds abîmes, de redoutables escarpements, des précipices insondables, de nombreux lacs, des forêts suspendues aux flancs de la montagne. Le centre est occupé par un lac et par plusieurs monceaux de glaces et de neige élevés en forme de rochers ; exposés au Nord, ces glaciers sont perpétuels ; de nombreuses crevasses les sillonnent en tous sens.

Plus loin, le spectateur embrassera l'immense panorama encadré par la Méditerranée, les plaines de toute la Catalogne, les Corbières et, au-dessus, la masse confuse des Cévennes.

— De longues suites de hautes montagnes et de profondes vallées, se détachent du Canigou en se déroulant vers les torrents :

> . . . . vieux pic solitaire,
> Tu te dresses superbe, orgueilleux, imposant ;
> Une cour de géants, comme un roi, t'environne,
> Et la nue à ton front vient poser sa couronne.
> Ah ! que l'homme est petit ! Que ce spectacle est grand !
>
> Jean Codet.

La vision s'étend dans toutes les directions sur un rayon de plus de 200 kilomètres, depuis les pics de Batera, des Treize-Vents, de la Comelada..... qui forment, avec celui du Canigou, comme un vaste cratère, jusqu'aux points les plus découverts de ce cercle illimité. — C'est un coup d'œil magique dont la plume ne saurait rendre la majestueuse grandeur et la magnificence.

Le sommet du Canigou offre à l'observateur un des tableaux les plus imposants de la nature sauvage : là, se découvrent les traces profondes des révolutions de la terre, et si l'on porte ses regards sur la scène du monde, un sentiment involontaire de fierté vient se mêler aux charmes de la rêverie. Il semble qu'en dominant au-dessus du globe, on aperçoive les ressorts qui le font incliner sur l'écliptique et graviter autour du soleil :

> La terre s'inclinant comme un vaisseau qui sombre,
> En tournant dans l'espace allait plongeant dans l'ombre.
> . . . .
>
> V. Hugo. — *Les Contemplations.*

et, si l'on vient à comparer la durée de notre existence aux grandes époques de la nature, on s'étonne qu'occupant si peu de place, dans l'espace et dans les temps écoulés, l'homme ait pu croire qu'il était l'unique but de la création de l'univers.

L'aspect de cette nature vierge, de ces masses primitives enlève, cependant, au spectateur le sentiment de sa faiblesse ; il s'élève au-dessus de lui-même, sent ses facultés vitales s'agrandir, et ne peut se défendre d'un sentiment d'orgueil en pensant qu'il foule aux pieds les témoins des premiers âges du monde, dont il reconstitue l'histoire.

Entre ces pics, et au milieu d'un gouffre profond, le touriste apercevra un lac congelé une partie de l'année. — Une tradition populaire affirme que, jadis, la mer s'élevait jusque-là et que l'on a trouvé scellés, dans les rocs, d'énormes anneaux de fer où s'amarraient les navires.

Cette légende appartient au merveilleux : nous avons précédemment démontré qu'à la suite du soulèvement des Pyrénées, la mer du Roussillon ne dépassait pas Ille et Céret.

Avec plus de raison, il y a lieu de faire remonter l'établissement de ces grands anneaux aux Phéniciens, que l'on sait avoir établi une colonie dans ces contrées pour y exploiter diverses mines. L'ouverture que l'on découvre près des glaciers aurait été pratiquée dans ce but, et les anneaux devaient servir à monter les hommes et les fardeaux.

Ces massifs primitifs, ces crêtes escarpées, ces cimes neigeuses, ces lacs glacés, miroirs éblouissants, ces torrents impétueux qui se brisent en cascades sur les rochers, ces pics effilés autour desquels flottent et s'enroulent capricieusement de légères vapeurs, longues traînées floconneuses semblables aux voiles des fées de la légende....., toutes ces Pyrénées, enfin, apparaissent comme enveloppées d'une poésie due aux grands faits d'armes dont elles ont été les impassibles témoins. — Tout ce passé héroïque revient à la mémoire. L'imagination aperçoit dans les vallées, sur les montagnes, les légions victorieuses d'Annibal, de César, de Pompée, de Charlemagne..... Elle entend au loin, répercuté par les échos des sombres gorges, le cri de guerre de Roland, son appel patriotique aux grands vassaux de France, à ses vieux compagnons :

En Espagne ! en Espagne ! amis, il faut partir.
. . . .

> Superbes Pyrénées
> Qui dressez dans le ciel
> Vos cimes couronnées
> D'un hiver éternel,
> Pour nous livrer passage
> Ouvrez vos larges flancs,
> Faites taire l'orage,
> Voici venir les Francs.

Roland revient victorieux, mais

> Il est un vallon triste et sombre,
> Entouré de rocs escarpés
> Dans lesquels des soldats campés
> A l'ennemi cachent leur nombre :
> C'est le vallon de Roncevaux.

. . . .

> Quand les Francs partent pour la guerre,
> Roland toujours est le premier ;
> Mais s'ils repassent la frontière,
> C'est lui qui marche le dernier.

Ecoutez !..... Quel est ce son lugubre et prolongé qui retentit à nos oreilles ? — Ecoutez !..... C'est le cor d'ivoire de Roland !.....

Le héros tombe ; il reste seul de ses guerriers, et, dans un chant triste et plaintif, exhale son dernier soupir.

> Reviens pour nous venger, reviens, ô Charlemagne !
> Tu n'as plus un soldat sur la terre d'Espagne ;
> Et c'étaient de vaillants vassaux
> Ceux qui sont morts à Roncevaux !

> Hélas ! ô ma France chérie,
> Tes preux, tes enfants, ton orgueil,
> Ils sont tombés pour la Patrie !
> En chant funèbre, après ce jour,
> Vont se changer tes chants d'amour.
> Hélas ! tout couvert de blessures,
> Tes fils, au lever du soleil,
> Couchés sanglants dans leurs armures,
> Dormiront leur dernier sommeil.
> Ils sont couchés dans leurs armures ;
> En chant funèbre, après ce jour,
> Vont se changer tes chants d'amour (1).
> . . . .
> . . . .

Que de générations ont vécu et se sont éteintes à l'ombre du grand Canigou !..... Combien ce géant en verra-t-il encore naître et mourir ?..... Quel sort est réservé aux grandes villes modernes ?..... Hélas ! le poète a prévu le jour où elles seront rendues à l'herbe des champs, au sable du désert,

« ..... aux joncs murmurants et penchés. »

Il a prédit le jour où la terre elle-même, lasse et épuisée, ne sera plus qu'un globe refroidi, infertile, roulant dans les ténèbres ; triste image de la mort et de la désolation !

---

(1) *Roland à Roncevaux*. Opéra de Mermet.

* *
*

Cette digression dans le rêve, ces évocations des temps antiques au milieu des nuages du Canigou, ces visions rapides de l'avenir, sont la conséquence de notre ascension. Nous allons essayer d'expliquer ce phénomène :

Le cerveau est un appareil très compliqué d'emmagasinement et de transmission de toutes les sensations provoquées en nous par le monde extérieur et le jeu de notre propre vie. Les images sensorielles de toute nature : visuelles, tactiles, olfactives, gestatives et auditives, sont reçues et s'impriment dans des cellules dont chaque groupe possède une attribution spéciale. Il y a des cases pour recueillir, transmettre et faire revivre, même après un temps très long, des souvenirs d'études, ou des idées littéraires, philosophiques, scientifiques, amoureuses, musicales, etc.

Ces documents que nous recueillons à chaque instant et de tous côtés, par le travail intellectuel et la pratique de la vie ordinaire, sont enfermés et classés dans les milliards de petites cellules de notre cerveau, où ils s'endorment et s'atrophient par l'inaction.

Parmi les causes de divers ordres qui peuvent réveiller, exciter ces sensations passées et en raviver la mémoire, on doit indiquer le café, le tabac, la trépidation ou le grondement d'un train et, en première ligne, la marche en montagne qui exige de grands efforts musculaires, nerveux et même cérébraux.

A ces curieux effets de suggestion mentale, il convient d'ajouter la gaîté, l'activité, une heureuse disposition d'esprit, qui résultent d'une marche violente et prolongée. — C'est le plaisir du mouvement, la surprise de l'inconnu, le désir ardent, insatiable, de chaque âme humaine, de découvrir de nouvelles perspectives, de s'élever, de franchir rapidement les espaces !..... Il y a en l'homme un rêve d'ailes qui le hante sans cesse ; il est au fond de lui comme le germe au sein de la terre.

Malheureusement, ce n'est qu'un rêve : l'homme le plus intrépide et le plus vigoureux est vite accablé par les lois de la pesanteur qui le rivent au sol. Certains montagnards, pour lutter contre la fatigue et augmenter l'élasticité des muscles, ont recours à de dangereux moyens ; ainsi, les habitants des Alpes tyroliennes absorbent de l'arsenic en grande quantité, et en mêlent même aux aliments des mulets.

Le café remplit, en partie, le même but dans de meilleures conditions : d'expériences nombreuses faites sur l'homme, il résulte que la caféine et ses composés facilitent grandement le travail musculaire et permettent de le continuer longtemps sans fatigue. Le café est également la boisson la plus propre à exciter, sans les troubler, les fonctions du cerveau.

De même, la noix de kola, substance végétale qui contient de la caféine, est un excitant du système nerveux ; elle apaise les sensations de la faim, supprime l'essoufflement et permet même de se passer d'aliments pendant un certain temps.

Les membres du Club Alpin français ont adopté l'alimentation à base de kola, pour combattre la fatigue des marches prolongées. Quelques-uns prétendent même que le kola régularise la circulation du sang dans les hautes altitudes, et facilite les fonctions des poumons.

L'observation donne aussi lieu de remarquer que le kola, comme le café, supprime les somnolences fréquentes, irrésistibles, qui accablent souvent le marcheur épuisé par la fatigue. Il se produit alors un étrange phénomène : tout en continuant à s'élever, l'ascensionniste s'endort sans abaisser les paupières, ses yeux se troublent, deviennent fixes, il perd la notion de tout ce qui l'entoure ; il rêve qu'il gravit les pics les plus escarpés ou qu'il glisse rapidement dans des profondeurs insondables..... Un général de l'Empire affirme que beaucoup de ses soldats dormaient pendant les longues et pénibles marches de nuit.

L'entraînement et une préparation bien suivie sont d'autant plus indispensables que les accidents de montagne sont de plus en plus fréquents. Ils ont été nombreux en 1890, et plusieurs malheurs auraient pu être évités si les hardis ascensionnistes avaient eu plus de prudence. La plus élémentaire précaution consiste à ne pas s'aventurer sans guide.

Des muscles et du sang-froid, voilà ce qu'il faut encore pour affronter les périls des grandes ascensions.

Il est donc essentiel de ne pas entreprendre une course qualifiée de difficile, lorsqu'on n'est pas suffisamment exercé et entraîné ;

même, avec un bon et vaillant guide, on peut défaillir aux passages dangereux et, par là, gravement compromettre, et soi-même, et ses compagnons de voyage. Il est telle situation, en montagne, où un seul faux pas des touristes solidarisés par la corde qui les lie les uns aux autres, peut occasionner une catastrophe épouvantable.

Et, cependant, malgré les plus grandes précautions, il y a de graves accidents qu'aucune conjecture ne saurait prévoir. Ils sont déterminés par des perturbations atmosphériques, dont les conséquences se résolvent par de terribles tempêtes de montagne, d'affreux tourbillons de neige et de subites avalanches.

L'entraînement, c'est-à-dire une longue et assidue pratique de tous les sports, a déterminé les règles d'une préparation particulière aux luttes gymniques de toute espèce.

L'amateur des courses en montagne devra donc suivre un régime qui lui permette, par l'exercice gradué de la marche et l'utilisation complète de ses muscles, de fournir sans faiblesse le maximum des forces qui lui sont nécessaires.

Les Anglais observent rigoureusement ce régime dont ils obtiennent un excellent résultat : 7 à 8 heures de sommeil, douches ou lotions sur tout le corps, massages et frictions pour assouplir les muscles et activer les fonctions de la peau, promenades rapides sur un terrain accidenté, bains froids fréquents, de 2 ou 3 minutes seulement....

Après quelques semaines de ce régime, complété par une nourriture forte mais peu féculente, l'expérimentateur est débarrassé de sa graisse et de son excès de poids; celui-ci ne doit pas dépasser un nombre de kilog. égal à la moitié des centimètres de sa taille: ainsi, un homme qui mesure 1^m.60 de hauteur ne doit pas peser plus de 80 kilog; c'est la règle absolue pour se bien porter.

Le grand air et l'usage fréquent des bains conservent aussi la santé. — L'eau froide surtout, même en simple lotion, est souveraine; elle resserre les tissus de la peau, en prévient la flaccidité, entretient principalement la beauté et la fraîcheur des femmes, dont l'épiderme est plus fin, plus sensible et infiniment plus délicat que chez les hommes.

La pureté constante de la peau favorise l'action des glandes sudorifères, qui communiquent au dehors par de petits conduits. Ces canaux ne doivent jamais être oblitérés, car ils ont pour mission d'établir la respiration cutanée, si indispensable qu'un homme enduit d'une couche de vernis ne peut vivre plus de 24 heures. Le manque de netteté de la peau est donc une cause fréquente de maladies, de vieillesse prématurée et de mort anticipée.

En outre, l'usage de l'eau froide combat la nervosité, les irrégularités physiques, psychiques et intellectuelles, qui sont chez la femme la conséquence fatale des nombreuses indispositions inhérentes à son sexe.

Après cette excursion dans le domaine de l'hygiène, nous reviendrons au Canigou.

Pendant longtemps, on a supposé qu'il dominait toute la chaîne des Pyrénées. La science lui a fait perdre le premier rang; c'est le rapprochement de ce massif du niveau le plus bas, la Méditerranée — environ 60 kilomètres — qui causait cette erreur. Plusieurs autres pics pyrénéens plus élevés, paraissent moins hauts parce que les terrains sur lesquels ils reposent ont déjà, par leur éloignement de la mer, une certaine altitude.

Par la diversité des plantes, une ascension sur les contreforts et au sommet du Canigou donne la sensation d'un rapide voyage dans toutes les contrées du globe. L'examen de ces montagnes constituera pour le botaniste une étude des plus instructives ; c'est la région où, de toute la France, il remarquera le mieux les divers étages de la végétation.

A mesure que l'observateur montera, il passera par les mêmes climats et traversera la même flore que s'il se dirigeait du Sud vers le Nord. Lorsqu'on gravit les Pyrénées, on s'aperçoit que la température s'abaisse d'environ un degré par 180 mètres de hauteur verticale ; ainsi, nous trouverons au pied du Canigou, l'oranger, le citronnier ; puis l'olivier jusqu'à 420 mètres, la vigne jusqu'à 550, le châtaignier jusqu'à 800 ; le seigle et les pommes de terre s'arrêtent à 1,640, le sapin à 1,950, le bouleau à 2,000, le pin à 2,430 ; le rhododendron s'étend de 1,320 à 2,540 mètres ; enfin, le genévrier et les plantes polaires escaladent la cime du Canigou.

Cette dernière flore est ensevelie sous la neige pendant une partie de l'année.

Le géologue et le minéralogiste feront aussi, dans une ascension au Canigou, d'importantes découvertes. Ils rencontreront le calcaire primitif, les stéalites, des roches serpentineuses et magnésiennes très diversifiées, du beau feldspath bleu, des blocs de baryte sulfaté. Sur le territoire du Vernet, des mines de fer et de plomb argentifère. En général, les terrains tourmentés des Pyrénées se composent, en plus ou moins grande proportion, de granit, de schiste, de mica, de gypse, de quartz, de gneiss, de silex.

Les troubadours du Moyen-Age ont souvent chanté les Pyrénées. Quant au Canigou, il a aussi son hymne populaire et patriotique ; cette ballade, composée en son honneur, paraît remonter aux Croisades. Les Catalans de tout sexe et de tout âge en ont constamment les paroles dans la mémoire et l'air sur les lèvres. C'est *Montañyas Regaladas*, véritable *ranz* roussillonnais, chant national que l'exilé de ce pays ne saurait entendre sans la plus vive émotion.

MONTAÑYAS REGALADAS

Montañyas regaladas,
Son las del Canigó,
Coronadas de plata
Y vestidas de flors !

Adeu, adeu montaña,
Honor del Rossello !
Adeu nina carida,
Hermosa Alienor !

Lo comte Guillem mana
Aixi com Deu ho vol,
Que creu y llansa prenga
Y l' seguesca Sants Llochs.

Ay ! quina desventura !
Abandonnar d'un cop
Eixa montañya alegra
Y las mias amors.

A quina part que vaja,
May perdre lo racort
Del lloch de ma naixensa,
Lo mes plasent del mon.

Ahont se trobaria
Joven tant desinvolt,
Balles tant graciosas,
Una altra Alienor ?

Las fletxas sarrahinas
No m'espantan ! no ! no !
Los torments de l'ausencia
Si, que m' daran la mort.

Patro d'aquestas serras,
Sant Marti glorios,
Alcansaume esperancas
Y consolations.

Mes ay ! a ma pregaria
Lo bon sant ja respon !.....
Ell me conforta y anima
A partir de bon cor.

No ploris mes, miñyona ;
Al meu retorn, l'amor
Nos lligara per sempre
Ab cadenas de flors.

Chacune des strophes de cette ballade a une facture originale et une suavité remarquable, qui ajoutent au charme de l'ensemble. Le tout est animé d'un profond enthousiasme pour le sol natal, pour la montagne, pour ce Canigou, « *ceint de fleurs éternelles et d'argent couronné.* »

De ces strophes, il se dégage un suave parfum, d'où s'exhalent des effluves du cœur, des mouvements de l'âme que, seule, peut rendre la langue catalane : ainsi, il est impossible de trouver en français l'acception propre ou figurée de « *Regaladas*, » qui exprime, en même temps, l'idée de beauté, de richesse, d'exubérance, d'agrément, de fraîcheur..... Nous le traduisons par « *Fortunées*, » mais cette expression n'est pas complètement juste ; elle ne peut faire comprendre, qu'imparfaitement, le sentiment poétique de ce chant célèbre et si patriotique.

MONTAGNES FORTUNÉES.

Montagnes si belles,
Canigou fortuné,
Ceint de fleurs éternelles
Et d'argent couronné !

Adieu, montagne chère,
Honneur du Roussillon !
Adieu, douce bergère,
Charme de ce vallon.

De Guillem la vaillance
Veut, à la voix de Dieu,
Qu'on prenne croix et lance
Pour le suivre au Saint-Lieu.

Hélas ! quelle tristesse,
Devoir quitter ainsi
Ma gentille maîtresse
Et toi, montagne, aussi !

Mais sur quelque rivage
Que je porte mes pas,
Sol natal, ton image
Ne me quittera pas.

Jeunesse aussi rieuse,
Où vous trouver encor,
Danse plus gracieuse,
Une autre Alienor.

De la flèche infidèle,
Non, non, je n'ai pas peur !
Mais l'absence cruelle
Va me percer le cœur.

Patron de cette cime,
Glorieux Saint Martin (1),
Que ton pouvoir m'anime,
Console mon destin.

A mon humble prière
Le Saint déjà répond...
Vaines craintes, arrière,
Je pars l'espoir au front !

Ne pleure plus, mignonne,
Bientôt, à mon retour,
Tu ceindras la couronne,
Eternel nœud d'amour.

* * *

De toutes les Pyrénées orientales, l'ascension du Canigou est la plus importante par l'intérêt qu'elle excite. Néanmoins, beaucoup d'autres montagnes ont aussi une attraction spéciale à chacune d'elles. Les surprises inattendues qu'elles réservent aux amis de la belle et imposante nature méritent d'attirer leur attention. Ils verront, pendant ces excursions, se succéder à chaque pas, devant leurs yeux charmés, de brillants paysages et de splendides perspectives. — La fréquence de ce spectacle ne diminuera jamais l'admiration enthousiaste du spectateur.

Ainsi, du haut de ce titan dont nous venons d'escalader les épaules, nous apercevrons les

---

(1) Saint Martin est le patron du Canigou.

premières assises des Pyrénées ; ce sont les Albères, aux vagues contours, qui semblent surgir des lueurs incertaines de la Méditerranée, pour s'enfuir vers les montagnes de Céret et s'élever, peu à peu, jusqu'à nos pieds.

Nous reviendrons une dernière fois vers ces Albères, si renommées par leur passé historique, leur aspect varié et leurs sublimes beautés. Comme toutes les montagnes secondaires des Pyrénées, elles offrent généralement un ravissant coup d'œil. Rarement, l'aspérité et la nudité des hautes altitudes viennent y attrister le regard. — Toute l'année, les Albères étalent leurs pelouses émaillées de fleurs et leurs coteaux couverts de forêts. C'est l'éternelle verdure des Pyrénées.

Du haut du Canigou, on distingue, vers le soleil levant, la tour de la Massane, le pic Sailfort et ses ramifications.

Nous avons déjà fait le récit de diverses excursions dans ces régions, mais venant de les parcourir de nouveau, nous allons compléter nos impressions pendant que le voyageur se reposera sur le Canigou.

Le 14 juillet 1890, une petite caravane dont je faisais partie quitta le Rimbaut avant le lever du soleil. Nous revîmes la vallée accidentée de la Valbonne, ses profonds ravins et, à notre gauche, les grandes roches à pic suspendues au-dessus de vertigineux précipices. Une végétation luxuriante recouvrait toutes ces beautés sauvages.

A notre droite, quelques ravissants bosquets, de petits champs cultivés, étaient habités par des abeilles ; leurs maisons de paille ouvraient au soleil des portes grandes comme un dé à coudre. Vraies promeneuses de ces lieux pacifiques et solitaires, ces mouches bourdonnantes et dorées s'en vont, au hasard de leurs ailes, butiner les fleurs odoriférantes des prairies, ou les plantes capiteuses des montagnes. — Aussi, le miel exquis du Rimbaut est-il justement renommé.

L'homme des champs et des bois aime les abeilles ; il est émerveillé par leur riche industrie et leur organisation supérieure. Dans certaines contrées du Midi, ces insectes précieux sont vénérés, et sont même l'objet d'une touchante superstition : quand un père de famille meurt, ses enfants attachent un crêpe de deuil sur les ruches.

Autrefois, il y avait beaucoup plus d'abeilles dans les régions méridionales ; le produit du miel y a été négligé, alors qu'il est développé à l'étranger. Nos voisins choisissent les meilleures espèces de mouches, en reconnaissant leur utilité particulière pour l'augmentation du rendement des arbres fruitiers et même des céréales.

En arrivant à la Valbonne, nous aperçûmes la tour de la Massane. L'atmosphère, d'une limpidité cristalline, rapprochait les objets ; les reliefs et les contours des montagnes se dessinaient nettement. Cet air pur, encore imprégné des fraîcheurs nocturnes, et saturé par les émanations matinales de mille plantes qui ouvraient leurs calices parfumés, était délicieux à respirer ; il excitait les ardeurs, montait à la tête, mettait au cœur et dans les poumons comme un renouveau de vitalité.

A ce joyeux éblouissement, à ces senteurs capiteuses de fleurs et de sèves, se mêlait un souffle caressant, une douce brise marine que la Méditerranée envoyait par la vallée du Ravaner. Les cimes des hautes montagnes, éclairées faiblement par les premières lueurs argentées de l'aurore, semblaient suspendues entre le ciel, déjà illuminé, et la terre encore recouverte des ombres de la nuit. Tout cet ensemble grisait les imaginations et exerçait sur nous une attraction irrésistible. — La journée s'annonçait comme devant être exceptionnellement belle ; elle tint ses promesses.

De tous les hardis ascensionnistes de notre caravane, une jeune et charmante Parisienne, Mademoiselle Georgina Morel, musicienne de talent, bien connue dans le monde artistique de la capitale, se montra la plus ardente ; elle fut la plus intrépide. D'un pied rapide et sûr, elle escaladait sans effort, sans hésitation, avec la souplesse et l'agilité d'une gazelle, les roches à pic, les ravins escarpés, traversait témérairement les broussailles, dont elle faisait fuir les serpents avec son *alpenstock*. Pendant ce long voyage de quinze heures, cette mignonne enfant fit preuve d'une vigueur soutenue et d'un courage surprenant.

Toujours à la file indienne depuis le départ, nous passâmes devant l'ancien monastère de la Valbonne et nous rencontrâmes la *Foun de l'Ange*, la *Petite Foun*, la *Foun dels Roumaguès*, déjà connues du lecteur.

Continuant notre ascension à travers bois et prairies, nous contournâmes la montagne. La vue embrassait alors toute la vallée, les hauteurs du Rimbaut et, dans le lointain, la Méditerranée. La splendeur de ce spectacle, la magnificence de la forêt qui ceignait la Valbonne d'un diadême de verdure, toutes ces nuances qui s'épanouissaient dans la lumière naissante du jour avec une singulière profusion, nous émerveillaient sans pouvoir nous causer la moindre satiété.

Nous admirâmes longtemps cette brillante vision pendant que, sous nos pieds, un tapis odorant de gazon et de mousse déroulait ses petites fraises des bois. Une légère rosée transformait chaque brin d'herbe en aigrette diamantée, ornée de perles fines. Il faisait presque froid ; c'était le frisson subtil de l'heure avant-courrière du soleil.

Nous atteignîmes le pied de l'immense rocher des *Corbeaux*, sur lequel s'élève la tour de la Massane. De nombreuses cavités, creusées dans ce roc par la nature, servent de refuge assuré aux oiseaux de proie : orfraies, hiboux, vautours, etc., etc., et, principalement, aux petits aigles noirs que les habitants appellent des corbeaux.

Nous arrivâmes à la tour de la Massane. De ce point élevé, comme de celui de Madeloch, le regard s'étend sur le Roussillon et sur toutes les vertes Albères que marbrent près de nous plusieurs blanches métairies, ainsi que les ermitages de *Notre-Dame-del-Casteil*, de *St-Ferréol d'Argelès*, de *Nostra Señyora de Vida*..... Quelques éclaircies s'ouvrent à peine vers l'Espagne.

On aperçoit aussi, vers le Nord et se déroulant entre la mer et Perpignan, la grande et belle plaine de la Salanque. Ce cadre fait un contraste frappant avec l'ensemble type du Roussillon : on dirait un paysage du Nord égaré dans le Midi.

Le territoire de la Salanque, qui comprend les admirables jardins du Vernet, de St-Jacques et de Bompas, est d'une fertilité prodigieuse ; le vent du Nord y est moins violent que dans les autres parties du département, où les arbres sont toujours inclinés vers le Sud ; aussi ceux de la Salanque sont-ils droits sur leurs tiges et élancés.

Cette région échappe souvent à l'observation de l'étranger, parce qu'elle n'a pas de limite bien définie dans le sens de la largeur. En effet, les plaines de l'Agly et de la Tet se confondent tellement, qu'il n'est pas rare de les voir submergées en même temps par les eaux des deux rivières. Plusieurs fois, lors d'inondations partielles, j'ai traversé ces parages en chemin de fer, il me semblait alors que le train roulait sur la mer : à droite et à gauche, de l'eau et, parfois, quelques îlots de verdure. Ces curieuses perspectives m'ont rappelé celles de la Hollande. — Les Espagnols qui visitent la Salanque la comparent à la fameuse *Huerta de Valencia*.

D'après Malte-Brun, les tours de la Massane et de Madeloch auraient été construites par les Romains. D'autres historiens ne font remonter ces postes d'observation qu'aux Sarrasins. Cette tradition est peu répandue.

De la tour de la Massane, nous nous dirigeâmes vers le pic Sailfort, en suivant, par un petit sentier, à travers de jolis taillis, la crête intérieure d'un cirque de montagnes couronnées par de grandes forêts, ceinture de beautés naturelles. Nous descendîmes un vallon et nous franchîmes un cours d'eau, la Massane, que nous rencontrions pour la première fois ; cette rivière s'enfuyait sous bois, parmi les roseaux et les fleurs de ses rives ombragées.

La Massane prend sa source près du pic de l'Homme-Mort, dans la commune de Sorède ; elle traverse la partie orientale de la forêt de Sorède, et, presque toujours étroitement encaissée, se jette dans la Méditerranée au-dessous d'Argelès.

Nous remontâmes le versant opposé de cette rivière, au milieu de chênes séculaires, s'espaçant largement, et laissant apercevoir, entre leurs troncs énormes et leurs branches élevées, de lointaines et fuyantes perspectives, où les rayons du soleil, semblables aux flèches d'or des auréoles, illuminaient les mousses vertes, les plantes grimpantes et les feuilles mortes aux tons brûlés. Plus loin, les vastes dômes de ces grands arbres se rejoignaient, tamisaient la lumière, et une délicieuse fraîcheur se répandait sous les sombres voûtes de la majestueuse forêt.

Toujours marchant et admirant successivement les montagnes, les bois, les gras pâturages que nous parcourions, nous rencontrâmes quelques amas informes de pierre, *les Baraques ;* ce sont des refuges de bergers et les seules habitations que nous aperçûmes pendant notre long voyage. Deux cents mètres plus bas, nous descendîmes de nouveau, sur les bords de la rivière de la Massane, près de la *Foun Couloumates*. Cette petite fontaine est entourée d'un fouillis d'arbres et de plantes qui en font une halte délicieuse de repos. Le voyageur trouvera sur la carte les indications : *Baraques* et *Couloumates*, qui lui serviront de point de repère.

Les immenses solitudes que nous venons de parcourir sont d'une fertilité exceptionnelle. Leur haute altitude et la difficulté d'y parvenir en ont éloigné jusqu'à ce jour toute habitation ; les sentiers de chèvres, à peine tracés et bordant les précipices, disparaissent sous la neige et sont impraticables pendant l'hiver. Toutefois, ces plantureuses régions sont sillonnées l'été de nombreux troupeaux — bœufs et moutons — qui, à l'automne, descendent la montagne pour rentrer dans leurs étables.

Les parties accessibles de ces forêts sont également exploitées, mais le manque absolu de chemins, ainsi que les nombreux obstacles des sentiers, rendent impossible les transports des arbres.

Le bois doit, dès lors, être débité pour le chauffage et emporté à dos de mulets. Néanmoins ces futaies, qui étaient jadis plus épaisses, ont été considérablement éclaircies.

« Il n'y a d'arbres forts et solides que ceux qui sont battus par la tempête, » fait remarquer Montesquieu, en appliquant à l'homme cet exemple donné par la nature. En effet, la plupart des arbres de la Massane, exposés aux bourrasques violentes des altitudes supérieures, atteignent des proportions colossales.

Cette contrée, éloignée de toute habitation et presque toujours inaccessible en hiver, est peuplée de gibier : lapins en quantité, lièvres, cailles, grives, merles, perdrix en bandes nombreuses..... animaux de plaine et de montagne de tous poils, de toutes plumes et de toutes espèces. Par la richesse de sa faune et de sa flore, c'est le paradis des chasseurs et des botanistes.

La chasse dans les Pyrénées est dure, pénible, et même dangereuse pour l'homme des plaines, mais elle est facile, agréable, remplie d'imprévu et d'émotions pour l'habitant des régions accidentées. Conformé par l'hérédité et habitué, dès l'enfance, à gravir les rocs les plus escarpés, à franchir les ravins et les précipices, le montagnard paraît se jouer des obstacles ; ses articulations sont souples, ses nerfs solides et, comme le danseur, il s'appuie sur le sol avec la pointe des pieds.

Au siècle dernier, les ours étaient nombreux dans les Albères ; les loups et les sangliers n'ont disparu que depuis peu. Le dernier solitaire a été tué dans les bois de la Valbonne, vers 1860 ; la balle qui l'a frappé a également blessé mortellement un chasseur qui luttait corps-à-corps avec lui. Le meurtrier involontaire était le frère de la victime, et ce terrible drame est resté légendaire dans la montagne.

Le *Tetrao Urogallus*, ou grand coq de bruyère, peuplait aussi, jadis, les forêts des Pyrénées ; il est devenu très rare et, cependant, les baies des myrtilles, les aigrettes savoureuses des sapins ne lui ont pas manqué. Ce roi des gallinacées aurait dû être protégé par la modération des chasseurs et la prévoyance des propriétaires des bois.

Il y a peu de mots dans notre langue venant directement du *celtique* ; le mot *coq* en est un. Au pluriel *côs*, qui est la prononciation ancienne. Ce nom est une imitation du cri ou onomatopée, comme cricri, coucou, etc.

Le coq privé est également superbe en Catalogne : élevé sur ses pattes, d'une prestance hautaine, il marche lentement, avec dignité, et, comme un sultan entouré de ses favorites, il jette un regard protecteur sur ses admiratrices les petites poulettes. Son plumage brillamment coloré par le chaud soleil du Midi, sa tête majestueuse surmontée d'une crête altière, ses deux longues barbes retombant élégamment sur sa large poitrine, en font un patriarche de la gent volatile.

On rencontre encore dans les Pyrénées le merle blanc — déjà signalé par Companyo dans l'ornithologie roussillonnaise, — des hirondelles blanches et, dans les massifs du Canigou, de nombreuses perdrix blanches, beaucoup plus grosses que les perdrix ordinaires et d'un goût plus délicat.

Par leur rapprochement de l'Afrique, les Albères reçoivent la visite d'un grand nombre d'oiseaux des régions tropicales. Le plus souvent, hôtes de passage, ils paraissent et disparaissent ; toutefois quelques-uns, et même des hirondelles, restent l'hiver.

Lorsque viennent les neiges, toute cette légion ailée descend vers la plaine, presque toujours exempte de frimas. Ainsi, dans les jardins qui entourent Argelès-sur-Mer, j'ai aperçu parfois des perruches, ainsi que de jolis petits oiseaux au plumage multicolore de l'effet le plus ravissant : bleu d'azur, vert émeraude, rouge écarlate ou d'un beau jaune d'or ; plusieurs, d'une petitesse extrême, sont de véritables oiseaux-mouches.

Lorsque s'achève la saison rigoureuse, ces oiseaux quittent la plaine et les bosquets pour retourner à la montagne. C'est surtout près des habitations, où ils sont à l'abri du vent, que, pendant les mois de décembre et de janvier, ils trouvent assez facilement leur nourriture. Ici surtout, sur le littoral, où chaque maison a sa basse-cour, ces petits pillards, pressés par la faim, viennent marauder effrontément. Rien de plus intéressant que ces subites invasions.

Il m'est arrivé bien souvent de passer de longs instants à contempler ces scènes curieuses. Les poules étonnées cessent de glousser et les coqs de chanter ; tous prennent une attitude réservée, fière, dédaigneuse et même un peu effrayée, comme un homme obsédé par des mendiants suspects.

Qui sait regarder à ses pieds y découvrira un champ d'observation et de méditation inépuisable ; il étudiera autour de lui les mœurs, les habitudes, le caractère et *l'esprit des bêtes*. Les animaux sont intelligents et de la même façon que nous, qui sommes des animaux plus avancés ; l'instinct est une réunion d'habitudes accumulées, c'est le commencement de l'intelligence ; cet instinct de l'animal, comme l'intelligence de l'homme, se modifie ; rien n'est fixe.

Les animaux sont étonnamment pareils à nous; ils ont la mémoire, l'imagination, le rêve. Leur pensée est hantée par les choses coutumières: nourriture, amour..... On peut suivre les rêves du chien de chasse, dont le sens et l'instinct sont des plus développés.

Lubbock, le grand naturaliste anglais après Darwin, remarque combien nous connaissons peu encore les animaux et combien, surtout, nous avons peu essayé d'apprendre d'eux. Il a cherché à constater si ceux qui sont placés à l'échelon supérieur, le chien par exemple, comptaient, s'ils distinguaient les couleurs, etc.

Quant à moi, je retrouve chez l'animal l'image, le décalque exact des haines, des affections, des passions bonnes et mauvaises de notre humanité. Que de choses dans un poulailler ! Dans ce monde, comme dans le nôtre, c'est toujours le même conflit des intérêts en présence ; il peut se résumer en trois mots : « Lutter pour vivre. »

Un charmant petit oiseau, vif, turbulent, toujours criant, toujours en mouvement, anime aussi de sa gaîté les solitudes de la Massane : c'est la mésange, si gracieusement vêtue qu'elle peut lutter avec les fastueux plumages du chardonneret et du bouvreuil. Puissamment armée pour sa taille exiguë, elle attaque avec son bec droit, tranchant, des oiseaux qui ont deux ou trois fois son volume, et défend courageusement ses petits contre tous les rôdeurs de jour et de nuit.

Bien que granivores, les mésanges ne causent à nos jardins que d'insignifiants préjudices, mais elles sont d'autant plus redoutables pour les insectes que leurs nourrissons sont exceptionnellement nombreux. — de 8 à 18. — Ainsi multipliés, ces petits arrivent à absorber une multitude de chenilles et de minuscules rongeurs. Un ménage de mésanges est un modèle de fidélité et de constance. Le père et la mère, les *inséparables*, comme les appellent les Parisiens, sont toujours dans un accord parfait de tendre et mutuelle affection ; animés aussi d'une prévoyante sollicitude, ils donnent les plus grands soins à la construction du berceau de leurs amours, qui deviendra bientôt celui de leur future famille. Le nid de la mésange est une merveille de l'architecture ornithologique.

. . . .
Qui fait l'hiver ? C'est la bise.
Qui fait le nid ? C'est l'amour.
. . . .

Là, pas d'or et point de marbre ;
De la mousse, un coin étroit ;
C'est un grenier dans un arbre,
C'est un bouquet sur un toit.
. . . .

En vain rampe la couleuvre ;
L'amour arrange et bénit
Deux ailes sur la même œuvre,
Deux cœurs dans le même nid.

Victor Hugo.

Sur le sol des forêts, jadis impénétrables, de la Massane, l'humus s'est accumulé pendant des siècles par la décomposition des feuilles. Aussi, je ne me lassais pas d'admirer la flore abondante de ces régions dont les splendeurs présentent un contraste saisissant avec la plupart des montagnes pyrénéennes, à la végétation toujours verte, il est vrai, mais souvent chétive et rabougrie.

Dans les vallons et sur les hauts plateaux de la région que nous explorons, les arbres, arbustes, plantes et fleurs que l'on y rencontre sont remarquables par leur dimension, et par les teintes nuancées de leur verdure : chênes-liéges, chênes-verts, châtaigniers, hêtres, micocouliers au bois dur, compact et très flexible, sapins, noyers, cerisiers, noisetiers, marronniers à la parure de thyrses blancs et roses, acacias aux fleurs semblables à d'énormes bouquets de mariées, lauriers-thyms, églantiers, ronces blanches, arbousiers aux fruits rouge jaunâtre, térébinthes aux grains de corail, grenadiers sauvages aux fleurs d'un brillant écarlate, saules pleureurs aux feuilles élégantes, et, abondamment, une certaine fleur de montagne, d'un blanc cotonneux, également commune dans les Alpes, où elle est connue sous le nom allemand *Edelweiss*.

Grandes orties violettes, rhododendrons sauvages aux fleurs de couleurs variées et éclatantes, œillets, jasmins, lys agrestes, basilics, iris sauvages, centaurées, belles-de-nuit, bruyères roses, ronces fleuries, lilas d'Espagne aux longues grappes rouges, bourraches aux belles fleurs bleues, genêts d'Espagne aux pétales parfumées, papillonacées et d'un beau jaune d'or, pourpiers aux fleurs amarantes ou orangées, fenouils aux grandes tiges et à l'odeur d'anis, fougères, ajoncs, thyms, lavandes, romarins .... et beaucoup de chardons bleus ou violets, à la tête ronde et tuyautée comme la collerette des mignons de Henri III. Ce chardon, très élégant de forme, se rencontre aussi sur les rivages de la Méditerranée ; Victor Hugo le signale dans les *Contemplations:*

> C'est l'été, et l'on voit sur les bords de la mer
> Fleurir le chardon bleu des sables.
> . . . .

Le houx est également abondant ; les Espagnols l'exploitent et exportent la glu qu'ils tirent de son écorce. On trouvera aussi une plante barométrique fort curieuse, la Carline, *Carlina acanthifolia,* de la forme d'un artichaut ; son capitule prévient des changements de temps ; il se ferme à l'approche de la pluie et s'ouvre lorsque le ciel va s'éclaircir. Le genévrier s'y rencontre à toute altitude..... Il y a là, enfin, une flore exubérante et médicinale, malheureusement trop peu connue et trop peu étudiée.

Toutes ces plantes odoriférantes, toutes ces fleurs sont répandues à profusion sur les Albères ; elles embaument la contrée et exercent une salutaire influence sur la santé de ses habitants. En effet, des médecins affirment que les fleurs et leurs extraits préviennent un grand nombre de maladies et, principalement, les affections de poitrine. Ils font remarquer que l'état sanitaire est parfait et qu'il y a peu de phthisiques dans les Pyrénées, ainsi que dans les établissements où se distillent les fleurs. — Les femmes peuvent donc, sans crainte, abuser des parfums ; aimer et se laisser aimer ! — La fine fleur de l'âme, qui se nomme l'amour, n'est-elle pas fraîche et bienfaisante comme ses sœurs de la nature ?

Pour conserver sa santé et être heureux, dit Victor Hugo, il faut :

> . . . N'être point morose,
> N'être pas bête, tout goûter,
> Dédier son nez à la rose,
> Sa bouche à la femme, et chanter.

Imitons donc Pangloss et cultivons notre jardin ! Cueillons les roses et respirons leur arome enivrant, sans regarder les épines. Suivons l'exemple de nos ancêtres, les Gaulois, insouciants comme l'alouette leur emblème ; et puisque nous sommes en Roussillon, soyons gais, buvons le vin de ses vignes, chantons la douceur de son climat et célébrons toutes ses beautés.

Ici, dans ces parages, l'olivier, si abondant en Catalogne, ne pousse plus. Il redoute le froid comme les chaleurs de la zone torride. Cet arbre précieux, originaire de l'Asie tempérée, fut apporté dans nos contrées par les Phocéens lorsqu'ils fondèrent Marseille. Sous le doux ciel de la Provence, l'olivier prospéra à souhait et se répandit dans tout le voisinage. Le Roussillon est son Eden, comme l'Asie est son berceau.

En arrivant à la *Foun Couloumates*, M. Vergès, fermier à la Valbonne, qui dirigeait notre excursion, nous prévint qu'un repos de trois heures nous était accordé. Il devait pendant ce temps inspecter ses troupeaux.

Chacun sortit alors ses provisions, mais notre aimable guide, ayant prévu un surcroît d'appétit, occasionné par cette course prolongée, s'était muni d'abondantes victuailles, consistant principalement en oiseaux de montagne. Comme les coureurs des bois de Fenimore Cooper, il les fit rôtir à la mode indienne.

L'opération consistait à écarteler ces bestioles sur trois branches de la même tige d'un arbrisseau, en forme de trident, de tenir cette broche improvisée de la main gauche et de lui imprimer, devant un feu ardent, un mouvement de rotation constant ; puis, en même temps, d'arroser le rôti de la main droite avec de la graisse fondue d'un morceau de lard enflammé et piqué dans une baguette. Le procédé était simple, mais la cuisine n'en fut pas moins délicieuse.

Le repas terminé et les forces revenues, chacun disposa de son temps à sa fantaisie. Plusieurs de nos compagnons se livrèrent à une sieste réparatrice. Quant à moi, hypnotisé par le décor magique d'opéra qui m'entourait, je résolus de visiter la forêt.

Il est midi et tout se tait ; tout est immobile, tout se délasse et dort : les vents, les animaux et les insectes. Le brillant soleil de juillet, au point culminant de sa course, — ici, presqu'au zénith — verse les scintillements de ses flammes sur les roches qui brûlent la main ; les fougères et les bruyères des éclaircies sont si desséchées qu'elles s'allumeraient au contact de la moindre étincelle. Des réverbérations ardentes se croisent dans la pénombre des futaies ombreuses.

L'air est traversé de chaudes haleines comme des moires lumineuses ; on se sent plongé dans un bain de soleil tonique et bienfaisant ; semblable à un cordial, il sèche la sueur, ranime la vigueur du corps, répare, soutient et répand dans tout l'organisme la sensation de la vie, de la force et d'un bien-être indicible.

Qu'elle est jolie la forêt !... Au mois de juillet, en plein cœur de l'été, elle est comme la femme au midi de la vie, dans la plénitude et l'expansion de ses charmes et de ses séductions, dans l'idéal exquis de sa divine beauté et de toutes ses perfections.

Qu'elle est féerique et brillamment ornée, cette silencieuse forêt pyrénéenne !... avec ses arbres majestueux aux troncs droits, immobiles, qui s'élancent vers des voûtes infinies, où se croisent leurs rameaux,

« Pareils aux grands arceaux des hautes cathédrales, »

avec ses vastes carrefours étoilés d'allées sinueuses, sans direction, sans continuité, tracées au hasard par la nature. Des plantes grimpantes : lierres, liserons, clématites... recouvrent des troncs d'arbres morts ou escaladent d'énormes roches brisées, calcinées, contournées. Ces débris informes, transformés en élégantes pyramides, en gracieux palais de verdure, sont ornés de pendentifs, de festons, d'astragales si frêles, que le moindre zéphir agite, entremêle ces lianes frissonnantes, comme des boucles folles sur la nuque d'une jeune fille.

Lorsque vient l'automne, la forêt se dépouille peu à peu de ses attraits ; cependant, par certains jours ensoleillés, elle apparait encore dans tout son éclat, s'illumine de vives clartés et retrouve cette beauté, cette séduction d'une femme à son déclin. Comme celle-ci, elle revêt une robe aux tons chauds, ardents et s'efforce de retenir ses derniers adorateurs, en étalant à leurs regards charmés les joyaux de sa riche et brillante parure. C'est l'été de la St-Martin que suivent les brouillards et les premières gelées. Les fils de la Vierge, ces cheveux blancs de la nature, flottent dans les airs et tout subit l'attendrissement mélancolique des choses qui finissent.

C'est en automne, lorsque sous un ciel plus pâle, les rayons attiédis du soleil caressent les feuilles tremblotantes aux reflets d'or ambré, que la grive siffle dans les haies jaunissantes et que la terre, avant de se reposer pour prendre de nouvelles forces, offre à l'homme, afin qu'il ne l'oublie pas, tous les trésors de son sein et ses plus riches présents.

A ce moment, la soudure des feuilles aux rameaux est déjà ébranlée par la bise ; les bourrasques complètent l'œuvre d'anéantissement. Pour les frondaisons décolorées, leur souffle âpre représente les charges de cavalerie qui complètent la défaite et la changent en déroute : chaque effort du vent détache les feuilles par milliers ; elles roulent sur elles-mêmes en spirale, tourbillonnent, et, dans l'accalmie, descendent peu à peu, lentement et comme à regret, s'étendre les unes après les autres sur la dépouille funèbre des végétations précédentes.

Comme nous l'a appris La Fontaine, il est bon quelquefois d'être petit : les feuilles des plus hautes branches, dont le panache se balançait orgueilleusement, image de la grandeur, de l'ambition et de la vanité, ont été les premières et les plus rudement atteintes ; les cimes des arbres élevés sont absolument dénudées, tandis que les humbles taillis conservent encore leur verdure. Quelques feuilles, tenaces comme certaines illusions, résistent jusqu'au printemps et estompent les bois de tons roux et brûlés.

Lorsqu'une bise froide, glaciale, a fait frissonner la forêt, désormais privée de son manteau de verdure, une légère rosée blanche s'étend, comme une poudre de mica, sur les feuilles mortes dont le sol est jonché. Les nids vides apparaissent entre les branches et les arbres détachent leurs têtes dénudées sur un ciel gris et terne. C'est l'hiver, et seul le grand pin a résisté à son œuvre de destruction.

Qu'elle est belle encore à ce moment, la grande forêt où règnent le calme et le silence. Les arbres sont poudrés à blanc et les buissons émaillés de lamettes transparentes. Parfois, le vent secoue une branche et envoie au loin toutes ces paillettes diamantées qui s'éparpillent dans les airs. A peine, par hasard, pendant les matinées de belles gelées, l'atmosphère se colore-t-elle de lueurs hésitantes, rapides, momentanées, que fait miroiter un soleil tardif, comme le voile de gaze d'une apparition fugitive.

La nuit descend peu à peu, des vapeurs épaissent couvrent la terre, mais l'atmosphère supérieure s'éclaircit et les étoiles brillent au firmament d'un éclat inaccoutumé. Le froid augmente d'intensité et les taillis, les buissons se revêtent d'une doublure ouatée ou nacrée ; c'est l'épanouissement de la floraison des frimas, dont on ne saurait décrire les merveilleux éblouissements.

La coïncidence de la gelée avec des brouillards intenses a provoqué cette poussière glacée que l'on nomme le givre. Elle a tout nivelé ; la terre a disparu, ses accidents se sont transformés, les végétaux ont changé d'aspect, quelquefois jusqu'à devenir méconnaissables. Tout est décoré de blanc, depuis le plus infime brin d'herbe jusqu'aux arbres les plus élevés : il n'est pas une mousse, pas un lichen, pas une tige de bruyère, de prêle, de plantain..... qui, en échange de sa végétation évanouie, ne reçoive cette splendide parure hivernale. Les branches forment de nombreux festons qui se mêlent, scintillent, s'entre-croisent et retombent avec grâce en dentelles argentées, en brillants ornements.

Lorsque le jour revient, les rayons d'un soleil blafard, indécis comme ceux d'un crépuscule polaire, traversent avec peine la forêt dénudée. Mais, bientôt, le ciel se couvre de nouveau, et une demi-obscurité envahit les sous-bois : c'est la neige ; elle tombe lentement, à gros flocons, et s'arrête sur l'épaisse ramure des futaies.

« Il neige sur les nids, il neige dans mon âme,
Il neige sur la ruche, et le soleil sans flamme
Semble un falot mourant sur le terne horizon.
. . . . »

A ce moment, les Albères, qui s'inclinent doucement vers la mer, sont ensevelies sous la neige. Avec leurs aspérités et leurs déclivités, elles ressemblent à un colossal cadavre étendu sur le sol et recouvert d'un immense suaire. — En appelant la neige un linceul, la poésie a exprimé une image saisissante et d'une exactitude parfaite.

Mais la neige descend aussi sur la campagne et étale sur tous les objets son drap mortuaire. Cette curieuse vision de la nature enfouie sous la neige, évoque le souvenir de l'expiation dans les *Châtiments* :

> Il neigeait.
> Il neigeait, l'âpre hiver fondait en avalanche,
> Après la plaine blanche, une autre plaine blanche.
>
> C'était un rêve errant dans la brume, un mystère,
> Une procession d'ombres sur le ciel noir.
> La solitude vaste, épouvantable à voir.

Ou encore ce passage des *Contemplations*. Un pâtre solitaire songe à tous les moments de l'année :

> Seul, quand mai vide sa corbeille,
> Quand octobre emplit son panier.
> Seul, quand l'hiver à notre oreille
> Vient siffler, gronder et nier.
>
> Quand sur notre terre, où se joue
> Le blanc flocon flottant sans bruit,
> La mort, spectre vierge, secoue
> Ses ailes pâles dans la nuit.
>
> Quand, nous glaçant jusqu'aux vertèbres,
> Nous jetant la neige en rêvant,
> Ce sombre Cygne des ténèbres
> Laisse tomber sa plume au vent.

>   Quand la mer tourmente la barque ;
>   Quand la plaine est là, ressemblant
>   A la morte dont un drap marque
>   L'obscur profil, sinistre et blanc.

C'est bien là le portrait du berger des Pyrénées, l'exilé de ces montagnes : appuyé sur son bâton noueux, coiffé de la *baratina*, perché comme un aigle sur le sommet des roches escarpées, il est superbe à contempler lorsqu'il se dessine sur le fond du ciel bleu. Impassible comme la statue du Commandeur, il a l'œil perdu dans la contemplation des vastes horizons ; ses narines aspirent à pleins poumons les fortes senteurs des bois. Son esprit paraît égaré dans une mystérieuse méditation ; les heures s'écoulent, et il est insensible aux morsures du froid, aux chaleurs torrides, aux caresses de la brise, aux violences des rafales, aux tempêtes de pluie, et aux bourrasques de neige.

A quoi songe ce pâtre qui, dans sa profonde solitude, a désappris à parler ? — Sa pensée est peut-être aussi vague que celle des grands bœufs au repos. — Dans l'éternel silence des bois, aucune voix humaine ne vient frapper ses oreilles, et il n'en connaît plus le son. Dans la constante compagnie de ses troupeaux, il a pris la morne indifférence des bêtes et leur inconsciente quiétude.....

Lorsqu'au spectacle imposant de la forêt immobile, vaste palais de glace dont les voûtes infinies s'étendent et fuient dans l'éloignement, succède le dégel et l'inondation, des cataractes se précipitent de cet immense dôme et sont bientôt absorbées par les mousses et les feuilles mortes. En s'écroulant sous la première pluie printanière, des avalanches de neige font craquer, tordent, brisent et entraînent les plus faibles branches ; elles n'ont pu résister au poids énorme qui les accablait.

Cependant le soleil agrandit son orbite, les sèves vont se réveiller sous ses chauds baisers et prendre de la force ; ses rayons éclairent d'abord le faîte des plus grands arbres et, peu à peu, descendent de branche en branche, vivifiant tout ce qu'ils caressent ; les mille bruits de la forêt recommencent à se faire entendre, les oiseaux secouent leurs ailes, entonnent leurs chants d'amour et d'allégresse. Déjà, plusieurs hirondelles, signe précurseur des beaux jours, fendent les airs d'un vol rapide. Soyez les bienvenues, gracieuses messagères du renouveau ! Les bourgeons poussent au bout des branches leurs petites têtes d'émeraude et éclatent sous la ramée ; quelques fleurs brillent dans la pénombre de l'aurore ; de légers aromes commencent à se répandre dans l'atmosphère ; tous les hôtes de la forêt renaissent à l'espérance, au bonheur, à la joie de vivre ! Ce ne sont pas encore les effluves du printemps, mais ce n'est plus l'hiver. C'est le réveil de la nature !

Enfin, le printemps est arrivé, et

> Mai, poussant des cris railleurs,
> Crible l'hiver en déroute
> D'une mitraille de fleurs.

A ce moment, s'écrie le poète,

J'aime l'aube ardente et rougie :

Le matin, toute la nature,
Vocalise, fredonne, rit.

Victor Hugo. — *Poésies inédites.*

La forêt offre le remarquable phénomène d'une température à peu près toujours égale, relativement douce pendant les quatre saisons de l'année : en hiver, les arbres arrêtent les vents froids ; la neige, suspendue dans les branches, s'oppose au rayonnement de la terre. En été, les dômes épais, impénétrables des feuilles, interceptent les rayons du soleil et entretiennent sous la feuillée une perpétuelle fraîcheur.

En hiver, la campagne et les bois ont une plus grande perspective qu'en été ; l'air dégagé des émanations terrestres permet à la vue de s'étendre plus loin, comme à l'ouïe de se prolonger au delà des distances habituelles. Avec les feuilles, les hautes herbes ont disparu et les odeurs pénétrantes de la résine, des racines, des bruyères, des feuilles mortes se répandent plus vivement dans une atmosphère plus pure. C'est alors que s'épanouissent les mousses vertes et veloutées ; elles entourent les troncs des arbres comme d'un chaud manchon, pour les protéger des rigueurs du froid.

Tant que dure la saison hivernale, les tons changent peu, il en est de même en été ; mais au printemps et en automne les perspectives successives de la forêt sont incessantes ; d'un jour à l'autre l'aspect n'est plus le même : pendant toute la durée du printemps, les couleurs se modifient constamment et deviennent de plus en plus vives. En automne, ces teintes se fondent peu à peu pour disparaitre tout à fait en décembre ; mais en juin, juillet et août, la forêt est dans toute sa splendeur ; c'est sa fête, son épanouissement et sa gloire.

Comme le printemps de la jeunesse est l'espérance du bonheur, le printemps de la nature est l'espoir des beaux jours. Au printemps, la forêt qui semblait morte secoue son blanc linceul de neige ou de sombres brouillards ; elle boit avidement le soleil qui la féconde : le soleil, principe de toute existence, qui fait tout germer, tout fleurir, tout mûrir ! Le soleil qui embrase et vivifie le monde, qui pare les plaines et les forêts, colore l'écaille du poisson, le calice de la fleur et les plumes de l'oiseau ! Toutes ces variétés, toutes ces brillantes transformations de la nature ne ravissent-elles pas quiconque a une âme pour sentir et de la poésie dans le cœur ?

La forêt fait songer à la mer : toutes deux troublent les sens, surexcitent l'imagination et répandent dans l'esprit une indéfinissable mélancolie. La forêt, avec ses sombres futaies, ses éclaircies ensoleillées, ses masses ombrées ou verdoyantes, s'éloignant et se renouvelant à l'infini, exerce l'attraction de la vague qui succède à la vague, toujours s'élance et toujours s'enfuit.

A la chute du jour, les émotions éprouvées

dans la forêt solitaire sont semblables à celles ressenties sur les plages étendues. L'âme est troublée d'une même et indicible angoisse par le bruissement sinistre des branches, par la voix plaintive ou menaçante des vagues. On se croit seul et isolé dans l'univers. Tout effraie : les grands arbres prennent les proportions gigantesques du dieu Briarée aux cent bras, les feuilles mortes gémissent à chaque pas, le sable mouvant des dunes, les galets roulants se dérobent sous les pieds, et, autour de soi, l'insaisissable infini.....

Ah ! comme la poitrine se dilate délicieusement, lorsqu'en fuyant ces solitudes, apparaît le clocher d'un village. La première parole humaine qui frappe alors les oreilles possède des harmonies ineffables ; c'est un chant de joie et de délivrance.

Néanmoins, qu'il est doux de rêver sur les grandes plages et dans les profondeurs des forêts. La mer et les bois sont les meilleurs conseillers du cœur.

La mer, placide ou tourmentée, la forêt, silencieuse ou bruyante, ne sont-elles pas aussi l'image de la femme inconstante et ondoyante ? De la femme, parfois si calme, si aimable, et, souvent, si agitée, si changeante.... Mais, par sa sensibilité extrême, la femme n'est-elle pas fatalement soumise à de fréquentes irritations et à des crises involontaires ?

Toutes trois ont, parfois, sans motif apparent, sans aucune transition, des accès irrésistibles de violence et de colère. Quant à la femme, il est sage alors d'attendre patiemment la fin de la tempête ; de ne lui opposer aucun argument convaincant, aucune justification logique ; rien ne saurait la calmer. Tous ces raisonnements ressemblent aux cailloux que l'on jette dans un torrent : loin de l'arrêter, ils n'ont pour résultat que de le faire gronder plus fortement.

Il est vrai que toutes trois, se calmant assez rapidement, redeviennent bientôt caressantes et attractives. Leur langage séduisant, troublant même, berce la pensée comme dans un songe idéal. La mer est infidèle et l'homme se confie à ses flots ; la *Donna è mobile* comme le sable du désert, et cependant, on ne peut s'en détacher sans faire saigner son cœur à tous les recoins !

Heureux celui qui n'a pas quitté le rivage et a su rester insensible à toute émotion, à toute affection ! Il ignore l'attrait du danger et l'entrainement des passions ; mais, s'il n'a pas goûté toutes les joies d'ici-bas, s'il n'a pas aimé, il n'a éprouvé du moins ni angoisses, ni tourments. Aussi avec quelle égoïste volupté regarde-t-il les blessés de la vie, les dupes du cœur... ; enfin tous les malheureux engloutis dans les profondeurs de la mer orageuse.

Cependant, presque toutes les femmes ont des qualités compensatrices ; les pages de notre histoire sont remplies d'actes de dévouement de nombreuses héroïnes. — Récemment encore, lors de la guerre de 1870, on en a vu risquer courageusement leur vie pour accomplir des œuvres de charité. « Femmes de France, vous êtes la poésie de la vie humaine ! Vous serez les anges tutélaires de nos armées, et vous porterez bonheur à la France ! »

Beaucoup d'arbres de la Massane sont, en raison de leur altitude élevée, les mêmes que ceux du Nord de la France, mais plusieurs sont spéciaux à ce climat pyrénéen. Cette superbe contrée m'a rappelé mon pays natal, dont j'ai tant aimé à décrire les beautés dans *l'Histoire du Valois*. — Je vous ai quittées, ô mes grandes plaines ! ô mes majestueuses forêts ! pour parcourir les rivages méditerranéens et les grandes montagnes, pour chercher de nouveaux horizons, de nouvelles sensations, mais je ne puis me rappeler, sans une indicible émotion, les jeunes années que j'ai vécu dans le berceau où mes yeux s'ouvrirent à la lumière du jour, où s'exhala ma première haleine, et où j'ai laissé tant d'amis, hélas aujourd'hui presque tous disparus !

On ne peut se retourner sur la grande route de la vie, pour regarder en arrière, sans apercevoir une longue suite de tombeaux. Comme des bornes milliaires, ils marquent les étapes, mesurent les distances parcourues, et rappellent les souvenirs du bonheur écoulé. Tous les êtres aimés ont emporté dans leur suaire un peu de nous-mêmes. Ils sont déjà tombés dans le gouffre du Passé. A notre tour nous nous y acheminons vite ; notre frêle et rapide existence, ressemble à l'appel des condamnés sous la Terreur, le fameux et beau tableau de Muller.

Nous songeons toujours à l'absence éternelle de ceux qui sont partis, et, au milieu des grands bois, sur les plages solitaires, aux horizons illimités comme la pensée humaine, nous évoquons leur mémoire, nous revoyons les heures remplies de leur image. C'est surtout en hiver, lorsque la nature est si triste, que notre cœur, qui ne cesse d'être avec ces chers morts, est alors plus vide et son isolement plus profond !...

C'est pendant l'hiver, quand le ciel est sombre,
Que j'aime à revoir les tombeaux amis.
Sans les chants d'oiseaux murmurés dans l'ombre,
Les morts évoqués sont mieux endormis.

Le rosier qui naît du fond de la tombe
A courbé la tête et n'a plus de fleurs ;
Du rosier des morts chaque feuille tombe,
Rien ne sourit plus à nos yeux en pleurs.

. . . .
. . . .

Et c'est en hiver que mon cœur sommeille,
Qu'il n'est plus hanté par le souvenir ;
Plus de rêve d'or, plus de fleur vermeille,
Je crois un moment que tout va finir ! (1)

Un autre poète du Midi, M. H. Puymaly, évoque aussi les morts, mais au printemps :

Moi, c'est en avril, quand la branche est verte,
Que j'aime à revoir les tombeaux amis :
Le ciel est plus chaud..... l'âme plus ouverte
Aux longs entretiens des chers endormis.

Eux-mêmes, du fond des froids cimetières,
N'ont-ils pas vers nous de plus doux élans
Quand nous apportons, avec nos prières,
Ces premiers lilas..... si frêles....., si blancs ?

. . . .

C'est pourquoi j'aime avril et ses brises,
Quand la fleur renaît, quand l'oiseau béni
A leurs rameaux verts, à leurs pierres grises,
Revient en chantant suspendre son nid.

---
(1) Marcel DE LARTÈS, Vic-Bigorre. Janvier 1891.

Certaines parties des forêts pyrénéennes, comme quelques forêts vierges de l'Amérique du Nord ou du Continent mystérieux, sont toujours à peu près impénétrables. C'est la nature primitive telle qu'elle est sortie du chaos des premiers âges; la main de l'homme ne l'a pas encore déflorée : aucune construction, aucun poteau indicateur, hérissé de planchettes, imitant les bras multiples du dieu Bouddha, ne rompt désagréablement les perspectives lointaines de ces immenses solitudes ; les arbres grandissent pendant des siècles et meurent sur leurs tiges; la hache n'est pas venue faire couler leur sève et leur donner la mort.

La science nous l'apprend : tout vit dans la nature ; les végétaux comme les animaux ont chacun leur existence individuelle. Sous une forme poétique, Ronsard nous a déjà fait cette révélation il y a trois cents ans :

> Ecoute, bûcheron, arreste un peu le bras !
> Ce ne sont pas des bois que tu jettes à bas :
> Ne vois-tu pas le sang, lequel dégoutte à terre,
> Des nymphes qui vivaient dessous la dure écorce ?
> . . . .

Il est deux heures ; c'est le moment où le repos, qui marque l'accablante chaleur du jour, va arriver à son terme. — La forêt se réveille peu à peu, secoue sa torpeur ; tous ses habitants : les grillons, les insectes, font chacun leur bruit. Les papillons, vite aperçus, plus vite disparus, s'épanouissent comme des fleurs vivantes, parmi les autres fleurs immobiles sur leurs tiges.

Les oiseaux invisibles dans leurs nids,

ou sous l'abri des ramures, ne font entendre d'abord que des gazouillis confus. Bientôt leurs ailes s'agitent, ils s'envolent, et les échos de la forêt répètent leurs mélodieuses symphonies. Ils se poursuivent, se recherchent, se querellent, se battent parfois, et, par un étrange effet d'acoustique, on croit entendre des accents de voix humaines, tour à tour âpres ou suaves, graves ou tendres, humbles ou superbes.....

Encore sous cette impression, j'observais ma volière quelques jours après. Elle renferme trois jolis chardonnerets, un serin et sa femelle. Cette dernière flirtait à ce moment avec ses jeunes compagnons empressés à lui plaire. Tout à coup le serin s'aperçoit du jeu de la donzelle, il se fâche, s'emporte, s'élance vers elle, la poursuit, prend des allures menaçantes et, par un langage vif, pressé, violent même, lui reproche sa conduite légère. La pauvrette baissait humblement la tête, se dérobait, essayait de se justifier par de petits cris suppliants, toujours interrompus. — Il n'y avait pas à s'y tromper, c'était bien là l'image d'une querelle d'intérieur des ménages de notre humanité. *Nihil novi sub sole ;* tout se ressemble dans la nature.

Beaucoup d'oiseaux expriment aussi par leurs chants les impressions qui nous serrent le cœur à la fin des beaux jours : les rouges-gorges, chanteurs d'automne, répondent aux alouettes du haut des amandiers sans feuilles ; et ces deux voix rendent avec une douceur attendrissante toutes les tristesses d'octobre, du mois avant-coureur de l'hiver.

L'une de ces voix est plus mélodique et ressemble à une petite chanson mouillée de larmes ; l'autre est une phrase en quatre notes profondes et passionnées....

J'achevais d'écrire ces lignes, lorsque je reçus une lettre d'un grand observateur des mœurs et du caractère des animaux.

Cet amateur de la nature demeure près du jardin du Luxembourg, à Paris. Par une remarquable coïncidence, sa pensée se rencontrait avec la mienne. Voici son récit :

« J'écoutais, ce matin, de mon lit, le premier chant des moineaux sous mes fenêtres ; ils s'y prennent avant le jour, ou à ses toutes premières lueurs, à peine sensibles. En réalité, leur ramage, à ce moment, ne me paraît pas du chant, mais bien plutôt un bruit de.... conversations : ils se racontent leur nuit, avec tous ses incidents ; ils se secouent, ils rient, ils se poussent du coude, se mettent en train, se souhaitent une bonne journée, se livrent à une foule de propos, peut-être très risqués, font des potins les uns sur les autres, etc., etc. Quels gamins ! »

Le moineau parisien a, dans sa minuscule cervelle, une forte dose d'esprit qui doit lui venir de l'air ambiant. Comme les hommes, les animaux subissent l'influence du milieu dans lequel ils vivent. Ainsi, les promeneurs des jardins des Tuileries et du Luxembourg savent que leurs petits familiers jugent, comparent, tirent des conséquences, et que ceux-là mêmes qui sont nés depuis le dernier hiver ont la prévision des frimas. Toutes les boulettes de pain qu'on leur jette, vite saisies, sont emportées d'une aile rapide et mises en sûreté. Les moineaux reviennent bientôt à la curée, et ce manége ne se termine qu'à la fin de la distribution. Les couvreurs retrouvent parfois ces réserves en réparant les toitures des maisons avoisinantes.

Le pierrot, ce petit effronté qui remplit l'univers, est enragé à vivre ; il se fait faire bonne place et pullule partout où on l'introduit, mais certainement avec des nuances appropriées aux milieux, soit de ville, soit de campagne, soit du Nord, soit du Midi. Il se familiarise sans toutefois s'apprivoiser ; bien drôle, très vif, toujours joyeux et le plus intelligent des oiseaux.

Ainsi, les pierrots du Roussillon sont plus élancés, moins gros et beaucoup plus jolis que ceux du Nord de la France. Leur fine et gracieuse petite tête, de couleur gorge-pigeon, est surmontée d'une légère huppe, leurs ailes et leurs queues sont teintées de diverses nuances ; un beau collier aux reflets gris de fer entoure leurs cous en s'élargissant et en s'arrondissant sur la poitrine.

Ma promenade dans la forêt étant terminée, je revins au rendez-vous ; je traversai de nouveau des futaies et des prairies ; je redescendis le versant de la Massane et, guidé par le doux murmure de la *Foun Couloumates*, j'aperçus bientôt mes compagnons qui, comme l'heureux Tityre des Bucoliques de Virgile, étaient étendus à l'ombre des hêtres touffus, protecteurs de cette petite fontaine, à la poésie toute champêtre, aux ondes fraiches et cristallines.....

Sous le faîte mouillé de la forêt lointaine,
Parmi les nénuphars, les glaïeuls et les lis,
Sonne le timbre vif et pur d'une fontaine
En grêles notes d'or sur les graviers polis.

Ni les bergers jouant de leurs flûtes divines,
Ni les troupeaux paissant les cytises amers,
Sur les monts escarpés, au penchant des ravines,
N'ont troublé de leurs voix la fontaine aux flots clairs.

Baignant les longs roseaux, les lianes errantes,
Blancs archipels flottant sur ses eaux transparentes,
Elle est seule, elle coule en ce bois écarté.

Paul LAFFARGUE.

*
* *

Le signal du départ ayant été donné, M. Vergès reprit la tête de la caravane et nous franchîmes, une seconde fois, la Massane peu profonde à cet endroit.

Depuis l'instant où nous avions quitté la Valbonne, nous n'avions rencontré âme qui vive dans ces déserts de verdure, lorsqu'au détour de la rivière une voix humaine retentit à nos oreilles : un jeune berger, étendu sous un berceau enguirlandé de clématite et de chèvrefeuille, chantait, entouré de ses moutons, ce chœur montagnard bien connu :

LA TYROLIENNE DES PYRÉNÉES.

Montagnes Pyrénées,
Vous êtes mes amours,
Cabanes fortunées,
Vous me plairez toujours.
Rien n'est si beau que ma patrie,
Rien ne plaît tant à mon amie.

O montagnards, (bis)
Chantez en chœur
De mon pays (bis)
La paix et le bonheur.
Ah! ah! ah! etc.

Laisse-là tes montagnes !
Disait un étranger ;
Suis-moi dans mes campagnes,
Viens, ne sois plus berger.
Jamais ! jamais ! quelle folie !
Je suis heureux de cette vie !

J'ai ma ceinture (bis)
Et mon béret,
Mes chants joyeux, (bis)
Ma mie et mon chalet.
Ah! ah! ah! etc.

Sur la cime argentée
De ces pics orageux,
La nature domptée,
Favorise nos jeux.
Vers les glaciers, d'un plomb rapide,
J'atteinds souvent l'ours intrépide !

Et sur les monts, (bis)
Plus d'une fois,
J'ai devancé (bis)
La course du chamois !
Ah! ah! ah! etc.

Déjà dans la vallée,
Tout est silencieux,
La montagne voilée
Se dérobe à nos yeux.....
On n'entend plus dans la nuit sombre
Que le torrent mugir dans l'ombre !

O montagnards ! (bis)
Chantez plus bas,
Thérèse dort, (bis)
Ne la réveillons pas.
Ah! ah! ah! etc.

Après avoir écouté quelques instants ce chant de joie et d'allégresse, nous gravîmes le versant opposé de la Massane et nous arrivâmes sur un vaste plateau herbacé, légèrement ondulé, dont la pente remonte vers la frontière que nous atteignîmes bientôt.

Nous entrâmes sur le territoire espagnol par une vaste porte de 150 mètres environ de largeur; les pilastres des deux côtés sont formés d'énormes amas de roches qui, vers l'Espagne, se dressent à pic au-dessus de ravins vertigineux.

Le rocher de droite est la pierre *Ste-Oularie*, celui de gauche est désigné sur la carte sous le nom de *Castell-Serredillou*. Ce dernier forme plusieurs groupes qui se continuent jusqu'au pic Sailfort, avec des intermittences de talus gazonnés. L'ensemble représente les bastions d'une vaste forteresse.

Quelques vieux bergers de la montagne appellent *Alaric* la pierre de *Ste-Oularie*, nom catalan d'Eulalie. Or, les premiers chrétiens ayant donné des noms de saints à beaucoup de monuments ou d'objets aux appellations païennes, il y a lieu de supposer qu'il s'agit ici d'Alaric II, roi des Wisigoths, vaincu et tué par Clovis, en 507, à la bataille de Vouillé. En effet, Alaric, dont la puissance s'étendait sur les deux versants des Pyrénées, a dû laisser, dans la mémoire des populations, des souvenirs d'autant plus profonds que, pendant deux siècles encore, ses successeurs occupèrent le Roussillon.

Quant à la désignation du nom des *Albères*, elle vient de nos pères les Gaulois: *Alpes*, en celtique, signifie montagne élevée, et *Alb*, blanc, dans la même langue. Or *Alp*, *Alb*, ainsi que *Albus*, qui se traduit également par blanc en latin, ont le même radical. Il en résulte, dès lors, que les Gaëls et les Romains, confondant l'idée de la blancheur des neiges avec celle de montagne élevée, ont appelé *Albères* ces hautes montagnes souvent couvertes de neige.

Cette large éclaircie sur l'Espagne se nomme dans le pays le *col del Pal*, et de la *Carbassera* sur la carte. Toute la Catalogne péninsulaire et les plaines de l'Ampurdan se déroulaient à nos pieds ; ses vertes forêts semblaient descendre vers les plaines ; des villes, des villages, des *haciendas*, des vignes, des champs cultivés, des bois d'orangers, de citronniers, de grenadiers..... s'étendaient, confusément, jusqu'à l'horizon le plus lointain. Les couleurs de ce panorama infini se dessinaient harmonieusement avec une prodigieuse clarté. La pureté de l'air faisait apparaître distinctement tous ces décors variés, comme des paysages enchanteurs aperçus à travers un ample kaléidoscope.

Ces heureuses régions ne connaîtront plus les misères et les horreurs de la guerre étrangère, que par l'écho lointain et par la présence de leurs enfants parmi les combattants aux prises avec des peuples éloignés. En effet, de chaque côté des Pyrénées, la paix semble fixée à jamais ; la frontière est nette, bien reconnue, les intérêts sont réciproques et l'estime est mutuelle entre les deux nations amies. — Si l'on regarde du côté du Maroc, la France n'a aucune prétention sur cet empire ; notre avantage serait même de pousser l'Espagne vers l'extension des possessions africaines, pour opposer ses droits et son influence aux convoitises anglaises et à l'ambition allemande.

C'est un privilége d'être hors des coups de la guerre, alors qu'on y participe de tout cœur par la pensée et le patriotisme.

Du col *del Pal*, le voyageur se rendra facilement compte du tracé de la frontière dans cette partie des Pyrénées : elle s'étend à droite, en suivant les sinuosités du partage des eaux, vers les pics d'*el Foum*, des Trois-Thermes, de *Llobregat*, et se continue vers l'ouest en traversant la route d'Espagne, près du Perthus et du fort de Bellegarde.

A gauche, la frontière se dirige, presque perpendiculairement, vers le col de Banyuls et le pic d'*en Jourda*, pour se redresser ensuite jusqu'au cap Cerbère. Les Pyrénées espagnoles paraissent être moins élevées et moins étendues que les Pyrénées françaises. Le spectateur pourra s'en rendre compte de visu ; mais le lecteur de la carte d'Etat-Major ne distinguera que nos montagnes, indiquées par des hachures qui s'arrêtent à la frontière.

Il paraît que ce tracé ne s'est pas fait sans contestation. Louis XIV avait dit après le traité de 1659 : « *Il n'y a plus de Pyrénées!* » mais les délimitateurs de 1660, qui s'étaient réunis à Céret, Monseigneur Sarronis, évêque d'Orange, pour la France, et le chevalier Michel Salba, pour l'Espagne, n'interprétaient pas de la même façon la pensée du roi, ou plutôt celle de Mazarin, le véritable instigateur du traité.

L'Espagnol disait : Les Pyrénées passant au nord du Roussillon et de la Cerdagne, la délimitation de la France et de l'Espagne, c'est-à-dire de la Gaule Narbonnaise et de l'Ibérie Tarragonaise, doit partir de Leucate, où étaient les trophées de Pompée, suivre les Corbières, qui appartiennent aux Pyrénées, passer au pic de Puyperic et se continuer en laissant au sud le Roussillon, la Cerdagne et la République d'Andorre.

Le Français répondait : Non pas, les trophées de Pompée étaient à Cerbère, et la ligne doit suivre la crête des Albères, passer au sommet du *Cambredase*, du *Puig-Mal*, de la montagne de Cadi et finir à la Seô d'Urgel.

La discussion menaçant de s'éterniser, les délimitateurs finirent, comme beaucoup de plaideurs, par trancher le différend à l'amiable ; ils partagèrent en deux la Catalogne et la Cerdagne.

Les trophées de Pompée n'étaient ni à Leucate, ni à Cerbère, mais probablement, ai-je déjà dit, à la station *Summum Pyrenæum* de la voie *Domitia*.

Des hauteurs de la Massane, j'ai pu suivre de l'œil le parcours, peu accidenté, de la route romaine jusqu'aux environs de la tour. J'ai ensuite constaté que cette voie devait traverser facilement le territoire baigné par la rivière de la Massane, et franchir le col *del Pal*. C'était là le *Summum Pyrenæum*, où aurait été érigé l'arc-de-triomphe surmonté de la statue de Pompée. Cette supposition est d'autant plus admissible que cette partie de la frontière présente encore des traces de nivellement. En outre, de ce point élevé, le regard a une telle étendue que cet emplacement devait séduire un conquérant avide de domination, ambitieux de perpétuer son nom et la gloire de ses armes.

De son côté, l'historien Jean de Gazanyola annonce que le *col de la Massane* est un des passages les plus praticables des Albères, entre *Ruscino* et *Gerunda*.

Un autre fait paraît corroborer ces assertions : A mon retour à la Valbonne, le soir même de l'ascension dont je fais le récit, je développais cette thèse, lorsque MM. Vergès et Grandorge, les deux fermiers de la Valbonne, m'affirmèrent que plusieurs de leurs bergers connaissaient, près du col *del Pal* et enfouis sous le sol, des tronçons parfaitement conservés d'une route romaine.

Je suis heureux de livrer ce secret aux savants archéologues, fouilleurs ardents des monuments du passé.

Il existe à la Mairie de Collioure de nombreux documents remontant à plus de mille années, peut-être même aux premiers âges de l'ère chrétienne. Ces antiques parchemins, écrits en vieux catalan mélangé de latin et d'arabe, sont à peu près intraduisibles aujourd'hui ; mais, vers 1830, un érudit, du nom de Triquera, a pu en déchiffrer certaines parties qui m'ont servi à rédiger les commencements de l'histoire du Roussillon et, surtout, à établir le tracé de la voie Domitia.

M'appuyant sur ces documents inédits, j'ai annoncé qu'après la station *Summum Pyrenæum*, située au col de la *Carbassera*, la route romaine, en sortant des Gaules, gagnait *Cerbera* (Cerbère). Or, du haut du col del Pal, j'ai pu me rendre compte que la direction de cette route vers Cerbère était peu rationnelle. J'ai alors consulté la carte du nord-est de l'Espagne, au 345,600e, dressée, il y a environ 150 ans, par Capitaine, ingénieur-géographe; sur cette carte, d'une grande valeur historique et dont les reliefs sont admirables, j'ai trouvé *Corbera*, en Espagne. Cette localité figure à l'extrémité de la vallée qui descend du col del Pal; elle est évidemment, et non *Cerbera*, la station qui suit celle du *Summum Pyrenæum* de la voie Domitia.

M. Guiter, ingénieur à St-Laurent-de-la-Salanque, s'est occupé aussi de la *viâ Domitia*. Il donne des détails très intéressants concernant la station romaine de *Combusta* ou *Combulis*, qu'il a découverte en 1888 sur le territoire de St-Hippolyte. Un autre archéologue, M. Sorel, a trouvé à St-André des inscriptions qui sembleraient indiquer l'existence d'un poste militaire dans cet endroit.

Les travaux de ce dernier confirment l'itinéraire que j'ai déjà donné de la route romaine. Cependant, M. Alart fait passer celle-ci par Port-Vendres, et le président Aragon par le col du Perthus.

Non-seulement les documents précités, de Collioure, ainsi que les assertions de M. Sorel ne doivent laisser aucun doute sur le tracé véritable de la voie *Domitia*, mais les renseignements fournis par les bergers, dont j'ai parlé plus haut, paraissent encore affirmer la vérité. Il y a là, certainement, de curieuses recherches à entreprendre.

Quant aux trophées de Pompée, étaient-ils

à Leucate, à Cerbère, à la Carbassère ou au Perthus ? N'ont-ils même jamais existé que dans l'imagination de l'historien latin ? — *That is the question.* — Ainsi s'envolent les rêves et les gloires de ce monde !

D'après Pline, cet historien latin, Pompée, vainqueur de Sertorius, éleva, l'an de Rome 682 et 72 ans avant Jésus-Christ, ces fastueux trophées, dont il ne reste aucune trace indiquant leur véritable situation. L'inscription gravée sur ce monument annonçait que, des Alpes aux confins de l'Espagne, Pompée avait soumis à ses armes 846 villes.

Mais si Le Perthus n'a pas possédé les trophées de Pompée, il a acquis, en 1794, une célébrité autrement impérissable : après avoir vu fuir en désordre les envahisseurs de la France, il a recueilli le corps ensanglanté de Dugommier. Ses habitants montrent avec fierté le tombeau de ce héros, tué sur les bords du *Llobregat*, dans une dernière victoire. L'audace et l'habileté du brave général avaient terminé la campagne et délivré le Roussillon de l'occupation étrangère.

Voilà de réels et patriotiques trophées ! Ils nous feront dire avec le poète :

Ainsi quand vous portez des fleurs au cimetière,
Près de nos vieux remparts, où sous la froide pierre
Quelqu'un de vos aïeux pour toujours endormi
Fut un de ces vaillants qui chassa l'ennemi,
Pensez à Dugommier, et gardez une rose
Pour la modeste tombe où ce héros repose.
. . . .

Jean CODET.

C'est aussi par les vallées de la Massane et

le col del Pal ou de la Carbassera que passa, en 1285, Philippe le Hardi, lors de sa malheureuse expédition contre le roi d'Aragon, entreprise à l'instigation du Pape. Arrêté dès ses premiers pas en Ampurdan, le roi de France, après avoir perdu les trois quarts de son armée dévorée par un affreux typhus, atteint lui-même par l'épidémie, fut rapporté à travers ces Pyrénées et vint expirer à Perpignan. Les Croisés le suivirent, mais affaiblis par la maladie et des souffrances de toutes sortes, ils ne purent franchir les défilés de la Massane et y furent tous massacrés.

En quittant le col del Pal, nous suivîmes, à gauche, la ligne des rochers de *Castell-Serredillou* jusqu'au pic *Sailfort*, dont l'altitude est de 978 mètres. Là, sous le charme d'une muette contemplation, nous restâmes longtemps émus devant le gigantesque et saisissant spectacle qui s'étendait à perte d'horizon. Le soleil déclinait lentement dans un ciel d'azur immaculé ; il frangeait les silhouettes des pics élevés dont l'ombre se dessinait dans les vallées. Au-dessous de nous, les deux Catalognes apparaissaient dans tout l'éclat de leur splendide parure. Comme des reines, elles étalaient leurs riches joyaux sous les regards émerveillés.

A droite, l'Espagne, ses villes, ses forêts, ses *sierras* et ses rivages se déroulaient jusqu'au delà de Barcelone. A gauche, la France, son Roussillon et ses vertes campagnes. Tout cela encadré par la mer miroitante, avec des chatoiements de saphir et de nacre ; ses larges plages sablonneuses, aux reflets d'or pâle, s'étendaient en demi-cercle vers Cette, Marseille, Toulon, Nice et l'Italie. A nos pieds, Collioure et ses forts, Port-Vendres, Banyuls, Paulilles, paraissaient surgir des flots. Cerbère était caché, le clocher seul de son église émergeait au-dessus d'une montagne.

Plusieurs torrents, profondément encaissés, descendent du plateau de Sailfort ; la végétation de leurs versants se prolonge jusqu'à quelques mètres du rivage, où la verdure se mêle aux galets roulés par la mer. Cet effet saisissant est plein de contrastes : ainsi, bien souvent, du haut des falaises qui dominent l'embouchure du Ravaner, j'ai aperçu pendant les jours de tempête, les vagues bondissantes faire reculer au loin les eaux de la rivière ; à ce sinistre mugissement, se mêlait le sifflement aigu des vents déchaînés. Les flots en courroux se précipitaient alors en avant avec une furieuse impétuosité et semblaient menacer de submerger la vallée ; mais à la limite exacte de la prairie, ils retombaient impuissants et s'enfuyaient comme honteux de leur grande colère.

Le voisinage de cette prairie permet aux baigneurs, à l'embouchure du Ravaner, de se revêtir, en sortant de la mer, sur une verte pelouse gazonnée et à l'ombre de grands roseaux ou de superbes figuiers.

De chaque côté des Pyrénées, les rivages s'étendent sur des espaces sablonneux de 2 à 300 mètres de largeur. Cette distance ne varie que fort peu, la Méditerranée n'ayant qu'une marée de 50 à 60 centimètres de hauteur.

Du pic Sailfort, l'œil distingue exactement les chemins et les sentiers qui sillonnent le flanc des montagnes environnantes : les uns ondulent en longues courbes et serpentent sur le sol comme des vipères. Les autres gravissent des pentes rapides, accidentées, franchissent des ravins, contournent d'énormes masses de granit et, de même que des boas, sursautent et s'enroulent sur eux-mêmes.

L'ensemble de toutes ces montagnes, aux mille reliefs, aux teintes accentuées, formait, avec la Méditerranée, un délicieux tableau qui fascinait le regard : par ses immenses proportions, il avait quelque chose de vertigineux, de troublant. Si, parfois, une légère vapeur tamisait les rayons ardents du soleil, la lumière s'adoucissait, devenait égale, délicate ; elle succédait tout à coup à des irradiations éblouissantes, à des éclats de feu, à des flammes rutilantes.... Ce brillant panorama se transformait sans cesse et semblait animé ; c'était la nature vivante et vibrante dans toutes ses manifestations. L'effet était saisissant et d'une beauté idéalement sublime.

On observe aussi, parfois, du haut de Sailfort, un curieux phénomène : lorsqu'il survient tout à coup une dépression barométrique, les vapeurs suspendues dans l'atmosphère s'abaissent jusqu'au-dessous des sommets, elles se condensent, l'orage gronde, les éclairs sillonnent la nue, le tonnerre éclate, la pluie tombe à torrent, et, pendant cette tourmente, dont les péripéties se déroulent dans les vallées, le spectateur aperçoit au-dessus de sa tête le soleil radieux dans un ciel calme et pur.

Il fallut enfin nous arracher au spectacle de cette féerie, de toutes ces visions paradisiaques, et quitter ces régions pyrénéennes, en jetant, à regret, un dernier regard sur le grand lac bleu de la Méditerranée, et sur toute cette contrée si belle, si riche de souvenirs et de légendes. Montagnes, plaines, collines, mer, qu'avez-vous vu ? Vieilles routes, vastes plages, forêts profondes, racontez-nous l'histoire des générations d'hommes qui vous ont foulées du pied ?.....

Si elle pouvait parler cette plage sablonneuse qui, comme un arc immense, s'étend sous nos yeux de Toulon à l'Espagne, elle nous dirait qu'elle a pour nous, chrétiens et Français, bien des titres à notre respect et à notre admiration : c'est par là que nous sont venues les civilisations grecque et romaine ; elle a vu atterrir les envahisseurs Sarrasins et Normands ; elle a été bénie par les premiers apôtres du Christianisme et saluée, à leur départ, par presque tous les Croisés ; elle a vu partir les conquérants de l'Egypte, les explorateurs des nouveaux continents, les combattants de la Crimée, de l'Algérie, de la Chine, de la Cochinchine, de l'Italie, de la Tunisie, du Sénégal, du Tonkin.....

Salut aussi, en partant, à toi, terre espagnole qui serais si pure si tu n'étais souillée, depuis près de deux siècles, par la tache de l'occupation permanente de Gibraltar ! Ne devrais-tu pas, fière Espagne, cesser toute relation avec l'Angleterre tant que persistera cette offense à ton intégrité et cet affront à ton honneur ?..... Quel lien t'attache donc au char du triomphateur, puisque même Napoléon n'a pu te rendre ce roc solitaire ! — Gibraltar serait-il donc devenu tout à fait anglais ? Sa population indigène aurait-elle complètement disparu ? Est-ce que la conscience du peuple Espagnol, si patriote, ne doit pas ressentir cette humiliation et la considérer comme telle ? Ce pied posé sur la Patrie devrait révolter une orgueilleuse nation, et il est surprenant qu'il n'en soit pas ainsi.

La descente s'exécuta par des sentiers étroits, rocailleux, difficiles. Souvent, toute trace de chemin disparaissait, mais notre guide avait l'œil et le pied sûrs.

Nous longeâmes des déclivités rapides, des fondrières cachées par les broussailles, des roches primitives d'une formidable hauteur, sur un terrain de pierres coupantes, à faces acutangulées, débris de ces mêmes rochers. Ce sentier glissant, dangereux, qui sillonne parfois les flancs de masses rocheuses, aux parois presque verticales, est impraticable pour les mulets : le sol sans consistance, qui se dérobe sous les pieds comme les galets des plages inclinées, les entraînerait fatalement dans les précipices.

Pour donner au lecteur un exemple de la souplesse, de la force et de l'agilité surprenantes des montagnards pyrénéens, j'ajouterai que M. Vergès, qui nous avait quitté momentanément à la fontaine Couloumates, était revenu des hauteurs du pic de l'Homme-Mort en portant, sur ses épaules, un énorme mouton atteint de folie. Chargé de ce fardeau,

M. Vergès ne continua pas moins, pendant cinq heures, de tenir la tête de notre file indienne et de franchir, avec légèreté, tous les obstacles de cet affreux chemin.

Combien d'autres faits pourrais-je citer, témoignant de la vigueur extraordinaire de ces robustes Catalans ! Des femmes, souvent âgées, qui partent de leurs villages à deux heures du matin pour aller à travers ravins, broussailles et obstacles de toutes sortes, jusqu'à la tour de la Massane ou dans les forêts de Sailfort, ramasser du bois et rapporter des charges de 40 à 50 kilogrammes ; elles maintiennent ces pyramides en équilibre sur la nuque au moyen d'une courroie passée sur le front, comme les bœufs au labourage. Quelques femmes de Collioure et de Sorède, d'une force colossale, vont même jusqu'à porter ainsi 100 kilogrammes. Tous les jours, et pendant toute l'année, elles accomplissent ce travail formidable. Ne devons-nous pas admirer cette force de résistance de la machine humaine, de ce que l'on peut obtenir d'elle par l'entraînement !

Citerai-je aussi les contrebandiers qui, lorsque le soleil a disparu pour faire place à la nuit noire, sans étoile, franchissent toutes les Pyrénées, en évitant les sentiers battus, par crainte des douaniers, et ces derniers aussi, qui ont à vaincre les mêmes obstacles et courent les mêmes dangers ! Qu'on se figure un homme avec un lourd ballot sur les épaules, perdu dans ces solitudes, sinistres, glacées ; il est seul, et s'il lui arrive un accident, s'il disparait dans une fondrière cachée par la neige, s'il roule sur une pente rapide, il est mort. Qui donc viendrait le secourir ? En hiver, les montagnes, muettes comme la pierre sépulcrale, ne répercutent aucun écho.

Enfin, nous arrivâmes à la fontaine Cassagne, dont les eaux limpides et abondantes ne vont plus fertiliser la vallée ; elles ont été détournées, ainsi que celles des Barnèdes, pour alimenter Port-Vendres.

A partir de la fontaine Cassagne, tout danger avait disparu. Le sentier qui nous ramenait à la Valbonne était fort praticable.

Malgré la rapidité de notre descente, nous pûmes cependant examiner la flore de ces hautes altitudes : sur le plateau de Sailfort, de nombreux genévriers ; un peu plus bas, des sapins broussailles rampaient sur des tapis de mousse ; le buis jaunâtre tordait ses pieds dans les failles des escarpements ; des touffes de rhododendrons couronnaient les ravins de bouquets roses, blancs, rouges ou panachés ; des bruyères serraient leurs grappes aux petites fleurs en forme de vase ; de larges pelouses de verveine se déroulaient dans les clairières. Je remarquai d'autant plus cette dernière plante qu'elle est rare dans les bois et ne se cultive généralement que dans les jardins ; ses fleurs, ses feuilles et ses racines prises en infusion remplacent le thé avec plus d'arome.

Pendant la dernière partie de notre voyage, la vue embrassait la base des montagnes dont nous venions de dominer les sommets. Le soleil, déjà plus bas, s'enfonçait dans une brume empourprée et jetait, sur ce paysage inoubliable, la magie de ses derniers rayons ; l'ombre remontait peu à peu les pentes des ravins. La nature, s'enveloppant de ténèbres, baissait lentement le rideau de la scène du monde pour ne le relever qu'au réveil de l'aurore. C'est à l'heure du crépuscule que, comme un long adieu de tendresse, diminue la pâle et mélancolique clarté du jour.

Je terminerai ici cette longue digression, mais les détours du récit font durer le plaisir. Quant à moi, c'est avec une joie toujours renouvelée, une ardeur toujours soutenue, que je me suis plu à décrire les splendeurs si peu connues, et qui méritent tant de l'être, de cette partie du beau Roussillon.

Il est, en effet, vraiment singulier que ces grandes plages, ces superbes montagnes soient si peu cotées dans les courants de la mondanité moderne, qui s'en va chercher partout, même à l'étranger, l'air pur, le soleil et les vastes perspectives. Il est vrai que ces courants ne passent pas plus par ici que par nos magnifiques forêts du Valois. Les journaux de la capitale ne recommandent que la forêt de Fontainebleau, battue et rebattue par la foule, et aussi encombrée que les boulevards de Paris.

Quelques excursionnistes en chambre exaltent même, avec une conviction simulée, des contrées qu'ils n'ont jamais vues, sans se rendre compte des changements de température. Ainsi, aujourd'hui 8 janvier 1891, je reçois quelques grands journaux de Paris et de Bordeaux ; j'y lis plusieurs articles dont les auteurs recommandent au monde élégant de fuir les régions glacées du Nord, pour aller se refugier dans les stations ensoleillées des Pyrénées occidentales, ou sur la promenade des Anglais, à Nice.

Or, ces stations pyrénéennes sont actuellement recouvertes par la neige !

Quant à Nice, le pays du soleil et de l'éternel printemps, disent les reporters, je reçois, encore aujourd'hui même, d'une de mes sœurs de Paris, une lettre m'annonçant que deux dames de ses amies, confiantes dans la sincérité des chroniqueurs du *high life*, étaient parties pour Nice qu'elles ont trouvée ensevelie sous la neige. Elles sont rentrées aussitôt à Paris, transies, mécontentes, et « jurant, mais un peu tard, qu'on ne les prendrait plus. »

Depuis ce moment, j'ai continué mes recherches dans les journaux de Paris, mais aucun n'attirait l'attention de ses lecteurs sur le Roussillon, où le climat a toujours été modéré pendant ce terrible hiver de 1890-1891. Il est vrai que, plusieurs jours de suite, les Albères ont été revêtues du blanc linceul de la morte de Victor Hugo, mais la neige n'a fait dans la plaine que de rares et fugitives apparitions.

Toutefois, depuis deux mois, le Canigou et ses vastes contreforts apparaissent à nos yeux ravis, comme un amoncellement de banquises glacées. Toutes les forêts, les ravins, les pics dénudés sont nivelés par la neige. Au matin, surtout, l'effet est inimaginable : lorsque le large disque enflammé du soleil surgit lentement des flots azurés de la Méditerranée, ses premiers rayons frappent horizontalement cette protubérance colossale de la croûte terrestre, et la font scintiller de mille feux aux reflets roses et diamantés ; les plus hauts sommets se perdent dans les nuées et se confondent avec le ciel..... Ce tableau, unique au monde, devrait donc attirer l'attention des curieux avides de contempler et d'admirer les merveilles de la nature.

La vue du Canigou a aussi vivement impressionné M. Thiers ; il n'avait que 25 ans lorsqu'il écrivit les lignes suivantes dans le premier ouvrage de sa jeunesse :

« L'un des plus beaux spectacles que j'aie rencontrés dans les Pyrénées, est celui dont je fus frappé en sortant de Perpignan. C'était un matin de la fin de novembre (1822). Le froid était vif, un vent impétueux soufflait des montagnes du Capcir, couvertes de neige ; et un jeune Roussillonnais, à la veste courte, au bonnet flottant, conduisait au galop quatre chevaux de Cerdagne, qui nous emportaient autour du Canigou. Entraînés par ce mouvement rapide, nous voyions se succéder tour-à-tour les têtes de ce mont superbe qui, placé à l'entrée des Pyrénées, les annonce d'une manière si imposante. Aucun rayon de soleil n'éclairait encore la plaine, lorsque tout à coup le Canigou reçut sur son front une teinte rose qui, se mariant à la blancheur des neiges, produisit une nuance d'une inexprimable douceur. Cette bande lumineuse s'agrandissait par l'élévation progressive du soleil, le pic supérieur semblait croître à mesure qu'il s'éclairait. Bientôt le mont tout entier fut inondé de lumière et de pourpre ;

alors toutes ses formes, cachées dans l'obscurité, se dessinèrent à la fois, toutes les saillies ressortirent, toutes ses profondeurs s'enfoncèrent encore et il parut prendre des proportions considérables. »

. . . .

Quel inépuisable trésor de magnificences naturelles possède le Roussillon, et quelle injustice de les négliger !

Malgré les neiges et les glaciers du Canigou, les personnes malades ou fatiguées, qui recherchent pendant l'hiver les régions chaudes, rencontreront dans le Roussillon les avantages d'un climat semblable à celui de l'Algérie. Les stations mondaines des Alpes-Maritimes sont plus luxueuses et plus bruyantes, mais, le plus souvent, elles sont peu en rapport avec une bourse modeste, ou avec un caractère calme et tranquille.

Il est, dès lors, regrettable que, jusqu'à ce jour, aucune Compagnie ne se soit constituée pour créer des établissements balnéaires sur les magnifiques plages, si saines et si salubres, des Pyrénées-Orientales.

La température modérée, presque toujours belle, de ces plages, y permettrait le séjour en toutes saisons : l'air vivifiant de la mer, fortement iodé, rend la santé à tous et développe les poumons. Les bains ne sont pas toujours nécessaires aux enfants, mais on peut les laisser vagabonder sur les grèves, afin de leur donner de la vigueur et de leur faire du sang riche et généreux. C'est la source d'une santé à toute épreuve et, par suite, d'une existence heureuse et longue.

Les régions que nous venons de parcourir ne sont pas habitées, dit-on dans le pays, en raison du climat rigoureux qui résulte de leur haute altitude. Cette opinion doit être erronée. Le véritable motif de cet abandon est le manque absolu de chemins praticables : en effet, la Cerdagne, que nous allons bientôt visiter avec le lecteur, est relativement assez peuplée ; cette contrée pyrénéenne s'élève à 7 ou 800 mètres au-dessus des Albères ; elle est donc très froide et ensevelie sous la neige pendant plus de la moitié de l'année.

L'excursion à la Massane et au pic Sailfort, dont j'achève enfin le récit, marquera dans mon existence comme un point lumineux, comme une étoile brillante au firmament. « *Carpe diem*, » dit Horace ; c'est-à-dire sois heureux au jour le jour, saisis tout ce qui se présente à chaque instant de la vie, et sache en jouir. — C'est vraiment la sagesse.

*
* *

Franchissant de nouveau l'espace, nous reviendrons au Canigou et, de là, au Vernet, que nous quitterons pour gagner Villefranche, soit par la route déjà suivie, soit par la tour de *Goa* et *Sahorre*. Nous arriverons à Fuilla, où nous visiterons une grotte intéressante, et nous entrerons à Villefranche.

La grotte de *Fuilla* est profonde, et le visiteur fera bien de prendre un guide s'il veut s'y aventurer. Un jour, deux sous-officiers de la garnison de Villefranche résolurent de l'explorer ; ils s'y perdirent et, comme le malheureux égaré dans les catacombes de Rome, ils errèrent pendant longtemps et auraient infailliblement péri, si plusieurs de leurs camarades n'avaient eu l'idée de fouiller cette grotte. Les deux jeunes gens furent retrouvés épuisés par la faim, la fatigue et les émotions.

Il faut environ 4 ou 5 heures pour parcourir la caverne de *Fuilla*. Elle contient des stalactites et des stalagmites très belles qui offrent des concrétions dont l'ensemble excite l'admiration.

Entre Sahorre et Fuilla s'élève, sur la montagne, au milieu des buissons et des rochers, l'ermitage de Notre-Dame-de-Vie *Nostra Señora de Vida*, ancienne prévôté du monastère de Corneilla.

Villefranche est une petite ville de 600 habitants, à l'aspect sombre et sévère qu'elle doit à ses rues étroites, tortueuses, à quelques maisons des XIVme et XVme siècles, en granit et en marbre rouge, et à ses fortifications resserrées.

L'église de Villefranche, des plus curieuses, mérite d'attirer l'attention des amateurs: elle remonte à l'époque romane secondaire et se compose de deux vaisseaux parallèles et d'inégale hauteur de faîte, ayant chacun son portail de différentes dimensions et ornementations. Le premier portail est décoré de quatre colonnes, dont trois unies, et la quatrième cannelée en spirale. La tour est crénelée et l'ensemble est lourd. Aucune réparation, aucun embellissement ne sont venus ôter à cet édifice religieux sa physionomie particulière et son cachet antique. Jusqu'à la porte de bois de son entrée, tout subsiste depuis le XIIme siècle.

La citadelle, dessinée par Vauban, est la première que l'on rencontre dans la vallée de la Tet. Elle domine Villefranche à une telle hauteur qu'il faut monter pendant près de trois quarts d'heure pour accéder à la plate-forme. Un souterrain de 999 marches relie la ville à cette forteresse. Les montagnes qui entourent Villefranche renferment de vastes grottes ; l'entrée de la plus importante est dans les fortifications ; sa sortie, qui a été murée, aboutissait dans la vallée de Corneilla.

Cette caverne, dite *Coba Bastère*, vaste, élevée et très profonde, est située dans l'intérieur de la colline du *Val d'al Bayn*; c'est la plus intéressante du pays. Un escalier de 133 marches y a été pratiqué pour en permettre l'accès. Les siècles ont décoré ces cavités souterraines d'un grand nombre de stalactites, de stalagmites, de congélations, de cristallisations de formes étranges ; à la lueur des flambeaux, ces bizarreries de la nature forment le plus curieux effet, et présentent, dans leur assemblage, des rapprochements avec des objets d'art : une d'elles figure un jeu d'orgue ; une autre, représentant une tête d'homme, a été envoyée au Muséum de Paris.

Ce *Palais des Fées*, comme l'appellent les montagnards, renferme aussi une espèce de tribune, une colonne qui semble soutenir la voûte, ainsi que des pétrifications d'ossements de mammifères fossiles.

Le prince de Condé s'empara de Villefranche en 1651, après 20 jours de tranchée.

En 1674 les Français, qui occupaient Villefranche, faillirent être massacrés à la suite d'une conspiration. *Dona Inez de Llar*, fille du chef des conjurés, surprit le secret et dénonça le complot à un officier français, son amant. Le père d'Inès eut la tête tranchée, ainsi que ses complices. Ce drame émouvant est longuement décrit dans les annales de la contrée.

En 1793, les Espagnols firent capituler cette place, mais les Français la reprirent par surprise 20 jours plus tard. (Voir page 81.)

Si nous continuons à remonter la Tet, nous la franchirons en sortant de Villefranche. La vallée se resserre, la pente devient plus rapide, l'aspect du pays de plus en plus accidenté, et nous arriverons à Serdinya, dont l'église possède un beau reliquaire en vermeil de style gothique, remarquable surtout par l'exécution de ses ornements.

De Serdinya, un chemin se détache à gauche, ainsi qu'un railway destiné au transport du minerai ; tous deux gravissent les montagnes jusqu'à plus de 1,200 mètres d'altitude et dépassent Escaro, où il existe plusieurs mines de fer importantes.

Avant d'arriver à Olette, le voyageur remarquera au fond de la vallée, sur un petit plateau dont l'altitude est de 596 mètres, les ruines du château de Labastide, dont une des deux tours est revêtue de lierre, de la base au sommet, et nous arriverons à Olette.

Chef-lieu de canton situé dans une des profondes gorges de la Tet, Olette a des perspectives rapprochées, mais des plus pittoresques.

Il existe dans ces parages des thermes renommés, les *Graus d'Olette*, alimentés par plusieurs sources dont la température varie de 27 à 78°. Cet Etablissement est un des plus importants des Pyrénées-Orientales ; les eaux de ses 31 sources guérissent les affections des voies urinaires et de l'appareil respiratoire. Les environs, très accidentés, offrent aux malades de nombreuses distractions.

Ainsi, près de ces *Graus* (marches) d'Olette, le voyageur pourra visiter les vestiges de la célèbre abbaye d'Exalada. Ils ont été comparés aux ruines de Troie :

« . . . . . . *Tota teguntur*
Pergama dumetis ; etiam periere ruinæ. »

« C'est Pergame entièrement enfouie sous les broussailles, et dont les ruines même n'existent plus. »

Ce monastère *d'Exalada*, mot catalan qui signifie éboulement, avait été bâti en 840 par des Bénédictins du diocèse d'Urgel ; mais bientôt, en 878, un effroyable débordement de la Tet enleva, en moins d'une heure, tous les bâtiments et noya les moines. Ce cataclysme ne paraît pas très compréhensible, attendu que la grande élévation du couvent, au dessus du lit de la Tet, paraissait devoir le garantir d'une semblable catastrophe. Il y a dès lors lieu de supposer que la profonde déchirure de la montagne n'existait pas avant l'année 878, et qu'elle aurait été déterminée par la rupture subite d'un barrage naturel des eaux du torrent. L'abbaye d'Exalada était une sorte de ferme modèle d'où sortaient, pour les agriculteurs, les meilleures leçons pratiques sur le parti à tirer de la culture de ces montagnes.

Au delà d'Olette, la gorge se rétrécit de plus en plus. Des roches éboulées ralentissent le cours de la Tet et forment de petits lacs aux bords verdoyants. Parfois, les rives se rapprochent et le torrent devient rapide, impétueux ; il lèche en s'enfuyant les parois de son lit. Lorsqu'il grossit soudainement par les pluies ou la fonte des neiges, il fait retentir les échos de ses sinistres mugissements. Aux failles, aux saillies, aux brisures des roches et à tous les endroits où la fantaisie de la nature a jeté un peu de terre végétale, s'accrochent, se suspendent des ronces, de maigres vignes, des figuiers sauvages qui opposent leur végétation d'un vert gradué aux couleurs sombres et sévères des masses granitiques.

La déclivité de la vallée s'accentue de plus en plus, et si nous élevons notre regard, nous ne distinguerons que pics aigus, cimes déchiquetées, arêtes vives, aiguilles élancées, roches effritées, dont les lignes se découpent en zigzags sur l'opale du ciel.

La route suit la pente d'un versant de la Tet, la voiture roule au-dessus de profondeurs vertigineuses où l'œil aperçoit, éparpillées sur des dépressions de terrain et comme suspendues dans les airs, des maisons isolées et même de petites métairies.

Cette belle route de Cerdagne traverse ensuite un tunnel, et bientôt apparait l'Etablissement des *Graus de Canaveilles*. (10 sources sulfureuses de 40° à 54°, et 2 alcalines à 41°.) Traitement spécial des maladies nerveuses.

Un peu plus loin, nous arriverons à Thuès-entre-Vails, petit village situé au milieu d'escarpements rapprochés, dont l'aspect est des plus saisissants. Un bel Etablissement de bains, renommé dans la contrée, fait un admirable effet d'originalité. Ses eaux sont sulfureuses, très abondantes, et passent pour être les plus chaudes du monde (78°); elles doivent surgir de lacs souterrains dont la profondeur est, peut-être, de plus de 2,000 mètres. On y remarque la magnifique source du Torrent.

« Les Pyrénées, filles du feu, sont riches de métaux, de marbres, d'eaux chaudes, vivantes, vivifiantes. C'est le Canigou qui verse autour de lui toutes ces sources : Amélie, La Preste, Molitg, Le Vernet, Olette..... En ses chaudes entrailles, il a gardé la vie, redoutable autrefois, aujourd'hui bienfaisante.

La plus grande merveille est la diversité de ces sources. Toute température, toute combinaison y est représentée. Il y a là, dans ces gorges étroites des Pyrénées, toute une rivière de santé, de jeunesse, de force, un vrai fleuve de vie. » — MICHELET.

Toujours montant, nous entrerons à Fontpédrouse, dont l'altitude est de 1,330 mètres.

Cette localité, qui compte environ 800 habitants, est connue par sa superbe cascade, au milieu d'un charmant paysage, et par l'Etablissement des bains de St-Thomas.

Avant d'arriver à Fontpédrouse, les maisons de ce village, vues de la côte escarpée gravie par la route, semblent descendre jusqu'à la Tet. Les eaux, qui jaillissent des roches ou des flancs gazonnés de la montagne, courent, écument, et se jettent dans le vide en gracieuses petites chutes.

Après avoir dépassé Fontpédrouse de quelques centaines de mètres, le voyageur apercevra, à gauche, un sentier qui le conduira à St-Thomas en un quart-d'heure de marche. Ce chemin traverse ensuite la Tet, conduit dans la gorge où coule la rivière de Prats-Balaguer, qui descend du col de *Nou Fons* (neuf fontaines), par lequel on arrive à celui de *Nuria*, frontière d'Espagne, 2,778 mètres.

De St-Thomas, des sites charmants réjouissent le regard ; plusieurs grandes roches taillées à pic, avec la rivière au fond, bordent l'avenue qui y conduit. Les points de vue sont variés par une double gorge ; une large échappée offre un coup d'œil superbe sur la route de Mont-Louis et vers les hauteurs de Santo et de Fontpédrouse.

Bien qu'à une altitude de 1,330 mètres, la végétation est splendide dans ce petit vallon enchanteur : des saules, des peupliers, des platanes et, pour compléter le tableau, une treille luxuriante, aux grappes nombreuses et fournies : *c'est la dernière limite où peut venir la vigne*. La température y est douce, uniforme ; à la chaleur saine de la journée succède, sans secousses brusques, une fraîcheur tempérée et agréable. Ce délicieux séjour d'été est préservé des vents, — de la *marinade* et du *carcanet*, — par les hauteurs de Prats-Balaguer et de Planès.

Les eaux sulfureuses de St-Thomas sont littéralement *bouillantes*. Les habitants de la contrée en connaissent toutes les propriétés et les merveilleux effets.

St-Thomas est souvent visité par des membres du Club Alpin français, et, dans l'Annuaire de la Société, ils font le plus grand éloge des montagnes mouvementées et pittoresques qui l'entourent. Des baigneurs affirment, en outre, que l'usage des eaux de cette source leur a rendu la force et la vigueur. D'ailleurs, l'air pur et balsamique de cette partie des Pyrénées n'a jamais permis à aucune maladie épidémique d'y régner, et la longévité des habitants de ces régions salubres est proverbiale en Roussillon.

Depuis Prades, nous nous sommes élevés de 985 mètres. Il nous reste encore à escalader une perpendiculaire de 270 mètres pour atteindre Mont-Louis, dont nous ne sommes plus qu'à 9 kilomètres par la route, et à 4 kilomètres en ligne directe. La distance totale de Prades à Mont-Louis est de 36 kilomètres.

Le soleil radieux et brûlant de la plaine, pendant les grandes chaleurs de l'été, commence ici à adoucir ses rayons par la fraîcheur des couches supérieures de l'air, ainsi que par les neiges qui recouvrent presque toute l'année le sommet des hauteurs.

Nous sommes arrivés à la limite du Conflent, dont la capitale, avant Prades, était Villefranche, et nous entrons dans la Cerdagne française, province espagnole avant le traité des Pyrénées de 1659.

La première fois que je visitai ce pays, à la fin du mois de septembre, la température était d'une grande douceur et le ciel d'une pureté excessive ; au froid très vif et à la neige des jours précédents, avait succédé un bon et chaud soleil d'automne.

La montée d'Olette à Fontpédrouse, déjà dure pour nos chevaux, le devint encore plus à la sortie de cette dernière ville. Aussi, pour la commodité de mes observations, notre véhicule avançait-il lentement. Je ne pouvais cesser de contempler les forêts de pins qui semblaient monter à l'assaut des sommets, et les nombreux sentiers serpentant sur les flancs de toutes ces montagnes dont les aspects sont si variés, que chacune d'elles a sa physionomie propre et son originalité spéciale.

Ramond, le peintre des Pyrénées, comme l'appelle Ste-Beuve, était un observateur attentif, ému ; il prétendait que chaque montagne avait son individualité, son génie, qu'il fallait comprendre, saisir et rendre.

Assis près du cocher, comme j'en ai l'habitude quand je voyage dans un pays que je ne connais pas, je lui dis en levant tout à coup la tête : « Quel est ce remblai au-dessus de nous ? Serait-ce un fort ? »

Il sourit et me répondit avec cet accent caractéristique du montagnard catalan qui parle français : « Je vois que vous n'êtes jamais allé à Mont-Louis ; c'est notre route et, bien qu'elle ne soit qu'à une quinzaine de mètres d'ici, nous n'y arriverons que dans vingt minutes. »

Nous atteignîmes cet endroit, et le même effet se reproduisit ; notre chemin continua à se replier sur lui-même trois ou quatre fois. Vue du haut de la montagne, cette route, dont la blancheur tranche sur les teintes foncées du sol, ressemble aux spirales d'un immense colimaçon.

Je ne pouvais cesser d'admirer ces défilés, auxquels le soleil couchant donnait des abîmes et des silhouettes fantastiques, tandis que dans les profondeurs la rivière mugissait toute scintillante.

Fontpédrouse apparaissait dans la gorge et ses toits luisaient seuls, comme des clartés bleuâtres, dans la pénombre de cette demi-obscurité. Tout au loin, quelques éclaircies laissaient apercevoir des successions de chaînes dorées par les derniers rayons du soleil.

A mesure que nous gravissions cette longue côte, la neige des jours précédents apparaissait encore entre les sapins, dans les failles des ravins et sur le faîte des montagnes.

Les navigateurs aperçoivent, s'étendant à l'infini, la mer miroitante qui se confond avec un ciel gris ou bleu ; mais, dans la vallée de la Tet, la vue est resserrée entre de hautes montagnes, aux nuances accentuées, vertes ou mordorées, aux pentes abruptes, rapides, aux horizons rapprochés et bizarrement découpés par les dentelures des hauts sommets.

Après avoir traversé Fetges, l'ancien Mont-Louis, et longé des talus gazonnés, des remparts ombragés de sorbiers aux baies rouges, la voiture franchit le pont-levis de Mont-Louis ; mais, auparavant, nous eûmes encore le temps d'embrasser rapidement, d'un coup d'œil, les plaines et les vallons de la Cerdagne, dont le plateau, entièrement circonscrit par de hautes montagnes, déroule au loin ses luxuriantes campagnes, semblables à un vaste tapis de verdure.

Le saisissement indéfinissable qui envahit l'esprit pendant le parcours de la profonde vallée de la Tet, oppresse la poitrine et étreint le cœur. On se sent bien petit devant cette nature titanesque, au pied de ces géants de granit, dont les roches menacent de s'écrouler en terribles avalanches et de tout engloutir. Que de catastrophes causées par ces cataclysmes, ces chutes soudaines ! Que de destructions totales de localités importantes, écrasées, enfouies, corps et biens, maisons, populations et troupeaux !

Comme on se représente aussi, à l'aspect de ces masses suspendues, les vagues impressions, les terreurs subites des habitants des premiers âges du monde ! Comme on crée à nouveau leurs rêves, leurs émotions, et comme on comprend bien l'imagination qui produisit les déifications des forces de la montagne !

. . . .

« Malgré moi, j'ai songé ici aux Dieux antiques, fils de la Grèce, images de leur patrie. Ils sont nés en pays semblables, et renaissent ici en nous-mêmes, avec les sentiments qui les ont faits.

J'imagine des pâtres oisifs et curieux, à

l'âme enfantine et nouvelle, non encore occupés par l'autorité d'une civilisation voisine et d'un dogme établi, actifs, hardis, naturellement poètes. Ils rêvent; et à quoi, sinon aux êtres énormes qui, toute la journée, assiégent leurs yeux? Comme ces têtes déchiquetées, ces corps bosselés, entassés, ces épaules tordues, sont bizarres! Quels monstres inconnus, quelle race déformée et morne, en dehors de l'humanité? Par quel horrible accouchement la Terre les a-t-elle soulevés hors de ses entrailles, et quels combats leurs têtes foudroyées ont-elles soutenus dans les nuages et les éclairs? Aujourd'hui encore ils menacent; seuls les aigles et les vautours peuvent sonder leurs profondeurs.....

. . . .

Comme leur visage est changeant, toujours redoutable!..... Quelques-uns, dans de noires fondrières, pleurent, et leurs larmes dégouttent sur leurs vieilles joues avec un sanglot sourd.....

. . . .

Qu'ils sont mystérieux la nuit, et quelles pensées méchantes ils roulent l'hiver, enveloppés dans leur suaire de neige! Mais au grand jour et dans l'été, de quel élan et dans quelle gloire leur front monte au plus haut de l'air sublime, dans les pures régions rayonnantes, dans la lumière, dans leur patrie. Tout monstrueux et blessés qu'ils sont, ils sont encore les Dieux de la Terre, et ils ont voulu être les Dieux du Ciel.

Mais voici qu'une seconde race apparait, aimable, presque humaine, le chœur des nymphes, êtres fuyants et liquides, filles des colosses difformes. Comment les ont-ils engendrées ? Nul ne le sait..... » (1).

* * *

La ville et la forteresse de Mont-Louis, situées sur une montagne escarpée et d'un accès difficile, ont été tracées par Vauban en 1681, à la suite du traité des Pyrénées. Louis XIV a donné son nom à la ville, qu'elle changea, pendant la Révolution, en celui de Mont-Libre. C'est une place de guerre de 2º classe et de 1re ligne, à proximité de la frontière d'Espagne et à 954 kilomètres de Paris. Elle domine les défilés de la Llansade, de Fontpédrouse, et défend les entrées du Conflent, du Capcir, de la Cerdagne et de la vallée de Campredon. Par son altitude, 1,600 mètres, Mont-Louis est la plus haute et la plus froide garnison de France.

Resserrée dans une enceinte de remparts et de bastions qui la font ressembler à une caserne fortifiée, la ville de Mont-Louis ne peut prendre aucune extension ; elle ne compte que 500 habitants. Pour y accéder, on franchit un pont-levis et une voûte sombre. Après avoir gravi une rue pavée de pierres pointues, mal assemblées, on aperçoit à droite, devant l'église, un petit monument commémoratif. C'est une pyramide reposant sur quatre sup-

---

(1) TAINE. *Voyage aux Pyrénées* ; 1859.

ports et surmontée d'un boulet ; un petit obélisque se dresse à l'intérieur.

Sur les diverses faces de ce monument, on lit les inscriptions suivantes :

CI-GIT

LE BRAVE DAGOBERT,

Général des armées françaises,

Mort le 28 prairial an II de la République.

1736-1794. — *Olette.* — *La Perche.*

Cette dernière inscription rappelle la date de naissance, celle de la mort, ainsi que deux victoires du général Dagobert.

La dépouille mortelle de ce général a effectivement reposé quelque temps à cet endroit, mais elle a été transportée d'abord à Perpignan, et ensuite en Normandie, dans le village natal de Dagobert.

La figure militaire du général Dagobert, trop peu connue, ressemble beaucoup à celle, si aimée et si populaire, de La Tour d'Auvergne et, comme cette dernière, mérite d'être mise en relief. C'est donc une bonne et patriotique action de faire revivre ici, sur le principal théâtre de ses exploits, ce héros de la Révolution, dont la conduite devant l'ennemi, le courage et le grand caractère honorent l'humanité.

C'est même un devoir de rappeler à tous les amis de l'indépendance de notre cher pays, c'est-à-dire à tous les Français, les beaux faits de guerre, les charges enthousiastes, les résistances acharnées et les vaillantes prouesses de ce défenseur de la Patrie, de ce général dont la gloire est l'une des plus pures du siècle dernier.

Voici la biographie du général que ses soldats appelaient le *brave Dagobert*.

Dagobert de Fontenille (Luc-Siméon-Auguste) appartenait à une famille de l'ancienne noblesse normande. Entré au service comme sous-lieutenant, il assista à toutes les expéditions de la guerre de sept ans, fut blessé plusieurs fois pendant cette campagne, notamment à Clostercamp. Passé ensuite en Corse, il avait déjà 35 ans de service au début de la Révolution. Après avoir contribué à la conquête des Alpes-Maritimes, et du comté de Nice, il obtint le grade de général de brigade, puis de division, et reçut le commandement en chef du corps de la Cerdagne. Dagobert s'empara de cette province et de la vallée de Carol, défit les Espagnols à Mont-Louis et à Campredon, resta maître du val d'Aran, se signala par plusieurs autres expéditions brillantes, et remporta les deux victoires décisives d'Olette et du col de la Perche.

Figure attachante, originale, pleine de générosité, de candeur et de grandeur d'âme, ce vieil officier gentilhomme, enflammé par les idées révolutionnaires, devint au déclin de sa vie le plus allègre et le plus jeune des généraux républicains. Uniquement voué au drapeau, à son pays, sans arrière-pensée, mais pressé, avide, comme tous les grands cœurs, de réparer les maux de la France, il se signala dans ses derniers jours, par une ardeur valeureuse et des exploits éclatants.

Doué d'une énergie indomptable, d'une

audace à toute épreuve, le vieux général Dagobert sut aguerrir des bandes découragées, sans cohésion, sans instruction, et les conduire de succès en succès. Il marchait toujours le premier, tête nue, et s'élançait au feu ses longs cheveux blancs flottant sur ses épaules. Ressemblant autant à un patriarche qu'à un soldat, il semait déjà autour de lui la légende. Par sa bravoure incomparable, sa sollicitude paternelle, il était adoré de ses troupes qu'il enthousiasmait, électrisait, exaltait, et dont il obtenait de véritables prodiges. Par ses attaques hardies, imprévues, incessantes, il épouvantait, fascinait les Espagnols ; ceux-ci, dans leur terreur, l'avaient surnommé : *el Dimonio, le Démon*.

Ainsi, au combat d'Olette, Dagobert et ses soldats, semblables aux isards qui se jouent des plus grandes difficultés, franchirent les crêtes escarpées de la montagne, et descendirent de ces hauteurs vertigineuses avec une telle impétuosité, qu'ils paraissaient plutôt voler que courir. « Nous arrivâmes sur l'ennemi comme des éperviers, » dit le Représentant du peuple Cassanyes dans son rapport.

Malade et épuisé par les fatigues et les travaux de cette pénible campagne, le général Dagobert termina sa brillante carrière militaire en dirigeant, porté sur une civière, l'attaque d'Urgel. Après la prise de cette ville, (10 avril 1794), il gagna péniblement Puycerda par des sentiers épouvantables, que nous parcourrons bientôt, et mourut le 18 avril au milieu des témoignages de regrets et d'affection de toute son armée.

Le général Doppet prit alors le commandement du corps de la Cerdagne ; il y trouva des soldats tout faits et dignes des chefs les plus intrépides.

Un jour que ces vaillants hommes demandaient qu'on les conduisît au canon, un bataillon entier était, littéralement, pieds nus ; on hésitait à l'employer. Craignant d'être laissés en arrière, les soldats à l'instant découpent leurs havre sacs, s'en enveloppent les pieds, et courent supplier leur chef de leur permettre « d'aller changer de chaussures avec les Espagnols. » Le mépris de la mort était arrivé chez eux à ce point « qu'il n'en mourait guères, dit une Relation officielle, sans avoir sur les lèvres un bon mot qui renfermait un vœu pour la Patrie. » Tels étaient les soldats que Dagobert avait légués à la France. L'âme du héros les animait toujours ; elle élevait les cœurs jusqu'au plus sublime dévouement.

A la suite de ses victoires, et de la reddition d'Urgel, Dagobert put encore, avant d'expirer, lire la lettre suivante que lui adressait Lucia, procureur général syndic :

« Citoyen Général,

Recevez par mon organe les témoignages de la reconnaissance publique ; votre nom va devenir aussi cher aux habitants des Pyrénées que terrible aux Espagnols. Vous avez remporté deux victoires complètes ; vous avez sauvé le Mont-Libre ; vous avez conquis la Cerdagne. Il vous reste de nouveaux lauriers à cueillir, et c'est sous les murs de Perpignan qu'ils vous attendent. Nos soldats vous appellent ; venez le plus tôt possible avec vos braves volontaires.

Vous viendrez et nous vaincrons.

Salut et fraternité.

LUCIA. »

Quelques jours plus tard, le 1er mai 1794, les Espagnols attaqués et battus au Boulou, après deux jours de combats, étaient rejetés en désordre au-delà de la frontière ; le Roussillon était délivré ; on avait vaincu, mais, hélas ! le brave général Dagobert n'assistait pas à ce dernier triomphe.

Pendant le cours de la campagne de Catalogne, le général Dagobert fit preuve, dans une circonstance critique, d'une énergie qui le grandit encore : il eut le courage de résister à des Commissaires de la Convention, incapables et arrogants. La question fut posée ainsi par les Représentants aux 19 généraux présents: « Est-il utile de continuer la marche en avant ? » Mais ils entendaient dicter la réponse affirmative. Dagobert, seul, sur tous ses collègues, répondit : « Non ! et si le général espagnol Ricardos sait son métier, aucun de nos hommes ne reviendra ! »

A la suite de cette réponse ferme et sincère, le général Dagobert fut suspendu de son grade, dénoncé, et envoyé devant la Convention. Sa tête était en jeu, mais ses juges ne l'intimidèrent pas. Il se défendit vaillamment, exposa la situation, ne faiblit pas, et des acclamations unanimes lui répondirent. On lui rendit son commandement.

Le nom de Dagobert prêtait naturellement à la plaisanterie : ainsi, on disait que ce général avait moins à faire qu'un autre pour paraitre un bon sans-culotte, ou, qu'imitant le roi Dagobert, de célèbre mémoire, il mettait parfois sa culotte à l'envers.

Cette dernière moquerie était bien inoffensive ; cependant les distractions sont fréquentes chez les grands hommes ; ils sont trop absorbés dans leurs pensées pour s'occuper des questions de forme. L'anecdote suivante est bien connue dans nos régiments d'Afrique : une nuit, le camp français ayant été attaqué à l'improviste, le maréchal Bugeaud, qui commandait, s'habilla rapidement, monta à cheval et repoussa les Arabes. Aux premières clartés du jour, alors que l'ennemi fuyait dans toutes les directions, on s'aperçut que le maréchal, comme le bon roi d'Yvetot, avait conservé son bonnet de coton ; intrigué par la physionomie joyeuse de ses soldats, le maréchal porta la main à sa tête et, enlevant brusquement sa coiffure insolite, s'écria : « ma casquette, ma casquette ! » et tous les témoins de cette scène, de répéter : « la casquette, la casquette ! » d'où ce refrain devenu si populaire dans l'armée française :

 As-tu vu, la casquette, la casquette ?
 As-tu vu la casquette du père Bugeaud ?

Lorsqu'il mourut, Dagobert n'était pas très âgé ; il n'avait que 58 ans, mais il en paraissait davantage et le laissait croire sans doute. Ces petits moyens-là sont permis quand les mobiles sont beaux. Il se faisait une tête, posait pour le vieillard et travaillait son prestige, mais le fond y était; c'est-à-dire l'ardeur, le courage, l'énergie, le désir des grandes choses et un patriotisme de tous les instants. En un mot, et pour nous servir d'une expression fin de siècle, il était emballé.

C'est par l'impétuosité, une exaltation soutenue, que nos troupes de l'armée des Pyrénées, ardentes à l'attaque, mais à l'origine confuses, inexpérimentées, purent vaincre des adversaires redoutables qui savaient résister, mourir en combattant et non se rendre. Heureusement pour nous, ces masses espagnoles n'avaient rien changé à leur tactique et à leur ancienne pesanteur; ce fut donc contre les antiques formations du XVIe siècle que se ruèrent, presque toujours à la baïonnette, les bataillons fougueux des volontaires de la République.

Les deux armées en présence, française et espagnole, ont acquis une gloire incontestable qui restera dans l'histoire des deux nations. Aussi serait-il difficile de dire de quel côté furent ceux qui supportèrent, avec le plus de courage et d'abnégation, le poids de cette terrible campagne de 1793-1794.

L'armée française des Pyrénées a été une véritable École de guerre, d'où sont sortis d'illustres militaires. — Combien ai-je retrouvé de ceux-ci parmi les généraux célèbres de l'Épopée Impériale ! Dernièrement encore, faisant une recherche sur le général Dessoles, qui prit part à la Restauration de 1814, fut ministre sous Louis XVIII, etc., je me suis aperçu qu'il avait été capitaine à cette armée. Il serait vraiment très intéressant de recomposer tout simplement les cadres des officiers qui ont fait la guerre des Pyrénées.

Parmi ces combattants, dont les noms occupèrent plus tard une si grande page dans nos fastes militaires, je citerai aussi le maréchal Lannes, qui rejoignit, comme sergent-major des volontaires du Gers, l'armée de Dugommier et fit toute la campagne de Cerdagne. En attendant qu'il devînt un général de premier ordre, Lannes, formé à l'école de Dagobert, fut le héros des avant-gardes et l'homme des hardis coups de mains. A la brillante affaire de Montebello, il s'élança au milieu des balles et prépara la victoire de Marengo. A Ulm, à Austerlitz, à Iéna, à Eylau, à Saragosse..., il donna mille preuves d'un courage indomptable et d'une audace sans pareille. Aussi, apprenant la mort de Lannes après la bataille d'Essling, Napoléon, profondément ému, s'écria-t-il : « Quelle perte pour la France et pour moi ! »

*
* *

Après avoir appartenu successivement aux Romains, aux Wisigoths et aux Sarrasins, la Cerdagne fut érigée en comte par Charlemagne, en 778. Le dernier comté de Cerdagne, Bernard-Guillaume, étant mort en 1117, sans postérité, laissa ses biens à Raymond-Béranger III, comte de Barcelone, qui devint roi d'Aragon en 1134, par son mariage avec la fille de Ramire II. La Cerdagne fut comprise ensuite dans le royaume d'Espagne ; une partie (33 villages) devint française par le traité des Pyrénées de 1659.

L'ensemble de la Cerdagne se compose de plaines ondulées, bornées par de hautes montagnes. Cette région est, pour le touriste, une des plus intéressantes à parcourir de toutes les Pyrénées. Elle exerce sur l'esprit une grande attraction par la variété de l'agriculture, la fertilité des plateaux, les mines, les forges, les carrières, les sites nombreux des plus pittoresques et les grandes perspectives d'une remarquable poésie.

Par sa haute altitude, la Cerdagne est en été un charmant séjour, fort recherché des riches habitants des plaines torrides du Midi de la France et du Nord de l'Espagne. Ils y trouvent une délicieuse fraîcheur, des taillis ombrés, d'épaisses forêts, des lacs étendus, des cours d'eau et des sources d'eaux abondantes, minérales ou naturelles.

Même pendant l'été, le thermomètre descend souvent en Cerdagne à 0 degré et monte rarement jusqu'à 16. Aussi cette contrée, très froide en hiver, est-elle recouverte une partie de l'année, — d'octobre en avril, — d'une couche épaisse de neige, dont la hauteur atteint parfois 1 mètre 50. Alors, les dépressions du terrain se nivellent, disparaissent, et tout se confond : chemins, fossés, remblais..... Pour éviter aux voyageurs de s'égarer dans ces blanches et glaciales solitudes, l'Administration des ponts et chaussées a fait placer, à des distances rapprochées, sur le parcours des routes, des poteaux noirs de 3 ou 4 mètres de hauteur pour indiquer la direction à suivre.

Si, des plaines de la Cerdagne, le spectateur jette, pendant la saison rigoureuse, ses regards autour de lui, il n'apercevra partout, au loin, que des masses énormes de neige,

« ..... Paisible océan, où les monts sont des flots, »

et, involontairement, il invoquera Alfred de Musset s'écriant à la vue des montagnes du Tyrol :

Salut, terre de glace, amante des nuages,
La neige tombe en paix sur tes épaules nues.
. . . .

La première excursion que j'entrepris le lendemain de mon arrivée en Cerdagne, fut celle de Planès.

Par une claire matinée de septembre, après une nuit étoilée, je sortis de Mont-Louis et je traversai le hameau de la Cabanasse. Le ciel était d'une pureté remarquable et le soleil se dégageait lentement des pics neigeux du Canigou.

« On était en automne, et, par une embellie,
L'aurore se levait frissonnante et pâlie,
Ses voiles teints de pourpre échappés à ses doigts,
Balançaient vaguement, comme une large écume,
Les monts et les coteaux endormis sous la brume,
Et jetaient cent lueurs aux tuiles des vieux toits. »

L'automne, l'automne merveilleux, mêlait ses couleurs ambrées aux dernières verdures encore vives et fraîches.

Une légère buée, qui flottait dans les couches inférieures de l'atmosphère, retombait sur la terre refroidie et se condensait en petites gouttes d'eau ; perles transparentes où le ciel se reflète.

Cette rosée du matin, ces charmantes blancheurs automnales, donnent à la nature une nuance douce et délicate. Comme l'espérance au printemps de la vie, elle ne dure qu'un instant et ne revient plus.

> Le matin, les vapeurs, en blanches mousselines,
> Montent, en même temps, à travers les grands bois,
> De tous les ravins noirs, de toutes les collines,
>   De tous les sommets à la fois.
>
> Un jour douteux ternit l'horizon ; l'aube est pâle,
> Le ciel voilé n'a plus l'azur que nous aimons,
> Tant une brume épaisse à longs flocons s'exhale
>   Du flanc ruisselant des vieux monts !
> . . . .
>   Victor Hugo.

Aux premières lueurs du jour, une promenade en plein air est un plaisir physique et intellectuel. Le réveil de la nature s'y manifeste en poussées ardentes qui font éprouver une sensation d'ivresse, et oublier les petits ennuis de l'existence. La montée de la sève dans les plantes, les fortes émanations de cette verdure qui renaît, la fraîcheur pénétrante et vivifiante de l'atmosphère surexcitent les sens, l'imagination, redonnent une nouvelle vigueur à tout l'organisme et communiquent à la pensée un surcroît d'activité.

C'est à ce moment que les oiseaux se réveillent, entonnent leurs joyeuses chansons et poussent mille petits cris d'allégresse. Tous les nids sont en fête.

Hommes ! voici mon Dieu qui sourit. L'aube éveille
Le ciron, la fourmi, la fleur des prés, l'abeille,
    Les nids chuchotants, les hameaux,
La forêt aux profonds branchages, les campagnes,
L'Océan, le soleil derrière les montagnes,
    Mon âme derrière les maux.
. . . .

Hommes, debout ! voici le jour, l'aube ravie,
L'azur ; et qu'est-ce donc qui rentre ? C'est la vie,
C'est le cri du travail, c'est le chant des oiseaux. (1)
. . . .

Cette poésie n'est-elle pas comme une coupe d'optimisme remplie jusqu'aux bords et débordante ? N'est-ce pas, en effet, au matin qu'il paraît bon de vivre ?

On explique tout aujourd'hui par la joie de vivre ou, du moins, par l'attache à la vie : tout ce qui a vie a la rage de vivre et de se développer. Les oiseaux, surtout, sont gais et joyeux. Mais, dans ce monde comme dans le nôtre, n'y a-t-il pas aussi des êtres sombres et mauvais ? Ce sont les hiboux, les vautours, les orfraies, les chouettes, les chauve-souris, les vampires de l'Amérique du Sud. Certains de ces oiseaux ressemblent à nos assassins et d'autres à nos pessimistes.

Le pessimisme est un mot nouveau qui a été inventé par l'allemand Schopenhauer ; un spirituel et profond mystificateur qui s'est fort amusé de ses concitoyens.

Se promenant un jour à Dresde, en monologuant tout haut avec un certain air de fou, un passant l'interpelle par ces mots : « Qui êtes-vous ? » Il répond : « Si vous pouvez me l'apprendre vous me ferez plaisir. » — Il disait

---

(1) Victor Hugo. — *Poésies inédites.*

des femmes : « Les cheveux trop longs et les idées trop courtes. »

Le pessimisme est l'école du scepticisme et du désenchantement. Les disciples de Schopenhauer ne voient plus de la vie que les mauvais côtés ; ils ont abdiqué l'idéal, n'ont ni illusions ni espérances et dédaignent, comme autant de préjugés et d'erreurs, toutes les idées généreuses. La vertu, le devoir, le dévouement, la patrie, la foi, Dieu lui-même, ne sont plus que de vains mots ; il n'y a ici-bas que de la matière. C'est un anéantissement complet, un effondrement général dans un *nirvana* démoralisateur.

Au pessimisme, à l'incohérence, au matérialisme, au naturalisme contemporain, à toutes les aberrations de la pensée qui abaissent l'homme, combien est plus grand, plus digne, l'IDÉAL qui le relève et l'emporte dans les régions éthérées de l'infini, comme dans ces strophes touchantes et même si émouvantes de Joséphin Soulary :

> Deux cortéges se sont rencontrés à l'église :
> L'un est morne, — il conduit le cercueil d'un enfant ;
> Une femme le suit, presque folle, étouffant,
> Dans sa poitrine en feu, le sanglot qui la brise !
>
> L'autre, c'est un baptême ; au bras qui le défend
> Un nourrisson gazouille une note indécise ;
> Sa mère, lui tendant le doux sein qu'il épuise,
> L'embrasse tout entier d'un regard triomphant.
>
> On baptise, on absout, et le temple se vide,
> Les deux femmes alors se croisant sous l'abside,
> Echangent un coup d'œil aussitôt détourné.
>
> Et, — merveilleux retour qu'inspire la prière, —
> La jeune mère pleure en regardant la bière,
> La femme qui pleurait sourit au nouveau-né.

Quel sentiment profond et vrai! Ce sonnet n'est-il pas tout un poème d'humanité?..

Je reprends le récit de mon excursion.

Après avoir traversé la plaine de la Cabanasse, j'arrivai bientôt au village de Saint-Pierre-dels-Forcats, situé au pied du pic de Cambre-d'Ase (2,700 mètres). Le touriste qui entreprendra cette ascension rencontrera à mi-côte la *Foun Jalade*, fontaine glacée. Elle a de particulier qu'en toute saison, même pendant les chaleurs de l'été, il faut casser une couche de glace pour arriver à l'eau. Celle-ci se répand dans le sol par infiltration et fertilise le bas de la montagne.

J'entrai ensuite dans une prairie d'où s'élevaient à ce moment de subtiles vapeurs; brouillards légers qui ondulaient, nuageaient les plantes et entouraient les arbustes d'un voile de gaz blanchâtre et transparent.

Un peu plus loin ces vapeurs, poussées par une douce brise, s'accumulèrent dans les profondes vallées du Conflent, et un singulier mirage apparut à mes yeux étonnés : ces nuages floconneux recouvraient, au-dessous de l'horizon, les déclivités des montagnes et imitaient, à s'y méprendre, la Méditerranée et ses vagues moutonneuses. L'illusion était complète. Les côtes et les ports des Albères, avec leurs caps, leurs récifs et leurs promontoires étaient nettement indiqués sur cette mer gris bleuâtre, teintée légèrement d'opale. On ne saurait rien imaginer de plus exactement semblable. Ces flots factices paraissaient escalader les rochers, se briser sur leurs arêtes vives et retomber en cascades écumantes.

Tout en ne cessant de jeter mes regards sur cette singulière vision dont l'ensemble, éclairé par le soleil levant, formait un ravissant tableau, je continuai ma promenade et j'aperçus bientôt le village de Planès qui s'étend sur les versants de deux jolis coteaux. Ses maisons sont entourées de jardins, de bosquets et de fouillis de verdure. Cette luxuriante végétation déborde même par-dessus les murs et envahit les rues qu'elle tapisse de liserons, de clématites, de lierres, de chèvre feuilles.... Cette réjouissante nature donne aux habitants une physionomie heureuse et gaie :

> Partout des fleurs et des chansons ;
> Sur les pavés poussent les roses,
> Les coins de rue ont leurs buissons,
> Partout des fleurs et des chansons.

Ce délicieux paysage, reproduit par le pinceau, ferait l'admiration des amateurs ; mais combien le réel est supérieur à l'art !

Je gravis une des rues de Planès, où l'eau coulait à l'aventure entre de larges pierres, et j'arrivai bientôt à l'église.

Cette antique construction ne mesure que 10 mètres de diamètre en tous sens ; elle forme un triangle équilatéral dans lequel est inscrit un cercle. Chacun des côtés de ce triangle est surmonté d'une abside demi-circulaire ; ces trois absides sont occupées par deux chapelles, par le maître-autel et séparées par autant de niches de saints. Une coupole surmonte tout le monument.

Comme cette église est fort petite, on a construit jusqu'au chœur un étage où se tiennent les chantres et les hommes ; les femmes et les enfants sont en bas. La cloche est conique et sans ornements ; les habitants de la Cerdagne lui attribuent le privilége de faire cesser la stérilité des femmes qui la font tinter. Cette croyance m'a d'autant plus intéressé que je l'ai déjà signalée comme étant en honneur dans le Nord de la France, à Notre-Dame-de-Liesse, près de Laon (*Histoire du Valois*).

Pendant que j'examinais ce monument religieux, si curieux et si original, unique peut-être dans tout le Midi de la France, une femme vint m'inviter, de la part du curé de la paroisse, à me rendre au presbytère ; j'y allai et je trouvai un homme à l'abord froid et réservé ; il me questionna sur les motifs de ma présence dans son église. Près de la frontière on se méfie toujours des étrangers.

Satisfait de mes explications, ce prêtre devint empressé à m'être agréable ; il me donna quelques renseignements sur son église, me dit que la Société archéologique de France avait refusé longtemps d'y laisser adjoindre une sacristie et que, dès lors, les officiants devaient revêtir chez eux leurs ornements sacerdotaux. Néanmoins, ajouta-t-il, cette interdiction ayant été levée, une sacristie a été construite à l'extérieur de l'église ; elle ne dépare pas le monument, attendu que la porte est dissimulée derrière le maître-autel.

Cette église qui est un des édifices les plus remarquables du sol français, annonce le *Moniteur de l'Archéologie*, a été classée dans les monuments historiques. Quant à son origine, voici l'intéressante et émouvante histoire que le curé de Planès me raconta :

Vers l'année 718 et lors de la conquête sarrasine, Othman-Abn-Nija-el-Chemi, qui commandait dans les Pyrénées, après avoir été émir de toute l'Espagne, faisait une guerre incessante au comte Eudes, de Toulouse.

Un jour, pendant une surprise, la belle Lampagie, fille de ce comte de Toulouse, tomba entre les mains d'Othman qui en devint éperdûment amoureux et fut payé de retour ; il en résulta un mariage, auquel Eudes consentit, espérant affranchir ses domaines des incursions des Arabes.

Le contraire arriva ; Abdel-Rhaman, émir d'Espagne, irrité contre Othman, qu'il traitait de renégat, envoya son lieutenant Gedhi pour le châtier. Celui-ci rejoignit Othman au pied des Pyrénées espagnoles, le vainquit et l'obligea à se refugier au château de Livia, près de Puycerda.

Malgré une défense héroïque, Othman, Lampagie et plusieurs de leurs compagnons durent s'enfuir de nouveau ; Gedhi les rejoignit dans une fraîche vallée, près d'une claire fontaine, et leur livra un dernier combat. Othman, percé de mille coups, tomba, et, tournant ses regards vers sa tendre compagne, exhala son âme dans un dernier soupir. Le vainqueur s'empara de la princesse, et Abdel-Rhaman, sans égard pour les malheurs et l'origine royale de cette infortunée, l'envoya, comme une vile esclave, au harem du calife de Damas.

Quelques amis fidèles d'Othman, qui avaient

pu s'échapper, revinrent le lendemain sur le champ de bataille abandonné, retrouvèrent le corps du vaillant guerrier, dont l'amour avait causé la mort, l'ensevelirent et, sur son tombeau, élevèrent une mosquée. — C'est l'église actuelle de Planès.

Cet étrange monument a attiré l'attention des archéologues qui n'ont pas réussi à se mettre d'accord, ni sur l'époque de sa construction, ni sur sa destination primitive ; les uns, adoptant la tradition répandue en Cerdagne, en font une mosquée arabe du VIIIe siècle ; les autres, et parmi ceux-ci Viollet-le-Duc, un monument chrétien du XIIIe siècle. Ces derniers prétendent que les Maures qui envahirent le Roussillon au VIIIe et au XIIe siècle n'y laissèrent que des souvenirs néfastes de dévastation et de mort. Ils ajoutent qu'il est aujourd'hui hors de doute que les conquérants arabes n'ont élevé aucun monument dans ce pays.

M. Henry, qui a publié en 1842 une Histoire du Roussillon, et dont la compétence en matière archéologique est incontestable, donne de longues explications sur le style et la construction de l'église de Planès. Il suppose, avec la tradition, que ce monument doit être d'origine arabe. Toutefois, il estime que cette origine est aussi énigmatique que la destination du monument : église, mosquée ou mausolée. C'est là, conclut M. Henry, un de ces problèmes historiques dont l'absence de tout document écrit condamne à n'avoir jamais une solution satisfaisante. Ce doute subsiste encore.

*
* *

Le lendemain de mon intéressante promenade à Planès, je résolus d'aller visiter l'ermitage de Font-Romeu. C'est une délicieuse excursion d'environ sept kilomètres, à travers une forêt de sapins, et d'éclaircies recouvertes de gazon, de bruyères et de mousses.

En sortant de Mont-Louis, je pris à droite la route de Fourmiguères qui contourne les remparts de la forteresse, et je m'engageai dans le premier chemin, à gauche, d'où j'aperçus, de l'autre côté de la ville, la montagne de la Tausse (2,088 mètres), sur les flancs de laquelle se dresse *les Cortals*, village le plus élevé des Pyrénées-Orientales (1,860 mètres). C'est de là, d'après une antique légende, que serait parti Perpigne, pour fonder Perpignan. (Voir page 63.)

Continuant mon chemin, je remontai un instant le cours encaissé de la Tet, et j'entrai bientôt dans la forêt que je ne quittai plus jusqu'à Font-Romeu.

M'étant oublié, au milieu de ces grands bois, à suivre les rives fleuries d'un joli ruisseau qui s'enfuyait en petites cascades écumeuses à travers un ravissant paysage, je ne pus retrouver mon chemin et je m'égarai. J'errai assez longtemps au hasard et je commençais à être inquiet, lorsque du haut d'un monticule le Christ du calvaire de Font-Romeu, qui domine toute la forêt, m'apparut comme un signe de délivrance. Je m'orientai alors facilement, et j'arrivai bientôt au but de mon voyage.

Aux sombres et épaisses futaies de sapins succéda tout à coup, sur la plate-forme que j'atteignis rapidement, une vive lumière et de larges horizons. J'apercevais, se déroulant dans toutes les directions, des plaines, des bois, de verdoyantes prairies, des collines ondulées, de grandes montagnes. J'entendais le murmure de la forêt que caressait une légère brise. Ce doux bruissement berçait la pensée comme la plainte du flot mourant sur le sable du rivage.

La perspective qui s'étend autour de Font-Romeu est une des plus belles des Pyrénées. Le spectateur est au centre d'un immense cirque, dont les gradins s'étagent jusqu'aux sommets des hautes montagnes du Conflent, du Capcir, de l'Ariége et des deux Cerdagnes. C'est de là, surtout, que cette contrée étale, devant les yeux émerveillés, toutes ses richesses et ses sites admirables.

L'ermitage de Font-Romeu est situé à 1,776 mètres du niveau de la mer, mais la plate-forme du calvaire doit atteindre 2,000 mètres. La hauteur du Christ, y compris le piédestal, est de 7 mètres 40 ; on l'aperçoit de tous les points de l'horizon.

Si l'observateur se place devant le Christ, qui fait face au couchant, il apercevra en allant de droite à gauche des montagnes élevées, derrière lesquelles descendent vers l'Espagne les vallées d'Andorre ; il distinguera ensuite la Tour-de-Carol, Llivia, Puycerda, Bourg-Madame, Err, Sainte-Léocadie, Saint-Pierre-dels-Forcats et Planès.

Le Canigou dresse vers le ciel sa tête majestueuse, mais à cette distance il perd beaucoup de son prestige et paraît à peine dominer les pics qui l'entourent et se profilent sur l'horizon. Des routes serpentent, des rivières coulent et, partout, se dessinent çà et là des métairies et des hameaux.

Succèdent ensuite les montagnes de la Tausse, du Capcir et, plus loin encore, les pics sourcilleux, presque toujours couverts de neige, des Pyrénées centrales qui se continuent vers l'Océan Atlantique.

Plus près de notre point d'observation, on aperçoit confusément la forêt de la Mate, que traverse la route de l'Ariège en Espagne, passant par Fourmiguères. Puis, la montagne de la Madre, le Carcanet et le Serrat de l'*Ous* (ours), sur lequel les officiers chargés de la triangulation de la contrée exécutent leurs travaux géodésiques.

Un coucher de soleil, vu du calvaire de Font-Romeu, est un spectacle d'une telle magnificence que ni la plume, ni le pinceau ne saurait le faire concevoir par l'imagination : le soleil, en déclinant vers les hautes montagnes, enveloppe de ses derniers rayons leurs cimes neigeuses, et embrase les nuages de mille feux éblouissants.

« Le soleil les rencontre au bout de sa carrière,
Couché sur l'horizon dont s'enflamme le bord ;
Dans ses flancs transparents le roi de la lumière
Lance en fuyant ses flèches d'or. »

A ce moment, les nuages se groupent comme de larges draperies où ruissellent l'or et la pourpre. Ces vapeurs étincelantes, fixes ou fugitives, semblent recouvrir de vastes portiques, des colonnades ornées de chapiteaux.... Puis, se transformant, elles dessinent successivement des dômes, des pyramides gigantesques, de hauts donjons, des figures bizarres ou des monstres apocalyptiques.....

Mais pendant ces visions fantastiques et cet apothéose des espaces célestes, le soleil élargi, rouge comme du fer en fusion, donne l'illusion d'un incendie général qui illumine les pics altiers de lueurs ardentes, incandescentes, rutilantes... ! Ce globe de feu descend lentement, majestueusement, et l'œil étonné, ravi, croit apercevoir un féerique ostensoir sur le grand autel d'une cathédrale aux proportions colossales... ! ! C'est un rêve, une apparition paradisiaque... ! ! !

Le Christ de Font-Romeu semble, de ses bras étendus, vouloir étreindre le monde entier d'un amour infini, ineffable, et rappeler aux hommes, qui les oublient trop souvent, les saintes notions de ses sublimes préceptes.

LA DERNIÈRE PENSÉE DU CHRIST.

Le Christ était cloué sur sa croix d'infamie,
De son corps déchiré le sang coulait à flots ;
Les larmes sillonnaient sa figure blémie,
Et sa voix, douce encor, disait à ses bourreaux :
« J'avais semé l'amour, j'ai récolté vos haines ;
« Je jetais la lumière en votre obscurité ;
« Vous m'avez, sans pitié, chargé de lourdes chaines,
« Et pourtant j'apportais chez vous la Liberté !

« J'ai dit : Dieu te pardonne ! à la femme adultère,
« J'ai fait de Madeleine une sainte d'amour ;
« A l'esclave j'ai dit : Relève-toi, mon frère,
« Car pour toi le soleil brillera quelque jour !
« Lorsque vous vous trainiez, rampants, au pied des trônes
« J'ai parlé seul, au nom de notre humanité ;
« Vous m'avez accusé de vouloir des couronnes,
« Et pourtant je venais prêcher l'Egalité !

« J'ai toujours soutenu la faiblesse qui tombe,
« J'ai toujours partagé les sincères douleurs ;
« Au berceau j'ai souri, j'ai pleuré sur la tombe,
« Sur vos sentiers maudits j'ai jeté quelques fleurs,
« Aujourd'hui même encor, à cette heure dernière
« Où je suis face à face avec l'éternité,
« Du haut de cette croix je bénis votre terre
« Et j'appelle le jour de la Fraternité ! » (1)

Elevant hautement sa voix contre les puissants de la terre, Jésus-Christ prêchait la *Liberté*, l'*Egalité* et la *Fraternité*. En effet, à son origine, le Christianisme était essentiellement égalitaire ; par conséquent républicain et démocratique. Aussi, comme leur divin maître, les premiers apôtres de cette nouvelle religion ont-ils été traqués, poursuivis et martyrisés par les Puissants de la terre.

Plus tard, l'Eglise, pour éviter les persécutions et établir sa domination sur la société chrétienne, s'est alliée à l'Aristocratie et à la Monarchie. Celles-ci ayant cessé d'être classes dirigeantes, le Clergé doit revenir à ses anciennes traditions ; c'est-à-dire à la *Liberté* et à la *Fraternité* qui doit être le signe de ralliement de tous.

En donnant l'exemple de la pauvreté, le Christ a aussi enseigné l'*Egalité* : « Il sera plus difficile au riche, a-t-il annoncé, d'entrer

---

(1) Henri SECOND. *Strophes dédiées à M. Renan.*

dans le royaume des cieux, qu'à un chameau de passer par le trou d'une aiguille. »

Mais à l'époque d'égoïsme, d'ambition et de jouissance immodérée qui caractérise notre fin de siècle, les princes des prêtres paraissent peu se souvenir de cette parole du Christ : ainsi le cardinal, primat de Hongrie, possède un revenu annuel, provenant des biens de son siége, de deux millions de francs. L'archevêque de Prague a, du même fait, 1,750,000 francs de revenu ; l'archevêque d'Erlac, 1,375,000 francs ; l'archevêque d'Ormutz, 1,250,000 francs ; le prince évêque de Cracovie, 1,000,000 de francs, etc., etc. Je m'arrête, la liste devenant trop longue. Quant à nos prélats, ils sont relativement très pauvres. Mais la Révolution est venue ! la Révolution Française qui a décrété les Droits de l'Homme et proclamé la Liberté, l'Egalité et la Justice égale pour tous !

L'ermitage de Font-Romeu, qui existait déjà de temps immémorial, a été rebâti en 1741. Sa fondation est due, comme je l'ai déjà dit précédemment, à la découverte d'une statuette de la Vierge Marie dans le tronc d'un arbre.

Célèbre dans les deux Cerdagnes, l'ermitage de Font-Romeu est un but de pèlerinage où, comme dans toutes les fêtes du Roussillon, les danses alternent avec les offices divins : à l'issue de la messe, filles et garçons se précipitent au dehors, forment aussitôt des groupes, s'élancent, tourbillonnent et ne s'arrêtent qu'au signal de la cloche des vêpres, pour recommencer ensuite.

Pendant ce temps, les anciens, plus calmes,

s'attablent gravement, et la dive bouteille circule de main en main. Dans notre belle France, la patrie de Rabelais, on célèbre partout le plaisir de boire, « *de humer le piot.* » Aussi, bientôt, le vin généreux épanouit-il les visages, met-il la joie en tête, et la chanson sur les lèvres de tous !

On chantera toujours sous les chauds rayons de ce bon et vivifiant soleil du Roussillon, comme le proclamaient dans leurs ballades les troubadours du moyen-âge, ces joyeux enfants du « gay sçavoir. » Oui, on chantera, on dansera et on rira toujours dans ce vaillant pays, si vibrant et si coloré, dans ce Midi, où la nature ensoleillée paraît, comme les habitants, toujours en fête.

Les poètes et les littérateurs de nos jours sont les descendants des trouvères (Nord) et des troubadours (Midi), qu'au moyen-âge on appelait aussi *ménétriers* ou ménestrels ; mais que de chemin parcouru depuis le temps où le *Voyage en Paradis* assignait à ces derniers un rôle simplement épisodique sur la terre ! « Dieu, dit ce fabliau du XIII° siècle, quand il eut créé le monde, y plaça trois espèces d'hommes : les nobles, les ecclésiastiques et les vilains ; il donna la terre aux premiers, la dîme aux seconds, condamna les derniers à travailler pour la nourriture des deux premiers ordres. Cependant il restait deux classes de personnes qui n'étaient pas pourvues : les ménétriers et les courtisanes. Dieu chargea les nobles de nourrir les ménétriers, et confia les courtisanes aux prélats, qui, par les soins qu'ils ont pris d'elles, ont mérité le paradis ; ils seront indubitablement sauvés ; mais il n'y aura point de salut pour les nobles, puisqu'ils laissent les ménétriers mourir de faim. »

Les pèlerinages sont, pour les populations des Pyrénées, des occasions de réunions désirées entre toutes. Ils servent de prétexte à de sympathiques et fraternelles agapes : à l'église, au *baill*, *jouves* et *ambistadous* se rencontrent et apprennent à se connaître. Au choc des verres, les vieilles haines s'émoussent, se fondent comme la neige sous une douce chaleur ; de nouvelles et solides amitiés se cimentent. Combien de relations importantes, combien de mariages n'ont pas d'autres points de départ !

Chaque année, le 8 septembre, a lieu le grand pèlerinage de la vierge de Font-Romeu. Cette fête est pour tous les habitants de la contrée pleine d'enchantements et d'éblouissements; les jolies Cerdanes s'y rendent en foule ; elles animent les chemins de leur gaîté, et font retentir de leurs ébats bruyants les taillis et les futaies de la silencieuse forêt automnale.

Les frais visages de ces belles filles, aux lèvres toujours souriantes, aux grands yeux noirs bistrés et voilés d'un peu d'ombre, ont laissé dans ma mémoire un flottant souvenir, comme la poésie d'un rêve.

Faisant un jour observer à l'ermite de Font-Romeu (*Paborde*), que, dans nos pays du Nord, le clergé n'était pas aussi tolérant, il me répondit : « Si nos prêtres n'autorisaient pas la danse, il ne viendrait personne aux pèlerinages. »

« Le ciel défend, de vrai, certains contentements ;
Mais on trouve avec lui des accommodements. »

Les moralistes chrétiens, et après eux les prêtres, répètent que la danse est contraire à tous les principes de la moralité. A leur avis, enlacer une femme et la serrer dans ses bras est un excitant à l'amour. Cependant ils ferment les yeux sur une coutume très répandue dans le Midi de la France, et qui est des plus salutaires au point de vue hygiénique : c'est celle de la danse entre jeunes filles, où l'exercice est dépouillé de toute excitation malsaine.

Ne traitant du reste la question qu'au point de vue de l'hygiène, les médecins estiment que la danse est des plus favorables à la santé et au développement des forces physiques ; ils recommandent surtout la danse gymnastique en plein air où, le dimanche, les habitants des campagnes font une provision d'exercice suffisante pour la semaine entière. Ils ajoutent que les classes aisées n'auraient pas dû abandonner cette ancienne et salutaire coutume.

La danse est de tous les temps ; elle a été guerrière ou amoureuse, selon l'esprit des peuples. Depuis David, dansant devant l'Arche sainte, jusqu'à la Catalane tourbillonnant dans la farandole, elle a subi des transformations sans nombre et a servi à l'interprétation des sentiments les plus divers. Il était réservé à l'Europe, et principalement à la France, de donner à la danse son véritable caractère; elles en ont fait, surtout dans le ballet, le triomphe inéluctable de la femme.

En Catalogne, les jeunes filles ont une grande liberté d'allures et ne manquent aucune occasion de plaisir. Mais lorsqu'elles entrent en ménage, « *adieu paniers, vendanges sont faites !* » Elles ne dansent plus, gardent la maison et tombent sous la dépendance absolue du mari. Celui-ci sort sans sa femme ; passe, le plus souvent, son temps libre sur les places publiques ou dans les cafés. Le maître prend seul ses repas, sa femme le sert et mange à part, même en présence d'un invité. Il y a là un usage arabe qui a persisté à travers les siècles. Cependant la femme de la bourgeoisie s'est affranchie de cette demi-servitude.

J'ai été aussi témoin, en Roussillon, d'un autre trait de mœurs caractéristique. Quand un théâtre ambulant s'installe dans un village, les hommes de la classe la plus riche, celle qui tient le haut du pavé, comme on dit ici, vont seuls aux premières places, et leurs femmes s'entassent, comme elles peuvent, aux derniers rangs avec le peuple ; elles paraissent même tirer vanité de voir leurs maris se prélasser sur les banquettes les plus proches de la scène. Nous sommes en Catalogne loin de Paris, où la galanterie des hommes réserve aux dames les places d'honneur dans tous les lieux publics.

Bien que paraissant animées d'une foi très vive, mais fort superstitieuse, les populations catalanes raffolent de la danse et ne transigent aucunement sur ce sujet : ainsi, le 12 octobre 1890, assistant au pèlerinage de St-Ferréol d'Argelès, j'ai été témoin de ce fait typique. Lorsque les vêpres sonnèrent, danseurs et danseuses refusèrent de cesser leurs ébats, qui avaient lieu devant l'église, et résistèrent aux sollicitations et aux objurgations du prêtre. Celui-ci, assourdi par les cris des garçons et même des jeunes filles, ainsi que par la musique bruyante des *jouglas*, ne put célébrer l'office et dut se retirer.

. . . .

> Riez, aimez, chantez, dansez, folle jeunesse ;
> Oh ! surtout n'attendez pas le déclin du jour.
> Craignez que pour vos cœurs jamais il ne renaisse...
> Et que le beau printemps apporte tour à tour
> A la fleur la rosée, à votre âme l'amour !
> Riez, aimez, chantez, dansez, folle jeunesse !
> H.-B. DE TERRIÈRE.

> *O primavera, gioventu dell'anno !*
> *O gioventu, primavera della vita !*

Les pèlerinages ne sont, dans le Roussillon, rien moins qu'édifiants. Quelques fidèles peuvent avoir la foi, mais la plupart ne songent qu'au plaisir.

Le soir, au retour de ces pieux pèlerins vers le logis, le Diable trouve aussi son compte. — Dame ! les têtes sont échauffées par les danses, les libations, les doux épanchements,

« Les vents sont à l'amour, l'horizon est en feu.....

et les bois sont discrets.

Les Espagnols ont un proverbe fait pour la circonstance : *A si paga el Diablo a quien bien le sirve*. C'est ainsi que le Diable récompense ceux qui le servent bien.

Le contraste d'une croyance qui paraît

excessive, avec un abandon des plus relâchés, m'a aussi fortement impressionné dans une autre circonstance : A Collioure, presque tous les habitants assistent aux offices divins, suivent dans les rues les processions des reliques de plusieurs saints, font brûler de nombreux cierges et observent rigoureusement les prescriptions du carême. Je croyais donc cette population très religieuse, lorsqu'en 1888, pendant les fêtes de Noël, je fus témoin, à la messe de minuit, d'un scandale inénarrable : filles et garçons, d'une gaîté bruyante, poussaient des clameurs incohérentes, s'appelaient par leurs noms, commettaient certaines incongruités..... Trois fois, le prêtre officiant se retourna, essaya d'imposer le silence, menaça même les perturbateurs de la colère céleste, rien n'y fit, et ce ne fut qu'avec peine qu'il put achever sa messe.

J'ai été aussi témoin d'un pareil manque de bienséance — le mot est faible — dans un autre village du Roussillon : les amoureux profitaient de l'obscurité de l'église, aux offices du soir de la semaine sainte, pour se donner des marques mutuelles de leur tendresse. Est-ce assez couleur locale, ô vous, Parisiens, si réservés et si retenus dans le temple du Seigneur !

Dans ce Midi pyrénéen, tout est exagéré ; la nature comme les hommes ; un temps calme, une chaleur torride, ou des vents violents et glacés ; de longues sécheresses et un ciel d'une pureté admirable, ou de terribles tempêtes, de véritables avalanches de pluies et des inondations. Il en est de même des habitants : en religion, en littérature, en polémiques de toutes sortes, pas de juste milieu, même dans la louange ou le dénigrement. En tout, rien n'est à sa place véritable. Evidemment, c'est l'effet du climat.

Pour en revenir à la danse, dans presque toute la chrétienté, comme nous l'avons dit, les prêtres ne cessent de tonner contre cet amusement. Il n'en est pas ainsi en Catalogne, où le clergé l'autorise encore, et même l'encourageait jadis. Après la messe du dimanche, le curé de la paroisse réunit les musiciens sous le porche de l'église et assiste aux danses qu'il dirige, sans s'y mêler, bien entendu ; puis, lorsque la danse cesse, le sacristain, un plateau à la main, passe devant chaque groupe afin de recueillir une légère rétribution destinée à l'entretien de l'église. Cette antique coutume, qui n'a cessé d'exister à Argelès-sur-Mer que depuis une dizaine d'années, est encore pratiquée dans la montagne. N'est-ce pas le cas de répéter : « Vérité en deçà des monts, erreur au-delà. »

Toutes ces peintures de mœurs typiques ne sont-elles pas aussi intéressantes qu'ignorées ? Mais, « en France, le pays que l'on connaît le moins, c'est la France. »

Comme toutes les provinces de notre pays, le Roussillon perd peu à peu sa danse propre, locale. Ce caractère d'originalité spéciale disparaît et, à la farandole, succèdent les danses exotiques : le quadrille, la valse, la polka......

Jadis, chaque pays avait sa danse populaire, historique : en Espagne c'était la *Pavane*, dont l'allure fière et hautaine a créé l'expression *se pavaner*. Les gentilshommes dansaient avec la cape et l'épée ; ils arrondissaient les bras, appuyaient la main gauche sur la garde de leur épée pour soulever le manteau. De là, l'image du paon faisant la roue.

La pavane a été, en Espagne, la favorite des ballets, la danse du palais morne et sombre de l'Escurial, où l'étiquette et l'orgueil castillan étouffaient le rire et la gaîté : opposition frappante avec la splendeur du soleil madrilène et la facilité de mœurs du peuple espagnol.

Le Louvre possède un tableau représentant fidèlement une pavane dansée à la cour pour le mariage du duc d'Alençon.

Les Italiens avaient la *Villanelle*, la *Padouane*. Celle-ci tirait son nom de Padoue, d'où elle était originaire.

Les Anglais dansaient la Contre-Danse, *Country-Danse*, ou danse des campagnes. Les Belges pratiquaient la danse des *Macchabées*, espèce de ballet que Molière introduisit dans « Monsieur de Pourceaugnac. »

Dans certains cimetières de l'Europe on exécutait la nuit la danse Macabre, en l'honneur des trépassés. Les danseurs revêtus de suaires, sur lesquels étaient dessinés des squelettes, se livraient, une torche à la main, au milieu des pierres tumulaires, à de sinistres et lugubres contorsions.

Cette danse pouvait être comparée à celle de la cour abracadabrante du roi *Kaperdulaboul*, de la féerie d'antan, où était entassé le *Pélion* du caprice sur l'*Ossa* de l'incohérence.

Dès la fin du XIVe siècle, la France avait la *Romanesque*, de *Roma* ; la *Basse-Danse* ; les airs de ces deux figures étaient écrits en mesures binaires. La *Courante*, danse légère et sautée, représentait une espèce d'action avec trois couples au moins.

Puis vinrent les différents *Branles* ; du Barrois, du Poitou, de Bretagne, d'Avignon…… Il y avait le *branle de la torche*, le *branle de la serviette*, le *branle aux chapelets* en usage dans mon pays natal, le Valois, et dont la *Gavotte* est un dérivé.

Nos ancêtres ont dansé la gavotte depuis le règne de François Ier jusqu'à la Restauration. Avec le menuet, elle a été la reproduction fidèle des mœurs du siècle dernier. — Une image légendaire est attachée à ce mot de gavotte qui a fait battre si longtemps le cœur de nos aïeules. — Quel est celui de nous, amis lecteurs, qui ne se souvienne avec émotion des récits de jeunesse de la bonne grand'maman ? Qui ne revoit, par l'imagination, le vieux tableau de famille représentant un brillant cavalier en habit brodé, pirouettant sur son talon rouge et donnant la main à une belle dame, poudrée à frimas, le visage coloré de vermillon, le sein un peu découvert et portant sur les hanches de vastes paniers, d'amples falbalas ?

A la fin du XVIe siècle, la *Gaillarde*, la *Volte*, faisaient florès à la cour de France. Toutes deux, venues d'Italie après les campagnes transalpines, étaient bien appropriées aux mœurs faciles de cette époque. « Il fallait une grande force à l'homme, dit Arbeau, pour faire tourner rapidement la dame et l'aider à faire un saut ou cabriole en l'air. »

Ce chroniqueur annonce que la volte ne brillait pas par la décence ; aussi cette danse avait-elle un grand succès aux bals des cours dissolues de ce temps. Marguerite de Valois, de galante mémoire, et femme de Henri IV, que Charles IX appelait sa petite reine Margot, était une « *volteuse* » célèbre ; elle excellait également dans la *pavane*, les *branles*, la *courante* et l'*allemande*.

L'anecdote suivante est tellement..... gauloise, que nous en laissons la responsabilité à l'annaliste de cette époque :

Au bal donné le 14 août 1572, pour le double mariage du roi de Navarre avec Marguerite de Valois, et du prince de Condé avec Marie de Clèves, cette dernière dansa tant et si bien la volte, que Catherine de Médicis l'emmena dans un cabinet pour la faire changer de..... chemise.

Quelques instants après, Henri III, alors duc d'Anjou, entra dans le même cabinet afin de réparer sa toilette. Suant aussi beaucoup, il prit un linge sur une chaise et, sans le regarder, s'essuya le visage ; c'était la chemise de Marie de Clèves. De cet attouchement, il naquit spontanément dans le cœur du duc d'Anjou une passion imprévue, inconsciente ; le coup de foudre fut si violent que ce prince hésita longtemps à accepter la couronne de Pologne, pour ne pas s'éloigner de la princesse de Condé. Il partit cependant, mais revint bientôt. A son avènement au trône de France, il devait faire divorce et épouser Marie, lorsqu'elle mourut empoisonnée. « Le roy Henri, toujours ensorcelé par la fatale chemise, ajoute le chroniqueur, resta inconsolable pendant toute sa vie. »

Le *Menuet*, qui eut une très grande vogue, apparut sous le règne de Louis XIV. C'était la *reine* des danses et la danse des *Reines* ; la danse de cette cour qui semble avoir laissé dans le monde un parfum d'amour.

Le menuet, considéré par nos pères comme la danse par excellence, était compliqué ; Pécourt, artiste célèbre de l'Opéra, réduisit toutes les positions de la figure à deux mouvements. Cette danse, plus facile à exécuter, passa alors de la Cour à la Ville, devint à la mode, et fit partie des talents indispensables à tout homme bien élevé.

Helvétius, dans son livre sur l'*Esprit*, nous raconte qu'un certain « maître à danser » du nom de Marcel, découvrait dans le menuet le criterium de toutes les imperfections morales ou physiques de l'humanité. Ce danseur *pudomancien* plaçait dans les jambes le siège de l'intelligence, et prétendait distinguer le caractère d'un homme dans sa démarche et dans ses mouvements. Un jour, l'œil perdu dans une rêverie extatique devant une jeune fille qui dansait, il resta quelque temps le front penché, et laissa tomber ces mots profonds, restés depuis à l'état d'axiome : « *Que de choses dans un menuet !* »

Ce Marcel était bourru, original, extravagant : un Anglais lui annonçant un jour qu'il avait obtenu des succès à Londres comme danseur, Marcel fut pris de fureur et le jeta à la porte en s'écriant : « Ne me parlez jamais de vos danses barbares ; on saute dans les autres pays, « *on ne danse qu'en France.* »

Outre le *Ballet*, la danse des théâtres, la chorégraphie actuelle comprend le *Quadrille*, la *Valse*, la *Polka*, la *Mazurka*, la *Scottisch*, les *Lanciers*, la *Rédowa*, les multiples figures du *Cotillon*....... La *Bourrée chantante* se danse en Auvergne ; la *Ronde* à Avignon :

> Sur le pont d'Avignon,
> Tout le monde danse, danse,
> Sur le pont d'Avignon,
> Tout le monde danse en rond.

Et en Provence, en Roussillon, l'illustre *Farandole :*

> Formons la chaîne
> Qui nous entraîne !
> A perdre haleine,
> Il faut danser ;
> La farandole,
> Joyeuse et folle,
> S'élance et vole
> Sans se lasser.

Voici une description de la farandole, de ce *baill* que j'ai vu souvent danser par les montagnards catalans des Pyrénées.

La farandole se compose de deux parties : la première, dans laquelle les hommes s'engagent seuls en se tenant par la main, s'appelle le *contre-pas* ; elle a d'abord l'allure grave, lente et cadencée. Un chef de file mène le branle et règle le mouvement de va et vient alternatif, en avant et en arrière, jusqu'au moment où cette chaîne tournante se rompt pour former plusieurs groupes. Chaque danseur rivalise alors de grâce et de souplesse par des *jetés-ballus*, ou *passe-pieds*, — *espardenyeta*, —

devant la galerie féminine placée au premier rang des spectateurs, et prête à entrer dans la danse. Le mouvement cesse lorsque le chef de file achève de psalmodier les couplets d'une complainte consacrée à la Passion.

Dans le principe, cette figure de danse devait donc être religieuse, et faire partie de la liturgie, comme la danse des Hébreux devant l'Arche Sainte.

La seconde partie du *baill* commence ensuite ; chaque *jouve* choisit le cavalier qui a su lui plaire, et une nouvelle chaîne se forme, s'élance et tourne de plus en plus rapidement. Une gaîté folle anime tous les visages ; c'est toujours le plaisir du mouvement, déjà décrit précédemment, et idéalisé dans le célèbre groupe de Carpeaux, devant l'Opéra.

Tout à coup, ce furieux tourbillonnement s'arrête, la chaîne se brise encore, les couples se forment, se séparent, se rejoignent ; les femmes paraissent vouloir s'enfuir, mais, à un signal donné, chaque cavalier se précipite vers sa danseuse, la saisit par la taille, l'enlève soudainement dans les airs, la fait retomber sur son épaule gauche et la soutient, la paume en avant, de la main du même côté, tandis que la main droite, passée par-dessus la tête, assure l'équilibre. Chaque groupe tourne alors sur place, avec une allure de plus en plus vertigineuse, jusqu'à épuisement des forces du danseur. — C'est une image de la puissance de l'homme et l'apothéose triomphale de la femme !

D'après une antique tradition, la Farandole doit commémorer, dans ses principales figures, les diverses phases de l'enlèvement des Sabines. — Ce *baill* serait donc d'origine romaine, et, si nous nous reportions à dix-neuf siècles en arrière, peut-être notre imagination nous ferait-elle apercevoir les soldats de César et de Pompée, l'enseignant aux aïeules de nos jolies Catalanes ?

Au premier *baill*, qu'on appelle *baill d'office*, les jeunes gens choisissent leurs danseuses. Le cœur bat bien fort alors à toutes les jeunes filles, car cette invitation équivaut à un engagement de mariage. On comprend l'émotion de cet instant décisif.

Les Tziganes passent ici pour pactiser un peu avec le diable ; néanmoins leur profession de musicien les fait assez bien accueillir dans les fêtes religieuses. — A celle de Font-Romeu, je vis un grand garçon, aux cheveux noirs abondants, aux traits fins et expressifs, un véritable enfant de la *verte Bohême*, selon l'expression du poète ; il accompagnait sur le violon une mignonne Gitane, dont les traits doux et angéliques contrastaient avec des yeux de flamme, aussi profonds que son beau *Danube bleu*. De sa voix d'or pur, au timbre sonore, métallique, elle faisait vibrer et tressaillir, comme l'écho de la note pieuse de l'*Angelus*, toutes les âmes jeunes et naïves des sensibles montagnards.

D'où venaient ces enfants ? Nul ne le sait. — Où allaient-ils ? Dieu seul le dirait. — Gais et insouciants, ils allaient à l'aventure, la main dans la main, semant par les sentiers de la vie leur jeunesse et leur amour :

. . . .
Ils ont couru déjà l'Espagne et l'Italie,
En oiseaux migrateurs, jour et nuit voyageant,
Où les porte le vent de leur chère folie,
Mettant d'accord l'amour, la musique et l'argent.

Par les chemins fleuris de la verte Bohême,
Ils changent de forêt, de montagne et de ciel,
Chantant tous les couplets de leur divin poème
Dans un oubli profond du voyage éternel.
André LEMOYNE.

Aux bateleurs et aux chanteurs de complaintes se joignent, le jour du grand pèlerinage de Font-Romeu, de nombreux marchands de tous objets : ustensiles de ménage, jouets, percales, indiennes, velours, dentelles....., fruits et denrées de toutes sortes. C'est une véritable foire. Dans la nef de l'église, les marguilliers vendent, hors le temps des offices, des médailles, des petites croix, des chapelets..... ainsi que des jarretières sur lesquelles sont imprimés des mots sacrés.

L'église de Font-Romeu, très vaste et à plusieurs étages à l'intérieur, a été bâtie sur un terrain en pente, au-dessus de la source où fut trouvée la statue de la Vierge ; mais au lieu de construire ce monument sur un terre-plein creusé dans le roc, comme à Lourdes, on a dû, pour en niveler le sol, élever le plancher de la nef, à laquelle on accède par des marches. Derrière l'autel, une seconde chapelle est également en surélévation. A cet endroit se dresse la statue de la Vierge, dont la robe d'une grande richesse ne laisse apercevoir que la tête couronnée d'un diadème ; l'enfant Jésus disparaît aussi sous les rubans, les joyaux et les fleurs artificielles dont il est surchargé. Des *ex voto* et de nombreuses images religieuses tapissent les murs.

Les iconoclastes et plusieurs sectes du commencement du moyen-âge traitèrent d'idolâtrie les accessoires luxueux du culte, et les réformateurs du XVIe siècle firent même un crime au pape Léon X, d'avoir porté à son apogée l'union de l'art et du dogme pour propager la foi. Mais, aujourd'hui, l'austérité même des dissidents s'incline devant ce besoin de matérialisation des idées, qui aident à comprendre les mystères de la religion.

Aussi, l'introduction de l'imagerie dans les temples catholiques a-t-elle été parfaitement raisonnée par les Evêques.

Les images religieuses ont été adaptées au culte comme intermédiaires symboliques, pour permettre à l'homme, encore trop rapproché de la nature, d'élever sa pensée jusqu'à la Divinité. « Elles trompent la faim, » disait au Ve siècle saint Paulin, évêque de Nola.

Plus tard, Suger, abbé de Saint-Denis, ministre de Louis VII, a condensé en un distique l'influence de l'image :

Mens hebes ad verum per materialia surgit,
Et demersa prius, hâc visâ luce resurgit.

« Les esprits faibles sont amenés à la vérité par la représentation matérielle des objets. »

L'homme aura toujours besoin de symboles, d'allégories et d'emblèmes.

C'est en Italie et en Espagne que l'iconographie a reçu les plus grands développements ; or, nous sommes ici en Cerdagne, pays espagnol avant 1659.

En sortant de l'église, l'eau de la source de Font-Romeu est recueillie dans un bassin ; elle est fraîche, salubre et cristalline. Aussi, de même que je le fis à Lourdes, je m'empressai de m'y désaltérer. Cette eau coule ensuite dans un réservoir situé dans le bâtiment voisin ; c'est, suivant la crédulité publique, une piscine miraculeuse qui guérit un grand nombre d'affections. Toutefois, avant de se dévêtir et de se plonger dans cette eau froide, le malade doit faire une longue prière à la Vierge, et réciter un certain nombre de *Pater*, en tournant autour de la piscine. Cette précaution a son utilité, et il se pourrait qu'elle eût été prescrite afin de prévenir les fâcheux effets qui résulteraient d'une immersion immédiate, après une longue course et pendant la transpiration du corps. Ce traitement par l'eau froide est, depuis quelque temps, prescrit par les médecins pour la guérison de certaines maladies.

Il est cinq heures, et le moment du retour étant arrivé, je traversai de nouveau les grandes futaies de pins qui entourent Font-Romeu. Le soleil, encore visible dans la plaine, ne l'était déjà plus dans la forêt ; mais ses lueurs horizontales frappaient le tronc des arbres et leur communiquaient une teinte lumineuse aux reflets rouge brun. Le regard était borné par les rangées multiples de ces colonnettes élancées, sorte de palissade circulaire qui aurait arrêté, à moins de cent pas, la balle du plus adroit chasseur.

Le silence de la forêt était interrompu par le rhythme musical des aiguilles de pins, à peine agitées par un souffle d'air. Le terrain, composé de couches superposées, non encore tassées, de ces aiguilles tombées précédemment, formait un plancher élastique sous les pieds. Aucune végétation, autre que des mousses, ne saurait y vivre.

J'arrivai ensuite dans une vaste clairière gazonnée, parsemée de genêts, de touffes de bruyères, de bouquets de bois, et arrosée par un petit ruisseau aux bords verdoyants et fleuris. Un peu fatigué par ma longue excursion, je m'étendis sur cette pelouse et je regardai le ciel de mon lit ; il était formé par la tête de plusieurs arbres qui se rejoignaient. Il me sembla alors que ces arbres avaient un geste particulier, une attitude bienveillante ; qu'ils étendaient leurs branches au-dessus de moi comme des bras protecteurs......

Plongé dans une sorte d'extase devant cette nature si calme et d'une poésie si pénétrante, je livrai mon cœur et mes sens à la jouissance du moment et... je m'endormis. Ce n'était pas un sommeil profond, mais cette douce somnolence qui envahit l'âme au déclin d'un beau jour. Je rêvai que la forêt s'animait, que les arbres vivaient ; je voyais à chacun d'eux une physionomie spéciale, individuelle..... Etait-ce bien un rêve, et ne serait-ce pas plutôt la réalité ? — Tout vit ici-bas. Il s'agit de découvrir les lois de cette existence.

Tout à coup, je fus réveillé par une musique d'une délicieuse harmonie : deux rossignols chantaient dans la feuillée et se répondaient amoureusement de l'un à l'autre.

> Rossignol sauvage,
> Rossignol des bois,
> Apprends-moi ton langage,
> Apprends-moi la manière
> Dont on se fait aimer.

La nuit venait, mais, après une journée assez chaude, l'air, saturé des senteurs excitantes de la forêt, était frais sans être froid ; point de vent, un ciel pur et étoilé, la rosée humectait les herbes fines, aucun bruit que le ramage des rossignols, hôtes nombreux de ces bois ; la soirée était charmante et je pus, sans encombre, regagner Mont-Louis, où j'arrivai bientôt.

Cette excursion à Font-Romeu comptera parmi les plus agréables que j'aie faites en Roussillon : un temps superbe, un beau soleil, une atmosphère d'une transparence remarquable. C'était une de ces journées où tout sourit à l'homme, et où les deuils et les malheurs lui paraissent invraisemblables.

* *

Si nous quittons de nouveau Mont-Louis pour nous engager sur le chemin de Font-Romeu que nous venons de suivre, mais en le laissant à gauche en face de la citadelle, nous arriverons bientôt dans une contrée des plus pittoresques ; c'est le Capcir qui, après avoir originairement fait partie du Rasès, fut pendant le XIIe siècle rattaché à la Cerdagne pour ne plus en être séparé.

Le Capcir ne contient que sept villages : Puig-Valador, Font-Pedrosa, Font-Rabiosa, les Angles, Matemale, Creu et Fourmiguères. Ce petit pays étale aux regards une grande magnificence de sites au milieu des bois et des eaux. Fourmiguères, qui en est le chef-lieu, était la résidence favorite du roi de Majorque, don Sanche, qui y mourut en 1324.

Toutes les églises du Capcir appartiennent à l'époque romane primitive ; celle de Fourmiguères a été consacrée en 863. Ces monuments religieux sont précédés, suivant l'ancien usage, d'un cimetière entouré d'un mur, avec une ouverture, sans porte, pour permettre l'accès de l'église ; toutefois, au dedans de cette entrée, on trouve une fosse recouverte d'une grille sur laquelle on peut poser le pied, mais dont les barreaux sont trop espacés pour permettre aux chiens et aux animaux carnassiers de s'introduire dans le cimetière et d'y profaner les sépultures.

La principale attraction du Capcir est l'opposition des aspects les plus sauvages et des sites les plus riants, ainsi que le contraste des roches grises, stériles et des vallons couverts de bois et de verdure. De plusieurs étangs poissonneux sortent différents affluents de la Tet et de l'Aude. Une source abondante surgit d'un rocher avec une telle impétuosité qu'elle fait tourner deux moulins et donne son nom, *Fontaine Furieuse*, au village voisin, Font-Rabiosa.

Une des plus belles et des plus grandes forêts de ces hautes régions est celle de la Mate, située près du village de Matemale.

En racontant une excursion en Cerdagne, M. Albert Saisset, poète et littérateur distingué, écrit ces lignes : « Avant de quitter Formiguères, nous allâmes goûter quelques instants de repos dans un coin de la superbe forêt de la *Mata*, au sein d'une délicieuse fraîcheur et des pénétrantes senteurs des pins ; à quelques pas de nous un jeune paysan, adossé à un tronc d'arbre, chante un tendre refrain du pays. C'est ainsi qu'au temps de Virgile, Tityre, assis sous un hêtre touffu, célébrait ses amours sur ses pipeaux champêtres, et jetait aux échos des rochers et des bois le nom béni de la douce Amaryllis. »

« *Formosam resonare doces Amaryllida sylvas.* »

Nous quitterons Mont-Louis pour la dernière fois, et en moins d'une heure nous descendrons par une pente à peine sensible au col de la Perche (1577^m) d'où la Cerdagne nous apparaîtra avec de nouveaux aspects : de ce point, se déroulent de riches cultures, des cours d'eau dont les rubans argentés entrelacent des villages aux murs blancs, aux toits ardoisés qui reluisent au soleil. Après un parcours de 11 kilomètres, depuis Mont-Louis, nous arriverons à Saillagouse, village important, autrefois chef-lieu de la Cerdagne française. C'est la patrie du sculpteur Oliva, dont nous avons déjà parlé précédemment.

Quittant à Saillagouse la route de Puycerda que nous reprendrons plus tard, nous ferons une excursion dans les montagnes couvertes de pins séculaires, qui s'échelonnent à notre gauche jusqu'aux pics de Fenestrelles, de Sègre (2795m), de Puigmal (2909m), et limitent de ce côté la frontière d'Espagne.

Dans le cas où le lecteur de la carte ne comprendrait pas la signification du petit triangle placé devant le mot *Puigmal*, et qui se reproduit assez souvent, nous lui en donnerons rapidement l'explication.

Ce signe est un des trois sommets d'un triangle qui comprend une parcelle du territoire français. La totalité du sol est partagée par un certain nombre de ces triangles trigonométriques ou fondamentaux.

Pour commencer les opérations de cet immense travail de triangulation, on a mesuré, sur un terrain plat qui s'étend entre Meulan et Orléans, une première base, et pour que celle-ci soit de la plus rigoureuse exactitude, on s'est servi d'un mètre en platine sur lequel les dépressions atmosphériques n'exerçaient aucune influence.

De chacune des extrémités de cette base dont la longueur était connue, on a fixé un point élevé quelconque, le faîte d'une montagne ou le clocher d'un village, par exemple, et l'on a obtenu alors un triangle dont il a été facile, par l'ouverture des angles, de calculer la longueur des deux côtés non mesurés. Ensuite, à l'aide d'instruments géodésiques et topographiques, on a levé et nivelé le terrain, avec tous ses accidents et ses reliefs, compris entre les trois côtés de ce triangle. La même opération s'est continuée ainsi, de proche en proche, pour toute la France, en se servant, comme première base d'un nouveau triangle, d'un des côtés du triangle calculé précédemment.

Lorsque ce travail gigantesque, de plus d'un demi-siècle, a été terminé, et toute la France levée à l'échelle de un quarante millième, on a réduit cette échelle à un quatre-vingt millième pour la facilité de l'établissement de la carte générale, puis, pour s'assurer de l'exactitude de l'opération, on a mesuré la dernière base du dernier triangle ménagé à cet effet sur un terrain plat, voisin des Pyrénées, et on a retrouvé, à quelques dixièmes de millimètres près, la longueur donnée par le calcul. Le résultat pouvait donc être considéré comme étant d'une exactitude parfaite.

Le terrain, qui a servi à contrôler le travail du nivellement général de la France, est situé entre Salces et le hameau du Vernet (banlieue de Perpignan, route Nationale n° 9). Au moment où nous écrivons ces lignes (mai 1891), des officiers attachés à l'Etat-Major général du Ministère de la guerre viennent d'être désignés par le général Derrécagaix, directeur du Service géographique, pour mesurer de nouveau la dernière base de ce nivellement général.

Il y a quelques années, le général Perrier a continué cette triangulation en Espagne, jusqu'en face des côtes de l'Algérie ; de là, il a visé un point, éclairé à la lumière électrique, de notre possession africaine, et a tiré une ligne d'une longueur de plus de cent kilomètres. Celle-ci a servi de base à un nouveau triangle trigonométrique, auquel en a succédé un autre, et c'est ainsi que nos officiers des brigades topographiques dressent actuellement la carte de l'Algérie. Par la réussite de son entreprise téméraire et de ses formidables travaux qui lui ont coûté la santé et la vie, le général Perrier a acquis des titres impérissables à la reconnaissance du monde savant et de tous les Français.

De Saillagouse, un chemin nous conduira par la fraîche vallée du Sègre, au village de Llo ; avant d'y entrer, nous irons visiter, vers la droite, deux sources sulfureuses non exploitées : la première, entourée de murs, est située près du mas d'*en Gervès* ; la seconde, *las Escadillas*, surgit un peu plus haut, à proximité d'une chapelle, *San Feliu*, ornée de sculptures sur bois fort curieuses.

La source la plus intéressante à visiter, près de Llo, est la fontaine de Cayelle ; elle est surprenante par son intermittence et ses écoulements périodiques, dont le flux est précédé par un bruit souterrain très sensible provenant du jeu du syphon. Cette explication s'applique à toutes les fontaines intermittentes ou intercalaires. La fontaine de Cayelle alimente cinq ou six ruisseaux, mais après le reflux il ne reste qu'une source peu considérable ; ses eaux sont fraîches (7 degrés), claires, légères et sans goût.

La rivière du Sègre (*Sicoris*), que nous venons de côtoyer, prend sa source au N.-O. du pic de Sègre, dans la partie supérieure de la vallée de Llo, passe au pied de ce village, à Saillagouse, à Llivia, à Bourg-Madame, entre en Espagne près de Puycerda, au-dessous de la Seu d'Urgel, et se jette dans l'Ebre après un parcours de 300 kilomètres.

Le village de Llo est bâti en amphithéâtre sur la déclivité rapide d'une montagne, et est dominé par les ruines d'un château féodal.

La flore de cette région élevée est exceptionnellement riche et abondante. En remontant les vallées d'Eyne, de Llo et d'Err, l'amateur de plantes en rencontrera mille espèces différentes, parmi lesquelles nous citerons au hasard la *bardane*, la *grande mauve*, la *mauve rouge*, la *chélidoine* (espèce d'agate), la *scabieuse*, l'*agripaume*, la *scrofulaire*, la *belladone*, la *renoncule*, la *ballote*, la *camomille matricaire*, le *tussilage des montagnes* dont les fleurs sont employées en tisane ou en sirop pour le rhume, l'*ortie noire*, la *menthe pouilliot*, aux petites fleurs rouges, la *primevère*, le *genêt*, l'*épervière* ou *oreille de souris*, la *reine des prés*, la *saponaire*, l'*impératoire* (ombellifère), la *menthe poivrée*, la *rose des Pyrénées* (sans épine), l'*anémone*, l'*hysope officinale*, l'*adonis des Pyrénées*, le *chardon béni*, le *chardon marie*, la *petite ciguë*, la *grande ciguë*, l'*euphorbe*, l'*alkékenge* (plante de haies), la *petite centaurée*, l'*ellébore blanc*, l'*ellébore noir*, la *joubarbe*, le *groseillier*, le *géranium*, l'*angélique sauvage*, le *cochléaria*, la *thora*, l'*airelle ou myrtille* aux baies acides et rafraîchissantes, le *lis martagon*, le *lis de Florence*, la *patience*, le *framboisier*, le *plantain*, le *rhododendron*, la *bryone*, plante grimpante, la *jusquiame*, le *marube blanc*, le *bouillon blanc*, des *orchis*, etc., etc. La plupart de ces plantes possèdent des propriétés pharmaceutiques très puissantes, dont l'usage est bien connu des habitants de ces régions isolées où les médecins sont rares.

Aux environs de Llo, le botaniste verra aussi surgir d'un gazon épais et serré le trèfle des montagnes, que la douceur de sa racine fait nommer réglisse des Pyrénées, la renoncule et la gentiane aux corolles azurées, le seneçon à feuilles blanches et veloutées. Au pied des rocs, il apercevra le silène sans tige et d'élégants saxifrages.

Plusieurs naturalistes distingués, appartenant aux Académies des sciences de Bordeaux, de Toulouse, etc., etc., viennent d'explorer, (avril 1891), la chaine des Pyrénées. Ils ont déclaré que la flore des vallées de Llo, d'Err et d'Eyne est la plus riche de France, et même de toute l'Europe.

Les montagnes que nous parcourons actuellement, entassées confusément les unes sur les autres, semblent avoir été jetées là, au hasard, par les géants de la fable pour escalader le ciel. Ces longues déchirures du sol, ces roches surplombantes et menaçantes, ces profondes cavités, présentent mille perspectives diverses et resserrées, semblables à autant de fenêtres ouvertes sur des coins de la nature primitive et sauvage.

Les géologues ont reconstitué ces premiers âges du monde. « Ils y étaient eux, et moi je n'y étais pas, quand la nature improvisa sa prodigieuse épopée géologique, quand la masse embrasée du globe souleva l'axe des Pyrénées, quand les monts se fendirent, et que la terre, dans la torture d'un titanesque enfantement, les poussa contre le ciel. Cependant une main consolante revêtit peu à peu les plaies de la montagne de ces vertes prairies qui font pâlir celles des Alpes.... Les Pyrénées s'imposent par leur simplicité grandiose..... Leur magie est dans la lumière, dans les ardentes couleurs.....

« Ces filles du feu n'ont pas la jeunesse et les abondantes eaux des Alpes. Ce n'est pas non plus un système compliqué de pics et de vallées, c'est tout simplement un mur redoutable, austère, ininterrompu, une barre entre l'Europe et l'Afrique. Divorce absolu, tranché, que nulle gradation ne prépare...

« Ce mur immense s'abaisse aux deux bouts. Tout autre passage est inaccessible aux voitures et fermé aux mulets, à l'homme même pendant six ou huit mois de l'année. Deux peuples à part, qui ne sont ni Français, ni Espagnols, les Basques à l'ouest, à l'est les Catalans et les Roussillonnais, sont les portiers des deux mondes. Ils ouvrent et ferment ; portiers irritables et capricieux, las de l'éternel passage des nations, ils ouvrent à Abdérame, ils ferment à Roland ; il y a bien des tombeaux entre Roncevaux et la Seu d'Urgel. » MICHELET.

Jadis, les ours occupaient les sombres cavernes de ces grandes solitudes ; ils ont disparu depuis quelques années, mais les montagnes voisines de l'Ariège en renferment encore un grand nombre : au mois de mai 1890, des chasseurs d'isards d'Auzat ont tué deux ours de grande taille ; la peau de l'un mesurait plus de deux mètres. Précédemment, ces hardis montagnards étaient parvenus à enlever une nichée d'ours, malgré une défense héroïque de la mère.

Plusieurs autres espèces animales, parmi lesquelles le chat sauvage, qui peuplaient jadis les forêts des Pyrénées, sont devenues rares. Buffon écrivait vers le milieu du siècle dernier que le cerf en avait déjà disparu depuis 200 ans.

L'isard est resté, grâce à son merveilleux esprit de conservation et à son extrême agilité. C'est le chamois des Alpes, du genre antilope, mais d'une espèce particulière aux Pyrénées.

La chasse à l'isard est fort pénible, très difficile, et exige une excessive prudence. Cet élégant et svelte animal a l'ouïe aussi fine que la vue perçante et que l'odorat subtil ; il applique ces trois sens à la fois à sa sûreté personnelle. Pendant le repos, une vedette est toujours en éveil, et, à la moindre alerte, au plus petit bruit insolite, elle lance de ses narines un cri aigu, semblable à un coup de sifflet, qui se répète jusqu'à ce que la nature du danger lui soit connu. S'il est réel, alors tous les isards partent comme des flèches, gravissent ou descendent des pentes effroyables avec une vitesse vertigineuse, s'élancent d'une pointe de rocher à l'autre à des distances souvent considérables, sans qu'on puisse deviner comment et où ils posent les pieds. Ils traversent les airs comme s'ils avaient des ailes.

Il n'est donc possible d'approcher de l'isard qu'en se dissimulant soigneusement, et en se dirigeant vers lui contre le vent ; il en résulte que, parfois, le chasseur doit faire des détours considérables à travers mille obstacles.

Un jour je me joignis, comme amateur, à des chasseurs d'isards ; nous partîmes de Llo et, après un long parcours, souvent assez dangereux, nous aperçûmes, perché sur un pic inaccessible à l'homme, la sentinelle d'un troupeau ; évitant de faire aucun bruit, nous arrivâmes au bord d'un précipice et nous nous préparions à le descendre lorsqu'un chasseur le contourna ; il se découvrit un instant, la sentinelle l'aperçut, donna l'alarme et le troupeau partit avec une telle rapidité que, malgré un feu général, aucune balle ne porta. Cette vitesse avait l'instantanéité de l'éclair. Les isards, en fuyant, ne formaient qu'une longue traînée, sans solution de continuité. Par la rapidité du mouvement, il y avait confusion des images.

Quand, dans cette retraite précipitée, une femelle est obligée de mettre bas, son petit, moins de cinq minutes après sa naissance, suit sa mère qui le guide, l'encourage ; si le danger devient pressant, elle le pousse avec la tête pour activer sa marche. Cette bonne mère n'abandonne jamais son rejeton et meurt avec lui si elle ne peut le sauver.

Le sentiment maternel et même paternel est aussi très développé chez le *Pierrot*. Récemment, ma fermière trouva un nid de moineaux contenant huit oisillons ; elle choisit le plus beau et, à défaut de cage, l'attacha par un fil à la patte dans un panier ouvert qu'elle accrocha derrière la maison. Le prisonnier, refusant de manger, allait mourir de faim, quand, tout à coup, le père et la mère vinrent se poser hardîment, sans frayeur aucune, sur le bord du panier. La mère cria : *pit, pit*, le moinillon ouvrit le bec et le père lui donna une graine. Ce manége se renouvela plusieurs fois, ainsi que les jours suivants, jusqu'au moment où ce petit pierrot prit seul la nourriture préparée dans son panier. Alors les parents, rassurés sur le sort de leur progéniture, disparurent pour ne plus revenir.

Comme le coq, l'isard est polygame ; une troupe de ces animaux comprend de 8 à 15 femelles et un seul mâle, jamais deux. Lorsqu'un second apparaît, les deux compétiteurs se livrent un furieux combat et le plus faible prend la fuite. Ce dernier est souvent le maître légitime du troupeau, mais, de même que les soldats d'Annibal affaiblis par les délices de Capoue, il a succombé dans une lutte inégale contre un ennemi qui était en possession de toute sa vigueur.

Néanmoins, l'isard évincé ne se tient pas pour battu ; il médite une revanche et, afin de la préparer, s'exile volontairement, quitte le berceau de sa famille, descend des sommets souvent arides et dénudés, pour gagner les vallées où il vit seul, sans compagne, et trouve près des cours d'eau, autour des habitations, de gras pâturages qui lui rendent tous ses moyens d'action.

Après environ une année de ce régime réparateur, le vaincu, qui a conscience du renouvellement de ses forces, gravit la montagne, retrouve son rival, l'attaque, le terrasse, le chasse à son tour, et reprend possession de ses volages épouses.

« Soit pour un temps, soit pour toute la vie,
Quitter sa belle ou bien être quitté,
Telle est partout la triste comédie
De notre pauvre humanité. »

Et de l'animalité, pourrait-on ajouter.

En effet, dans l'humanité comme dans l'animalité, c'est toujours la même lutte pour la satisfaction des besoins ou des passions. Les animaux ont la mémoire, le jugement, l'intelligence ; ils posent des prémisses, comparent, tirent des conséquences. Certains penseurs ne sont pas éloignés de leur accorder un esprit de conduite qui se rapproche singulièrement de celui de l'homme. L'orthodoxie catholique elle-même n'hésite pas à reconnaître aux bêtes des rudiments d'âme.

Des rudiments seulement, car si le lecteur veut faire un peu de psychologie animale et philosophique, qu'il présente un miroir à son chien. Eh bien, ce chien, si intelligent qu'il soit, ne saurait atteindre à la plus faible impression que cette image le touche en quelque chose ; c'est une image quelconque : n'ayant pas conscience de lui, il n'a pas l'idée de sa personne, il croit voir un animal de la même espèce ; mais n'en tirant rien, il ne creuse pas plus cette perception. Les êtres composant le monde zoologique ne peuvent s'élever aux idées secondaires.

Nos premiers ancêtres d'il y a peut-être dix mille ans en étaient là, et beaucoup de peuplades sauvages ne sont pas plus avancées.

Est ce moi cette *image* dans l'eau, cette ombre qui me suit? Il a fallu bien des siècles pour que ces impressions se définissent et se précisent un peu.

Les animaux n'ont pas la notion des jours et des heures, mais ils ont, par la mémoire, celle du temps qui s'écoule entre la répétition périodique d'un acte. Nous les plions facilement à nos habitudes, et ils ne manquent jamais de nous en faire souvenir lorsque nous les oublions.

Le chien doit même avoir un sens qui nous est inconnu. Ainsi, comment retrouve-t-il son chemin quand il est égaré? On suppose que c'est par l'odorat, par la mémoire des lieux, ou par certains indices. Cependant, un jour, nous avons emmené dans une voiture fermée, d'Argelès-sur-Mer à Port-Vendres, c'est-à-dire à une distance de dix kilomètres, un jeune chien qui n'avait jamais quitté les abords de la maison où il était né ; il a été oublié à Port-Vendres et, le lendemain, il rentrait seul au logis. Ce chien n'avait pu suivre notre piste, car nous étions revenus par le chemin de fer ; d'ailleurs, le vent soufflait violemment en travers de la voie.

Une preuve encore plus concluante de ce sens inconnu :

Au printemps de l'année 1891, le Jardin zoologique de Paris reçut de Dresde, par le chemin de fer, un superbe caniche ; ce chien s'échappa, et depuis trois semaines on n'en avait aucune nouvelle, lorsque M. Geoffroy Saint-Hilaire fut prévenu que l'animal venait de réintégrer le domicile de son maitre.

La pauvre bête avait parcouru, tout d'une traite, plus de trois cents lieues.

De tous les animaux, le chien est peut-être celui qui a, avec l'homme, le plus de facultés communes. Le chien a certainement l'esprit d'imitation ; aurait-il aussi le sentiment de l'admiration ? Le fait suivant est assez curieux pour ouvrir sur ce sujet le champ des suppositions :

« Un guide des montagnes de la Silésie a dressé son chien à le suppléer quand il ne peut accompagner les voyageurs.

« L'animal s'acquitte parfaitement de sa tâche et on peut le suivre en toute sécurité dans les sentiers de la montagne ; mais ce qu'il y a de plus singulier, c'est que partout où il y a un beau point de vue à examiner, il s'arrête et, se tournant dans les différentes directions, il semble indiquer, comme il l'a vu faire à son maitre, le panorama qui se déroule sous les yeux des touristes. »

Le chien a aussi, comme l'homme, le sentiment de la reconnaissance ; une histoire touchante et authentique en fait foi :

« Au mois de mai 1890 mourait, à Pérignat, hameau de la commune d'Izernore (Ain), M. Lesgourgues, capitaine d'infanterie en retraite, chevalier de la Légion d'honneur. Le chien du défunt, un épagneul appelé *Black*, avait suivi le convoi jusqu'au cimetière d'Izernore. Depuis cette époque, *Black* parcourt tous les jours les quatre kilomètres qui séparent Pérignat d'Izernore, franchit le mur du cimetière et va se coucher à la même heure sur la tombe de son maître.

Les enfants du village lui ont jeté des pierres, les passants ont essayé de le détourner de sa route, mais l'épagneul a grondé d'une façon telle qu'on a dû lui livrer passage.

Voilà bientôt seize mois que Black fait son pèlerinage quotidien.

On voit que le chien du martyr du Louvre, jadis chanté par Casimir Delavigne, n'est pas une exception. »

Il serait d'autant plus intéressant de chercher, par l'observation, à pénétrer le secret de l'étrange perspicacité de certains animaux, que chacun d'eux, soit de la basse-cour, soit de l'étable, soit de la libre nature, a son caractère bien accentué qui lui est propre, et que l'on retrouve dans notre humanité. En outre, les rapports des animaux entre eux, examinés attentivement, présentent une source intarissable de curieuses remarques ; leur étude conduirait à de précieuses découvertes psychologiques.

Un dernier mot sur ce sujet : Je possède un poulailler qui comprend une quarantaine d'habitants appartenant à cinq couvées différentes. Eh bien, on ne peut s'imaginer les passions qui agitent ce petit peuple. A l'apparition de la pâtée traditionnelle, gloussements de joie, batailles, poursuites ; les plus anciens, jusqu'à ce qu'ils soient repus, ne laissent aucun compétiteur approcher. Ceux de la couvée suivante agissent de même à l'égard de leurs cadets, et ainsi de suite ; les petits derniers doivent se contenter des reliefs du plat. Il y a aussi dans ce monde des parias qui sont traqués, persécutés par tous, même par leurs frères.

Un de ces malheureux, déjà à moitié déplumé, donnait beaucoup d'ennuis à ma fermière ; pour ne pas le laisser mourir de faim, celle-ci prit le parti de le mettre à la broche. Voilà la justice des femmes ! — S'il y a un paradis pour les poules, la pauvre martyrisée occupera certainement une place privilégiée près du plat.

Mais s'il y a des haines et des compétitions chez la gent emplumée, il y a aussi de solides amitiés et même de tendres affections : un superbe coq catalan, le roi de ce poulailler, où sa puissance est incontestée, a pris une jolie petite poulette en affection ; il la protége, l'entoure de soins, et lorsqu'il trouve une graine, l'appelle : *cot, cot*, la lui désigne, ou la lui met dans le bec.

Une excursion des plus curieuses que le touriste pourra entreprendre, en partant de Llo sous la conduite d'un guide, est celle de Notre-Dame-de-Nuria, chapelle située près de la frontière, au delà du col de Fenestrelles et sur le territoire espagnol (voir la carte d'Etat-Major, feuille de Prades, n° 257). Cet ermitage, très fréquenté, est peut-être le plus célèbre de toute la région par le nombre et la singularité des miracles qui s'y opèrent.

Le 1er septembre de chaque année, jour de la fête de St-Gilles, une foule considérable d'Espagnols, de Cerdans et de Catalans du Haut Vallespir, vont en pèlerinage à Notre-Dame-de-Nuria ; là, comme nous l'avons déjà signalé à Planès et à Notre-Dame-de-Liesse, le tintement de la cloche fait cesser la stérilité des femmes qui se suspendent à la corde.

Il existe aussi dans la chapelle de N.-D.-de-Nuria, près de l'autel et encastrée dans le mur, une *ouille* (pot) en fonte, dans laquelle les croyants qui souffrent de douleurs céphalalgiques plongent la tête pour en obtenir la guérison. Un grand nombre de pèlerins, gens mariés et fort avisés, croient cependant prudent de ne pas tenter l'épreuve : ils donnent pour excuse que l'entrée de l'ouille étant très étroite, ils courent le risque de s'y blesser. Cette raison est fallacieuse, attendu que ces bons apôtres savent parfaitement qu'il peut aussi se produire un autre miracle : si la fidélité conjugale n'a pas été observée par le conjoint ou la conjointe du patient, il survient subitement sur le front de celui-ci une telle protubérance que le retrait de la tête devient des plus difficiles.

Retournant sur nos pas, nous reviendrons à Saillagouse pour gagner Puycerda, en passant par Sainte-Léocadie et Bourg-Madame. Cette dernière commune qui reçut son nom, en 1815, de Madame, duchesse d'Angoulême, se compose de deux hameaux, Hix et les Guinguettes. L'église d'Hix est une des plus jolies de l'époque romane ; les chapiteaux des colonnes sont de l'ordre corinthien ; de belles palmettes en forment les volutes.

C'est le dernier monument religieux dont nous parlerons dans cet ouvrage, mais, en terminant, nous conseillerons au curieux, à l'observateur, de ne jamais négliger de visiter les églises qu'il rencontrera dans ses voyages; il y fera souvent, sous le rapport des arts, des découvertes qui appelleront son attention et exciteront son intérêt.

Puycerda, capitale de la Cerdagne espagnole, est située sur une butte d'origine glaciaire, entre le Sègre et l'Aravo ou rivière de Carol. Cette ville a bien le cachet moyen-âge, avec ses rues étroites, accidentées, ses balcons en fer forgé, ses façades en saillie à chaque étage. De la place de la *Constitucion*, la vue embrasse le magnifique panorama des deux Cerdagnes.

Si le touriste est amateur d'émotions vives et de pittoresque à outrance, il pourra, de Puycerda, aller visiter la Seu d'Urgel. C'est une excursion d'environ huit heures, par une route carrossable jusqu'à Belver, et ensuite par des sentiers durs et âpres, à travers des montagnes aux perspectives grandioses et fantastiques. Ce chemin, bordé d'affreux précipices, agrémenté de fondrières dangereuses et de quartiers de rocs jetés au hasard, porte le nom bien usurpé de voie de grande communication. — Oh ! les chemins espagnols !

Ce qui manque dans cette superbe Espagne, où la vie est si facile et le sol si généreux, c'est la nécessité pour aiguillonner les hommes, et le capital pour féconder les éléments de richesse. Les routes devraient y être multipliées, mais l'Espagnol n'a ni assez d'argent ni assez de besoins. Ces deux facteurs du travail et de la prospérité y sont sans forces, et c'est par la plus absolue liberté qu'ils retrouveront de la vigueur.

Si nous revenons une dernière fois à Saillagouse, nous nous dirigerons vers la vallée de Carol et le val d'Andorre.

A une distance d'environ cinq kilomètres de Saillagouse nous rencontrerons Llivia, chef-lieu d'une ridicule enclave espagnole formant une sorte de triangle de neuf à dix kilomètres carrés. Une route neutre la traverse; elle comprend 3,000 hectares et 1,200 habitants.

Une enclave étrangère en France! Une colonie espagnole chez nous! Quelle bizarrerie géographique!

Elysée Reclus et Joanne mentionnent l'enclave de Llivia, mais ni l'un ni l'autre n'en donne l'historique. L'explication suivante, que je tiens d'un habitant de la Cerdagne, est-elle exacte? — Cette enclave, qu'on est étonné de voir subsister encore, fut consentie par les Commissaires chargés de la délimitation des frontières après la paix des Pyrénées. Lors du Traité qui suivit, 33 *villages* de la Cerdagne septentrionale furent cédés à la France, mais les habitants de Llivia, jouant sur les mots, prétendirent que leur localité était une *ville* et devait rester espagnole. Ils obtinrent gain de cause. Le cardinal Mazarin accepta cette interprétation, heureux d'obtenir la vallée de Carol, seule communication entre le Roussillon et le pays de Foix.

D'après Ptolémée, Llivia serait l'ancienne *Libia* ou *Julia-Libica*, unique cité des *Ceretani*. L'an 29 avant Jésus-Christ, Auguste accorda à cette ville les droits du Latium et même ceux de colonie romaine. M. Henry prétend qu'il y a là une erreur, et que la seule colonie qu'ait eue le Roussillon, c'est la ville même de *Ruscino*, à qui Méla l'accorde, bien que Pline ne lui reconnaisse, à elle aussi, que la jouissance du droit latin.

La ville actuelle de Llivia date du moyen-âge, ce n'est en réalité qu'un modeste village; ses rues étroites, sales et mal pavées, ses petites maisons à balcons la font ressembler à certaines localités espagnoles.

L'antique *Libica* existait au haut de la colline où se voient encore les ruines de ses murs et de son ancien château.

Un peu avant d'entrer sur le territoire de Llivia, nous apercevrons le village d'Estavar qui possède une propriété remarquable par ses espaliers et ses vergers; divisée en quatre parties, elle comprend plus de 3,000 arbres fruitiers de toutes espèces. L'arrangement, avec un goût parfait et un art exquis, de ce beau domaine, a valu en 1890, à son créateur, M. de Figarola, une médaille d'or de la Société agricole, scientifique et littéraire des Pyrénées-Orientales.

Il existe aussi à Estavar une mine de lignite formée par l'affaissement d'une forêt de bois résineux. On en retire des pommes de pin carbonifiées, parfaitement conservées. D'après une légende répandue dans le pays, on y aurait trouvé aussi des ossements humains. Si cette tradition est authentique, elle donnerait raison à M. de Quatrefages qui admet que l'homme tertiaire est démontré et remonte à 4,000 siècles. (Voir pages 260 et 284.)

Nous arriverons ensuite à Angoustrine, village qu'une inscription découverte en 1838 ferait remonter aux Romains, et nous atteindrons les Escaldes, établissement balnéaire important et des plus fréquentés.

Les eaux sulfureuses et alcalines des Escaldes doivent être comptées parmi celles qui surgissent aux plus grandes élévations dans les Pyrénées. Leur température varie de 19 à 43 degrés. Elles jaillissent par cinq sources dont la principale débite chaque jour 7,500 hectolitres.

De la hauteur à laquelle est situé cet Etablissement thermal, l'œil domine toute la vallée. Les Escaldes, déjà connues des Romains, sont exposées au midi et abritées des vents du nord par de hautes montagnes. Aussi, la température y est-elle en hiver moins rigoureuse qu'aux mêmes altitudes de la contrée; en été, le climat est uniforme et généralement tempéré. Pendant la saison, les baigneurs peuvent entreprendre aux environs de nombreuses excursions du plus grand intérêt. A l'étang de Lanoux, où l'on se rend en quelques heures, l'amateur de pêche prendra d'excellentes truites saumonées.

L'étang de Lanoux occupe le fond d'un cirque irrégulier ; c'est le plus considérable de toutes les Pyrénées ; sa longueur est de 3 kilomètres et sa largeur de 500 mètres. Il est situé à 2150 mètres d'altitude et est dominé par le pic Pedroux (2831^m), le pic des Besineilles (2503^m), le pic de Madides (2611^m), le pic de Lagrave et le pic de Carlitt (2921^m). Le lac de Lanoux est gelé de septembre à juillet.

De l'autre côté des montagnes, vers l'est et dans le haut Capcir, il y a lieu aussi de visiter les étangs de Carlitt, au nombre de 40 et non moins curieux que celui de Lanoux. Au nord de ces étangs s'étendent encore ceux de Puig-Péric, sources de la Tet, de Camporells et de Balcera, qui donnent naissance à l'Aude. Les hauteurs de toute cette région si riche en eaux, en forêts et en pâturages, sont coupées par divers passages désignés sous le nom de cols ou de ports, dont le principal est celui de Puigmorens.

Une tempête de neige dans ces immenses et glaciales solitudes est un des plus terribles phénomènes de la nature qu'il soit possible d'imaginer. Pour en donner une idée, nous citerons le passage suivant d'une lettre qu'écrivit M. Thiers au journal le *Constitutionnel*, pendant un voyage en Cerdagne:

« ..... J'avais je ne sais quelle curiosité de voir ce qu'était une tempête dans le défilé et de m'assurer si l'imagination des gens du pays n'ajoutait pas aux scènes qu'ils me décrivaient... Ce qui se passait là dedans pendant certains instants est incroyable. Il y avait des moments d'un calme parfait et où il ne se faisait plus d'autre mouvement que la chute silencieuse de la neige. C'est de ces intervalles que je profitais pour regarder; mais ils étaient bientôt interrompus; le vent partait tout à coup avec une violence inattendue, roulait les nuages, les pressait dans les enfoncements, et emportait la neige qui retombait sur celle qui jonchait déjà la terre; il la soulevait comme les flots de la mer ou la chassait devant lui comme l'écume des eaux. La désolation de ces instants est impossible à rendre. Le changement des formes, le gisement tout nouveau de la neige, la disposition inattendue des nuages, les bruits effrayants, tout faisait croire qu'on allait assister à la ruine du monde.

« . . . . Puis enfin
Le tonnerre éclata comme un orgue divin.
Le son majestueux roulant de cime en cime.
. . . . »

Pendant l'un de ces instants, je fus frappé d'un spectacle admirable : arrivé au sommet intérieur du port, je me retournai et j'aperçus devant moi une immensité de vallées qui se développaient les unes à la suite des autres. Les nuages s'étendaient jusqu'à la dernière ligne de cet horizon ; mais tout à coup, tandis que ceux qui étaient sur nos têtes étaient sombres et épais, ceux du fond s'éclairèrent, et j'aperçus à un grand éloignement, les contrées d'où je venais qui, parfaitement éclairées par le soleil, semblaient jouir d'un calme inaltérable. Ce calme vu du sein de l'orage et à travers la magie du lointain, me ravit et me fit oublier toutes les peines du voyage. »

Des Escaldes, une belle route nous conduira au village de Dorres, où il existe aussi plusieurs sources thermales sulfureuses ; elles sont publiques, aucun Etablissement n'y ayant été formé pour les exploiter.

Cette route se continue par la petite et pittoresque vallée de Carol, jusqu'à la limite du département, sur l'extrême frontière qui séparait dans cette partie l'Aragon de la France.

Pendant ce parcours, nous apercevrons les tours de Carol, restes d'un manoir féodal construit par les Maures d'Espagne, et conquis sur eux par Charlemagne, en 790.

Nous traverserons le hameau de Porta (1509m) sur l'Aravo qui, près de là, pénètre dans une gorge d'un caractère imposant et majestueux, semée de blocs de rochers. On la compare à la célèbre vallée de Gavarni.

La similitude de ces régions pyrénéennes avec le cirque de Gavarni est, en effet, des plus frappantes : toute cette haute plaine verdoyante, qui s'appelle la Cerdagne française, est couronnée par des pics dénudés, des forêts chevelues, des cascades écumantes, des précipices insondables, vertigineux.......

> O nature, qui donc à ces escarpements
> A lié ces torrents, ces chevaux dont les queues
> Pendent en crins d'argent dans les cascades bleues?
> Du haut de quel Zénith tomba le fil à plomb
> Qui mesura, toisa, régla, tailla? Le long
> De quel mur idéal a-t-on tracé l'épure?
> . . . .
>
> Ce massif colossal. . . . .
> Semble un coffre de pierre immense, renfermant
> Les archives d'une âpre et sombre catastrophe,
> Et tout un monde mort, ployé comme une étoffe,
> Avec ses fleurs, ses champs, ses rocs brisés et nus,
> Et ses fourmillements de monstres inconnus.
> . . . .

Ces vers de Victor Hugo expriment puissamment l'emmagasinement géologique que la science révèle aujourd'hui.

Puis, çà et là, sur des rocs escarpés qui dominent les profondes vallées, l'œil aperçoit les ruines de vieux *burgs* féodaux, glorieux débris des âges écoulés ; ils ont résisté à la morsure du temps, et semblent encore vouloir l'affronter. De même que de vaillants soldats tombés sur le champ de bataille, ils continuent de braver la tempête et d'opposer leurs flancs meurtris aux coups de l'ennemi.

Nous arriverons enfin à Porté (1673 m.), le dernier village de France dans cette direction, et nous nous dirigerons vers l'Andorre par des chemins de mulet.

De ces hautes altitudes, écrit Taine dans le récit de son « *Voyage aux Pyrénées,* » tout ce qui est humain disparait..... Les seuls êtres ici sont les montagnes. Nos routes et nos travaux y ont égratigné un point imperceptible..... On n'aperçoit qu'un peuple de montagnes assises sous la coupole embrasée du ciel. Elles sont rangées en amphithéâtre, comme un conseil d'êtres immobiles et éternels..... On est là comme dans une barque au milieu de la mer. Les chaînes se heurtent comme des vagues. Les arêtes sont tranchantes et dentelées comme les crêtes des flots soulevés; ils arrivent de tous les côtés, ils se croisent, ils s'entassent, hérissés, innombrables, et la houle de granit monte haut dans le ciel aux quatre coins de l'horizon.....

Ce chaos de lignes violemment brisées annonce l'effort des puissances dont nous n'avons plus l'idée. Depuis, la nature s'est adoucie..... Sur cette cime, les théories de la science s'animent; les raisonnements des livres ressuscitent l'histoire des montagnes, et le passé parait encore plus grandiose que le présent.... Quelle sera la prochaine révolution géologique? Combien de temps l'homme durera-t-il encore? — Un retrait de la croûte qui le porte fera jaillir une vague de lave ou déplacera des mers. Nous vivons entre deux accidents du sol ; notre histoire tient au large dans une ligne de l'histoire de la terre; notre vie dépend d'une variation de la chaleur. »

* * *

Tout le monde a entendu parler de l'Andorre, peu de personnes le connaissent.

Récemment, quelques reporters de journaux parisiens ont visité, en courant, ces régions pyrénéennes et, naturellement, ils n'ont pu faire que des récits succincts et superficiels. Ils n'avaient pas le temps de s'assimiler les objets. On comprend en raison de ce que l'on sait, de ce que l'on ressent, de ce que l'on cherche, et l'on traduit ensuite ses impressions. Bien voir et bien décrire, n'est-ce pas intéresser le curieux ?

Un groupe de population, les localités, les individus ne livrent leur âme que très lentement, non à tous ; jamais aux visiteurs de passage, mais seulement à ceux qui stationnent, demeurent et regardent longuement. Ce n'est pas du premier coup qu'il m'a été possible de caractériser l'esprit du Roussillon, de pénétrer le secret de cette superbe nature: montagnes, vallons, plaines, forêts, rivages..... Il m'a fallu bien des années de recherches, d'observations, de méditations pour distinguer, dans cet éblouissement de lumière et de choses nouvelles, le passé de ce pays, son avenir, ses mœurs et ses coutumes.

Le chercheur, le fouilleur doit aussi beaucoup écouter, prendre ce qui lui paraît intéressant, original, et en laisser beaucoup, car les gens de campagne, si peu observateurs, répètent de routine des propos souvent absurdes ; ils sont d'ailleurs absorbés par les luttes locales et le dur travail de la terre. « Il y a du combat, » disent-ils dans leur rude langage. Ces mots expriment les difficultés, les obstacles, les ennuis de tous les instants. *La paix des champs !* chantent les citadins sur tous les tons de la gamme dithyrambique. Il faut voir cela de près. — Quelle ironie !

Quant à moi, je conserverai un éternel souvenir de ce Roussillon, si beau et si ensoleillé. Le souvenir fait vivre avec les choses déjà contemplées et admirées. La mémoire les représente, l'imagination les rappelle, et l'on revoit toujours par la pensée ce qui a charmé, ébloui et fasciné.

L'Andorre sera notre dernière étape.

LA VALLÉE D'ANDORRE. — *La vals d'Andorra*, que l'on appelle une République, est un petit pays perdu dans un pli du massif des Pyrénées méridionales, entre la France et l'Espagne. Depuis près de onze siècles, sa situation intime la protége ; elle est restée libre, disent ses habitants, mais elle est demeurée pauvre et ignorante.

Cet Etat en miniature, dont l'étendue et la population représentent, à peu près, celles d'un petit canton français, n'est pas une République, attendu que son gouvernement n'appartient pas entièrement aux citoyens ou à leurs mandataires. C'est une simple seigneurie soumise à deux coseigneurs de nationalités différentes : la France et l'Espagne. Cette circonstance lui a valu d'avoir échappé à la centralisation qui s'est produite des deux côtés des Pyrénées.

Suivant d'antiques archives, précieusement conservées par les autorités d'Andorre, c'est Louis le Débonnaire qui aurait érigé les Vallées en Etat indépendant par une Charte datée de 815. A la suite d'un grand nombre de guerres sanglantes, l'Andorre devint une seigneurie relevant de l'évêque de la Seu d'Urgel et des comtes de Foix (1282). Henri IV hérita des pouvoirs de ces derniers et les transmit à la couronne de France, lorsqu'il monta sur le trône (1589).

Par suite du traité conclu sous Louis le Débonnaire, les habitants de la Vallée d'Andorre achetèrent au roi de France, leur suzerain, certains droits moyennant une redevance annuelle de 960 livres. Celle-ci, supprimée en 1789 comme droit féodal, fut rétablie, sur la demande des Andorrans, par décret impérial du 27 mars 1806. Elle figure encore aux produits divers du budget de l'Etat français.

La France et l'Espagne sont représentées en Andorre par des Viguiers qui choisissent un Bayle sur une liste de six candidats désignés par un Conseil général élu. Tous les chefs de famille sont électeurs. Chaque paroisse a un conseil particulier, et tous les électeurs sont eux-mêmes conseillers de quartiers.

La force armée est une milice locale dans laquelle sont enrôlés tous les habitants en état de porter les armes ; elle est commandée par les Viguiers et les Bayles. Le clergé est entièrement espagnol ; les prêtres des paroisses sont nommés par l'évêque de la Seu d'Urgel et placés directement sous ses ordres.

Outre les Viguiers et les Bayles, le personnel judiciaire comprend encore un juge d'appel, alternativement nommé par la France et par l'évêque d'Urgel, des notaires et des huissiers. Les bayles jugent en premier ressort ; vient ensuite le juge des appellations et, en dernier lieu, les coseigneurs, c'est-à-dire les chefs des pouvoirs de France et d'Espagne.

Les *Corts* ou cours d'assises jugent les causes criminelles et les procès civils pendants. Elles sont composées des viguiers, du juge d'appel et de deux *rahonadors*, chargés de faire respecter les coutumes, de défendre les accusés et de favoriser les transactions dans les affaires civiles. Leurs sentences sont considérées comme définitives, sauf le recours aux coseigneurs ou à l'évêque d'Urgel. L'administration appartient aux trois conseils des paroisses. — Tous ces rouages administratifs sont si multipliés qu'ils pourraient mettre en mouvement le mécanisme d'un grand Etat.

Les paroisses de l'Andorre sont au nombre de six : Andorre la Vieille, San Julia de Loria, Encamp, Canillo, La Massana et Ordino. Elles comprennent 34 villages et hameaux.

La plus grande longueur de l'Etat d'Andorre est de 29 kilomètres de l'E. à l'O., et sa largeur du N. au S. de 27 kilomètres. Sa superficie est de 480 kilomètres carrés, et sa population totale de 6,000 habitants environ. — Ces contrées montagneuses sont arrosées par un grand nombre de ruisseaux et traversées dans le sens de leur longueur par un affluent du Sègre, la Valira del Orien.

Jusqu'à ce jour, je ne connaissais le Val d'Andorre que par le célèbre opéra d'Halévy et sa mise en scène, ainsi que par l'air fameux du chevrier :

> Voilà le sorcier, car il existe encore,
> Le vieux chevrier du beau pays d'Andorre.

Depuis ma jeunesse, ces vers sont revenus bien souvent sur mes lèvres, comme une délicieuse poésie due au passé et aux sites admirables de ces pittoresques vallées.

En quittant la France par le col de Puymorens, et après le village de Porté où nous avons terminé notre excursion en Cerdagne, il n'existe plus de chemin carrossable ; c'est à pied ou à dos de mulet qu'il faut gravir un sentier âpre, rocailleux et assez dangereux. Il nous conduira, en quelques heures, à Soldeû, premier village de l'Andorre.

Nous entrons ici dans une région de plus en plus accidentée : des montagnes, des précipices, une multitude de torrents, des sentiers à peine praticables ; et, par ci par là, flanqués dans des positions souvent admirables, de misérables hameaux comprenant quelques feux plus misérables encore.

Soldeû est également un pauvre village, entouré de maigres champs à peine cultivés, et qui dort mélancolique sur un promontoire rocheux. Il se compose de quelques maisons, véritables cabanes noires, enfumées, d'un aspect sordide, sinistre, construites en pierres sèches, effritées, superposées au hasard, sans plâtre ni ciment.

Mais, de ce belvéder naturel, c'est un beau spectacle que celui des profondeurs de la gorge et des cimes lointaines qui s'étendent jusqu'à Andorre la Vieille. Nous avons devant nous le superbe Val d'Andorre ; il s'ouvre béant avec sa double chaîne de monts dénudés, escarpés, où s'étagent de sombres forêts de pins. Le coup d'œil est véritablement indescriptible et, longtemps, on est absorbé par la contemplation de cette nature sauvage, si belle et si imposante. Au bas de ce gigantesque tableau, la Valira se précipite rapide et écumante, d'un plateau couvert d'étangs, dits *Eslanys dels Pessons*, dont les bords granitiques étincellent au soleil.

En descendant la vallée de la Valira del Orien, nous traverserons les hameaux de Tarten, de la Costa, del Vila, nous atteindrons les paroisses de Canillo, d'Encamp, et nous arriverons à Andorre la Vieille, *Andorra Vieilla* (1080 mètres).

Un peu avant d'atteindre Canillo, la Valira s'enfuit en gracieuses cascatelles à travers des charmilles et de petites prairies. Là, sur le bord du torrent, un tableau original s'offrit un jour à nos regards : plusieurs jeunes femmes lavaient du linge et chantaient en s'accompagnant de leurs battoirs, tandis qu'au milieu d'elles, assis sur un tertre de gazon, le curé du village fumait gravement sa pipe et les écoutait attentivement.

Cette scène champêtre, d'un cachet tout spécial, nous rappela les vers de Victor Hugo :

Laveuses qui, dès l'aurore où le soleil se dore,
Chantez, battant du linge aux fontaines d'Andorre,
Et qui faites blanchir des toiles sous le ciel.
Chevriers qui roulez sur le Jaïsquivel,
Dans ces nuages gris votre hutte isolée,
Muletiers qui poussez de vallée en vallée
Vos mules sur des ponts que César éleva,
Sait-on ce que là-bas le vieux mont Corcora
Regarde par-dessus l'épaule des collines ?
. . . .

ou encore ceux-ci :

. . . . . La laveuse qu'on entend
Joyeuse, dans l'écume blanche,
Plonger ses coudes en chantant.
. . . .

De Soldeù à Canillo et à Encamp, la pente est considérable; elle s'accentue même davantage après avoir quitté Encamp pour descendre à Andorre. A droite, sur les rives de la Valira, s'accusent nettement des vestiges de l'époque glaciaire; une grande moraine ou amas de roches s'aperçoit vers le pic Padern (2580^m.), un peu avant Encamp. A gauche, nous apercevrons, dressant vers le ciel sa tête neigeuse, le pic de las Neras (2700^m.).

Avant d'arriver à Andorre, nous passerons aux Escaldes, *las Escaldas*, les eaux chaudes. C'est un village assez important et du plus charmant aspect, dont les eaux thermales sont, dit-on, d'une grande richesse.

Il y a quelques années, une réunion de propriétaires de l'Ariège sollicita l'autorisation de construire aux Escaldes un grand Etablissement de bains, ainsi qu'une salle de jeux sur le modèle de Monaco, mais le Conseil général des Vallées repoussa ces propositions, malgré l'offre que faisait la Compagnie de relier, à ses frais, l'Espagne et la France par une route carrossable.

Cette Société ariégeoise étant revenue à la charge, proposa, en outre, de fonder quelques usines et fabriques, d'utiliser les importantes chutes d'eau et, par le travail et l'activité, de répandre l'aisance, le bien-être dans ces pauvres villages, où règnent la misère et les privations. Mal en prit à ces apôtres de la civilisation et du progrès ; ils soulevèrent la population contre eux : un jour, des Andorrans les menacèrent ; quelques pierres furent même lancées, et les novateurs n'eurent que le temps de repasser la frontière.

Voilà, à notre époque de lumière, où en est ce peuple superstitieux et imbu des préjugés du moyen-âge ; l'Andorran ne veut pas comprendre l'utilité de la lecture et de l'écriture ; il a refusé les écoles que le Gouvernement français lui offrait. Il semble cependant vouloir faire un pas en avant ; le Conseil des Vallées vient de consentir à envoyer en France deux jeunes Andorranes, dans une Ecole primaire supérieure ou normale.

Des Escaldes à Andorre, le trajet est d'environ une demi-heure à pied ; le chemin est charmant ; par son altitude (1000^m.) moins élevée que la route déjà parcourue, nous retrouvons la flore des Albères : chêne-vert, chêne-liége, thym, serpolet, marjolaine, digitale pourprée, saponaire, rhododendron....... et même de nombreux pieds de tabac.

La capitale des Vallées ne serait en France qu'un petit village. Elle occupe une bande rocheuse au pied du mont Anclar, *mons*

Clarus, et domine une plaine assez fertile. Les rues sont étroites, mal pavées, les maisons bâties en débris de schiste et de granit ; plusieurs ressemblent à de véritables repaires. Tout cet ensemble est triste et sombre.

L'église et la cure sont situées sur la place, ainsi que le Palais des Vallées, *Casa de las Valls*, où le Conseil général tient ses séances, et où s'accomplissent tous les actes de la vie publique de l'Andorre. C'est là que se rend la justice criminelle, et que sont conservées les tables de la loi sous la forme de deux registres, le *Digest* et le *Politar* ; ces recueils contiennent l'exposé de toutes les coutumes auxquelles le peuple obéit depuis onze siècles.

La façade de ce *Palais*, d'une architecture massive, est surmontée d'une tourelle terminée par une croix. L'antique porte de la salle du Conseil s'ouvre avec une clé de dimension démesurée, telle qu'on en voit dans les féeries de théâtre. Pendant les cérémonies importantes, ou à l'occasion des fêtes religieuses, la bannière des Vallées, aux couleurs de France et d'Espagne, bleu, jaune et rouge, flotte sur la cité andorrane.

Une excursion très intéressante à faire, en partant des Escaldes ou d'Andorre, est de remonter le cours de la Valira del Nort, qui rejoint dans ces parages la Valira del Orien. Ce parcours est fort pittoresque. Le voyageur passera à La Massana et pourra, sans trop de difficultés, poursuivre son chemin jusqu'à Ordino (1340^m). De ce dernier village, bâti en amphithéâtre sur le penchant d'un coteau, la vue s'étend au loin. C'est un des plus beaux sites de la contrée.

En quittant Andorre, nous continuerons à descendre la vallée, nous passerons à Sta-Colonna, Aixoval, et après une heure de marche nous arriverons à San Julia de Loria. C'est la *ville* principale des Vallées et la plus importante par son commerce et ses dépôts de marchandises, qui consistent pour la plus grande partie en objets de contrebande.

Sur toute la frontière, le mot *commerce* est *synonyme* de contrebande. Mais en Andorre surtout, cette contrebande, très active, est singulièrement favorisée par la situation de terrain neutre de ce pays, et facilitée par les immunités douanières que la France et l'Espagne lui ont accordées.

Continuant notre voyage, nous entrerons en Espagne où, une heure après avoir quitté Andorre la Vieille, s'ouvrira devant nous la plaine d'Urgel ; à ce moment nous quitterons la Valira qui se jette dans le Sègre.

La Seu d'Urgel est une ville du moyen-âge, d'un aspect étrange avec sa cathédrale et son cloître noirs, ses prêtres nombreux, ses rues étroites d'une malpropreté repoussante, ses ruisseaux boueux. Les maisons sont garnies de balcons qui tombent de vétusté et paraissent sur le point de s'écrouler. Les trois citadelles, antiques forteresses, sont de véritables reliques du passé. Tout cet ensemble reporte aux siècles écoulés ; il rappelle vaguement à la mémoire des choses déjà vues dans une existence antérieure et lointaine.

Nous terminerons ici le récit de nos excursions en Andorre ; et, avant de revenir un instant sur nos pas, nous ferons à l'usage du touriste, notre lecteur, une petite digression scientifique des plus intéressantes.

Les ascensionnistes savent qu'à partir d'une certaine hauteur tout mouvement disparait. Les villages que l'œil distingue dans les plaines, sur les coteaux, au fond des vallons, au bord des lacs, le long des rivières, sont silencieux et paraissent inhabités. Aucune manifestation de la vie ne s'aperçoit, aucun bruit ne se fait entendre. Au-dessus des grandes villes cette sensation est bien autrement vive qu'au milieu des montagnes. Ainsi, de la plate-forme de la tour Eiffel, Paris, la ville de l'agitation, de l'existence fiévreuse, intense et remuante, semble paralysée et même comme frappée de mort.

Bien souvent, dans le cours de nos excursions, nous avons admiré, sans nous rendre compte des distances, les perspectives qui se déroulaient, sous nos regards charmés, jusqu'à l'horizon extrême. Or, rien n'est plus facile, l'altitude étant connue, de déterminer la longueur du rayon de la circonférence visible dont on occupe le centre, et, par suite, l'étendue de cette circonférence.

Le tour de la terre comprenant 40,000,000 de mètres, la longueur du rayon sera de 6,365,372 mètres.

A l'aide de ces données, on a calculé l'inclinaison de la courbe sphérique du globe terrestre ; elle est telle, qu'un homme placé au milieu d'une plaine unie, distingue l'horizon de toutes parts à une distance de 3,570 mètres.

Il en résulte qu'aux diverses altitudes, la distance du point où est placé l'observateur à la ligne de l'horizon, est le produit de la racine carrée de la hauteur du sol inférieur, ou du niveau de la mer, à ce point, multiplié par 3,571, en ajoutant un mètre pour représenter la hauteur de l'œil de l'observateur.

Le calcul donne les résultats suivants :

Du haut de la tour Eiffel, à 300 mètres du Champ-de-Mars, la ligne de l'horizon est à 62 kilomètres. Si on trace un cercle sur une carte, ce vaste plan embrassera Fontainebleau, Etampes, Pontoise, Chantilly, Senlis, Meaux, Melun. Par un temps clair, après de grandes averses, des orages qui auront balayé l'atmosphère, la vue pourra s'étendre vers les plaines de la Brie, du Valois et être limitée, dans cette direction, par les forêts de Villers-Cotterets et de Compiègne.

Du haut du pic Sailfort (altitude 978 mètres, voir page 455), le rayon de l'horizon sera de 111 kil. 700 mètres, et le pourtour de la circonférence de 701 kil. 928 mètres.

Du haut du Canigou (2785^m.), le rayon de l'horizon sera de 188 kil. 441 mètres, et le circuit de la circonférence de 1,184 kil. 534 mètres. Lorsque l'atmosphère est pure, la vue s'étend jusqu'aux Cévennes, dont les pics émergent au-dessus de cet immense horizon. Ce même phénomène explique l'apparition, au-delà de la limite du rayon visuel, de la hune d'abord, et ensuite des voiles, avant le corps d'un navire qui se dirige vers le spectateur. C'est une des preuves de la rotondité de la terre.

Si le touriste se perd pendant une excursion, qu'il déploie la carte de la contrée et l'oriente avec une boussole ; le nord en haut dans la direction de l'aiguille. Les indications de la carte lui feront alors retrouver son chemin. Dans le cas où il n'aurait pas de boussole, sa montre lui donnera l'orientation ; à la condition, toutefois, de voir le soleil ou de deviner sa position, ce qui est facile, même quand le temps est couvert. La montre devra être tournée horizontalement, de manière que l'aiguille des heures soit dans la direction du soleil ; le sud sera exactement à mi-chemin entre l'heure indiquée par la montre et le chiffre XII du cadran.

En forêt, après avoir stationné au milieu d'un carrefour où se croisent plusieurs chemins, le voyageur est souvent exposé à perdre l'orientation. Pour s'éviter tout embarras à ce sujet, qu'il place, avant de s'arrêter, sa canne à terre, la pointe tournée vers la direction à suivre. C'est simple comme l'histoire de l'œuf de Christophe Colomb.

Nous reviendrons maintenant dans les Vallées pour jeter un dernier regard sur cette contrée si tourmentée et si sauvage que, dans la Catalogne, le mot *Andorre* sert à caractériser un pays « âpre et perdu. »

Aussi, n'y a-t-il pas de médecins dans la contrée ; il leur faudrait vaincre trop de difficultés pour se rendre aux hameaux ou aux métairies éparpillées dans les montagnes qui, le plus souvent, sont couvertes de neige et de verglas. Ils devraient traverser des broussailles épineuses, franchir d'affreux escarpements, gravir et descendre des pentes glissantes, abruptes, où il n'existe aucune trace de sentier.

Néanmoins, la nature s'est plu à doter l'Andorre de nombreuses richesses, mais les habitants n'ont pas su en tirer profit. Par ses préjugés et son ignorance, l'Andorran est resté pauvre, misérable même, lorsque tout marche et progresse autour de lui : dans plusieurs hameaux, les vitres sont totalement inconnues et les maisons d'une apparence sordide et délabrée. Par suite du manque de sécurité, les jardins potagers qui les entourent sont clos de murs élevés.

Ce peu de garanties contre les déprédations de toutes sortes, auxquelles il est constamment exposé, a rendu l'Andorran méfiant et dissimulé ; même chez les enfants, cette méfiance est le trait distinctif du caractère de ce petit peuple. — En Cerdagne, on dit de quelqu'un qui cache sa façon de penser : « Il fait l'Andorran. » Cela tient à ce que, jadis, les Vallées étaient le refuge assuré des bandits de France et d'Espagne. Nous avons vu (page 304), que les Trabucayres, traqués par une petite armée, avaient essayé de s'y réfugier pour assurer leur impunité.

Aujourd'hui, la situation est bien changée ; les Andorrans se sont armés, organisés et, sous l'habile direction et l'énergique fermeté du Viguier français, dont la jeunesse contraste avec son titre suranné, ils ont donné à leur pays une certaine sécurité. Que le voyageur ne s'effraie donc pas, à son entrée en Andorre, de l'inscription menaçante qu'il

apercevra sur la première maison de Soldeù :
« *Aspice et retro.* » « Regarde et va-t'en. »

Il reste cependant chez ce peuple un vieux levain qui le porte, peut-être inconsciemment, à considérer le bien d'autrui comme appartenant à celui qui peut s'en emparer. Il ne possède sur le « tien » et le « mien » que de vagues et confuses notions. Aussi n'existe-t-il aucun arbre fruitier dans cette contrée, en dehors des propriétés non clôturées.

Cet esprit de maraude se rencontre également sur certains points des rivages du Roussillon : les arbres des jardins sont successivement et méthodiquement dépouillés de leurs fruits, au fur et à mesure de leur maturité. Il en est de même pour toutes les propriétés non entourées de murs élevés. Des razzias sont opérées nuitamment, et quand les voleurs ne peuvent franchir les haies vives, ils y font une ouverture en les incendiant. — Serait-ce un reste des traditions des siècles passés ; de l'époque où ces populations riveraines étaient fréquemment pillées par les pirates barbaresques ou mayorquais ?

Comme conséquence de ces déprédations continuelles, les plaines du littoral ne possèdent aucun arbre à fruit. — Que nous sommes loin ici des régions du Nord, de notre vieille France, où les arbres fruitiers, qui bordent les chemins et couvrent les champs, sont si respectés, et où les paysans dorment en toute sécurité, les portes ouvertes !

Cette sécurité est presque générale dans toute la France : Un de nos amis de l'Ouest nous écrit : « Ici, dans notre pays de chouannerie, les instruments de travail restent dans le champ éloigné de la ferme ; rien n'est enclos et rien n'est pris sur l'arbre ou autrement. »

L'organisation antique de l'Andorre est l'objet de conflits perpétuels. Il y a quelques années, la question des Vallées a encore été agitée. Cette tempête dans un verre d'eau est une obsession qui, comme la fièvre intermittente, revient à époques périodiques. Deux grandes nations se disputent le pouvoir : l'Espagne par son clergé, et la France par son administration civile.

Ne vaudrait-il pas mieux pour nous d'aliéner, en faveur de l'Espagne, nos droits sur les Andorrans, qui sont plus Espagnols que Français par leur langage et leurs mœurs ? En échange, la France pourrait recevoir le territoire de Llivia ou le val d'Aran. Cette solution, qui simplifierait singulièrement les relations internationales, devrait tenter la diplomatie ; mais pour celle-ci, paraît-il, il n'y a rien de moins simple qu'une simplification.

Depuis le traité-annexe de 1660, conclu entre Louis XIV et Philippe IV, aucun des actes diplomatiques intervenus en 1750, 1862 et 1868, pour la rectification des limites des deux États, n'a modifié cette fâcheuse anomalie. Cependant, il y aurait d'autant plus lieu de la faire cesser que la contrebande qui se fait à Llivia, malgré l'active surveillance de notre douane d'Estavar, cause au Trésor français un préjudice considérable.

Le territoire de Llivia est, en outre, un véritable lieu d'asile, où vivent en parfaite sécurité voleurs, faussaires ou gens qui ont eu des démêlés avec la justice de leur pays. Ce voisinage est donc un danger constant pour la Cerdagne française.

De plus cette enclave est une source de contestations, dont le règlement motive fréquemment l'intervention des autorités françaises et espagnoles. Ces conflits sont causés par le droit de pacage indivis dont jouissent les habitants de Llivia et ceux de plusieurs communes françaises, sur les pentes de la montagne de Carlitt.

Le peuple ouvrier ou campagnard du territoire de Llivia verrait d'un bon œil une annexion à la France. Mais les propriétaires, les commerçants y sont hostiles, et là, comme à St-Jean-de-Loria, en Andorre, qui dit commerçant, dit contrebandier.

Quant au val d'Aran, véritable centre des Pyrénées, attribué également à l'Espagne par les mêmes délimitateurs de 1660, il est entièrement français par le versant de ses eaux, ainsi que par la langue et les coutumes de ses habitants. Il cesse d'être territoire espagnol au pont du Roi, défilé étroit où la Garonne borne les Pyrénées ariégeoises, et sépare les Pyrénées méditerranéennes du versant des Pyrénées de l'Atlantique. Enfin le val d'Aran est limitrophe des départements de la Haute-Garonne et de l'Ariège.

Cette région des Pyrénées est aussi ignorée des touristes que curieuse et admirable, par ses sites enchanteurs et ses monts élevés, dont quelques-uns seulement ont été gravis ; entr'autres la sierra de *Las Encantadas* et les cimes espagnoles de *Comolos Pals*. — Dans l'Annuaire du Club Alpin français, M. F. Schrader décrit cette contrée en une seule ligne : « C'est un océan de montagnes ; partout du granit, partout des lacs. »

Si ces Pyrénées n'ont pas, à un même degré que les Alpes, le prestige du danger, elles n'en conservent pas moins le privilége de l'attrait et de la beauté. — Il y aurait donc un mouvement à créer de ce côté des Pyrénées.

On dit l'*Alpinisme* et non le *Pyrénéisme*. Pourquoi ?... Quelle injustice ! Parce que de fait, il y a peut-être cinq ou six visiteurs et ascensionnistes pour les Alpes contre un pour les Pyrénées. En outre, la partie espagnole des Pyrénées est à peu près inconnue. Les Pyrénées françaises occidentales ont eu leurs panégyristes, mais, au point de vue descriptif, les Pyrénées orientales n'ont fait l'objet que de récits partiels. Il est véritablement incroyable qu'un pays aussi intéressant ne soit pas plus visité. Il lui faudrait un Découvreur, un Révélateur de grand renom ou de haute situation. — Serai-je son précurseur ?

Les Pyrénées centrales ont eu un grand poète, Ramond, qui pendant dix années a exploré et observé le mont Perdu. C'est la plus haute montagne des Pyrénées françaises, comme le Viguemale, la plus haute des Pyrénées espagnoles.

Pour en revenir à l'Andorre, son origine est l'objet d'une légende très populaire dans les Vallées : la neutralité et le nom de ce petit pays sont attribués à Louis le Débonnaire. Avant de se retirer de ces montagnes, et après en avoir chassé les Sarrasins, l'empereur, remarquant la ressemblance de la contrée délivrée avec les lieux décrits par un passage de l'Ecriture, ainsi que la coïncidence des événements accomplis, se serait écrié : *Andor locus juxta montem Thabor, ubi filii Israel ad bellum præparantes, contra infideles castra posuerunt.* (Livre des Rois, verset 28).

« Andor, près du mont Thabor, est un endroit où les fils d'Israël se préparant à combattre, placèrent leur camp en face de celui des infidèles. »

Orgueilleux malgré leur pauvreté, fiers de leur autonomie et de leur indépendance relative, les Andorrans tirent une très grande vanité des paroles de Louis le Débonnaire : sur le blason du palais des Vallées, à Andorre-la-Vieille, l'exergue suivant est gravé en latin : « Regarde, ce sont ici les insignes d'une Vallée neutre ; des nations plus illustres se louent d'être bornées par elle. » Ces mots nous rappellent les paroles très gasconnes que le béarnais Henri IV adressa à ses compatriotes mécontents de la réunion de leur pays à la couronne : « Je ne donne pas le Béarn à la France, mais la France au Béarn. »

* * *

Un jour, peut-être, ami lecteur ou aimable lectrice, continuerons-nous à explorer ensemble, jusqu'à l'Océan Atlantique, cette majestueuse chaîne des Pyrénées. — Alors, au revoir et non adieu.

FIN.

INDEX

par ordre alphabétique.

Amélie-les-Bains. 132
Andorre (L') 548
Anecdotes, 14, 60, 61, 66, 81, 121, 138, 179
    184, 194, 201, 226, 228, 229, 282, 368
    374, 443, 459, 485, 487, 496, 535
Angoustrine 542
Arago 342
Argelès-sur-Mer. 53, 510
Arles-sur-Tech 207
Avis au Voyageur 309

Banyuls-sur-Mer 7
Berger des Pyrénées (le) . . . 434
Bouleternère 360
Boulou (Le) 73
Bourg-Madame 539

Calcul des distances 558
Campagnes de 1793-1794 . . . 73, 480
Canaux d'arrosage. 365
Canigou (Le) . 5, 43, 53, 396, 463, 500
Capcir (Le). 522
Carrières de marbre 93, 103
Cerdagne (La) 326, 477, 487
Céret. 92
CHATEAUX de Taxo 68, 73
    — de St-Paul 123
    — de Serralongue. . . 243
    — de Catllar 375
    — de Paracols. . . . 376
Cimetières. 50, 121, 511, 523
Collioure . 6, 39, 51, 202, 354, 452, 509
Conflent (Le). 360
Corsavy. 224
Course aux taureaux 7, 11
Coustouges 251
Coutumes . . . 13, 39, 199, 216, 508
Couvents . . . 213, 249, 373, 470

Dagobert (le général). . . . 76, 480
Danses 510
Dugommier (le général) . . . 77, 454

Eglises 53, 61, 210, 252
361, 370, 383, 467, 494, 538
Elne 54
Escaldes (Les) 542
Espagne (L') 449, 455, 458
Estavar 543

ETABLISSEMENT BALNÉAIRES ET THERMAUX :
   Banyuls-sur-Mer 8
   Le Boulou 108
   Amélie-les-Bains 132
   La Preste 234
   Lamalou-les-Bains 275
   Canet 312
   Nassa 362
   Molitg-les-Bains 375
   Le Vernet 387
   Graus d'Olette 470
   Graus de Canaveilles 472
   Thuès-entre-Vaills 472
   Saint-Thomas 473
   Sources de Dorres 545
Etangs 381, 543
Eüs 368
EXCURSIONS en mer. 17
   — en montag. Madeloch. 40
   — environs de Collioure. 50
   — aux carrières de marbre de Céret . . . 103
   — Etangs de Nohèdes. . 380
   — Canigou 396
   — La Massane 412
   — Pic Sailfort 455
   — Planès 494

Farandole (la). 12, 515
Faune 177, 420, 442, 530
FÊTES de la St-Jean 120
   — de la Toussaint . . . 121
   — des chevaux 121

Fêtes de St-Paul 127
Flore 100, 152, 158, 331, 354
 382, 425 461, 528
Fontaines 523, 527
Fontpédrouse. 473
Forêts 102
— de Céret. 110
— de la Massane 424
— de la Mate. 523
Fou (La). 225

Géodésie 500, 525
Géologie et histoire de la terre, 256, 278
Gitanes 113, 517
Grottes 262, 339. 380, 468

Ille 345
Instituteurs 96, 335
Isards (chasse aux). 531

La Tour d'Auvergne 86
Légendes . 47, 62, 92, 198, 211, 247, 376
Llivia 541, 563
Llo 527

Madeloch (la tour de) 40
Marquixanes 363
Massane (La) 173, 412, 416
Mer (la). 8, 52, 312, 437
Millas 339
Miracles. 68, 212, 520
Montalba d'Arles. 204
Montañyas Regaladas. 409
Montbolo 140
Montferrer. 342
Mont-Louis 477
Monuments mégalithiques . 174, 222

Neige (la) 432, 488

Olette 470
Oliva. 32, 344, 524
Orientation. 559
Ourtoulana (L') 317

Palalda 128, 140, 198
Paléontologie. 280
Pêche et Pêcheurs 9, 202, 349
PÈLERINAGES : N.-D. de Consolation   36
    —   N.-D. del Castell. .   106
    —   Saint-Ferréol. . .   111
    —   N.-D. du Coral . .   234
    —   Força-Réal. . . .   342
    —   N.-D. de Domanova.   363
    —   N.-D. de Vie.   416, 467
    —   N.-D. de Nuria . .   538
Perpignan . . . 63, 312, 317, 338, 365
Perthus (Le) 454
PICS du Bouleric 110
  — Sailfort 171, 455
  — de France 200
  — de Fenestrelles 524
  — de Sègre. 525
  — Puigmal. 525
Planès 494
Poissons de la Méditerranée . . 190
Pont de Céret (le) 91
Prades 366
Prats-de-Mollo 229
Printemps (le) 218, 435
Puycerda 540
Pyrénées (les). . . . 55, 273, 472, 477
Pyrénées (les) et les Alpes . . . 565

Revue rétrospective : Napoléon
    III et Boulanger 82
Ria 379
Rimbaut (Le) 49, 155, 170, 413
Roland 107, 222, 401
Roussillon (Histoire du) 57, 320, 346, 360

Saillagouse 524
Salanque (La). 417
St-Jean-Pla-de-Cors 88
St-Laurent-de-Cerdans 238
St-Michel-de-Cuxa. 372
Serdinya 469
Sègre (le) 527

— 571 —

Sériciculture 367
Seû d'Urgel (La). 557
Soler (Le), parc Ducup . . . 340

Taulis 148
Tech (le). 71, 377
Tet (la) 329, 377
Tempêtes 16, 19, 544
Trabucayres (les) . . . 109, 289
Tyrolienne des Pyrénées (La) . . 446

Val d'Aran 563
Valbonne (La) 48, 170, 414
Villefranche 81, 466
Vinça 361
Voie *Domitia* 57, 451

CÉRET. — Imp., Lib. et Rel. L. LAMIOT.

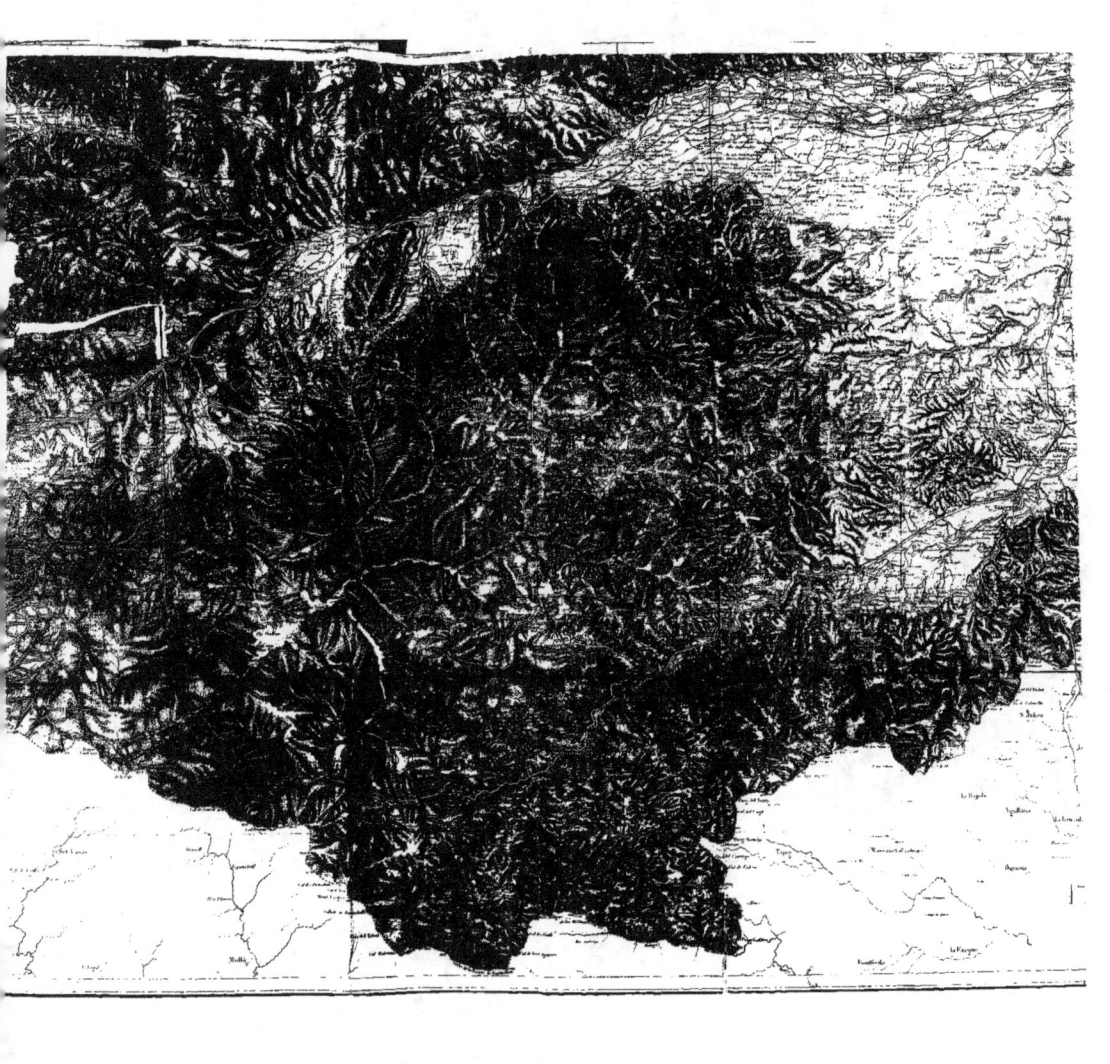

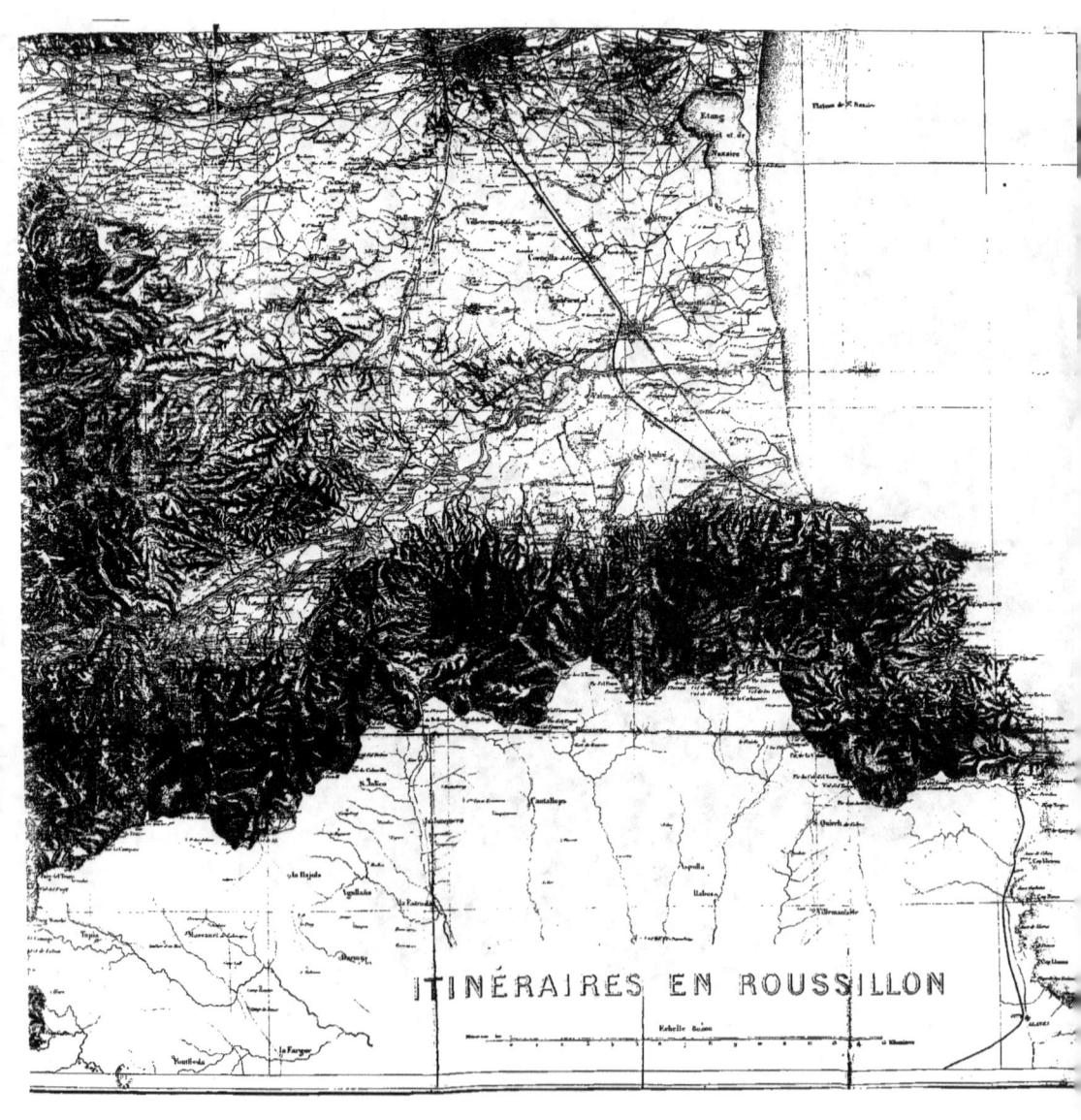
ITINÉRAIRES EN ROUSSILLON

www.ingramcontent.com/pod-product-compliance
Lightning Source LLC
Chambersburg PA
CBHW070332240426
43665CB00045B/1475